행복론 수업

이상일

전북대학교 철학과를 졸업하고 장로회 신학대학원을 거쳐 전북대학교 대학원에서 철학박사
학위를 받았다. 전북대 철학과에서 수년 동안 〈인문고전읽기〉, 〈논술교수법〉. 〈철학의 이해
〉. 〈RC 모험과 문화〉. 〈신화와 예술〉, 〈영화와 철학〉 등을 강의했으며, 현재 〈행복론〉, 〈서양
중세철학〉, 〈비판적 사고와 토론〉 등을 강의하고 있다. 현재 전북대학교 철학과 강의 초빙교수
로 있다.

잘 산다는 것은
무엇인가

행복론
수업

Theory of Happiness

이상일 지음

비티타임즈

차
례

프롤로그

프롤로그

: '살자'와 '자살' - 선택지(選擇肢)가 내 앞에 있다면?

"잘 산다는 것은 무엇인가"라고 묻는다면 언뜻 이런 생각이 들 것이다. 사느냐 죽느냐 생사의 갈림길에서 하루하루 버티고 살아가는 사람들에게 이러한 질문은 사치가 아닐까? 물론 이러한 생사의 갈림길은 단지 대형병원의 중환자실에서나 목격할 수 있는 생물학적인 차원의 생사의 갈림길만은 아닐 것이다. 우리는 각박한 이 세상에서 날마다 살아남아야 하는 생존권적인 차원에서 생사의 갈림길에 서 있다. 현대인은 몸도 마음도 하루도 제대로 편히 쉴 수 없는 생사를 넘나드는 전쟁터와 같은 곳에 살고 있다. 우리의 몸도 마음도 '만성피로증후군'으로 온통 피멍이 들어 있다. 그 누군가 말한 대로 그야말로 '피로사회'이다. 우리는 귀가 후에도 항상 대기해야만 하는 '귀가불능상태'라는 상황의 한가운데에 있다. 언제나 끊임없이 자기 개발을 하지 않으면 살아남을 수 없다는 강박관념이 우리를 옥죄고 있다. 서점에 널려 있는 자기계발서를 읽지 않으면 왠지 더 뒤처지는 것 같아 불안해서 서점가를 기웃기웃하는 게 우리의 비참하고 가련한 현실 아닌가? 언제나 생존경쟁에 목매달고 있

는 사람들이 "잘 산다는 것은 무엇인가," 다시 말하면 "행복이란 무엇인가"라는 주
제로 번민할 여유가 있을까? 일단 '사는 것(being)'이 있어야만, 다시 말하면 이 무
한한 생존경쟁에서 살아남아야만 '잘 사는 것(well-being)'도 가능하지 않겠는가?
그러므로 '잘 사는 것'에 대한 논의의 선결 조건은 '살자'와 '자살', 즉 "살 것인가?"
아니면 "죽을 것인가"를 양자택일하는 것이다. 선택지가 내 앞에 있다. 나는 어느
쪽을 선택할 것인가?

: 살자, 살아야 한다!

　호메로스의 『오뒷세이아』는 한마디로 표현하면 오뒷세우스의 '고통의 서사시'
이다. 그에 의하면, 인간에게 있어서 고통은 결코 벗어날 수 없는 운명이자 필연이
다. 오뒷세우스는 귀향하면서 그와 함께하는 동료들에게 고통당하는 순간순간마
다 자신이 겪고 있는 고통이 무엇인지 정확하게 직시하고 있다고 말한다. 그는 그
러한 고통에 긍정적인 의미를 부여하면서 그의 친구들에게 '삶에의 의지'를 가질
것을 독려한다. "친구들이여! 우리는 재앙에 관한 한 결코 무식한 편이 아니오. 정
말이지 이번 재앙은 퀴클롭스가 강력한 힘으로 우리를 속이 빈 동굴에 가두었을
때보다 크다 할 수 없는 것이오. 그곳에서도 우리는 내 용기와 내 조언과 내 지혜에
의해 벗어났거늘, 생각하건대, 이번 일도 언젠가는 우리에게 추억이 될 것이오. 자,
이제 우리 모두 내가 말하는 대로 합시다!"[1]
　오뒷세우스는 자기의 고난의 삶에다가 '긍정적인 의미를 부여하면서 '살자'를 선택
한다. 그가 자기의 삶에다가 부여했던 긍정적인 의미는 "이번 일도 언젠가는 우리
에게 추억이 될 것이오."라는 그의 외침 속에 담겨 있다. 그는 그 어떤 고통스러운
상황 속에서도 '아름다운 추억을 만들어가는 삶'을 그의 삶의 의미로 삼고 다 같이
'죽자'가 아닌 '살자'를 선택한다. 그는 이미 자기 삶의 의미를 소유하고 있었다. 그

러므로 그는 어떤 시련 속에서도 '살 것인지 말 것인지'를 전혀 고민하지 않고서 꿋꿋하게 '살자'의 삶을 살아갈 수 있었다. 오뒷세우스가 오랜 세월 후에 귀향해서 자기의 아내 페넬로페를 다시 만나서 과거에 자기 자신과 그의 아내가 겪었던 고통에 대하여 이렇게 말한다. "여보! 고난이라면 우리 두 사람 다 원도 한도 없이 많이 겪었소. 당신은 이곳에서 내 귀향이 몹시 염려되어 눈물을 흘리느라 그랬고 나는 제우스와 다른 신들께서 귀향에 대한 나의 열망에도 불구하고 나를 고향 땅에서 멀리 떨어진 곳에 고통으로 꽁꽁 묶으셨기 때문에 그랬지요." [2] 그리고 그는 자기 아내에게 그 어떤 고통의 순간에도 자신에게 주어진 임무를 완수할 때까지 자기의 삶에로의 의지를 불태울 것이라고 말한다. "여보! 우리는 아직 모든 고난의 끝에 도달한 것이 아니오. 앞으로도 헤아릴 수 없이 많은 노고가 있을 것이고 그것이 아무리 많고 힘들더라도 나는 그것을 모두 완수해야만 하오." [3] 여기에서도 오뒷세우스는 자기의 고통스러운 삶에다가 긍정적인 의미, 즉 '완수해야만 하는 사명'이라는 것을 부여한다. 역시 그는 진정으로 자기 삶의 또 다른 하나의 의미를 알고 있었다.

그러므로 그는 어떤 고난 속에서도 '살 것인가 말 것인가'라는 번민과 갈등 속에서 허우적거리는 삶을 살지 않았다. 그의 삶은 강하고 담대하게 자기에게 주어진 사명을 완수하는 데 최선을 다하는 '살자'의 삶이었다. 그에게 주어진 유일한 선택지는 '자살'이 아닌 '살자'였다. 다시 강조하거니와, 그가 보여준 삶의 자세는 바로 자기의 고통스러운 삶에다가 긍정적인 의미를 부여하면서 꿋꿋하게 자기의 삶을 개척하면서 살아가는 '살자'의 삶이었다.

: 자살, 인간의 유일한 작품은 무덤이다?

오뒷세우스와 정반대의 생각을 가진 유형의 인물도 있다. 오뒷세우스가 고통스러운 삶 속에서도 '살자'를 선택했다면 타이몬은 정반대로 '자살'을 선택한다. 윌리엄 셰익스피어의 『아테네의 타이몬(Timon of Athens)』 제5막 제1장을 보면 타이몬 (Timon)이 동굴에서 '자살'하면서 이렇게 말한다. "아테네인들에게 전하라. 높고 낮은 이를 가릴 것 없이, 고통에서 자유롭고 싶은 사람은 누구나, 지위의 순서에 따라 급히 서둘러 이곳으로 오라고 일러라. 그러고는 내 나무가 도끼날을 맛보기 전에 스스로 목을 매라고 전해라…. 나에게 다시 오지 말고 아테네 사람들에게 전하라. 타이몬은 짠 바닷물이 밀려오는 해변에 영원한 자택을 마련해 놓았다고…. 하루에 한 번씩 거품을 일으키며 밀려오는 그 시끄러운 파도가 그 해변을 뒤덮을 것이다. 그곳으로 와서 내 비석 구절을 너희들 신탁으로 삼아라. 입술이여, 이제 몇 마디만 하고 끝내라. 잘못된 것들은 역병에 맡겨 두어라. 인간의 유일한 작품은 무덤이고 죽음은 그 소득이다. 태양이여, 빛을 감추어라! 타이몬의 삶은 이제 끝났다." [4]

우리의 조부모와 부모 세대들은 일제 강점기와 6. 25사변 등의 수많은 전쟁과 이로 인한 굶주림과 가난과 질병의 고통 속에서도 오뒷세우스 같이 삶의 의지를 불태우고서 자기의 삶을 사랑하면서 꿋꿋하게 살아왔다. 물론 모두 다 그런 것은 아니지만, 요즘 사람 중의 일부는 상대적으로 타이몬 같이 그렇게 고통스럽게 살 바에야 차라리 죽는 것이 낫다고 생각한다. 그래서 한때 '폼생폼사', 즉 "폼나게 살다가 폼나게 죽자"라는 말이 세상에 널리 회자(膾炙)했는지도 모른다. 타이몬이 읊조린 자조 섞인 말들이 그들에게는 마치 달콤한 유혹 또는 주술가의 주문(呪文)처럼 다가올 수도 있을 것이다.

"고통에서 자유롭고 싶은 사람은 누구나 급히 서둘러 이곳으로 오라," "내 나무가 도끼날을 맛보기 전에 스스로 목을 매라," "짠 바닷물이 밀려오는 해변에 영원한 자택을 마련해 놓았다," "인간의 유일한 작품은 무덤이고 죽음은 그 소득이다." 어쨌든, 타이몬이 선택한 것은 '살자'가 아닌 '자살'이었다. 타이몬의 유혹 또는 그의 주문이 너무나도 호소력이 짙어서 우리는 그사이에 오뒷세우스가 말했던 '추억' 또는 '사명'과 같은 핵심 단어들을 잠시 잊어버릴 수도 있다. 나에게 그런 거창한 단어가 거추장스러울 수도 있다. "나는 추억이니 사명이니 그런 것들 전혀 몰라요."라고 중얼거리면서 냉정하게 외면해버릴 수도 있다.

: 사악한 시선, 사악한 귀

우리의 마음속에는 누가 자리 잡고 있는지를 프리드리히 니체(Friedrich Nietzsche)가 말하는 '사악한 시선(?)'으로, 다시 말하면, 사악할 정도로 예리한 시선으로 주의 깊게 우리의 마음속을 들여다보자. '오뒷세우스'가 될 것인가? 아니면 '타이몬'이 될 것인가? 우리의 귀에는 어떤 소리가 들리는지를 니체가 말하는 '사악한 귀(?)'로, 다시 말하면, 사악할 정도로 예민한 귀로 세심하게 한번 들어보자. "이러한 고통도 언젠가는 추억이 될 것이오. 삶이 아무리 고통스럽더라도 우리의 삶을 완수합시다!"라는 소리가 들려오는가? 아니면 "고통에서 자유롭고 싶은 사람은 도끼날, 즉 고통을 맛보기 전에 스스로 목을 매라!"는 소리가 들려오는가? 지금 우리가 고통이라는 소용돌이의 한복판에서 생사의 갈림길에 있다고 가정해보자. '살자'인가? 아니면 '자살'인가? 다시 말하면, 그 어떤 고통 속에서도 살아야 하는가? 아니면 그렇게 고통스럽게 살 바에야 차라리 죽는 편이 나은가? 망치의 철학자 니체가 언급했던 대로, 우리는 '망치를 들고서' 나의 존엄한 삶 앞에서 엄중하게 의문을 제기해보아야 한다.

: 캐묻지 않는 삶은 살 가치가 없다

소크라테스는 '캐물음'과 관련해서 다음과 같이 말한다. "또한 내가 미덕과 그 밖에 내가 대화를 통해 나 자신과 다른 사람들에게 캐묻곤 하던, 여러분이 들었던 그런 주제들에 관해 날마다 대화하는 것이야말로 인간에게 최고선이며, 캐묻지 않는 삶은 인간에게는 살 가치가 없다고 말한다면, 여러분은 내 말을 더욱 믿지 않을 것입니다."[5] 소크라테스의 말을 니체의 어투로 조금만 각색해보자. "우리가 대화를 통해 우리 자신과 다른 사람들에게 캐묻곤 하던, 우리가 들었던 '미덕을 포함한 그런 주제들'에 관하여 날마다 대화하는 것이야말로 인간에게 최고선이다. 캐묻지 않는 삶, 즉 망치를 들고서 진정으로 의문을 제기해보지 않는 삶은 살 가치가 없다." 또한 소크라테스는 계속해서 자신의 '혼의 최선의 상태'에 관하여 아무런 생각도 없이 살아가는 사람들에게 다음과 같이 책망한다.

"당신은 부와 명예와 명성은 되도록 많이 획득하려고 안달하면서도 지혜와 진리와 당신 '혼의 최선의 상태'에 대해서는 관심도 없고 생각조차 하지 않다니 부끄럽지도 않소?"[6]

이 두 문장의 소크라테스의 말을 다시 한번 정리해보자. 소크라테스는 먼저 우리의 미덕을 포함한 그런 주제들'에 대하여 의문을 제기해보라고 우리에게 촉구한다. 그는 미덕을 포함한 그런 주제에 대하여 의문을 제기해보지 않는 삶은 살 가치가 없다고 말한다. 이어서 그는 지혜와 진리와 '혼의 최선의 상태', 즉 '잘 산다는 것'에 관심을 가져야만 한다고 권고한다. 그러므로 소크라테스는 적어도 이러한 본문에서만큼은 죽음이 아닌 '삶'을 전제로 해서 '미덕'과 '혼의 최선의 상태', 즉 '잘 사는 것'에 대하여 관심을 가져야 한다고 말하고 있음이 분명해 보인다. 만일 소크라테스가 어떤 실존주의자처럼 '죽는 것', 즉 '자살'이 유일한 답이라고 생각했다면 '미덕' 또는 '혼의 최선의 상태'를 언급할 필요조차 없었을 것이다. 이제, 우리는 타이몬이 마치 주술사의 주문처럼 내 귀에 속삭이는 말을 과감하게 떨쳐내 버릴 수 있을까?

그리고 우리는 오뒷세우스가 담대하게 그의 동료들과 그의 아내에게 담대히 선포했던 바로 그 외침, 즉 "이러한 고통도 언젠가는 추억이 될 것이오. 삶이 아무리 고통스럽더라도 우리의 삶을 완수합시다!"라는 말을 오뒷세우스와 함께 힘차게 외칠 수 있을까? 그런 다음에라야 비로소 우리는 소크라테스와 함께 그가 말한 대로, '혼의 최선의 상태,' 즉 '잘 사는 것'에 관해서 '소크라테스의 문답법'을 활용하여 진지하게 논해 볼 수 있을 것이다.

: 피투성이라도 살아 있으라

다시 처음으로 돌아가서, 진지하게 다시 한번 캐물어 보자. 왜냐하면 여전히 "존재냐 비존재냐, 그것이 문제이다(To be or not to be, that is the question)."라는 존재론적 질문이 내 앞에 끈질기게 버티고 서 있을 수 있기 때문이다. 나의 대학 시절 불교철학을 강의하는 선생님께서 나에게 들려주셨던 강의 내용 중에 오랜 세월이 흘렀어도 또렷하게 기억하고 있는 것은 두 가지이다. 그중에 하나는 인간의 얼굴에 '괴로울 고(苦)'라는 글자가 쓰여 있다는 것이다. 초두 변(艹, 艸)은 얼굴에 있는 눈썹을 가리키고, 열십자(十)는 가로가 양쪽 눈, 세로가 코를 가리키고, '입구(口)'라는 글자는 사람의 입을 가리킨다고 설명해주셨다. 또 다른 하나는 "니 뭐꼬?"라는 말이다. "너라는 놈! 네 정체가 무엇이냐?"라고 힘주어 말씀하시면서 '오온(五蘊)으로 구성되어있는 너'라는 놈은 원래 없는데 마치 있는 것처럼 생각하니까 괴로움에서 벗어날 수 없다고 강변하셨다. 그리하여 인간의 삶은 고해(苦海)와 같다는 것이다. 그 교수님은 나에게 고해에 대한 하나의 해결책으로 불교의 사성제(四聖諦)와 팔정도(八正道)를 제시해주셨다. 어쨌든, 만일 우리의 삶이 이처럼 괴로움으로 가득 채워진 삶에 불과하다면 우리는 살아야 할까? 아니면 그렇게 살 바에야 우리의 삶을 미련 없이 마감해야 할까?

아리스토텔레스는 '자살'에 관해서 어떻게 생각했을까? 그는 자살과 관련하여 다음과 같이 말한다. "용기란 우리가 언급했던 상황들에서 두려운 것들과 대담을 불러일으키는 것들에 관련한 중용이며, 그렇게 하는 것이 고귀하기 때문에, 또 그렇게 하지 않는 것이 부끄러운 일이기 때문에 선택하고 견뎌낸다. 가난을 피하려고, 혹은 성적인 열망(eros)을, 혹은 어떤 고통스러운 것을 피하려고 '죽는 것'은 용감한 사람이 아니라 오히려 비겁한 사람이나 하는 일이다. 고생스러운 일을 회피하는 것은 유약함이며, 그렇게 하는 것이 고귀하여서 죽음을 수용하는 것이 아니라, 나쁜 것을 회피하려고 죽음을 수용하는 것이기 때문이다."[7] 아리스토텔레스에 의하면, 자살은 한마디로 말하면 '비겁한 사람이나 하는 일'이다. 이제 아리스토텔레스의 철학을 아우구스티누스(Augustinus)의 신학과 『성서』의 관점에서 종합을 시도한 중세철학자 토마스 아퀴나스는 '자살'과 관련해서 어떤 주장을 했는지 살펴보자. 그는 기본적으로 아우구스티누스가 『신의 도성』 1권 20장에서 언급한 것을 기반으로 '자살'이라는 것이 자기 살해에 해당하는 것임을 재확인한다. 그는 세 가지 이유를 들어 자살은 '살인에 해당하는 죄'라고 규정한다.[8]

첫째, 모든 것들은 자연적으로 자신을 사랑한다. 그러므로 그것들은 자연스럽게 자기를 지키려고 하며, 자기를 무너뜨리려는 것에 대해 어떻게든 저항한다. 그런데 자신의 목숨을 끊는 것은 본성 혹은 자연의 성향과 자비 즉 그것을 통해 자기 자신을 사랑해야 하는 자비를 거스르는 일이다. 그러므로 자살은 자연법과 사랑에 역행하는 것으로서 어떤 경우에도 대죄일 수밖에 없다.[9]

둘째, 각 부분은 전체에 속해 있듯이 모든 사람은 공동체를 구성하는 부분이고 그래서 공동체에 속해 있다. 그러기에 자살은 공동체에 상처를 가하는 잘못을 범하는 것이다.

셋째, 생명은 하나님이 사람에게 주신 선물이다. 생명은 살게도 하고 죽게도 할 수 있는 하나님의 능력에 종속되어 있다. 인간은 오직 생명을 받을 뿐이지 스스로 종식할 수 있는 권리가 없다. 그러므로 자살은 하나님에 대해 죄를 범하는 것이다.[10]
그러면 아리스토텔레스 사상과 기독교 사상의 종합을 시도했던 토마스 아퀴나스(Tomas Aquinas)가 자살을 금하는 세 번째 이유의 기본적 토대가 된 『성서』에서는 '살자 또는 자살'과 관련해서 어떻게 기록되어 있을까? 『구약성서』를 보면 에스겔이라는 선지자를 통해 신이 이스라엘 백성들에게 이렇게 말한다. "내가 네 곁으로 지나갈 때 네가 피투성이가 되어 발짓하는 것을 보고 네게 이르기를 너는 피투성이라도 살아 있으라. 다시 이르기를 너는 피투성이라도 살아 있으라."[11] 라고 명령한다. 이것이 바로 이스라엘 백성들을 향한 신의 준엄한 명령이었다. 천하보다도 귀한 한 생명의 존엄성이라는 사유가 바로 여기에서 비롯되었다고 말할 수 있다. 그러면 나는 피투성이가 된 채로 아무리 끔찍한 고통을 당할지라도, 나는 어쨌든 살아 있으니까 이유 여하를 막론하고 무조건 살아야만 할까?

아니면 살려면 아주 폼나게 잘 살아야지 그렇게 처절하고도 심각한 고통을 당하고서 살 바에야 차라리 죽는 것이 더 나을까?

: 마침표를 찍기 전에 쉼표를!

언젠가 행복론 수업이 끝난 후에, 어느 공과대학 남학생이 나에게 상담을 요청해 왔다. 먼저 그 학생의 하소연을 애정 어린 마음으로 주의 깊게 경청했다. 그의 가정은 최악의 상황이었다. 어느 하나 긍정적인 부분이 전혀 없었다. 그 와중에 그 남학생은 그야말로 살기 위해서 몸부림치고 있었다. 그의 가정사를 다 듣고 난 후에, 나는 강의실 칠판에 이렇게 썼다. "Sleeping is good, To die is better, The best is no to be born."이라고. 그리고 이 문구를 읽은 소감을 물었다. 그랬더니 그 학생의 입에서 곧바로 이런 말이 툭 튀어나왔다. "칠판에 쓰신 저 문장이 바로 제 마음을 표현한 거에요." 이 대답이 끝나자마자 곧바로 나는 칠판에 다시 이렇게 썼다. "신(자연, 운명)이 쉼표를 넣은 곳에 마침표를 찍지 말라"라고.[12] 사실 이 문구 어느 날 나와 아내가 불교와 관련한 책을 사려고 서점에 갔다가 우연히 내 눈에 들어 온 류시화의 『좋은지 나쁜지 누가 아는가』라는 책 겉표지에 쓰여 있던 하나의 문구였다. 계속해서 나는 박태원의 '마침표가 단 하나뿐인' 단편소설 『방랑장 주인(1936)』을 소개해주었다. 이 소설은 5,558자로 이루어진 단 한 문장으로 되어 있는 소설이다. 200자 원고지로도 대략 30장 정도의 분량인데 단 한 문장으로 그리고 단 하나의 마침표로 완성되었다. 만만치 않은 분량의 단편소설에 단 하나의 마침표만 있으니 독자들이 읽을 때 얼마나 숨이 막히겠는가. 그러나 걱정 안 해도 된다. 이러한 실험소설은 다행하게도 줄마다 쉼표가 적절하게 배치되어 있어서 숨이 막혀서 죽을 정도는 아니다. 나는 이 소설의 구성 형식이 마치 우리의 삶과 유사하다고 생각했다. 나는 그 학생에게 마지막으로 이렇게 말했다. "내 삶에 마침표를 찍어버리고 싶을 정도로 숨 쉬기조차 힘든 삶이겠지만 그 속에서 쉼표를 찍을 수 있는 공간들을 찾아보라. 찾고 또 찾아보면 얼마든지 있을 것이다. 그렇게 살기 힘들다는 것은 아무런 생각도 하지 말고 무조건 쉬라는 신호가 아닐까? 일단 다 내려놓고 잠시라도 쉬어보라. 신 또는 자연이나 운명은 네 인생에 쉼표를 찍을 수 있는 공간을 반드시 남겨두었을 것이다. 내 말이 '희망 고문'일 뿐이라고 너무 쉽게 단정적으로 생각하지 말라. 충분히 쉬었다고 생각되면 그 이후에 너 자신만의 실험소설을 당당하게 써 내려 가보라. 반드시 멋진 자전적 소설을 손에 쥐게 되는 날이 오고야 말 것이다."

: 행복, 즉 '잘 산다는 것'은 무엇인가?

내가 어렸을 때, 우리 집은 몹시 가난했다. 우리 집은 농촌 마을에 있으면서도 우리가 살집 한 칸 없었다. 그래서 방이 여러 개인 어느 집의 방 한 칸을 빌려서 한 가족이 한방에서 살았다. 그래서 그런지 나는 어려서부터 이에 대한 불만이 많았고 자연스럽게 나의 삶에 관한 질문이 많았던 것 같다. 나는 왜 이렇게 가난한 집에서 태어난 걸까? 나의 삶은 왜 고통의 연속일까? 왜 나는 이렇게 불행한 삶을 살고 있을까? 나는 어디에서 왔나? 나는 왜 사는 것인가? 나는 어디로 가고 있는가? 나의 캐묻는 버릇으로 인해 우리 가족이 전세를 살고 있던 그 집 주인 아저씨로부터 꾸중을 들은 적이 한두 번이 아니었던 걸로 기억한다. "야 이놈아, 그만 좀 물어봐라. 어린놈이 뭘 그리 꼬치꼬치 캐묻는 거냐."라고. 나의 이러한 캐묻는 습관이 나를 철학 쪽으로 마음이 향하게 했는지 모른다. 여기에서 나는 소크라테스의 말을 강조하는 의미로 다시 한번 언급하고 싶다. 소크라테스는 '캐물음'과 관련해서 다음과 같이 언급한다. "아마 누군가 말하겠지요. '소크라테스여, 당신은 우리 곁을 떠나 침묵을 지키며 조용히 살아갈 수 있지 않을까요?' 이것은 여러분 가운데 몇몇 분에게는 이해시키기가 가장 어렵습니다. 만약 내가 그것은 신에 대한 불복종이며, 그래서 내가 조용히 살아갈 수 없다고 말한다면, 여러분은 내가 핑계를 대는 줄 알고 내 말을 믿지 않을 것입니다. 또한 내가 미덕과 그 밖에 내가 대화를 통해 나 자신과 다른 사람들에게 캐묻곤 하던, 여러분이 들었던 그런 주제들에 관해 날마다 대화하는 것이야말로 인간에게 최고선이며, 캐묻지 않는 삶은 인간에게 살 가치가 없다고 말한다면, 여러분은 내 말을 더욱 믿지 않을 것입니다."[13]

그러면 우리는 무엇을 캐물어야 할까? 인간으로서 가장 중요한 첫 번째 캐물음은 '사는 것' 또는 '죽는 것'과 관련되어 있다. 즉, "나는 왜 살아야 하는가?" 또는 "나는 왜 죽어야만 하는가?"이다. 이에 대한 선택은 일단 '사는 것'으로 해두자. 데카르트가 언급했던 '방법적 회의'가 아닌 삶과 죽음에 관한 이데올로기적 회의주의자처럼 언제까지나 살지 말지를 고민하면서 마냥 헤매는 상태로 살 수만은 없지 않겠는가? 그러므로 이제 우리에게는 두 번째 캐물음만 남아있다. 그것은 '잘 사는 것' 또는 '잘 못사는 것'과 관련된 캐물음이다. 다시 말하면, "어떻게 사는 것이 잘 사는 것인가?" 또는 "어떻게 사는 것이 잘 못사는 것인가?"를 캐묻는 것이다.

잘 산다는 것은 무엇인가

잘 산다는 것은
무엇인가

: 네 가지 요소

  잘 산다는 것은 피투성이라도 내가 '살아 있다는 것'을 전제하고 있다. 그러면 잘 산다는 것은 무엇일까? 우선 결론부터 말해보자. 잘 산다는 것은 "삶의 의미를 찾아서, 전인적인 건강을 누리면서, 원만한 인간관계를 맺고, 적절하게 잘 먹고 사는 것"이다. 우선, 가장 먼저 삶의 의미를 찾는 것이 중요할 것 같다. 왜냐하면 무의미한 삶은 곧 죽음으로 연결될 수도 있기 때문이다. 그러면 전인건강은? "건강을 잃으면 모든 것을 잃는다"라는 말이 있다. 그러면 정확히 말해서 건강을 잃으면 우선 무엇을 잃게 될까? 우리가 건강을 잃게 되면 가족들 간의 인간관계에도 문제가 생길 확률이 현실적으로 더 높다. 물론 평소에 가족 간의 사랑이 넘쳐나는 가정은 가족 중의 한 사람에게 건강 문제에 위기가 찾아오더라도 더욱더 하나가 되어 이러한 어려움을 극복해나갈 것이다. 그렇게 할 수 있는 이유가 있다. 그 가족들에게는 이미 '가족 간의 사랑'이라는 삶의 의미 또는 정신적 발판이 있어서 그것이 가능한 것이다.

그러면 이제 의미찾기와 전인건강 그리고 인간관계 다음으로 무엇이 중요할까? 당연히 경제활동이다. 의미찾기와 전인건강 그리고 인간관계에 문제가 생기면 더 이상 경제 활동하기 어렵게 된다. 삶의 의미도 찾지 못했고 전인건강에도 문제가 생겼다. 그리고 인간관계도 위기가 찾아왔다. 그러면 그 결과 당장 먹고살기에 문제가 생길 수밖에 없을 것이다. 결코 잘 살 수 없는 악순환 구조이다. 다시 한번, 정리해보자. 만일 내가 삶의 의미를 찾지 못했거나 정신적 발판이 무너져 있다면 잘 살기 어렵다. 삶의 동력이 약화하였거나 상실했기 때문이다. 또한 그것은 곧바로 전인건강의 악화 또는 상실로 이어질 수도 있다. 전인건강을 잃으면 연속적으로 인간관계도 힘들어지고 먹고사는 문제도 원활하게 해결하기가 어려워질 수밖에 없다. 그야말로 악순환일 것이다. 그러므로 우리의 현실을 직시해보면, 적어도 우리의 삶의 네 가지의 요소, 즉 삶의 의미, 전인건강, 인간관계, 먹고살기는 우리가 행복하게 잘 살기 위한 가장 기본적인 요소들인 것만은 분명해 보인다.

: 잘 산다는 것은 '삶의 균형'이다.

클린턴 행정부 1기 노동부 장관이었던 로버트 라이시(Bobert B. Reich)는 그의 저서 『부유한 노예(원제: The Future of Success)』에서 "잘 산다는 것은 삶의 균형이다."라고 역설한다. 그는 우리가 신경제의 혜택으로 과거보다 더 잘살고 있는 것처럼 느끼고 있을 뿐 그 대가는 더 필사적이며, 더 불안해야 하고 더 긴장해야 하는 '갈등의 비용'을 지불해야 한다고 말한다. 그에 의하면, 우리는 일이 계속되리라는 보장이 없기에 일자리가 있는 지금 가능한 한 더 많이 벌어야 하는 중압감에 시달려야 하고 대기해야 하는 '귀가불능상태'에 빠져 있다. "대부분 사람이 돈 벌기 위해 일하는 시간이 엄청나게 늘어나고 있다. 돈을 벌기 위해 하는 일이 과거보다 우리 삶의 나머지 부분을 더 많이 침범하고 있다. 깨어 있는 시간 중에 더 많은 부분을 일에 할애하고, 심지어 곤히 잠들 때조차 완전히 자유롭지 못하다. 집에 있는 팩스, 음성 사서함, 이메일, 호출기, 이동전화, 카 폰 등이 끈덕지게 강요하는 것이 있다. 대답해야 한다는 것이다.”[1]

프란츠 카프카의 작품 『변신』을 보면, 로버트 라이시가 언급했던 '갈등의 비용'을 지불하면서 '귀가불능상태'에 빠져 있는 주인공 그레고르 잠자의 아버지가 등장한다. 잠자의 아버지는 은행의 수위였다. 그런데 그는 은행에서 퇴근한 후에도 어떤 고집에선지 은행 수위복을 벗으려 하지 않았다. 그의 잠옷은 언제나 벽에 걸려 있었다. 그는 늘 제복을 단정하게 입은 채로 의자에서 잠이 들었다. 언제라도 직장에 달려 나갈 태세였다. 집에 돌아와서도 언제 내려질지 모르는 직장 상사의 명령을 기다리고 있는 사람 같았다. 주인공의 아버지는 이렇게 중얼거린다. “이것이 인생이야. 이것이 내 말년의 휴식이로군.”[2] 이 말을 다른 말로 표현해보면 결국 이런 말이 아닐까? “산다는 것이 다 그런 거야. 이렇게라도 해야만 내 인생 말년(末年)에 내가 안심이 되거든.” 어쨌든, 로버트 라이시는 이렇게 갈등의 비용을 지불하면서 귀가불능상태로 사는 것이 결코 잘 사는 게 아니라고 말한다. 그런데 그의 이러한 생각은 그의 '노동부 장관'으로서의 경험으로부터 나온 것이었다. 그가 노동부 장관으로 재직해 있는 기간 동안 그에게는 일이 그의 삶의 전부였다. 그는 아침에 일어날 때마다 사무실에 나간다는 생각밖에 없었고, 저녁에는 마지못해 집으로 돌아오곤 했을 정도였다. 몸은 돌아왔지만, 그의 마음은 여전히 사무실에 남아 있었다. 그야말로 몸은 귀가했을지라도 마음은 귀가하지 못한 '귀가불능상태'였던 것이다. 그래서 그는 자기의 상태를 이렇게 고백한다. “당시 상황이 이러했으니 내 삶에서 일 외의 나머지 부분이 말라비틀어진 건포도처럼 시들어버린 것은 당연했다. 아내와 두 아들을 볼 기회가 별로 없어서인지 가족의 느낌도 잃어버렸다. 옛 친구들과의 연락이 끊겼다. 심지어 자기의 모습도 보이지 않았다. 업무상 필요로 보이는 내 모습 외에 다른 모습은 찾아볼 수 없었다."[3] 그는 그와 같은 모습으로 사는 것이 결코 잘 사는 것이 아니라는 것을 깨닫고 노동부 장관직을 내려놓는다. 결론적으로, 그는 "잘 산다는 것은 '삶의 균형'이다."라고 주장한다. 그가 그의 경험을 통해서 얻은 소중한 삶의 교훈은 바로 이것이다. 잘 산다는 것은 우리의 정신적 발판, 인간관계의 풍성함과 해체되지 않은 가정, 통합된 지역사회 사이의 삶의 균형을 이루면서 살아가는 삶이다. [4]

: 어떤 방식의 조합을 끌어낼 것인가?

나는 행복론 수업 시간에 수강 학생들에게 이러한 결론, 즉 "잘 산다는 것은 삶의 균형이다."라는 로버트 라이스의 결론을 소개한 적이 있다. 그런데 학생들 대부분은 이러한 결론에 대해서 반론을 제기했다. 그것은 너무나도 '이상적인 삶'이라는 것이다. 누가 '삶의 균형'을 이루면서 살고 싶지 않겠느냐는 것이다. 이와 같은 이상적인 삶을 살아가기엔 자신들이 처해 있는 삶의 현실은 그리 녹록하지 않다는 것이다. 내가 생각해봐도 그것은 너무나도 이상적인 것 같다. 당장 나의 과거의 삶을 뒤돌아봐도 나 자신이 삶의 균형을 이루고 살기가 얼마나 어려웠는지를 토로할 수밖에 없다는 것이 솔직한 나의 고백이 아닐 수 없다. 그러면 로버트 라이시는 이에 대해 무엇이라고 응수할까? 그는 우리가 무엇인가 더 큰 것을 잃을 가능성이 있음에도 불구하고 이에 대한 논의를 생략한 채로 '세 가지의 동떨어진 대화'를 하고 있다고 말한다. 첫 번째 대화는 신경제의 경이로움에 관한 숨이 막힐 정도의 열광적인 대화이다. 두 번째 대화는 족쇄가 풀린 자본주의의 위험과 약탈 행위, 다국적 기업과 국제 금융의 힘과 탐욕, 그리고 때로는 이민자, 외국인, 소수 민족의 무단 침입 등에 관한 두려운 대화이다. 세 번째 대화는 이 새로운 시대에서 균형을 이루면서 살기 힘들다는 내용의 개인적인 대화이다. 그런데 그는 첫 번째 대화와 두 번째 대화 사이의 균형을 이루기 위해서는 세 번째 대화, 즉 개인적 대화를 넘어서서 어떤 방식의 조합을 끌어낼 것인지에 관한 더 큰 사회적 대화와 사회적 선택이 필요하다고 역설한다. 그리고 각 개인은 그러한 사회적 선택 내에서 자기 삶에 대한 균형을 이루어 나가야만 한다고 결론을 내린다. [5]

: 총체적인 가치들의 구도 속에서 행위 하는 인간

나는 서두에서 단 한 가지만이 아닌 적어도 네 가지 요소, 즉 의미찾기, 전인건강, 인간관계, 먹고살기 등이 적절하게 균형을 이루는 삶이 가장 행복한 삶이라고 언급했다. 이와 유사하게니콜라스 레셔(Nicholas Rescher)는 '총체적인 가치들의 구도 속에서 행위 하는 인간'을 언급하면서 기본적인 가치를 여덟 가지 범주로 분류하였다. [6] 첫째는 물질적, 신체적 가치로서 건강, 안락, 신체적 안전과 같은 가치들이다. 둘째는 경제적 가치로서 경제적 안전, 생산성과 같은 가치들이다. 셋째는 도덕적 가치로서 정직, 공정, 친절 등과 같은 가치들이다. 넷째는 사회적 가치로서 관대, 공손, 호의이다. 다섯째는 정치적 가치로서 자유와 정의이다. 여섯째는 미학적 가치로서 아름다움, 대칭, 우아 등과 같은 가치이다. 일곱째는 종교적 가치로서 경건, 복종, 신앙 등이다. 마지막 여덟째는 지적 가치로서 지혜, 명료성, 지식 등과 같은 가치이다.

: '인생 계획'이라는 조합이론

이제 '인생 계획'이라는 조합이론에 관하여 알아보자. 잘 산다는 것은 무엇인가? 이것과 관련해서 루이스 포이만과 제임스 피저(Louis P. Pojman & James Fieser)는 '조합 또는 균형 이론'을 제시한다. 그는 여기에서 객관주의, 주관주의, 그리고 조합이론을 제시한다. 먼저, 객관주의를 알아보자. 플라톤이나 아리스토텔레스 등이 주장하는 객관주의는 행복을 쾌락과 구별하고 인간 본성의 유일한 이상적인 모습에 대하여 말한다. [7] 다음으로 주관주의를 알아보자. 행복은 바라보는 자의 눈에 달려 있다. 당신은 정확히 당신이 행복하다고 생각하는 만큼 행복하다. 그 이상도 그 이하도 아니다. 이러한 개념은 기술적(記述的)인 것이 아니라 일인칭적(一人稱的) 평가이다. 나는 내가 행복한지 아닌지를 알거나 결정하는 유일한 사람이다. 만일 내가 행복하다고 느낀다면, 그 밖의 다른 모든 사람이 나의 삶의 양식을 멸시하더라도, 나는 행복하다. [8] 마지막으로, 조합이론을 살펴보자. 조합이론은 객관주의와 주관주의 양자를 통합한 이론이다. 여기에서 포이만과 피저는 이러한 조합이론으로 존 롤스(John Rawls)의 '인생 계획(plan of life)'을 제시한다. 각각의 사람들은 각자의 인생을 개방적인 상태에서 다양하게 계획한다. 그런데 그들의 인생 계획은 그들 자신이 자유롭게 선택한 통합적인 전체이어야 한다. 그리고 그들이 자신들의 목적이나 계획을 성공적으로 실현해야 한다. 이러한 견해는 그들을 그들의 목적이나 계획의 자율적인 선택자들로서 인식한다는 점에서 주관적이다. [9]

그들은 존 롤스의 주관주의와 객관주의에 관한 설명을 다음과 같이 소개한다.[10] "한 개인이 인생 계획을 선택하는 데 있어, 그의 유일한 쾌락이 공원 광장이나 잘 정돈된 잔디밭과 같은 다양한 기하학적 모양의 풀밭에서 풀잎을 세는 것이라고 할지라도, …선에 대한 우리의 정의는 우리가 이 사람에게 있어 선은 실제로 풀밭의 풀잎을 세는 것이라는 것을 인정하지 않을 수 없게 한다." [11] 그러나 아리스토텔레스의 주장, 즉 "상식인들의 마음속에는 어렴풋이나마 본성적인 것이 존재한다."라는 입장을 인정하고 있는 롤스는 다른 측면에서 객관주의적인 요소를 인정한다. 어떤 가치 있는 인생 계획에도 필수적인 일차적인 선이 있다. "권리와 자유, 권력과 기회, 수입과 부…자기 존중, …건강과 활력, 지적 능력과 상상력"[12] 등이 그것이다.

그리하여 포이만과 피저는 존 롤스가 이러한 주관주의와 객관주의를 '인생 계획'이라는 조합이론으로 통합시키려고 노력했다고 주장하면서 롤스의 조합이론을 소개한다. 그런데 이러한 조합이론은 오늘날 학계에서 일반적으로 받아들이는 이론이기도 하다. 그들은 객관주의를 '수레바퀴의 축'으로, 그리고 주관주의를 '수레바퀴의 살'로, 그리고 조합을 '수레바퀴 전체'로 비유하면서 다음과 같이 결론을 내린다. "일차적인 선은 그것으로부터 어떤 가능한 인생 계획이 도출되는 핵심(수레바퀴의 축)으로서 기능을 한다. 그러나 이러한 일차적인 선(혹은 그것 중 대부분)이 현재 존재하지 않는다면 인생 계획은 자신의 자아성에 대한 개인의 자율적 선택의 '참된 표현'(수레바퀴의 살들)이 아닐 수밖에 없다. 그래서 결국 사람들이 실제로 '진정으로' 행복하지 않을 때조차도 그들이 행복하다고 믿는 것이 완벽하게 가능하다." [13]

: 방패연과 같은 인생

존 롤스가 비유한 '수레바퀴'와 비슷한 형태를 띠고 있는 것은 다름 아닌 내가 제시하는 '방패연'이다. 연의 일반적인 모양은 4각 직사각형의 중앙에 구멍이 뚫려 있는 것이다. 그 종류는 연의 면에 붙이는 색지와 칠하는 빛깔, 표시된 모습에 따라서 구별하기 때문에 매우 다양하다. 이 밖에도 연의 생긴 모양, 즉 외형에 따라 구분하기도 한다. 가장 전통적인 연의 형태는 약간 갸름한 네모형이었다. 그중에서 방패연은 가장 일반적인 형태의 연 중의 하나였다. 방패연을 만드는 방법은 다음과 같다. 방패연의 네 개의 꼭짓점에다 실을 묶고 나서 각각의 네 줄을 같은 비율로 쭉 늘어뜨려서 한 개의 꼭짓점을 형성해서 하나로 묶어준다. 그리고 난 후에 이제 줄을 아주 길게 만들어서 실패에 감아서 사용한다.

나는 방패연의 네 개의 꼭짓점에 서두에서 이미 언급했던 의미찾기, 전인건강, 인간관계, 먹고살기라는 네 가지의 주제를 설정하고 싶다. 그런데 이러한 방패연의 네 개의 꼭짓점들은 존 롤스의 수레바퀴 비유에서 주관주의를 의미하고 있는 '수레바퀴의 살'과 유사하다. 그리고 방패연의 네 개의 꼭짓점에서 시작된 각각의 실들을 묶어서 만든 하나의 합류점은 존 롤스가 말한 객관주의를 의미하고 있는 '수레바퀴의 축'과 비슷하다고 볼 수 있다. 그러면 롤스가 말하는 주관주의와 객관주의의 조합은 당연히 '방패연 전체'일 것이다. 여기에서 주관주의로서 '방패연의 네 개의 꼭짓점'이 의미찾기, 전인건강, 인간관계, 먹고살기라고 해보자. 그러면 객관주의로서 방패연의 네 개의 꼭짓점에서 시작된 '각각의 실들을 묶어서 만든 하나의 합류점'은 무엇일까? 그것은 바로 위에서 이미 언급한 바와 같이 존 롤스가 말한 필수적인 일차적인 선으로서 "권리와 자유, 권력과 기회, 수입과 부…자기 존중, …건강과 활력, 지적 능력과 상상력" 등을 말한다. 그러나 나는 가장 필수적인 일차적인 선은 '사는 것(being)'이라고 생각한다. 왜냐하면 일단 방패연으로서 내가 살아 있어야만(being) '나'라는 방패연이 네 가지, 즉 의미찾기, 전인건강, 인간관계, 먹고살기가 조합을 이루어 광활한 창공을 향하여 마음껏 훨훨 날아오르며 잘 살 수 (well being) 있지 않겠는가.

그러면 롤스가 말하는 필수적인 일차적인 선으로서 "권리와 자유, 권력과 기회, 수입과 부…자기 존중, …건강과 활력, 지적 능력과 상상력" 등은 방패연의 어디에 해당하는 것일까? 나는 롤스가 말하는 필수적인 일차적인 선들은 방패연의 네 가지 꼭짓점 중 하나인 '의미찾기'와 관련되어 있다고 생각한다.

왜냐하면 아리스토텔레스와 존 롤스의 끈질긴 설득에도 불구하고, 필수적인 일차적인 선이라는 의미찾기의 문제는 여전히 학자들 사이에서 '필수적인 일차적인 선'이라는 것이 있는지 없는지 또는 만일 필수적인 일차적인 선이 있다면 그것이 정확하게 무엇인지에 관해서 여전히 격렬한 논쟁 상태에 있기 때문이다.

앞으로 '삶의 의미'에서 다루겠지만, 삶의 의미와 관련해서 적어도 네 부류의 관점, 즉 무의미적 허무주의, 중립적인 불가지론, 유의미적 유신론, 유의미적 무신론이 있다. 그중에서 적어도 무의미적 허무주의자들과 중립적인 불가지론자들은 삶의 의미를 인정하지 않거나 모른다는 입장이다. 그들은 그들 나름대로 삶의 의미를

'무의미적 허무주의' 또는 '중립적인 불가지론'으로 자유롭게 선택한 것이다.

만일 그렇다면, 그들은 '삶의 의미'뿐만 아니라 롤스가 언급한 '필수적인 일차적인 선'에 관해서도 똑같은 태도일 것이다. 그들은 불가피하게 롤스가 언급한 필수적인 일차적인 선도 역시 객관적인 것이 아닌 주관적인 것으로 받아들일 것이다. 그리하여 나는 롤스의 필수적인 일차적인 선을 수레바퀴의 축에 해당하는 네 개의 실이 만나는 방패연의 꼭짓점에 두지 않고 방패연의 네 개의 꼭짓점의 하나인 '의미찾기'에다가 포함한 것이다.

삶의 의미나 필수적인 일차적인 선과 관련하여 무의미적 허무주의자 또는 중립적인 불가지론자일지라도 그들이 당장 죽는 것은 아니다. 그들은 그들 나름대로 삶을 영위하면서 방패연의 나머지 축, 즉 인간관계, 전인건강, 먹고살기 등을 통하여 각자 자신의 신념대로 잘 사는 삶, 즉 행복한 삶을 영위해나갈 수 있다. 그 외에 유의미적 유신론자들과 유의미적 무신론자들도 그들이 가지고 있는 유의미적인 신념을 기본적인 토대로 삼아 인간관계도, 전인건강도 먹고살기도 '균형 있게' 잘 감당함으로써 잘 사는 삶, 즉 행복한 삶을 살아갈 수 있다. 이처럼 네 부류의 사람들이 각자의 신념들을 가지고서 자기 나름대로 삶의 행복을 영위해나갈 수도 있다. 그러므로 그들 각자의 신념과 자기 나름대로 각자의 삶의 행복을 인정해 줄 수밖에 없지 않겠는가? 결국 모든 인간은 자기가 자유롭게 선택한 각자의 신념과 삶을 살아가고 있다.

우리는 그것을 인정해 줄 수밖에 없을 것 같다. 그러한 신념이 건전한 것인지 건전치 못한 것인지 그리고 그들의 삶이 행복한 것인지 불행한 것인지 객관적으로 판단해보는 것은 일차적으로 그들 각자의 신념과 삶을 인정해주고 난 이후의 일이다. 여기에서 한 가지 분명하게 밝혀 둘 것이 있다. 그것은 바로 나 자신은 개인적으로 아리스토텔레스와 존 롤스와 똑같은 견해를 밝히고 있다는 점이다. 나도 역시 이 세상 또는 인간의 삶 속에는 필수적인 일차적인 선이 존재한다는 신념을 가지고 있다. 그런 의미에서 나는 도덕에 관한 한 객관주의자이다.

이제 결론을 내려보자. '사는 것(being)'이야말로 가장 필수적인 일차적인 선이라는 주장은 인간이라면 누구나 본성적으로 받아들일 수밖에 없을 것 같다. 물론 요즘 사람들은 그저 사는 것은 별다른 의미가 없고 잘 살아야 한다고 주장하는 사람들도 있지만 말이다. 그야말로 '사는 것'과 '잘 사는 것'이 거꾸로 물구나무를 선 것이다. 적극적 안락사를 찬성하는 사람들이 바로 그들이다. 그들은 비참하게 하루하루 겨우 목숨을 구차하게 연명하는 것은 별다른 의미가 없다고 생각한다. 그렇게 살 바에야 차라리 죽는 것이 더 낫다고 생각하는 것이다. 그러나 어쨌든 우리는 죽는 것이 아니라 '사는 것'은 우리 인간에게 있어서 최상위 가치임을 인정하지 않을 수는 없을 것 같다. 그런 의미에서 방패연의 네 개의 꼭짓점에서 시작된 각각의 실들을 묶어서 만든 하나의 합류점에 해당하는 것은 최상위 가치로서의 일단 지금 여기에서 내가 '사는 것' 또는 '살아 있는 것'이라고 말할 수 있다. 결론적으로, 행복하게 잘 산다는 것은 피투성이라도 일단은 내가 '살아 있다는 것'을 전제하고 있다.

그러면 '잘 산다는 것'은 무엇인가? 앞에서도 언급했다시피 비록 '잘 산다는 것'을 일의적(一義的)으로만 정의 내릴 수 없을지라도, 나 나름대로 정의해보면, '잘 산다는 것' 즉 '행복한 삶'이란 "나 나름대로 삶의 참된 의미를 찾아서, 전인적인 건강한 삶을 누리면서, 아름다운 인간관계를 맺고서, 적절하게 잘 먹고 사는 것"이다.

후속활동 프로그램

1. 존 롤스의 '조합이론'과 관련하여 '수레바퀴의 축(객관주의-나의 정신적 발판)과 수레바퀴의 살들(주관주의-나를 행복하게 하는 것들)'을 도화지에 그려보고 소개하기

2. 본문에 소개된 '방패연 이론'과 관련해서 방패연을 도화지에 그려보고 토론하기

3. 내가 행복한 이유 10가지 적어보기

의
미
찾
기

의미찾기

: 의미와 재미 - 아빠, 꼭 의미가 있어야만 하나요?

어느 해인가 우리 가족은 모두 농촌에 있는 본가에서 추석을 보내고 있었다. 당시 중학생이었던 나의 작은아들은 어른들이 추석 음식을 준비하는 동안 본가 근처에 있는 근대문화 유산으로 등재된 철도역사 부근에 돗자리를 깔고 누워서 판타지 소설을 읽고 있었다. 내가 옆에 다가가 작은아들에게 이렇게 물었다. "판타지 소설을 읽고 있는데 그 소설 속에는 어떤 의미 또는 교훈을 발견할 수 있니?" 이에 대한 작은아들의 대답은 나로서는 꽤 의외였다. "소설 속에 꼭 '의미'나 '교훈'이 담겨 있어야만 하나요? 그냥 '재미'있으면 되는 것 아닌가요?" 나로서는 그의 대답이 아주 도발적이고 충격적인 것으로 다가왔다. 나는 반사적으로 조금은 감정이 상한 상태로 이렇게 말했다. "그래도 그렇지, 아무런 의미나 교훈도 주지 못하는 소설을 도대체 왜 읽는 거니? 그 나름대로 의미나 교훈이 있어야 재미도 있는 것 아닌가? 아무런 의미도 없는 소설이 재미있을 수 있는 거니?" 그다음에 세대 간의 첨예한 갈등 속에서 계속된 다소 어색하고 불편한 대화 내용이 어떠했을지를 한번 상상해 보라.

: 의미에의 의지

프리드리히 니체는 인간을 '힘에의 의지를 가진 존재'로서 묘사했다. 반면에, 빅터 프랭클(Victor Frankl)은 인간을 '의미에의 의지를 가진 존재'로 표현했다. 그는 '의미를 찾고자 하는 의지'에 관하여 다음과 같이 설명한다. "인간이 의미를 찾고자 하는 마음은 그 사람의 삶에서 근본적으로 우러나오는 것이지 본능적인 욕구를 이차적으로 합리화하기 위하여 생기는 것은 아니다. 이러한 의미는 유일하고 개별적인 것으로 반드시 그 사람이 실현해야 한다. 또한 그것은 그 사람만이 실현할 수 있다. 그렇게 해야만 의미를 찾고자 하는 그 자신의 의지를 충족시킨다는 의의가 있게 된다."[1] 그는 "의미와 가치가 자신을 방어하기 위한 수단이나 반사작용 그리고 삶의 승화에 불과할 뿐이다."라는 주장에 대해 다음과 같이 반박한다. "나는 단지 내 자신을 '방어하기 위한 수단'을 위해 세상을 살고 싶지 않을 뿐만 아니라 단지 내 '반사작용'을 위해 죽고 싶은 생각도 없다. 하지만 인간은 그 자신의 이상과 가치를 위해 살 수 있는 존재이며, 심지어 그것을 위해 죽을 수도 있는 존재이다."[2] 그는 존스홉킨스대학교에서 학생을 상대로 한 통계 조사를 사례로 제시한다. 존스홉킨스대학 소속의 사회과학자들이 7,948명의 학생을 대상으로 통계 조사를 했다. 설문에서 자신에게 '가장 중요한 것'이 무엇이냐는 질문에 16%의 학생들이 '돈을 많이 버는 것'이라고 대답했다. 반면에 78%의 학생들은 첫 번째 목표가 '자기 삶의 목표와 의미를 찾는 것'이라고 대답했다.[3] 그는 프리드리히 니체의 말, 즉 "'왜' 살아야 하는지 아는 사람은 그 '어떤' 상황도 견뎌낼 수 있다"를 인용하고 이렇게 탄식한다. "슬프도다! 자기 삶에 더 이상의 느낌이 없는 사람, 이루어야 할 아무런 목적도, 목표도 그리고 의미도 없는 사람이여!"라고.[4]

1. 삶

: 인생은 살만한 가치가 있는가?

칼 야스퍼스(Karl Jaspers)는 삶의 의미와 관련해서 "존재의 가치와 의미에 관한 질문은 어떤 질문과도 유사하지 않다. 그 질문과 대면할 때까지 사람은 진정으로 진지해지지 않는 듯하다."[5] 라고 말한다. 알베르 카뮈도 이와 관련하여 다음과 같이 언급한다. "참으로 진지한 철학적 문제는 오직 하나뿐이다. 그것은 바로 자살이다. 인생이 살 만한 가치가 있느냐 없느냐를 판단하는 것이야말로 철학의 근본 문제에 답하는 것이다."[6] 서양의 철학자들은 고대에서 근세에 이르기까지 인생의 목표 또는 삶의 궁극적 목적으로서 행복 등에 대해서는 많이 언급해왔다. 그러나 적어도 17~18세기에 이르기까지 삶의 의미에 관한 질문은 특별히 제기하지도 않았을 뿐만 아니라 그러한 질문을 아예 기피하기도 했다. 그 이유는 무엇이었을까? 그것은 바로 5세기에서 17~18세기에 이르기까지의 기독교적인 세계관 때문이었다. 그 오랜 시간 동안 삶의 의미는 특별하게 문제시되지 않았다. 왜냐하면 신의 계시로 인해 주어진 답이 명확했기 때문이다.[7] 예를 들면, 기독교의 「웨스트민스터 소요리 문답」 제 1문은 "사람의 제일 되는 목적이 무엇입니까?"이다. 그런데 이에 대한 대답은 단 한 가지로서 아주 명료했다. "사람의 제일 되는 목적은 하나님을 영화롭게 하고 하나님으로 인하여 영원토록 즐거워하는 것입니다."라고 명확하게 명시되어 있다.

그렇지만 17~18세기에 이르러서, 기독교의 영향력이 점차 감소함에 따라 "인생의 목적은 무엇인가? 인생은 살만한 가치가 있는가? 인간은 왜 사는가?" 등의 삶의 의미에 관한 질문은 더욱더 절박해지기 시작했다.[8] 19세기가 시작된 이후 등장한 니체, 쇼펜하우어 등의 철학자들이 그 절박함을 대변해주고 있다. 20세기에 이르러 그러한 질문은 새로운 긴급성을 가지게 되었다. 이에 따라서 서양 철학자들은 삶의 의미라는 주제에 관하여 본격적으로 언급하기 시작했다.[9] 반면에 이와 반대되는 현상도 나타났다. 그것은 바로 방법론적 과학주의가 아닌 이데올로기적 과학주의의 영향으로 인한 삶의 의미에 대한 무관심이다. 스페인의 철학자 호세 오르테가(José Ortega)는 다음과 같이 언급한다. "과학적 진리의 특성은 그 정확성과 예측의 확실성에 있다. 그러나 과학의 이런 감탄스러운 특성은 궁극적이고 결정적인 질문들을 건드리지 않고 부차적 관심사의 수준에 머물게 하는 대가를 치르고 나서 얻은 것이다." 이어서 그는 삶의 본질적 의미에 무관심이 어떤 결과를 낳고 있는지를 다음과 같이 이야기한다. "다음과 같은 궁극적이고 극적인 질문들에 대해 입을 닫아야 한다면 어떻게 살 수 있겠는가? 세상은 어디서 와서 어디로 가고 있는가? 우주 최고의 힘은 무엇인가? 삶의 본질적 의미는 무엇인가? (과학과 같은) 부차적이고 중간적인 주제들의 영역에만 갇혀 살아야 한다면 숨이 막힐 것이다. 우리에겐 근본적이고 궁극적인 수준의 포괄적 전망이 필요하다. 무한한 거리가 불러일으키는 경외감을 주지 못하는 깨어진 경치나 잘려져 나간 지평만으로는 안 된다." [10]

어쨌든 우리는 사물 또는 동물이 아닌 인간이기 때문에 "세상은 어디서 와서 어디로 가고 있는가? 우주 최고의 힘은 무엇인가? 삶의 본질적 의미는 무엇인가?"라는 궁극적 질문에 직면해 있음을 인정할 수밖에 없다. 우리는 이러한 질문과 관련해서 어떤 태도를 보여야 할까? 우리는 이러한 질문에 대해 앞서 언급한 바와 같이 무관심 또는 무시로 일관할 수도 있다. 우리는 과학을 활용하여 이러한 질문에 과학적으로 대답하고자 시도할 수도 있을 것이다. 우리는 과학적 방식을 넘어서서 좀 더 다양한 층위들을 활용하여 좀 더 열린 마음과 배우는 자세로 알아갈 수도 있다. "인간에게 객관적인 삶의 의미 또는 삶의 가치가 과연 있는가?" 만일 있다면 그러한 삶의 의미 또는 가치가 철학적으로 어떤 식으로 논의되어왔는지를 검토해보는 것은 '잘 산다는 것'과 관련해서 모든 인간에게 가장 중요한 일 중의 하나가 될 것이다.

삶의 의미 - 네 가지 범주, 여덟 가지 부류

존 메설리(John G. Messerly)는 그의 저서 『인생의 모든 의미』에서 "삶의 의미는 무엇인가"에 대한 대답을 크게 세 가지 범주로 분류했다.[11] 그녀는 세 가지 범주를 다시 일곱 가지의 부류로 나누어서 아주 복잡하게 설명하고 있다. 나는 그녀의 분류를 일부 수정해서 네 가지 범주를 여덟 가지로 분류하고 이러한 분류를 토대로 해서 좀 더 상세하게 설명해보려고 한다. 그러면 "삶의 의미는 무엇인가"에 관해서 좀 더 구체적으로 분류해가면서 살펴보자.

첫 번째 범주 - 무의미적 허무주의

첫 번째는 허무주의의 범주 안에서 볼 때, 삶은 무의미하다는 대답이다. 이것은 삶이 무의미할지라도 삶의 무의미 그 자체로서 긍정적이라는 태도와 삶이 무의미하고 부조리함으로써 부정적이기 때문에 무의미하고 부조리한 삶에 반항하며 살아야 한다는 태도로 나눌 수 있다. 먼저, 전자의 입장을 알아보자.

: 긍정적 관점으로서 무의미적 허무주의

미국의 철학자인 토머스 네이글 (Thomas Nagel)은 긍정적 관점으로서 무의미적 허무주의자에 속한다. 그는 비록 우리가 살아 있는 동안에 하는 대부분의 일에 대해 그것이 크든 작든 간에 당한 이유나 설명이 있게 마련이지만, 그 어떤 것도 '우리의 인생 전체의 의미'를 설명하지는 못한다고 말한다. 그에 의하면, 이 모든 행위, 즉 성공과 실패, 투쟁과 실망이 그 한 부분으로 있는 그 인생 전체의 의미를 말이다. 만약 우리가 그 전체에 대해 생각해보면, 거기에는 그 어떤 의미도 없는 것 같다. 그러나 인생 전체의 의미가 없다는 것은 문제가 되지 않는다. 내가 기차를 놓치지 않게

역에 도착할 수 있는지, 고양이에게 먹이를 주는 것을 기억하고 있었는지 등을 생각하는 데도 바쁜 인생이다. 우리가 이 세상 살아가는 데에 있어서 그 이상의 것들은 필요하지 않다…비록 전체로서의 인생은 무의미할지 모르지만, 아마도 그것은 별 걱정할 바가 아닐 것이다. 아마 우리는 그런 문제를 인식하고도 예전과 다름없이 살아나갈 수 있을 것이다.[12] 철학자 알렉산더 로젠버그(Alexander Rosenberg)도 네이글과 같이 긍정적 관점으로서 무의미적 허무주의자라 할 수 있다. 그는 오직 과학적 방법을 적용하여 드러낼 수 있는 것만이 유일한 실재라고 주장한다. "과학은 실재에 대한 모든 중요한 진리를 제공한다. 그리고 우리가 그러한 진리를 인식하는 것이 진정한 이해 전부이다. 과학적 태도로 임한다는 것은 과학을 실재와 자연-우리의 자연과 다른 모든 것의 자연 둘 다 – 으로 인도할 유일한 안내자로 대하는 것을 뜻한다."[13]

그의 생각을 요약해보면 다음과 같다. 실재의 본질은 무엇인가? 그것은 물리학이 제시해주는 것이다. 우주의 목적은 무엇인가? 그런 것은 없다. 삶의 의미는 무엇인가? 그런 것은 마찬가지로 없다. 옳고 그름 또는 선과 악은 어떤 차이가 있는가? 둘 사이에는 도덕적 차이라는 것은 없다. 그에 의하면, 자연과학, 특히 물리학너머 또는 그 배후에는 아무것도 없다. "우리는 일반적으로 이 세계의 목적에 대하여, 구체적으로는 생물학적 생명의 목적, 그리고 생명 일반의 목적에 대해 허무주의자가 되어야 한다."[14]

내 생각에는, 로젠버그가 이것을 여기에서 '멋진 허무주의'라고 말하는 것을 봐서 그는 긍정적 관점으로서 무의미적 허무주의자 임에 틀림 없는 것 같다. 그리고 그의 이러한 주장은 결국 '물리학적 환원주의'로서 환원주의의 오류에 해당하는 것 아닐까? 토마스 네이글이나 알렉산더 로젠버그의 주장처럼 모든 인간은 모두 다 그저 그렇게 살아가고 있을까? 인간에게 있어서 행복한 삶이란 단지 물질적 조건과 사회의 제도 속에서 살아가는 일상의 삶에만 의존하는 것처럼 보이지 않는다. 그것은 '우리의 인생 전체의 의미'에도 의존하는 것 같다. 즉 인간의 삶과 이 세계는 어떤 총체적인 의미를 가질 때 행복해질 수 있다고 생각하는 사람들도 많다. "산다는 것은 무엇일까? 잘 산다는 것은 무엇일까?" 또는 "왜 나는 죽지 않고 살아야만 하는가?" 이러한 질문은 누구나 한 번쯤은 가져보는 질문일 것이다. 물질적으로 아무리 부유할지라도, 아무리 이상적인 정치제도나 사회제도 속에서 아무런 어려움이 없이 살고 있을지라도 인간의 삶과 이 세계에 대한 확실한 의미가 없을 때 인간은 자기 삶 속에 뭔가 빠져 있는 듯한 허전한 느낌이 든다는 것은 사실인 것 같다. 우리가 말하는 선진국일수록 자살률이 높다는 사실은 이를 증명하고 있는 것이 아닐까?

: 반항적 관점으로서 무의미적인 허무주의

다음으로 후자의 입장을 살펴보자. 알베르 카뮈(Albert Camus)는 인생 전체의 삶에는 전혀 의미가 없을 뿐만 아니라 부조리하다고 생각한다. 그는 삶이 무의미하고 부조리하다는 것을 토마스 네이글의 경우와는 달리 결코 긍정적으로 보지 않는다. 그리하여 먼저 그는 '자살'이라는 말을 꺼내면서 다음과 같이 말한다. "참으로 진지한 철학적 문제는 오직 하나뿐이다. 그것은 바로 자살이다. 인생이 살 가치가 있느냐 없느냐를 판단하는 것이야말로 철학의 근본 문제에 답하는 것이다." [15] 그는 아무런 의미 없이 반복되는 '권태로운 삶'에 대해서도 이야기한다. "아침에 기상, 전차로 출근, 사무실 혹은 공장에서 보내는 네 시간, 식사, 전차, 네 시간의 노동, 식사, 수면 그리고 똑같은 리듬으로 반복되는 월, 화, 수, 목, 금, 토 이 행로는 대개 어렵지 않게 이어진다. 다만 어느 날 문득, '왜'라는 의문이 솟아오르고 놀라움이 동반된 권태의 느낌 속에서 모든 일이 시작된다." [16] 그는 이렇게 무의미하고 부조리한 삶에 대한 반항을 노래한다. 그는 "이 반항이 삶에 가치를 부여한다."라고 말한다. 그리고 그는

"한 생애의 전체에 걸쳐 펼쳐져 있는 반항은 그 삶의 위대함을 회복시킨다."라고 주장한다. [17] 그리고 그는 이렇게 선언한다. "그리하여 나는 부조리에서 세 가지 귀결을 끌어낸다. 그것은 바로 나의 반항, 나의 자유 그리고 나의 열정이다. 오직 의식의 활동을 통해 나는 죽음으로의 초대였던 것을 삶의 법칙으로 바꾸어 놓는다. 그래서 나는 자살을 거부한다." [18]

그는 이와 같은 무의미하고 부조리한 세계에서 자살을 거부하고 반항과 자유 그리고 열정을 선택한다. 카뮈에 의하면, 인간은 아무런 의미도 없이 영원히 돌을 산 위로 밀어 올리기를 되풀이하는 저주를 받은 그리스 신화의 시지프와 같은 인생을 사는 존재이다. 그러한 인간에게 가장 필요한 것은 무의미하고 부조리한 삶을 살아 내려는 반항적 의지와 저주를 한 몸에 받아들여 감수하면서도 미소를 띨 수 있는 자유로운 삶에 대한 열정이다. "시지프는 돌이 순식간에 저 아래 세계로 굴러떨어지는 것을 바라본다. 그 아래로부터 정상을 향해 이제 다시 돌을 밀어 올려야 하는 것이다. 그는 또다시 들판으로 내려간다. 시지프가 나의 관심을 끄는 것은 바로 저 산꼭대기에서 되돌아 내려올 때, 그 잠시의 휴지의 순간이다. 그토록 돌덩이에 바싹 닿은 채로 고통스러워하는 얼굴은 이미 돌 그 자체다! 나는 이 사람이 무겁지만 한결같은 걸음걸이로, 아무리 해도 끝장을 볼 수 없을 고뇌를 향해 다시 걸어 내려오는 것을 본다. 마치 호흡과도 같은 이 시간, 또한 불행처럼 어김없이 되찾아 오는 이 시간은 바로 의식의 시간이다. 그가 산꼭대기를 떠나 제신의 소굴을 향해 조금씩 더 깊숙이 내려가는 그 순간순간 시지프는 자신의 운명보다 우월하다. 그는 그의 바위보다 강하다." [19] 그런데 카뮈와 동시대를 살면서 한때 '콩바'라는 단체에서 함께 일한 적이 있었던 아베 피에르(Abbe Pierre 1912-2007) 신부는 그의 저서 『단순한 기쁨』에서 카뮈의 삶과 그의 사상에 관하여 짧은 단상을 남겼다. 그는 그의 삶과 사상에 대해 무척이나 안타깝게 생각했다. 그는 그와의 만남을 다음과 같이 기록하고 있다. "한편 부조리를 일깨우고 절망을 가르치는 이들 또한 있다. 나는 카뮈도 생각한다. 해방 후에 한때 우리는 '콩바'에서 함께 일한 적이 있다. 그는 모든 일에 성실했다. 그것이 그와 만남에서 가장 돋보이던 점이다. 그에게는 통찰력과 너그러운 마음이 있었다. 그러나 그는 희망을 끝내 찾지 못했다. 그는 사르트르와 분명 다른 방식이긴 하면서도 사르트르만큼이나 부조리를 일깨우는 자로 남고 말았다. 그는 세상 곳곳, 인간의 마음속을 지배하고 있는 악을 볼 줄 알았다. 하지만 하느님께서 인간의 마음속에 빈자리로 각인해 놓으신 '사랑'은 보지 못했던 것이다. 희망은 감춰진 그 신비한 사랑 위에 놓여 있다. '타인은 지옥이다.'라고 그는 썼다. 그러나 나는 마음속으로 그 반대라고 생각한다. "타인들과 단절된 자기 자신이야말로 지옥이다."[20] 당신은 알베르 카뮈와 아베 피에르 중에서 어느 쪽으로 마음이 기울고 있는가? 실험, 조사 관찰 등을 통해서 객관적으로 보여줄 수 있는 정답은 없다. 다만 마음속 깊은 곳에서 우러나오는 그 느낌 또는 그 생각이 어쩌면 정답일지도 모른다.

두 번째 범주 - 삶의 의미에 관한 중립적 불가지론

두 번째는 불가지론의 범주에서 볼 때, '삶의 의미'에 관한 질문 또는 대답을 이해하기 어렵다는 입장이다. 여기에서 우리는 '삶의 의미'에 관한 질문과 이에 대한 대답을 이해할 수 없다는 입장과 그러한 질문은 이해할 수는 있지만, 그 질문에 대답할 수 있는지를 모른다는 입장으로 나눌 수 있다.

'질문과 대답'에 대한 불가지론

먼저 전자의 입장을 살펴보자. 루트비히 비트겐슈타인은 삶의 의미를 묻는 것은 '무의미한 질문'일 뿐만 아니라 이에 대해 '대답'할 수도 없다고 말한다. 비트겐슈타인은 그의 전기 저작인 『논리철학논고』에서 '그림이론'을 내세웠다. 그는 언어가

이 세계를 그림을 그리듯이 묘사하고 있다고 생각했다. 언어와 세계는 둘 다 논리적인 형식이 있다. 그리고 언어는 이 세계를 그림 그리듯이 묘사함으로써 이 세계에 대해서 말할 수 있다. 만일 언어와 세계가 이러한 관계를 맺고 있다면 종교적이고 윤리적인 가치에 해당하는 '삶의 의미'에 대한 논의는 엄밀히 말해서 무의미하다. 그러한 주제를 논의할 때 우리가 언어로 표현하려고 하는 대상들은 이미 이 세계의 한계 밖에 있으므로 언어의 한계를 또한 벗어나 있다. 삶의 의미와 같은 부류의 말들이 의미하는 대상은 이 세계에 존재하지 않는다. 따라서 이런 논의들은 삶을 통해 끊임없이 드러나는 신비한 것들일지라도 말이 안 되는 말을 끊임없이 되풀이하는 것에 불과하다. 따라서 비트겐슈타인은 "말할 수 없는 것들에 대해서는 침묵을 지켜야 한다."라고 선언한다. 물론 후기 저작에서는 이러한 입장에 변화가 있었다. 삶의 의미에 관한 질문에 대한 그의 대답을 다시 한번 심사숙고해서 읽어보자.

"대답을 표현할 수 없다면, 질문도 표현할 수 없다. 수수께끼는 존재하지 않는다. 일단 질문을 제기할 수 있다면, 질문에 대답할 수도 있다. 만일 회의주의가 대답할 수 없는 질문에 대해서 의심한다면, 그런 회의주의는 반박 불가능하지 않고 오히려 명백히 무의미하다. 왜냐하면 질문이 존재할 때만 의심이 존재할 수 있기 때문이다. 질문은 대답이 존재할 때만 존재하며, 대답은 무언가를 말할 수 있을 때만 존재한다. 설령 모든 가능한 과학적 질문들이 대답되더라도 삶의 문제들은 여전히 전혀 건드려지지 않은 채로 남아 있을 것이라고 우리는 느낀다…표현 불가능한 것이 정말로 존재한다. 그것은 스스로 자신을 드러낸다. 그것은 신비다…말할 수 없는 것에 대해서는 침묵해야 한다." [21]

'대답'에 대한 불가지론

다음으로 영국의 철학자 존 위즈덤(John wisdom)은 '삶의 의미'를 캐묻는 질문은 유의미하지만 이에 대한 대답은 거의 불가능하다고 주장한다. 그는 비트겐슈타인의 제자이다. 그는 비트겐슈타인이 자신의 전기 철학의 관점을 바꾸어서 '신학의 명제'를 무의미하다고 추방해 버리지 않았던 '비트겐슈타인 후기 철학'에 속하는 제자이다. 비트겐슈타인은 자신의 후기철학에서 전기철학과는 다르게 우리의 일상생활에서의 농담으로부터 신에 관한 이야기에 이르기까지 경험적으로 검증될 수는 없을지라도 그것들 나름대로 의미가 있는 명제가 실제로 많이 있다는 것을 인정한다.

위즈덤은 이와 같은 비트겐슈타인의 후기 철학을 자신의 철학 안으로 받아들인다. 그리하여 그는 비트겐슈타인이 인정하는 바와 같이 경험적으로는 검증될 수는 없을지라도 유용하고 의미 있는 진술들이 있을 수 있다는 것을 그대로 받아들인다. 그는 정신분석학의 명제들이나 신학적 명제들이 여기에 속한다고 말한다. 그는 이러한 명제들이 우리가 과학적 탐구에 있어서나 일상의 행위에 있어서 기준이 되는 경험적 실험, 조사, 관찰 등에 의한 검증이 필요한 진술들이 아니라고 말한다. 그는 그 대신에 이러한 명제들이 우리의 일상생활에서 특수한 방식으로 의미를 지니는 특수한 종류의 진술이라는 것을 인정한다.

예를 들면, 존 위즈덤은 신의 존재 여부와 관련해서 '한 번도 본 적이 없는 정원사(신) 이야기'에 대하여 언급한다. [22] 이 세상의 그 누구도 정원사(신)를 한 번도 본 적이 없었다. 그런데 한 사람은 잘 정돈된 정원(세계)을 바라보면서 정원사(신)가 다녀 갔다고 주장했다. 그런데 다른 한 사람은 정원(세계)에 있는 약간의 잡초(악)를 보고서 이 세상에 그 어디에도 정원사는 없다고 주장했다. 왜 이 두 사람의 주장이 서로 다를까? 위즈덤에 의하면, 두 사람의 주장이 서로 다른 것은 그들이 '정원에 대한 서로 다른 느낌'을 가지고 있기 때문이다. 다시 말하면, 두 사람의 주장에 대한 차이는 '저 바깥 세계에 있는 정원사(신)'에 대한 견해의 차이가 아니라 두 사람이 정원(세계)에 대하여 가지고 있는 '느낌의 차이' 때문이다.

신앙인은 무신론자가 믿고 있는 것과 다른 정원사(신)를 실제로 믿고 있는 것이 아니라 관찰된 정원(세계)의 변화가 보지지 않는 정원사(신)에 의해서 일어났다고 생각함으로써 자신의 마음을 가라앉히거나 위안을 얻고 있다. 그러므로 위즈덤에 의하면, 정원사(신)의 존재 여부에 대한 진술은 그런 의미에서 유의미한 진술일 수 있다. 그러나 정원사(신)의 존재 여부에 대해서는 이렇다 저렇다 대답할 수 있는 것은 아니다.

이와 같은 위즈덤의 견해는 그의 '삶의 의미'에 관한 주장에서도 그대로 반영되어 있다. 위즈덤의 '삶의 의미'에 관한 주장을 '영화 관람의 비유'를 통해서 쉽게 설명해 보자.[23] 우리는 영화가 이미 삼 분의 일 정도 시작되고 난 후에 영화관에 들어와서 영화를 관람하기 시작했다. 그리고 영화 상영이 삼 분의 일 정도 남은 시간에 영화관에서 빠져나왔다. 그러므로 우리는 영화의 중간 부분에 해당하는 삼 분의 일 정도의 분량만 관람한 것이다. 그러면 우리는 영화의 시작 부분과 끝부분을 잘 모르고 중간의 내용만 대충 알고 있는 것이나 다름없다. 그래서 우리는 영화의 처음 부분과 나중 부분의 내용과 의미를 알고 싶어 할 것이다. 영화 전체의 내용과 의미는 무엇이었을까? 이러한 질문은 유의미한 질문이다.

그러나 이러한 질문에 대한 대답은 추측만 할 수 있을 뿐이지 정확한 대답은 할 수 없다. 왜냐하면 우리가 그 영화 전체를 관람 또는 경험하지 않았기 때문이다. 이러한 영화 관람의 비유는 '우리의 인생사'에 관한 비유이기도 하다. 우리는 영원이라는 시간 속에서 이 세상에 중간에 들어왔다가 중간에 나가는 존재이다. 우리는 내가 태어나기 전에 일어났던 일과 앞으로 우리에게 일어날 일들을 결코 경험할 수 없다. 그러나 그렇다고 해서 "영원한 시간 속에서의 우리의 삶의 의미는 과연 무엇일까?"라고 질문을 던져보는 것이 무의미한 것은 아니다. 그러한 질문은 난해한 질문이기는 하지만 나름대로 유의미한 질문일 수도 있다. 다시 말하면, 우리는 영화 일부분만을 관람 또는 경험했다. 우리는 더 과거에 일어난 일과 앞으로 일어날 일들에 대해서 많이 알지 못한다. 그런데도 우리는 영화 전체의 의미 혹은 삶 전체의 의미를 알고 싶어 한다. 위즈덤의 표현을 빌리면, 우리는 '시간의 드라마에서의 질서'를 발견하고자 한다.[24] 그러나 아무리 삶의 의미에 관한 질문이 유의미할지라도 우리가 모든 것들을 직접 경험하지 않은 이상 그것에 대한 대답은 거의 불가능에 가깝다고 볼 수 있다. 그러므로 만일 우리가 삶의 의미에 대해 대답할 수 있다면, 그것은 우리의 복합적이고 전체적인 삶의 바깥쪽에서 우리에게 주어질 수도 있고 반대로 우리의 삶의 내부에서 만들어질 수도 있을 것이다.

세 번째 범주 - 유의미적 유신론

: 유의미적 유신론으로서 초월주의

세 번째는 유신론의 범주에서 볼 때, 삶은 유의미하다는 대답이다. 여기에는 유신론적 초월주의 입장과 유신론적 자연주의 입장이 있다. 먼저, 전자의 입장을 알아보자. 토마스 모리스(Thomas V. Morris)는 우리가 대상에 대하여 필수적인 통제권을 가졌을 때만이 대상에 의미를 부여할 수 있다고 주장한다.[25] 그에 의하면, 인간의 탄생, 생명, 고통, 죽음 등을 우리가 거의 혹은 전혀 통제할 수 없다면, 인간은 자기 삶을 자기 능력으로 유의미하게 만들 수 없다. 만일 삶의 의미가 부여되는 것이라면, 주관적인 삶의 의미는 존재하지 않는다. 그러므로 인간의 삶의 목적을 소유하고 있는 어떤 행위자나 힘, 또는 계획 등이 인간의 삶에 의미를 부여해주어야 한다.[26] 바로 이런 이유로 인해 톨스토이는 신앙으로 회귀했고 수많은 사람이 신을 거론해 왔다. 결국, 그는 "오직 신의 은총에 의해서만 신앙과 이성과 삶의 의미가 최종적으로 융합하여 서로를 완성할 수 있다"[27] 고 결론을 내린다.

: 신적 자기 계시로서 『성경』

　토마스 모리스의 이러한 주장은 기독교의 '신적 자기 계시'로서의 『성경』을 통해서 '초월적으로 주어지는 계시'로서 삶의 의미와 별다를 게 없는 것 같다. 기독교에 의하면, 신의 계시는 기록된 말씀의 형태로서, 즉 성경의 형태로서 나타난다. 신의 성육신(incarnation)으로서 예수는 성경 안에 계시가 되어 있다. 그러므로 기독교인들은 신의 궁극적 계시를 성경에서 찾는다. 이러한 신적 자기 계시는 신학의 방법론으로 본다면, 위로부터 아래로의 방법론이다. 이러한 하향식 방법론은 신의 자기 계시로부터 시작하여 아래에 있는 '삶의 의미'와 같은 인간의 문제를 다루는 기독교의 가장 전통적인 방법론이다.

: 지식의 근원 - 권위, 직관, 이성, 경험[28]

　우리가 어떤 것에 대해 옳은 신념을 주장하고 또 그 신념을 정당화시키는 훌륭한 근거를 가지고 있다면, 그것을 '안다'라고 말해도 좋을 것이다. 그러면 우리가 알고 있다고 확신하는 지식의 근원은 무엇인가? 지식의 근원을 권위, 직관, 이성, 경험으로 나누는 것은 아마 전형적인 구분이라 해도 좋을 것이다. 엄밀하게 말하자면, 네 가지 중에서 연역적 방법과 관련된 이성과 귀납적 방법과 관련된 경험이 가장 신뢰할만한 방법이다. 그러나 이성에도 문제가 있다. 자기 욕구에 대한 합리화의 도구로 사용되는 '도구적 이성'이 바로 그것이다. 경험에도 문제가 없는 것이 아니다. 경험에 의한 귀납적 방법론의 두 가지 특징이 바로 '개연성과 지식의 확장성'이기 때문이다. 어느 것도 완벽한 방법론은 아니다. 그러면 권위는 어떠한가? 권위는 이성과 경험보다 더 신뢰하기 어렵다. 왜냐하면 엄밀히 말하면, 권위는 지식을 얻는 '참다운 방법'이 못되기 때문이다. 권위는 단지 이차적인 의미에서만 지식의 방법이다. 즉 권위는 항상 권위 아닌 다른 어떤 지식의 방법으로 환원된다. 예를 들면, 나는 물리학책에서 읽었기 때문에 "구리는 철보다 더 좋은 열전도체이다"라는 진술을 믿는다. 그러나 이 명제는 근원적으로 어떤 사람의 경험으로부터 끌어낸 것이다. 그러면 직관은 어떠한가? 아마도 네 가지 중에서 최악일 것 같다. 가장 문제가 많은 것이다. '직관'은 이성의 특징으로 간주하는 논리적 추론과 경험에 통합되는 감각적 관찰이라는 두 가지 요소를 전혀 사용하지 않고서 곧바로 ─직접─ 확실하게 지식에 도달하는 방식으로 보통 이해되고 있다. 그 모든 경우에 '직관'이라는 말의 공통적인 의미는 어떤 지식을 확신 이외에는 아무런 명백한 증거 없이 갑작스럽게 지식을 얻는다는 것이다. 그러므로 직관은 통찰, 내적 조명, 직각, 내적 음성 등과 관련되어 있다. 이러한 직관들은 공통으로 그 사람이 관련된 형이상학적 갈등, 도덕적 갈등, 종교적 갈등을 갑작스럽게 해결하는 효과를 가지고 있다. 소크라테스와 잔 다르크는 신앙과 문화에 있어서 크게 다르지만, 두 사람은 그들 생애의 결정적인 순간에 내부에서 들려오는 음성을 들었다. 바울(Paul)은 다메섹으로 가는 도중에 지금까지 자기의 모든 것이 완전히 부서지는 환상을 보고 로마 지배하에 있는 전 세계에 기독교를 전파하기 위하여 출발하였다. 그런데 이러한 지식을 얻는 방법으로서의 초월적인 신적 자기 계시를 통한 직관이 지닌 가장 결정적인 한계는 '공개성의 결여'이다. 직관주의에 대해 의문을 제기하는 사람들은 직관 속에서 드러난 것이 공개적으로 검증되거나 반증할 수 없으며, 본질적으로 어떤 사람 혼자만의 사건이라고 비판한다.[29] 직관이 지식을 얻는 네 가지의 방법 중에서 가장 취약한 방법일지라도, 여전히 지식을 얻는 중요한 네 가지의 방법 중에서 하나인 것만은 부정하기 어렵다.

유의미적인 유신론으로서 자연주의

다음으로, 후자의 입장, 즉 유신론적 자연주의 입장을 살펴보자. 유신론적 초월주의의 입장인 토마스 모리스가 위로부터 아래로의 방법을 취함으로써 삶의 의미의 문제를 다루었다면, 유신론적 자연주의의 입장인 키르케고르(Søren Kierkegaard)는 아래로부터의 위로의 방법을 선택함으로써 삶의 의미의 문제를 논의한다. 다시 말하면, 그는 불완전한 인간의 '이성'으로부터 시작해서 완전한 신에게로 이르는 유신론적 자연주의 방법론을 모색하고 있다. 이것은 자연의 일부인 인간 이성으로부터 출발하여 결국은 신앙을 통한 신에게로의 도약을 통하여 신에게서 인간 삶의 의미를 발견해내는 방식이다. 그는 현실 존재의 인간, 즉 실존적 인간이 자유로운 선택을 통해서 자기 삶의 의미를 찾아 나가는 인간의 실존적 삶의 방식을 세 단계로 설명한다. 첫 번째 단계는 심미적 단계이고, 두 번째 단계는 윤리적 단계, 마지막 단계는 종교적 단계이다.

: 심미적 단계 - 저항이 없어지면 사랑이란 습관적인 것이 되고 만다.

먼저 첫 번째 단계인 심미적 단계를 살펴보자. 키르케고르는 그의 저서 『이것이냐 저것이냐』 제1부에서 A라는 사람이 쓴 7개의 논문과 A가 우연히 입수한 것으로 되어 있는 「유혹자의 일기」를 통하여 심미적인 인생의 의미를 추구하는 A라는 사람의 이야기를 언급한다.[30] 물론 여기에서 논하고 있는 사례는 결혼하지 않은 남녀 관계를 서술하고 있다. 이것을 인정하고서 이미 결혼한 부부관계의 사례를 생각해보고자 한다. 언젠가 아버지학교에서 어떤 분이 부부관계에 대하여 강의하면서 특히 남편이 아내를 향한 부정적 사고를 지적하면서 이렇게 말했다. "잡은 물고기는 더 이상 떡밥을 주지 않는다."라고.

이러한 비유는 결혼 전과 결혼 후의 남편의 심리를 묘사한 것이다. 한 남성은 결혼 전에는 온갖 다양한 방법으로 사랑하는 여인에게 구애한다. 그러나 남편은 결혼한 후 얼마 지나지 않아서 사랑하는 아내를 습관적으로 대하고 무관심해지고 함부로 대한다는 것이다. 키르케고르는 이와 유사한 심미가 사례를 다음과 같이 묘사하고 있다. "어째서 이런 밤은 좀 더 계속되지 않는 것일까?…나는 다시는 그녀를 만나지 않으련다. 처녀란 일체를 바치고 나면 연약해지고 일체를 상실하고 만다. 왜냐하면 남자의 경우는 순결이 소극적인 요소에 불과하지만, 여자에게는 그것이 여성의 본질적인 내용이기 때문이다.

이제는 온갖 저항이 불가능하다. 사랑이 멋진 것은 저항이 존재하는 한의 일이고, 저항이 없어지면 사랑이란 나약하고 습관적인 것이 되고 만다. 나는 나와 그녀와의 관계를 회상하고 싶지 않다. 그녀는 향기를 잃고 말았다…나는 이제까지 그녀를 사랑하였다. 그러나 이제부터는 그녀가 나의 마음을 빼앗지 못할 것이다. 내가 신이라면, 넵튠(Neptune)이 어떤 요정에게 하여주었듯이 그녀를 남자로 변신시켜 줄 것이다."[31]

: 윤리적 단계 - 제멋대로 살지 않는다.

다음으로 두 번째 단계인 윤리적 단계를 살펴보자. 키르케고르는 『이것이냐 저것이냐』 제2부에서 법관으로서 윤리적인 삶의 의미를 추구하는 B라는 사람이 쓴 편지의 형식으로 된 두 개의 논문과 B의 친구인 어떤 목사의 설교로 구성되어 있다.[32] 키르케고르는 여기에서 설교자의 입을 빌려서 윤리적인 개인과 심미적인 개인을 비교함으로써 윤리적인 삶의 우위성을 강조하고 있다. "여기서 우선 윤리적인 개인과 심미적인 개인을 비교해보도록 하자. 일체가 거기에 달린 근본적인 차이는, 윤리적인 개인이 자기 자신에 대하여 투명하고 심미적인 개인처럼 제멋대로 살지 않는다는 점이다. 이 차이가 전체의 사정을 말해주고 있다. 윤리적으로 사는 사람은 자기 자신을 본 것이고, 자기 자신을 알고, 자신의 전체 구체성 속에 자신의 의식을 침투시키고, 불안정한 사상이 자기 안에서 배회하는 것을 용납하지 않고, 유혹적인 가능성이 요술로서 그의 기분을 산란하게 하는 것을 용납하지 않는다. 그는 요리조리 돌려서 마음대로 뜻을 바꿀 수 있는 마녀의 글자와 같은 존재가 아니다. 그는 자기 자신을 안다."[33] 일단 키르케고르는 A라는 젊은이가 추구하는 감성적인 향락의 인생관을 택할 것인가 아니면 기혼자인 B라는 판사가 견지하는 건전한 윤리적인 인생관을 택할 것인가라는 문제 앞에서 키르케고르 자신의 판단을 유보한다. 그리고 그는 독자들에게 이쪽이든 저쪽이든 어느 한쪽으로 택하도록 요구하고 있다. 다시 말해서 감성적인 향락과 시적이며 공상적인 세계에서 자신의 진정한 삶의 의미를 잃어버리고 살아가는 심미적인 인생을 택할 것인지 아냐면 일상적인 사회생활에서 자신에게 부과된 과업을 선택하고 그 의무를 충실히 수행하는 일에 진정한 행복을 찾는 윤리적 인생을 살아갈 것인지 두 가지의 인생 중 하나를 선택하도록 결단을 내리라고 촉구하고 있다.

: 종교적 단계 - 그대 영혼의 비상(飛翔)을 저지하지 말라.

이제 마지막으로 세 번째 단계인 종교적 단계를 살펴보자. 키르케고르는 그의 저서 제2부 마무리 부분에서 두 가지의 인생관을 넘어서서 종교적 단계로 안내한다. 그는 독자들에게 설교자의 입을 통하여 종교적인 삶의 의미들을 지향하라는 쪽으로 유도하려는 은근한 의도를 암시하고 있다.[34] 키르케고르에 의하면, 사실상 윤리적 단계로부터 종교적 단계로의 '도약'은 자신의 모든 것을 버리고 신 앞에 홀로서는 것, 즉 '신 앞에서 서 있는 단독자'가 되는 것이다. 종교적 실존의 단계는 '신의 은총'을 염원하는 믿음으로 사는 것이다. 믿음으로 산다는 것은 신에 관해서 이성적으로 설명한다는 것이 불합리하므로 믿는 것이 아니다. 그것은 신 앞에 단독자로서 있는 인간이 부조리하므로 믿는 것이다. 그러므로 이러한 역설적 믿음은 지양(止揚)에 의한 종합이 아니라 인간의 절망에 의한 비약(飛躍)의 실존변증법 또는 역설변증법이다.[35] 키르케고르와 같은 이러한 유신론적 자연주의의 입장은 아래로부터의 위로의 방법을 가지고 삶의 의미의 문제를 설명하려고 시도한다. 이것은 불완전한 인간의 '이성'으로부터 시작해서 완전한 신에게로 이르는 방법이다. 다시 말하면, 자연의 일부인 인간 이성으로부터 출발하여 결국은 신앙을 통한 신에게로의 도약을 통하여 신에게서 인간 삶의 의미를 발견해내는 방식이다. 그러나 이것은 기독교의 『성경』통해 계시된 '신적 자기 계시로서 하나님'과 '삶의 의미'라고 보기는 어렵다. 왜냐하면 어쨌든 이것은 자연의 일부로써 이성의 산물로 보이기 때문이다.

네 번째 범주 - 유의미적인 무신론

마지막으로 네 번째는 무신론의 범주에서 볼 때, 삶의 의미에 관한 논의에 있어서 신을 이러한 논의에 끌어들이지 않고서도 삶은 얼마든지 유의미할 수 있다는 입장이다. 여기에는 무신론적 주관주의 입장과 무신론적 객관주의 입장이 있다.

유의미적인 무신론으로서 주관주의

먼저, 전자의 입장, 즉 유의미적인 무신론적 주관주의 입장을 알아보자. 장 폴 사르트르(Jean-Paul Charles Aymard Sartre)는 그의 저서 『실존주의는 휴머니즘이다』에서 실존주의적인 삶의 의미를 논의하고 있다. 그에게 있어서 중요한 개념들은 본질보다 존재가 앞선다는 것, 만들어가는 존재, 선택, 책임 등이다. 먼저, "본질보다 존재가 앞선다는 것"이라는 말의 의미를 살펴보자. 여기에서 '존재'는 현실 존재, 즉

'실존'을 의미한다. 달리 말하면, "실존이 본질에 앞선다"라는 것이다. 사물들은 본질, 즉 존재 이유나 삶의 의미 또는 기능이 앞서고 존재가 그 후에 만들어진다. 예를 들면, 사물 중의 하나인 가위의 본질, 즉 존재 이유 또는 기능은 '자르는 것'이다. 그러한 가위의 본질에 의해서 가위라는 존재가 만들어지는 것이다. 그러나 인간은 사물들과는 정반대이다. 인간은 이 세상에 태어남으로써 먼저 실존한다. 그리고 난 후에 비로소 자기 자신의 본질, 즉 자기 스스로 존재 이유나 삶의 의미 또는 기능을 만들어낸다. 장 폴 사르트르는 이에 대하여 다음과 같이 언급한다. "가령 신이 없다면 적어도 본질보다도 앞선 하나의 존재, 또는 어떠한 개념으로도 정의되기 전에 존재하는 하나의 존재가 있게 된다. 그러면 그 존재는 사람이거나 혹은 하이데거가 말했듯이 인간의 실체일 것이다. 여기서 본질보다 존재가 앞선다는 것은 무엇을 의미하는 것일까? 그것은 사람이 먼저 있어서 세상에 존재하고 세상에 나타난다는 것을 의미하며, 그는 그다음에 정의된다는 것을 의미한다. 그는 나중에야 비로소 무엇이 되어 스스로가 만들어내는 것이 될 것이다. 이처럼 인간성이란 있을 수가 없다. 그것을 상상할 신이 없기 때문이다. 사람은 다만 그가 자신을 생각하는 그대로일 뿐 아니라, 또한 그가 원하는 그대로다. 그리고 사람은 존재 이후에 자신을 원하는 것이기 때문에 스스로가 만들어가는 것 외엔 아무것도 아니다. 이것이 실존주의의 제1원칙이다. 이것이 또한 사람들이 주체성이라고 부르는 것이다."[36]

: 그에게 그의 존재에 대한 전적인 책임을 돌린다.

사르트르에 의하면, 사물들은 본질, 존재 이유나 삶의 의미, 기능이 먼저 있으므로 자유가 없다. 그러나 인간은 본질 또는 존재 이유나 삶의 의미 없이 이 세상에 던져진 존재이다. 그러므로 인간은 자신의 본질 또는 존재 이유나 삶의 의미를 스스로 자유 의지를 가지고서 자유롭게 만들 수 있는 존재이다. 인간은 존재의 의미 또는 가치를 스스로 선택하고 그 자신에게 부여할 수 있다. 사르트르는 이와 관련해서 다음과 같이 말한다. "사람은 스스로를 위해서 선택한다고 말할 때 각자가 스스로 선택한다는 것을 의미한다. 그러나 또한 각자가 스스로를 선택함으로써 모든 사람을 선택하는 것을 의미하기도 한다."[37] 그에 의하면, 그러나 이러한 본질 또는 존재 이유나 삶의 의미에 대한 인간 스스로 선택에는 불안과 책임이 따를 수밖에 없다. 그리고 그러한 책임 의식은 '모든 타인에 대한 자기 자신의 책임'을 의미한다. "그러나 정말 존재가 본질에 앞선다면 사람은 자신이 어떤 것인가에 대해서 책임이 있다. 그래서 실존주의의 첫걸음은 모든 사람에게 그의 존재의 임자가 되게 하고, 그에게 그의 존재에 대한 전적인 책임을 돌린다. 그러므로 사람은 자기 자신에 대해서 책임이 있다고 말할 때 그것은 사람이 자신의 엄격한 개성에 책임이 있다는 말이 아니라 모든 타인에 대해서 책임 있다는 것을 말한다."[38]

유의미론적 무신론으로서 객관주의

앞에서 강조했거니와, 우리는 '잘 산다는 것'이 무엇인가를 묻기 전에 먼저 '산다는 것'이 무엇인가를 질문해야 한다. 왜냐하면, '사는 것'이 있어야 '잘 사는 것'도 있을 수 있기 때문이다. 그런 의미에서 내가 살아 있다는 것 자체가 얼마나 소중한 일인지 모른다. 나는 이처럼 소중한 단 한 번뿐인 삶을 의미 있게 살고 있을까? 삶은 반드시 의미가 있어야만 하는가? 왜 그런가? 의문의 꼬리에 꼬리를 문다. 수전 울프(Susan Wolf)는 그의 저서 『삶이란 무엇인가, Meaning in Life and Why It Matters』에서 "삶의 의미는 가치 있는 활동에 대한 '적극적인 관여' 과정에서 그 존재를 드러낸다. 이런 차원에서 삶의 의미는 '주관적인 이끌림'이 '객관적인 매력'을 만났을 때 비로소 모습을 나타낸다."라고 주장한다.[39] 수전 울프의 주장은 이 문장이 전부라고 말할 수 있다. 그녀는 이 주장을 위하여 의미 있는 삶이 무엇이며 그것이 왜 중요한지를 거창한 학문 이론이나 신적 또는 종교적 계획의 일부로 설명하지 않고 단지 '이성적으로'만 밝힌다. 그런 의미에서 그녀의 '삶의 의미'에 대한 관점은 '유의미적 무신론적 객관주의'라고 말할 수 있을 것 같다.

그러면 이제 그녀의 주장을 좀 더 자세히 살펴보자. 그녀는 '주관적인 성취관점'의 난점에 관하여 이렇게 설명한다. "성취관점은 의미 있는 삶을 위해 반드시 포함해야 할 '주관적인' 측면을 주목하고 있다. 그러나 성취감을 느끼는 시시포스 사례에서 확인할 수 있는 것처럼, 주관적인 조건을 충족했는데도 불구하고 행위자 외부에 존재하는 가치와 아무런 관계를 형성하고 있지 않다면 의미 있는 삶이라고 말할 수 없다."[40] 그리하여 이러한 주관적인 측면의 난점을 보완하기 위하여 '연립 관점'이라는 것을 다음과 같이 제시한다. "따라서 첫 번째 관점인 '자신의 열정을 발견하고 추구하라.'라는 성취관점을 "자신보다 더 큰 존재에 관여하라."라는 두 번째 관점과 '합침(conjoining)'으로써 우리는 삶의 의미가 무엇인지에 다가갈 수 있는 더 나은 관점을 얻을 수 있다.

그리고 이와 같은 연립 관점에서 의미 있는 삶이라고 평가할 수 있으려면 주관적 조건과 객관적 조건을 모두 충족해야 한다. 다시 말해 의미 있는 삶이란 '행위자 스스로 성취감을 느끼는 동시에 행위자 외부에 존재하는 가치에 긍정적인 관여를 하는 삶'을 뜻한다."[41]

그런데 여기에 문제가 있다. 과연 '객관적 조건'이라는 것이 구체적으로 무엇인가? 이에 대하여 그녀는 자신의 이러한 논의를 아리스토텔레스의 '통념적 방법론'에 기반을 두고 전개함으로써 자기주장의 정당성을 확보하려고 한다. 그녀는 이와 관련해서 다음과 같이 말한다. "널리 알려져 있듯이 아리스토텔레스는 통념적 방법론에 기반을 둔 도덕적이고 개념적인 주장을 제시했다. 그는 모든 또는 대부분 사람들 그리고 현명한 사람들이 받아들이고 있는 생각을 뜻하는 '통념(endoxa)'을 논의의 출발점으로 삼았다. 어느 입장이 상식적인 통념을 효과적으로 설명하고 지지

할 수 있다면, 한발 더 나아가 다양한 통념들을 조화롭게 엮어낼 수 있다면, 그 입장은 타당한 주장이라고 말할 수 있다."[42]

그렇지만 그녀는 삶의 의미에 대한 '통념적 방법론'이 언제든지 실수할 수 있다고 하는 주장에 대한 상대적인 수용을 전제로 하고 있다는 것을 솔직하게 인정한다. 그리고 그녀는 실제로 '통념적 방법론'에 입각한 주장들이 대중문화는 물론 학계에서도 악명 높은 논쟁거리이기도 하며, 그래서 사람들은 어떻게든 언급을 피하고자 한다는 것을 지적하기도 한다. 이에 대한 그녀의 말에 귀를 기울여보자. "어쩌면 사람들은 어떻게든 논쟁거리를 피하려고 객관적인 가치에 대한 개념을 외면하고 있는 것인지도 모른다. 아니면 차별주의나 엘리트주의라는 비난에 대한 두려움 때문에 그러는지도 모른다."[43]   그러나 그녀는 그것을 계속해서 외면할 수만은 없다고 잘라 말한다. 그녀는 우리가 대답을 제시할 수 있는 인간의 능력에 대해 겸손한 태도를 유지하고, 그러한 대답 속에 있는 부분적이고 잠정적인 한계에 대해서 신중한 입장을 가져야 한다고 말한다. 계속해서 그녀는 우리가 "무엇이 객관적인 가치를 담고 있는가?"라는 질문이 무척 의미 있고 중요하다는 사실을 받아들여야 한다고 촉구한다. 왜냐하면 어떤 경우든 객관적인 가치의 개념을 인정하지 않으면, 도덕성과 가치 이익과는 또 다른 가치 범주로서 '삶의 의미'라는 개념을 분명히 이해할 수 없기 때문이다.[44]

: 우리의 정신적 발판

어쨌든 우리 인간에게 있어서 삶의 의미나 가치의 문제는 가장 중요한 요소 중의 하나이다. 우리는 뇌의 물리적 현상들을 주로 연구하는 물질주의적 결정론자들에게 과학의 전적인 충족성을 질문해야만 한다. 뇌과학과 같은 각 분야의 과학들은 이 세계의 일부를 연구 대상으로 한다. 그러나 이 세계의 전체의 문제, 인간의 총체적 삶의 문제 등과 같은 것들에 관해서는 어떤 결정적인 답변을 내놓기 어렵다. 삶의 의미와 목적의 문제, 참된 가치의 문제, 세계의 목표와 의미의 문제는 이 세계의 일부를 연구하는 특정한 과학의 연구 범위를 넘어서는 문제일 수밖에 없다.[45] 행복한 삶, 이상적인 세계는 단순히 물질적 조건과 사회의 제도에만 의존하지 않는다. 그것은 의미의 문제에도 의존한다. 즉 우리의 삶은 어떤 의미가 있을 때 비로소 잘 살 수 있다. 물질적으로 아무리 부유할지라도, 아무리 이상적인 사회제도를 가지고 있다고 할지라도 삶과 세계에 대한 확실한 의미가 없을 때 인간은 행복을 느끼지 못한다. 오히려 그는 물질적 풍요와 안정된 사회제도에도 불구하고 삶의 무의미 속에서 괴로워하게 된다. 소위 말하는 선진국일수록 자살률이 높다는 사실은 이것을 증명한다.[46] 그리하여 로버트 라이시는 앞서 언급했듯이, "잘 산다는 것은 '삶의 균형'이다."라고 말하면서 '우리의 삶의 정신적 발판'과 같은 삶의 의미 문제를 잘 사는 것의 첫 번째 요소로 삼은 것이다. 내가 생각하기에, 그는 가장 잘 사는 삶을 선택했던 것 같다.[47]

2. 고통

: 왜 고통의 의미를 알고자 할까?

고통 없이 이 세상을 살아가는 사람은 아무도 없다. 자신이 경험하고 있는 고통의 의미에 관해서 무관심한 사람도 역시 존재하지 않는다. 누구나 자기가 고통 중에 있을 때 자기가 겪고 있는 고통의 의미에 대해 질문한다. 그러면 왜 인간은 고통의 의미를 알고자 할까? 그 이유는 대체로 두 가지 정도이다.

첫째, 내가 겪고 있는 고통의 의미를 알게 됨으로써 내가 그것에 대해 적절하게 대처하기 위해서이다. 고통을 유발하는 근본 요소를 제거함으로써 고통에서 벗어날 수도 있다. 내가 겪고 있는 고통의 의미에 부합하는 각각의 해결책을 모색해볼 수도 있다. 둘째, 내가 당하고 있는 고통의 의미를 알게 될 때 고통의 의미를 전혀 모를 때보다 고통을 체감하는 정도가 어느 정도 완화될 뿐만 아니라 그것을 더 잘 극복해낼 수도 있기 때문이다. 철학자 가다머(H.-G. Gadamer)는 우리의 삶과 불가분의 관계에 있는 고통에 대하여 다음과 같이 말한다. "우리는 고통 속에 있으며 고통을 우리에게서 분리할 수 없다. 동시에 고통은 우리의 삶을 둘러싸고서 우리에게 끊임없이 새로운 도전을 한다. 고통이 우리에게 요구하는 것은 많다. 그 고통이 얼마나 클 지와는 전적으로 무관하게 용기를 잃지 않는 것이 절대적으로 요구된다." [1]

: 각자의 언어로 표현하고 이해하라.

그는 우리 각자가 고통의 의미를 나름대로 언어로 표현하고 이해함으로써 고통을 어느 정도 완화할 수 있을 뿐만 아니라 그것을 극복할 수도 있다고 강조한다. [2] 이와 관련하여, 고통의 의미에 관한 가다머의 주장하는 바를 좀 더 구체적으로 살펴보자. 그는 고통의 의미와 관련해서 '해석학'이라는 용어의 근원적인 의미를 드러낸다. 그에 따르면, '해석학'이라는 말의 어원은 '헤르메스(hermes)'라는 신들의 사신(使臣)에게서 유래한다. 그런데 그는 역설적으로 제우스가 헤르메스에게 그 어떠한 전갈도 주지 않았다고 주장한다.

그렇다면 헤르메스는 인간에게 도대체 어떤 소식을 전하는 것일까? 가다머는 헤르메스가 전국을 떠돌아다니면서 하는 말 안에는 자기가 '해석학(Hermeneutik)'이라는 용어를 통해서 말하고자 하는 바가 함유되어 있다고 주장한다. 그러면 헤르메스가 한 말을 무엇인가? 그것은 다음과 같다. "내가 읽고 배우고 말하고 들은 것으로부터 알리고자 하는 것은 아무것도 없다. [3] 곧 여기에는 어떠한 전제(Präsupposition)도 없다." 여기에서 그는 헤르메스가 제우스의 사신이기는 하지만, 제우스의 메시지를 모든 사람에게 똑같이 단순하게 반복적으로 '하나의 소식만을' 전하는 것이 아니라고 말한다. 그런데 이것은 '해석학의 무전제성'을 말한다. 그에 따르면, 헤르메스에게서 고통의 의미를 각자의 고유한 언어로 표현하는 것이 관건이다. 그런데 여기에서 '언어로 표현한다'라는 것은 다름 아닌 우리가 저마다의 고통의 의미를 이해한 바이다.[4] 여기서 우리는 '고통과 언어의 연관성'을 주목할 필요가 있다. 그에 의하면, 나 자신이 겪고 있는 낯선 고통이 마침내 각자가 처한 상황에서 적절하게 표현되고 이해될 때, 우리는 그러한 고통을 모두 다 제거할 수는 없을지라도 어느 정도 그것을 완화하거나 극복할 수 있다.[5]

: 고통의 내면화

가다머는 현대의학이 제시하는 고통에 대한 처방의 단점을 언급한다. 그는 한편으로 현대의학의 발전과 역할을 높이 평가한다. 그렇지만 그는 다른 한편으로 현대의학은 고통을 최대한 빠르게 제거함으로써 의사와 환자 모두가 각자 고유한 능력과 힘을 발휘할 기회를 원천적으로 막아버렸다고 비판한다. 그러면 가다머가 제시하는 고통에 대한 처방은 무엇일까? 그는 자연이 인간에게 준 최고의 보약은 자기가 겪고 있는 고통을 적절하게 언어로 표현하고 이해함으로써 고통을 잘 극복했다는 느낌과 함께 오는 기쁨이라고 말한다. 여기에서 기쁨은 고통 속에도 깨어있으면서 그 자체 안에서 자기 스스로 몰입하여 이겨냄으로써 얻어지는 것이다. 이렇게 함으로써 우리는 자기 자신에게 고유한 삶을 살 수 있는 기회를 얻게 된다.[6] 그에 따르면, 우리는 이러한 과정을 통하여 고통을 그저 빨리 제거해버리거나 곧바로 잊어버리는 데에 급급하지 않을 수 있다. 또한 우리는 이러한 과정에서 고통이 우리에게 제시하는 과제를 각자의 방식대로 표현하고 이해하면서 "견딜만한 삶"(ein erträgliches Leben)[7]을 살아갈 수 있다. 그러므로 우리는 질병과 고통을 받아들이고 사는 법을 배워야 하며 더욱이 쉽게 치료될 수 없는 만성병까지도 더불어 살려고 노력해야 한다. 고통에 대한 우리 각자의 표현과 이해는 세계에 대한 외적인 경험으로부터 자기 자신에게 향하는 내적 방향으로의 전환, 즉 '고통의 내면화'[8] 이다. 인간은 고통의 한계상황으로부터 보편적 진리를 깨닫게 된다. 그런 의미에서, 이것은 현대의학이 고통을 단지 제거하는 방식과는 전혀 다른 고통과의 긍정적인 측면에서의 관계 방식이라 할 수 있다.

: 고통은 다양하게 해석될 수 있다.

프리드리히 니체(Friedrich Nietzsche)는 모든 고통이 반드시 가치와 의미 그리고 희망에 대한 완전한 거부를 의미하는 허무주의를 낳는 것은 아니라고 말한다. 그는 "정신적 고통이든 신체적 고통이든 지적인 고통이든 무엇이든 마찬가지다. 그런 고통은 항상 다양하게 해석될 수 있다."라고 피력한다.[9] 그러면 고통의 의미를 어떻게 다양하게 해석할 수 있을까? 우리는 고통의 의미와 관련하여 여러 가지로 다양하게 해석할 수 있을 것이다. 우리나라 민속놀이 중에는 연날리기, 팽이 놀이, 널뛰기 그리고 윷놀이가 있다. 그런데 이 네 가지의 민속놀이에는 '고통의 의미'에 관한 아주 가치 있는 교훈들이 담겨 있음을 엿볼 수 있다.

첫째, 연날리기는 고통의 의미 중에서 '반성'과 관련되어 있다. 우리가 연날리기 할 때, 바람이 세차게 불면 불수록 연은 더 멀게 하늘 창공을 향하여 훨훨 날아가게 된다. 바람 부는 날에 연날리기하는 이유는 정확하지는 않지만 자기 자신과 가족들을 고통스럽게 하는 자기 자신과 가정의 액운을 멀리멀리 날려 보내겠다는 뜻인 것 같다. 그런데 연날리기의 의미를 좀 더 확대해보면 자신을 고통 속으로 몰아넣는 불가항력적 액운뿐만 아니라 자신의 잘못된 과거의 행태들을 모두 다 훨훨 날려 보내겠다는 '반성의 의미'도 있지 않을까? 다시 말하면, 이것은 우리 삶에 휘몰아치는 환란 풍파를 통하여 우리 자기 삶을 뒤돌아보고 "우리 자신의 잘못된 것을 바로잡아라."

라는 의미를 담고 있지 않을까? 둘째, 팽이 놀이는 고통의 의미 중에서 '단련'과 관련되어 있다. 팽이 놀이도 연날리기와 비견할 만한 우리나라의 대표적인 민속놀이이다. 맨 처음에 양손으로 팽이를 잡고 휙 돌려서 팽이를 얼음판에다 내려놓는다. 그리고 가만두면 조금 돌다가 동력을 상실해서 결국 쓰러지고야 만다. 그래서 팽이채가 필요한 것이다. 팽이채로 힘껏 팽이를 내려치면 팽이와 팽이채 사이의 마찰로 인하여 '딱딱' 소리가 난다. 팽이채로 얻어맞으면 맞을수록 팽이는 더 빠른 속도로 돌아간다. 그런데 여기에서 팽이 놀이가 끝나는 것이 아니다. 다른 팽이들하고의 일전이 남아 있다. 팽이들과 팽이들이 부딪쳐서 승부를 가리는 것이다. 더 빠른 속도로 강력하게 돌아가는 팽이가 결국 힘없이 돌아가는 팽이를 쓰러뜨리고 이기게 된다. 여기에서 승리의 원동력은 무엇일까? 그것은 바로 돌아가는 팽이가 팽이채로 얼마나 강력하게 그리고 얼마나 많이 얻어맞느냐에 달려 있다. 이것은 "고통스러운 단련을 통해서 자기 능력을 향상시켜라."라는 메시지를 담고 있지 않을까?

셋째, 널뛰기는 고통의 의미 중에서 '사명'과 관련되어 있다. 널뛰기도 연날리기나 팽이 놀이와 마찬가지로 우리나라에서 많이 행해졌던 대표적인 민속놀이 중의 하나이다. 널뛰기의 유래에는 몇 가지의 속설이 전해오고 있다. 부녀자의 외출이 자유롭지 못했던 때에 담장 밖의 세상 풍경을 몰래 보기 위해서 널을 뛰었다는 것이 대표적이다. 감옥에 갇힌 남편을 보기 위하여 부인들이 일을 꾀하여 널을 뛰면서 담장 너머로 감옥 속에 있는 남편의 얼굴을 번갈아 가며 엿보았다는 속설도 있다. 널뛰기 방법은 아주 단순하다. 멍석을 돌돌 말아서 마당 한가운데 두고서 긴 널빤지를 그 위에 올려놓는다. 그리고 널빤지 양 끝에 한 사람씩 올라가 서서 널뛰기하는 것이다. 그런데 여기에는 "내가 힘들고 고통스럽지만 있는 힘을 다해서 힘껏 굴러 주겠다. 너는 마음껏 높이 뛰어올라라. 내가 힘껏 도와줄 테니까 너 잘되어라."라는 의미가 담겨 있지 않을까? 그러므로 널뛰기 속에 담겨 있는 고통의 의미는 "내가 겪고 있는 고통을 타자를 돕는 사명으로 승화시켜라."라는 것이 아닐까?

넷째, 윷놀이는 고통의 의미 중에서 '초월'과 관련되어 있다. 어떤 사람은 윷놀이가 우리의 삶과 유사하다고 말한다. 우리가 윷놀이할 때 가장 중요한 것은 '던지기'이다. 그런데 갖가지 지략을 세워서 아무리 던지기 기술을 연마해도 한계가 있다. 우리가 윷을 일단 던지면 도, 개, 걸, 윷, 모 중에서 뭐가 나올지 전혀 알 수 없다. 던져진 결과는 거의 운에 맡길 수밖에 없다. 또한 아무리 갖가지 지략을 세워서 던져진 결과를 바탕으로 말을 놓아도 잘못하면 홈에 거의 다 온 상태에서도 상대방에게 잡힐 가능성이 항상 상존한다. 그러므로 상대방이 윷을 던져서 도가 나왔다고 무조건 좋아할 일도 아니다. 또한 잘하면 최단 거리로 빠르게 갈 수도 있지만 잘못하면 거북이걸음으로 윷판을 한 바퀴 돌아야만 하는 고통이 뒤따르기도 한다. 내가 지략을 사용하여 내 말을 두 개 또는 세 개로 겹치기 해서 '업어가기'를 시도할 수 있다. 그러나 이것도 항상 위험이 따른다. 왜냐하면 업어가기를 하다가 상대방 말에 의해 잡히면 업어가기를 한 모든 말은 처음부터 다시 시작해야만 하는 고통이 따라오기 때문이다. 윷놀이에서의 이러한 일들은 인간의 한계를 초월해 있다. 이와 같은 특성을 가진 윷놀이는 '인간의 한계를 초월해 있는 고통'의 문제, 즉 '고통의 초월적 의미'에 관한 문제와 관련되어 있다.

반성

: 먼저 내적 원인부터

고통의 원인은 외적 원인과 내적 원인으로 나눌 수 있다. 물론 외적 원인을 어떻게 해결해야 할 것인가도 중요하다. 사회 구조적 악, 부조리한 세상, 선천적 장애 등등. 정확한 진단과 처방이 필요하다. 일부의 사람들은 나는 그가 말한 세상 속에는 타자, 신 또는 자연, 사회 구조적 악 등이 포함된 부조리한 세상이라고 생각한다. 우리의 인생에 고통이 찾아오면 내 안에서 고통의 원인을 찾기보다는 먼저 외적 원인 탓으로 돌리기 쉽다. 물론 외적 원인이 분명히 있다. 사실이다. 문제는 내적 원인은 외면해버리고 외적 원인만을 끝까지 밀고 나아간다는 것이다. 그들은 이 세상에 대한 원한과 증오심으로 가득 차서 복수를 꿈꾸고 있을지도 모른다. 실제로 이를 실행하여 자기의 삶을 지옥의 나락으로 떨어뜨리는 어리석은 사람도 있다. 그러나 그러한 외적인 원인은 내가 원하는 대로 곧바로 해소되지 않는다. 외적 원인은 여러 가지 상황이 실타래처럼 이리저리 얽혀 있다. 어디서부터 어떻게 문제를 해결해 나가야 할지 막막하기만 하다. 나 혼자 열심히 뛰어다닌다고 해서 즉시 해결될 문제가 아니다. 사회적 연대가 필요하다. 다른 사람들이 내가 제시한 대의(大義)에 흔쾌히 찬성해야 한다. 그러나 이 모든 일이 내 뜻대로 다 즉시로 이루어지는 것이 아니라는 데에 문제가 있다는 것이다. 신의 섭리도, 자연의 진화도, 타자도, 사회 구조적 악도 다 마찬가지이다. 먼저 내 안에서 원인을 찾아보고 내가 할 수 있는 일을 찾아보는 것이 고통의 문제를 해결하는 좀 더 빠른 길이다. 그러므로 먼저 내적 원인부터 살펴보아야 한다. 혹시 나의 잘못은 없는가? 내가 반성해야 할 점은 없는가? 내가 무엇을 놓쳤을까? 비록 고통의 원인이 내게 있지 않을지라도 나의 고통의 문제에 어떻게 대처해야 할까? 고통은 나에게 있어서 어떤 의미일까? 이것이 바로 나의 고통으로부터 조금이라도 빨리 벗어날 수 있는 가장 손쉬운 방법이다.

: 반성적 사고

일반적으로 '반성(reflection)'이란 "지난 일을 되돌려서 성찰한다."라는 의미이다. 또한 '반성적 사고'는 내가 무엇을 따라 생각하며 살고 있는지를 '스스로 뒤돌아보는' 이른바 '메타적 사고'의 과정을 수반한다. 영어의 접두사로 쓰이는 'meta'는 '스스로', '~뒤에', '~넘어선', '~와 함께', '~에 접하여'를 뜻하는 그리스어 '$\mu\varepsilon\tau\alpha$'에서 유래되었다.[10] 그러므로 '반성적 사고'는 자기의 지난 일을 스스로 되돌아보아

자기 자신의 잘한 점과 잘못한 점을 평가하고 향후의 일을 생각하는 과정이라고 정의할 수 있다. 미국의 철학자 존 듀이(John Dewey)는 '반성적 사고'를 과학적 사고와 아주 유사한 것으로 설명한다. 듀이는 '반성적 사고'를 다음과 같이 정의한다. " 반성적 사고란 확고한 근거 위에서 믿음을 확립하려는 의식적이고 자발적인 노력이다. 그것은 어떤 신념이나 지식의 형태에 대하여 지지하는 근거와 도출될 결론에 비추어 적극적이고 지속적이며 주의 깊게 고찰하는 것이다."[11]

듀이가 말하는 반성적 사고는 우리의 삶 속에서 인간이 겪고 있는 고통의 문제와 같은 해결하기 곤란하거나 혼란스러운 문제가 발생할 때와 관련되어 있다. 이때 그러한 문제를 발견하고 그것을 해결하기 위해 일련의 절차에 따라 '연속적으로' 사고하는 과정이 반성적 사고이다. 따라서 이러한 반성적 사고는 지성을 동원한 사고이며 과학적 탐구과정과 일맥상통한다.[12] 그리하여 이러한 반성적 사고를 가리켜서 ' 탐구 연속의 이론'이라 부른다. 듀이는 문제의 해결 방법으로써 가장 효과적인 방법이 '지성에 의한 방법'이라고 생각한다. 여기에서 '지성(intelligence)'이란 '경험을 하는 가운데 행위와 함께 작동되는 사고', 즉 '경험 속에 깃든 사고'를 말한다. 그의 철학에서 실험적 방법, 과학적 방법, 탐구 방법 등은 모두 문제의 해결 방법을 가리키는 것으로써 지성에 의한 방법과 같은 속성을 가진 것이다.

예를 들면, 인간이 겪게 되는 고통의 문제 등 여러 가지 문제 사태에 직면하여 반성적 사고를 하려면 먼저 어떤 가설을 설정하고, 복합적인 사실에 대한 근거자료를 수집하여, 가능한 모든 조건을 검토하고 검증해나가는 과정이 필요하다. 이와 같은 방식으로 특정한 결론에 이르는 것을 '귀납적 발견', 즉 귀납법이라고 한다.[13] 이것이 자연과학의 전형적인 탐구의 방식이라고 말할 수 있다. 그런 점에서 우리는 듀이가 현대 자연과학의 탐구 방법을 인문 사회과학 분야에도 적용하려고 시도했음을 잘 알 수 있다.

: 확성기, 현미경, X-Ray

C. S. 루이스(C. S. Lewis)는 인간들이 겪고 있는 고통의 원인에 관하여 다음과 같이 주장한다. "고통의 가능성은 사람들이 서로 마주치는 세계의 존재 그 자체에 이미 내재하여 있다. 사람들이 악해질 때는 틀림없이 이런 가능성을 이용하여 서로를 해치려 들 것이다. 그리고 인간들이 겪는 고통의 5분의 4는 여기에 그 원인이 있다고 해야 할 것이다. 고문과 채찍과 감옥과 총과 총검과 폭탄을 만든 이는 신이 아니라 사람이다. 우리의 가난과 과로는 자연의 심술 때문에 생기는 것이 아니라 인간의 탐욕 내지는 어리석음 때문에 생기는 것이다."[14] 명백하게 잘못을 저질러놓고서도 아무런 일없이 살아가는 사람은 자신의 행위가 무엇이 잘못되어 있는지를 조금도 눈치를 채지 못하고 산다. 그러나 그것은 진정으로 잘 사는 삶이 아니다. 그때 홀연히 고통이 내 삶에 등장한다. 그리고 고통은 끈질기게 자기의 잘못을 주목하라고 요구한다. 그러므로 고통은 청각장애자가 되어 양심의 소리를 듣지 못하는 나를 불러 깨우는 확성기이다.[15] 고통은 나를 좀 더 자세하게 그리고 좀 더 정확하게 볼 수 있도록 도와주는 현미경이다. 고통은 내가 나의 어떤 부분을 치료해야 하는지를 정확하게 진단해주는 X-Ray이다. 잘못을 저지른 사람은 자신이 범한 과거의 잘못이 고통의 형태로 자기 눈앞에 확연하게 드러날 때까지는 나의 잘못에 대하여 무감각 상태를 유지한다. 그러나 고통을 통하여 자신의 실상을 보게 되는 날이 올 수도 있다. 고통을 통한 반성적 사고는 우리를 고통으로부터 벗어난 행복한 삶으로 이끄는 가장 귀한 것 중 하나이다.

단련

'단련(鍛鍊)'이란 단어에서 '단(鍛)'이란 '쇠를 불에 달구어 불리는 것'을 의미하고, '련(鍊)'이란 '불에 달군 쇠를 두드리는 것'을 뜻한다. 그리하여 '단련'이란 '사물을 정밀하게 다듬는 것'이라는 의미로 쓰인다. 쇠가 불에 달구어지고 달구어진 쇠가 쇠망치로 두드려지는 과정을 통하여 사용하기에 좋은 도구가 된다. 사람도 이와 마찬가지이다. 모든 사람은 고통이라는 단련을 통하여 좀 더 인격적이고 더욱더 성숙한 사람으로 변화된다. 한편 일본의 유명한 무사인 미야모토 무사시는 "승리에 우연이란 없다. 천 번의 연습이 단(鍛), 만 번의 연습이 련(鍊)이듯 단련(鍛鍊)이 있어야 승리할 수 있다."라고 말하면서 단(鍛)과 련(鍊)을 구분했다.   프리드리히 니체(Friedrich Nietzsche)는 '고통(Leiden)'이라는 단어의 '피할 수 없이 당하는 것'이라는 수동적이고 부정적인 어조와는 달리, 고통조차 능동적이고 긍정적인 태도로 "겪을 수 있다."라고 말한다.[16]   파나요티(Panaïoti)는 "삶의 전쟁학교로부터. – 나를 죽게 하지 않는 것은 나를 더욱더 강하게 만든다."(GD, "Sprüeche" §8, S. 54)라는 아포리즘(aphorism, 격언)을 니체 고통론의 출발점이라고 말한다.[17] 여기에서 그는 "힘, 혹은 건강은 역경에 직면하면서 성장한다"라는 일반관념을 엿볼 수 있으며 이는 생물학적으로 말하자면 예방접종의 원칙과도 같은 것으로 이해할 수 있다고 언급한다.[18] 또한 브리안 라이터(B. Leiter)는 "고통 – '위대한' 고통은 – 모든 위대한 인간 성취의 전제조건이다."라는 니체의 말을 인용하면서 이것이야말로 니체가 고통에 부여한 가치였다고 주장한다.[19]

  이반 솔(Ivan Soll)도 니체에게 있어서 강한 힘에의 의지를 지닌 유형에게는 난관, 통증과 고통의 극복을 통해서만 그 자신의 힘을 경험할 수 있으므로 이러한 고통이 견딜만할 뿐만 아니라 매력적으로 느껴질 수도 있다고 말한다.[20] 니체는 고통의 의미를 다음과 같이 '단련의 과정'으로 비유했다. "커다란 고통이야말로, 시간을 필요로 하며, 마치 생목(生木)으로 우리가 불태워지는 저 길고도 느리게 오는 고통이야말로 우리 철학자들로 하여금 우리의 최후의 심층으로 내려가게끔 강제한다."[21] 또한 그는 고통의 의미와 관련해서 이렇게 고백한다.

"깊이 고통을 겪어본 인간에게는 누구나 정신적인 자부심과 구토감이 있다. 그는 자신의 고통 때문에 가장 영리하고 현명한 자들이 알 수 있는 것보다 더 많이 알고 있다고 생각한다. 그리고 그는 '그대들은 아무것도 알지 못한다.'라고 말할 수 있을 정도로 멀고도 무서운 많은 세계를 잘 알고 있다고 믿는다… 이러한 확신이 온 몸에 젖어 들어 이것으로 채색해버린다…깊은 고통은 사람을 고귀하게 만든다."[22] 또한 니체는 평안하고 안이한 조건에서 사는 것을 행복이라고 여기는 비닐하우스의 식물 같은 인간이 아니라 비바람을 맞으며 산 위에 장엄하고 유연하게 서 있는 소나무 같은 인간이 되어야 한다고 말한다.[23] 그에 의하면, 야생의 자연 속에서 생기 있게 푸른 가지를 내뻗는 소나무처럼 현실의 고통 속에서도 강인한 의지로 세차게 불어오는 온갖 삭풍들을 극복해나가는 인간이야말로 진정 자기 삶을 사랑하는 인간, 다른 인간에게 삶의 기운을 주는 살아있는 고귀한 인간이 될 수 있다. 미국 철학자 월터스토프(N. Wolterstorff)는 그의 아들을 잃은 뒤, 아들의 죽음을 통곡하면서 이렇게 고백하고 있다.

"고통의 골짜기에는 절망과 쓰라림이 양조(釀造)된다. 그러나 또한 품격도 제조된다. 고통의 골짜기는 영혼을 빚어내는 계곡이다."[24] 스페인의 철학자이며 소설가인 미겔 데 우나무노(Miguel de Unamuno)도 역시 고통은 모든 인간의 삶의 필수 불가결한 요소라고 주장한다. 그러나 그는 고통을 상대하는 태도에 있어서 다른 방식을 취한다. 그는 "우리를 인격을 갖춘 인간으로 만드는 것은 고통뿐인 까닭에 고통은 삶의 본질이며 인격의 뿌리이다."[25] 라고 말한다. 그의 주장대로, 고통이 우리를 인간답고 인격적인 인간으로 만드는 인격의 근간이라면 우리는 고통을 긍정적이고 적극적으로 기꺼이 껴안아야 한다. 만일 우리가 고통을 우리의 삶 속에서 제거하려고 한다면, 인격적 인간이 되는 것을 거부하는 것과 마찬가지일 것이다.

사명

미겔 데 우나무로(Miguel de Unamuno)에 의하면, 우리 인간들은 '고통'과 관련해서 선택의 갈림길에 서 있다. 하나의 선택지는 '쾌락을 추구하고 고통을 회피하는 것'이다. 또 다른 하나의 선택지는 '고통을 기꺼이 껴안으면서 사랑을 적극적으로 실천하는 것'이다. 그는 '고통과 사랑'과 관련하여 이렇게 말한다. "연인들은 슬픔의 무거운 공이에 의해서 그들 가슴이 멍들고, 그들이 똑같이 고통의 절구 속에서 으깨어질 때야, 비로소 육체만이 아니고, 영혼이 진정으로 융합하는, 자신을 버리는 사랑에 도달하게 된다. 정신적인 사랑은 괴로움에 시달리는 자식을 앞에 놓고 부모들이 느끼는 동정심과 보호하려는 감정에서 나온다."[26] "나는 느낀다. 따라서 나는 존재한다."[27] 우나무노의 주장을 종합해보면, 전자의 선택, 즉 쾌락을 추구하고 고통을 회피하는 것은 많은 사람이 찾는 넓은 길, 손쉬운 길일 수 있다. 그러나 그 길은 인간 삶의 본질에서 벗어난 길이며, 자신의 인격적 삶을 포기하는 길이다. 후자의 선택, 즉 고통을 기꺼이 껴안으면서 사랑을 적극적으로 실천하는 길은 은 그 길이 좁고 협착하여 찾는 사람이 많지 않은 길이다. 고통을 적극적으로 껴안으면서 타자를 돕는 사명으로 승화시켜야 한다. 그 대신에 그 길은 인간을 인간 되게 하는 길이며, 참된 인격적 존재자로 살아갈 수 있도록 인도하는 복된 길이다.

: 남을 위해 희생하는 사명자

빅터 프랭클(Victor Frankl)은 그의 저서 『죽음의 수용소』에서 수용소 안에서의 극심한 고통 속에서도 '다른 사람들을 위한 희생적인 삶'을 자기 자신의 마지막 남은 사명으로 알고서 묵묵히 자기 삶을 살아내는 사람들을 다음과 같이 소개하고 있다. "강제수용소에 있었던 우리는 수용소에도 막사를 지나가면서 다른 사람들을 위로하거나 마지막 남은 빵을 나누어 주었던 사람들이 있었다는 것을 기억하고 있다. 물론 그런 사람들이 아주 극소수였을지도 모른다. 하지만 이것만 가지고도 다음과 같은 진리가 옳다는 것을 입증하기에 충분하다. 그 진리란 인간에게 모든 것을 빼앗아 갈 수 있어도, 단 한 가지, 마지막 남은 인간의 자유, 주어진 환경에서 자신의 태도를 결정하고, 자기 자신의 길을 선택할 수 있는 자유만은 빼앗아 갈 수 없다는 것이다."[28] 그리고 그는 도스토옙스키의 말, 즉 "내가 세상에서 한 가지 두려워하는 것이 있다면 그것은 내 고통이 가치 없는 것이 되는 것이다."를 인용한다. [29]

빅터 프랭클에 의하면, 사람이 자기 운명과 그에 따르는 시련을 받아들이는 과정, 다시 말해 자기 십자가를 짊어지고 나가는 과정은 심지어 가장 어려운 상황에서도 그 사람이 자기 삶에 더욱 깊은 의미를 부여할 수 있는 폭넓은 기회를 제공한다. 그의 삶이 용감하고, 품위 있고, 헌신적이고 희생적인 것이 될 수도 있다. 이와는 반대로 자기 보존을 위한 치열한 싸움에서 인간의 존엄성을 잃고 동물과 같은 존재가 될 수도 있다. 여기에서 고통스러운 상황이 선물로 주는 '도덕적 가치'를 획득할 기회를 잡을 것인가 아니면 말 것인가를 결정하는 선택권이 인간에게 주어져 있다. 그리고 이 결정은 그가 자신의 시련을 가치 있는 것으로 만드느냐 아니냐를 판가름하는 결정이기도 하다. 이러한 선택 앞에 놓여 있는 사람들은 단지 강제수용소에만 있는 것은 아니다. 곳곳에서 인간은 운명과 시련을 통해 무엇인가를 성취할 수 있는 기회와 만나게 된다. 고통 속에서도 자기 십자가를 짊어지고 묵묵히 용감하고 품위 있고 헌신적이고 희생적인 사명자의 삶을 살아가는 사람들은 병원에 입원했던 어느 환자가 나에게 들려주었던 다음과 같은 말을 실감할 수 있을 것이다. "극심한 고통으로 병원에 입원해서 어느 날 조금이라도 움직일 수 있게 되었습니다. 그때부터 같은 병실에서 오랜 시간 동안 고통을 당하는 환자들을 위로하고 그분들을 조금이라도 도와주다 보니 나도 모르는 사이에 내 통증은 다 사라져버렸습니다. 내 인생에서 참으로 의미 있고 보람된 시간이었습니다."

초월

지금까지 우리는 고통의 세 가지 의미, 즉 반성과 단련 그리고 사명과 관련해서 살펴보았다. 그런데 아직도 남아 있는 한 가지의 문제가 있다. 그것은 바로 '나머지의 고통'의 문제이다. 우리가 당하는 고통의 분량과 강도가 우리가 지금까지 언급한 고통의 의미를 실현하는데 필요한 정도를 넘어서는 경우이다. 다시 말하면, 고통의 의미를 충분히 실현하고도 남는 고통의 분량과 강도가 있는 경우에 이 문제를 어떻게 해석해야 하는가의 문제가 아직도 남아 있다는 것이다. 이러한 '나머지의 고통'은 대체로 우리에게 끔찍할 정도로 극심한 고통으로 우리에게 나타난다. 물론 고통의 분량과 강도의 적절성은 사람마다 각각 다르게 나타날 수도 있다. 그러나 그 차이는 미미한 정도이다. 모든 사람은 적절한 정도의 고통일 경우에는 고통의 의미로써 반성과 단련 그리고 사명이라는 의미로써 흔쾌히 또는 억지로라도 받아들일 수 있다. 왜냐하면 이러한 적절한 정도의 고통은 인간의 한계 내에 있기 때문이다. 그러나 인간의 한계를 '초월함으로써' 인간으로서는 도저히 감당할 수 없는 끔찍할 정도로 극심한 고통은 또 다른 문제이다. 여기에서 발생하는 문제가 바로 '고통의 초월적 의미'에 관한 문제이다. 유호종은 이러한 '고통의 초월적 의미'와 관련해서 이것을 인정하는 입장과 부정하는 입장으로 구분하여 설명한다.[30]

: 고통의 초월적 의미를 인정하는 입장

먼저, 고통의 초월적 의미를 인정하는 입장에 대하여 알아보자. 그들은 그 근거를 주로 신과 같은 초월적 존재나 초월적 세계에서 찾는다. 그들에 의하면, 인간이 보기에는 끔찍할 정도로 극심한 고통일지라도, 신 또는 초월적 존재가 그 나름대로 어떤 고통의 의미를 부여할 수 있다. 인간의 한계를 넘어선 고통이 어떤 의미를 부여

받으려면 어떤 초월자와 초월 세계로서 내세를 전제해야만 한다. 이처럼 신과 같은 초월자나 내세와 같은 초월 세계가 존재한다고 전제하는 한, 인간의 한계를 넘어선 끔찍할 정도로 극심한 고통마저도 초월적 의미가 있다고 인정할 수 있는 길은 언제나 열려 있다. 그런데 여기에서 고통에 초월적 의미가 있는가 없는가의 문제는 신이나 초월적 세계가 존재하느냐 존재하지 않느냐는 문제와 같은 차원의 형이상학적 문제로 객관적으로 그 진위를 판정할 수 없다.[31]

  우리가 그러한 상황에서 그것에 관한 어떤 주관적인 체험이나 느낌도 역시 갖고 있지 않다면 이러한 초월적 존재나 초월적 의미가 없다고 믿는 것은 합리적일 것이다. 그러나 그와는 달리 초월적 존재나 내세 그리고 초월적 의미에 대해 주관적인 체험이나 느낌을 경험한 사람들이 있는 경우에는 어떻게 해야 할까? 이와 관련해서 현대철학자 윌리엄 제임스(William James)는 다음과 같이 자신의 견해를 밝힌다. "그 본질상 지적인 근거에 의해서 결정을 내릴 수 없는 그러한 진정한 선택의 상황에서는 우리의 감성적 본성이 두 명제 사이에 어느 하나를 정당하게 선택할 수 있으며 더 나아가 선택해야만 한다."[32] 윌리엄 제임스가 여기에서 말하고자 하는 바는 무엇일까? 그것은 초월적 존재나 세계 그리고 이로 말미암은 초월적 의미에 대해 주관적인 체험이나 느낌 등을 경험한 사람도 분명히 존재한다는 것을 인정해야만 한다는 것이다. 이처럼 각자의 주관적 체험 등을 근거로 초월적 존재나 세계가 있다고 믿거나 없다고 믿는 것 모두 합리적일 수 있다. 따라서 같은 이유로 고통이 초월적 의미가 있다거나 없다고 믿는 것 역시 모두 합리적일 수 있다. 또한 고통이 초월적 의미가 있는지 없는지에 대해 어떤 하나의 견해를 밝히지 않고 이 두 가능성을 계속해서 모두 고려하는 태도 역시 합리적일 수 있다. 상반되는 두 입장 중 어느 하나를 취하는 것이 모두 합리적일 수 있다면 이러한 유보하는 태도 역시 당연히 합리적일 수 있다.[33] 하지만 고통의 초월적 의미를 인정하면 그 고통을 없애기 위한 노력에서는 소극적으로 되기 쉽다. 왜냐하면 고통이 초월적 의미가 있을 때 우선 취해야 할 태도는 그 의미를 잘 살리려고 노력하는 것이지 그 고통을 제거하려고 해서는 안 되기 때문이다.[34]

: 고통의 초월적 의미를 부정하는 입장

이제 다음으로, 고통의 초월적 의미를 부정하는 입장에 대하여 살펴보자. 일반적으로 고통의 초월적 의미를 부정한다는 것은 곧 고통 중에는 '아무런 의미 없는 고통'도 있을 수 있다는 것을 의미한다. 예를 들면, 고대 그리스 비극에서의 고통이란 어떤 이유나 목적도 없는 그저 우연적인 일일 뿐이다. 따라서 고통에는 그 어떤 의미도 없다. 그런데 이와 같은 생각은 바로 고통의 초월적 의미에 대한 '자연주의적인 생각'에 속한 것이다. 자연주의에 의하면, 이 세상은 근본적으로 초월적 차원이 존재하지 않는다. 또한 이 세계는 오직 물리 법칙과 에너지에 의해서만 작동되는 곳이다. 그러므로 이 세계에서 당하는 고통은 다른 물리 법칙처럼 자연 현상의 일부일 뿐이다. 다시 말하면, 고통이라는 것은 본래 이 세상이 다 그런 것이어서 그 어떤 합리적인 이유 없이도 누구나 겪을 수 있는 우연적 사건이다.[35]

고통은 그저 인간이 우연히 겪게 되는 하나의 불운일 뿐이며 그것 자체로서 부당한 것도 정당한 것도 아니다. 그러므로 우리는 우리가 겪고 있는 무의미한 고통을 자연에서 발생하는 악의 일부로 취급하면 된다. 그리하여 우리는 자연의 악에 대처하는 방식과 똑같은 방식으로 그러한 고통을 최대한 줄여나가면 그만이다. 예를 들어, 우리가 자연의 악 중 하나인 홍수의 피해를 최대한 줄여나가기 위해서 우선 물이 잘 흘러 내려갈 수 있도록 배수로를 미리 정비한다. 또한 날아가거나 급류로 인해 쓸려갈 위험이 있는 임시 건물, 비닐하우스는 버팀목을 묶어 단단히 고정한다. 오래된 담장이나 시설물은 무너질 위험이 있으므로 사전에 수리한다. 이처럼 자연의 악에 속하는 '나머지의 고통', 즉 끔찍할 정도로 극심한 무의미한 고통도 인간이 어떻게 대처하느냐에 따라서 고통의 강도나 분량을 어느 정도는 줄어나갈 수 있기 때문이다. 만일 그것도 전혀 불가능한 상태라면, 이제 우리에게 마지막으로 남아 있는 것은 무엇일까? 그것은 무의미한 고통을 근원적으로 제거하는 방법으로서 자연에서 와서 자연 일부로 살다가 '스스로 자연으로 돌아가는 것'. 즉 '스스로 목숨을 끊는 것'이다. 그럼에도 우리는 카뮈가 한 말을 다시 한번 심사숙고해 볼 필요가 있다. 그는 이렇게 말했다. "만일 죽음이 유일한 해결책이라면 우리는 올바른 길 위에 있지 않다."[36]

: 자신만의 고유한 해석을 창조하라 아니면 발견하든지…

고통에는 육체적 고통, 정신적 고통, 영적 고통 등 다양한 층위가 있다. 이것을 단 하나의 고통의 개념으로 환원하여 정의를 내린다는 것은 사실상 가능하지 않다. 고통의 여러 층위가 인간에게 미치는 영향은 각양각색일 수밖에 없다. "모든 인간은 고통을 피하고 쾌락을 추구한다."라는 공리주의자들의 일반적인 통념과는 달리, 인류는 고통의 다양한 층위를 직시하면서 그것에 대한 그 나름대로 각 층위에 해당하는 고통의 의미를 부여하면서 이를 극복해왔다. 이런 관점에서, 프리드리히 니체(Friedrich Nietzsche)는 '단 하나만의' 고통의 의미를 갖는 것에 반대한다. 그는 각자가 체험하는 자기만의 고유한 고통의 층위 속에서 각각 고통의 의미에 대한 자기 자신만의 고유한 해석을 창조할 것을 권면한다.

그에 의하면, 각각의 삶에서 체험하는 비참한 고통을 외면해버리거나 부정하는 태도는 바람직하지 않다. 그 대신에 자기의 삶에 고유한 의미를 부여하고 긍정하는 '운명애(運命愛)의 태도'를 가져야만 한다. 그러므로 니체에게 있어서 논의의 방점은 고통을 통한 성장 가능성 또는 고통의 극복 가능성에 있다기보다는 "내가 고통 자체를 어떻게 해석하고 의미화하여 받아들이는가"에 찍혀 있다고 말할 수 있다.

니체는 이렇게 말한다. "나의 주요 명제: 도덕적 현상들은 존재하지 않는다. 단지 이 현상들에 대한 도덕적 해석이 있을 뿐이다. 이러한 해석조차도 도덕 외적인 것에 기원(起源)하고 있다. (KGW Ⅷ-1, 129)." 해석하고자 하는 충동이 인간에게 내재한 본능적인 충동이라면, 모든 인간은 자신의 인생에서 고통스러운 문제가 발생할 때 이를 해명해 줄 수 있는 도덕적인 답을 항상 추구할 수밖에 없는 존재이다. 우리는 각자가 겪고 있는 고통의 의미를 해석하고서 이것을 긍정적으로 껴안고 각각 자신의 고통을 충만하게 살아내야만 한다. 이러한 고통에 대한 긍정적이고 적극적인 태도는 고대로부터 지금까지 인류가 겪어왔던 각양각색의 다양한 고통을 변함없이 고스란히 안고서 살아가고 있는 현대인들에게 시사하는 바가 적지 않다. 자신만의 고유한 해석으로 자신이 겪고 있는 고통에 대한 의미를 창조하라. 아니면 이 세상 그 어디에서 찾아 발견하든지….

후속활동 프로그램

1. 나에게 직면한 고통의 문제를 창조적 에너지로 승화시킨 경험 또는 파괴적 에너지로 폭발시킨 경험 등을 소개하기

2. 나의 고통을 통하여 내 삶을 반성해본 경험을 소개하기

3. 나의 고통을 통하여 연단의 계기가 되었던 경험을 소개하기

4. 내가 반드시 감당해야 하는 사명 때문에 고통당한 경험을 소개하기

3. 죽음

: 그들에게 있어서 죽음의 의미는 무엇이었을까?

나는 거의 매일 호스피스 전문병원 옆을 지나간다. 그 옆을 지나갈 때마다 그곳에서 임종을 맞이했던 두 분이 가끔 떠오른다. 한 분은 물론 약물의 도움을 받기는 했지만 비교적 긴 시간 동안 큰 고통 없이 지내다가 세상을 떠났다. 그런데 한 분은 강직성 척추염으로 인해 온몸이 굳어서 하루 24시간 동안 거의 눕지를 못했다. 밤에는 앉은 상태로 잠을 청해야만 했다. 약물의 도움을 받기는 했지만, 오랫동안 눕지 못해서 허리의 통증은 거의 살인적이었다. 그러나 그분은 자신이 가지고 있는 기독교 신앙의 힘으로 몇 년째 묵묵히 버텨내고 있었다. 그리고 그분의 신앙과 함께 임종을 맞이했다.

그분의 죽음과 관련해서 그분의 신앙은 그분에게 어떤 의미가 있었을까? 그분 안에 있는 기독교 신앙이라는 것은 도대체 어떤 것이었을까? 그분은 그러한 고통 속에서의 죽음과 관련해서 자신이 믿는 신에 대한 적어도 두 가지의 태도를 보일 수 있었을 것 같다. 하나는 자기가 믿는 신을 원망하는 것이다. 왜 나를 이렇게 지독한 고통 속에서 죽게 내버려 두느냐고. 또 다른 하나는 그러한 극한의 고통 속에서도 자기가 믿는 신을 찬양하면서 내세의 천국을 소망하면서 죽어가는 것이다. 그는 두 번째 태도를 보이면서 죽어갔다. 그분은 그분 나름대로 죽음의 의미를 기독교 성경 안에서 찾았을까?

죽음과 관련해서 또 다른 한 사람을 생각한다. 나는 그분의 죽음의 순간을 수업 시간에 동영상으로 보여준다. 그분은 베트남 승려 틱꽝득이다. 그는 1897년 베트남에서 태어나 15세에 불교에 귀의했다. 그는 뛰어난 인품으로 승려들과 일반 국민에게 존경받는 승려였다. 인도차이나 전쟁 이후 미국의 지원 아래 응오딘지엠이 베트남의 초대 대통령이 되었다. 그는 정권을 잡자마자 가족과 측근들을 고위 관직에 임명하고 반정부단체들을 단속하고 탄압하는 등 전형적인 독재자였다. 특히 그는 가톨릭 신자로서 그 당시 베트남의 90% 이상이 믿는 불교를 탄압했다. 그리고 그는 가톨릭 신도들에게만 토지를 할당하고 세금을 감면하는 정책을 시행했다. 그는 사찰 훼손은 기본이고 석가탄신일 행사를 금지하고 불교도들을 투옥하는 등 반불교 정책에 앞장섰다. 평생 평화를 위해 살아온 그는 1963년 5월에 승려들과 함께 거리 행진하며 항의 시위를 벌인다. 그러나 응오딘지엠 정부는 그들의 항의 시위에 강경 진압으로 맞선다.

사태의 심각성을 알게 된 틱광득은 특단의 선택을 한다. 그는 1963년 6월 11일 오전 10시에 거리 한복판에 가부좌하고서 자기 몸에 기름을 붓고 불을 붙임으로써 소신공양을 한다. 부당한 탄압에 맞서 극단의 저항을 선택한 것이다. 화염에 휩싸인 몸으로 끝까지 가부좌 자세를 유지한 채로 뒤로 쓰러지며 열반에 들게 된다. 틱꽝득 스님에게 있어서 죽음의 의미는 무엇이었을까?

사멸론적 현세주의

사멸론자들은 인간이 죽으면 모든 것이 끝이라고 주장한다. 어떤 방식으로 죽든지 간에 죽음은 삶의 종말이다. 내가 죽으면 나는 더 이상 이 세상에 존재하지 않는다. 내 육체는 내 육체의 또 다른 형태인 영혼, 정신, 마음 등과 함께 부패하고 우주 속으로 흩어져버릴 것이다. 죽음은 곧 비존재(non-being)일 뿐이다. 내가 사멸해도 이 세상은 여전히 건재하다. 겨울이 지나면 새로운 봄이 올 것이다. 그러나 내가 죽은 후에는 다시는 새봄을 맞이할 수 없다. 그 누구도 나를 다시 살릴 수 없다. 영원히 비존재이다. 우리는 무(無)가 된다. 내가 없는데 고통이 있을 리 있겠는가? 내가 살아 있다는 것은 나에게 죽음은 없다는 것이다. 내가 죽었다는 것은 나에게 고통이 없다는 뜻이다. 그러므로 죽음을 왜 두려워하는가? 전혀 죽음을 두려워할 필요가 없는 것이다. 이러한 주장을 한 사람이 바로 에피쿠로스이다. 에피쿠로스 (Epicuros)는 「메노이케우스에게 보내는 편지」에서 이렇게 말한다. "죽음은 우리에게 아무것도 아니라는 믿음에 익숙해지게. 모든 선악은 감각으로 이루어지는데, 죽음은 감각을 앗아가기 때문이라네. 그래서 질병의 가장 무서운 형태인 죽음은 우리에게 아무것도 아니네. 우리가 존재하는 한 죽음은 우리와 함께 있지 않고, 죽음이 왔을 때 그때는 우리가 존재하지 않기 때문이지. 죽음은 산 자에게도 죽은 자에게도 영향을 미치지 않는 것이네. 산 자에게는 죽음이 없고 죽은 자는 이미 존재하지 않기 때문이지."[1]

내가 태어나기 전의 시간, 즉 영겁의 시간 속에는 내가 없었다. 내가 태어나기 전 시간에 내가 없었다는 것 때문에 나에게 두려움이 있는가? 전혀 없다. 만일 그렇다면 내가 죽은 후의 시간, 즉 영겁의 시간 속에 내가 없을 것이라는 예상으로 인해 나에게 두려움이 있는가? 전혀 그럴 필요가 없다는 것이다. 에피쿠로스에 의하면, 그것은 사서 미리 걱정하는 것이다. 이러한 걱정은 어리석은 것이다. 에피쿠로스학파였던 로마의 루크레티우스는 「사물의 성질에 대하여」에서 그와 관련해서 다음과 같이 언급한다. "우리가 태어나기 전에 지나가 버린 영원 같은 태고의 시간이 우리에게 아무것도 아니라는 사실을 생각해보라. 그러면 우리의 탄생 이전에 흘러갔던 영원의 시간은 우리의 죽음 이후에 펼쳐질 시간을 보여주는 거울과도 같은 것이다. 여기에 두려워할 게 있는가? 슬퍼할 게 있는가? 잠을 자는 것과 무엇이 다르단 말인가?" [2]

내세주의 1 - 플라톤의 영혼불멸논증

플라톤은 그의 중기 대화편의 하나인 「파이돈」에서 자신의 '영혼불멸논증'을 소크라테스의 입을 빌려서 설명하고 있다.[3] 「파이돈」은 소크라테스가 자기 삶의 마지막 몇 시간 동안 친구들과 어떤 대화를 나누다가 어떻게 독약을 마시고 죽었는 지에 관하여 기록되어 있다. 「파이돈」의 핵심 내용들은 육체는 사멸될지라도 영 혼은 불멸할 것이라고 믿는 영혼불멸론, 배움이란 전생에 알고 있던 지식을 상기(想 起)하는 것이라고 주장하는 상기론, 특정 사물이 아름다운 까닭은 그것이 아름다 움의 이데아에 관여하기 때문이라는 이데아론 등이다.

: 자살 불가론

먼저, 소크라테스는 모든 사람은 신이 허락하기 전에 자살해서는 안 된다고 주장 한다. "우리는 일종의 감옥에 갇혀 있으며, 누구도 그 감옥에서 벗어나거나 탈출해 서는 안 된다는 것이네…소유물이 죽기를 원한다는 신호를 자네가 보내지도 않았 는데 자네의 소유물 가운데 하나가 자신을 죽인다면 자네는 화나지 않을까? 그래 서 자네에게 벌줄 방도가 있다면 그것을 벌주지 않을까?…그렇게 본다면 지금 우리 에게 내려진 것과 같은 필연적인 상황을 신께서 내려보내시기 전에는 누구도 자신 을 죽여서는 안 된다고 말하는 것은 불합리하지 않을 듯하네. (paidon, 62b-62c)" [4]

: 죽음을 바라는 이유와 죽음의 정의

계속해서, 소크라테스는 자살이 불가함에도 불구하고 죽음을 바라는 이유에 대 하여 다음과 같이 설명한다. "만약 내가 우선 지혜롭고 선하신 다른 신들 곁으로, 다음으로는 이승 사람들보다 더 훌륭한 고인(故人)들 곁으로 가게 될 것이라는 믿 음이 없다면, 내가 죽음을 슬퍼하지 않는 것은 잘못하는 것이겠지. 하지만 자네 들은 잘 알아두게. 나는 선한 사람들 곁으로 갈 것으로 기대하고 있다네.(paidon, 63b-63c)" [5] 그는 "죽음이란 영혼이 육체에서 분리되는 것이라고 말한다. "죽음은 다름 아니라 영혼이 육체에서 분리되는 것이겠지? 또한 죽었다는 것은 육체가 영혼에서 분리되어 혼자 있고, 영혼이 육체에서 분리되어 혼자 있는 상태겠지? 죽음이 그것 말고 다른 것일 수 있는가? (paidon, 64c)" [6] 여기에서 천병희는 '혼'과 '몸'으로 번역했는데, 나는 '혼'을 '영혼'으로 그리고 '몸'을 '육체'로 번역할 것이다. 왜냐하면 기독교의 '부활론'과는 구별된 개념들이기 때문이다.

: 영혼의 정화

그는 이어서 인간의 최상의 상태는 우리가 살아 있을 때가 아니라 죽었을 때이며, 그것도 신체에서 정화된 철인(哲人)이 도달하는 영혼의 상태라고 말한다. 따라서 우리는 현생에서는 가능한 한 육체적인 것에 때 묻지 않도록 노력하고 신이 우리를 육체로부터 해방할 때까지 우리의 영혼을 정화해야 한다고 주장한다. "그러니 생전에 우리가 지식에 가장 가까이 다가가는 방법은 몸과 어울리거나 필요 이상으로 육체와 함께하는 것을 되도록 피하는 것이오. 또한 우리가 육체의 본성에 오염되지 않게 하고 신께서 친히 우리를 해방해주실 때까지 우리를 육체로부터 정화하는 것이오. 그렇게 하면 우리가 육체의 어리석음에 오염되는 것을 피하게 될 것이오. 그리고 우리는 같은 부류의 사람들과 함께하게 될 것이며, 우리 자신을 통하여 순수하고 오염되지 않은 것 일체를 알게 될 텐데, 나는 감히 그것이 바로 진리라고 말하겠소. (paidon, 67a)" [7]

: 영혼의 사멸에 대한 의구심과 반대 현상에 대한 보상

케베스는 소크라테스에게 육체와 영혼이 분리되는 순간 영혼이 사멸될 것이라는 영혼 사멸에 대한 의구심을 이렇게 표현한다. "사람들은 영혼이 육체를 떠난 뒤에는 더 이상 어디에도 존재하지 않고, 사람이 죽는 그 날 영혼이 육체를 떠나자마자 파괴되고 해체된다고, 말하자면 영혼은 육체 밖으로 나오면 숨결이나 연기처럼 흩어져 날아가 버려 더는 어디에도 존재하지 않는다고 생각하니까요. (paidon, 70a)"[8] 이와 같은 영혼 사멸에 대한 의구심과 관련해서 소크라테스는 '반대 현상에 대한 보상 논증'으로 다음과 같이 답변을 시도한다. "인간뿐만 아니라 모든 동식물과 관련해서도 이 문제를 고찰해보도록 하게. 생기게 되어 있는 모든 것이 대체로 그렇게 생기는지, 말하자면 대립하는 것이 있으면 바로 그 대립하는 것에서 생기는지 살펴보기로 하세. 이를테면 아름다운 것은 추한 것과, 옳은 것은 옳지 못한 것과 대립하는데, 이런 경우는 부지기수일세. 그래서 대립하는 것이 있는 것은 다름 아닌 그 대립하는 것에서 생기는 것이 필연적인지 살펴보기로 하자는 말일세. 예컨대 어떤 것이 더 커진다면 필연적으로 전에는 더 작았던 것이 더 커진 것이겠지?" 그는 이러한 논리를 삶과 죽음에도 적용한다. 그리하여 죽는 것에 대립하는 생성과정을 제시하지 않으면 '절름발이'가 될 것이라고 말한다. 결국 그는 영혼이 육체로부터 분리된 후에 그 어딘가에 있다가 그곳으로부터 다시 생겨나는 것은 필연적이라는 것이 충분히 증명된다고 말한다. "그러니 우리는 살아 있는 사람에게서 죽어 있는 사람이 태어난다는 것 못지않게 죽어 있는 사람에게서 살아 있는 사람이 태어난다는 것에 대해서도 합의한 셈이네. 또한 그게 그렇다면, 그것은 죽은 사람의 혼이 어디에 가 있다가 거기에서 다시 태어난다는 것을 입증해줄 충분한 증거가 되리라고 생각되네(paidon, 72a)."[9]

내세주의 2 - 기독교의 부활사상

: 장례식 기도 VS 신앙고백

오늘날 기독교 장례식에서 일부 기독교인은 인간이 죽으면 그의 영혼은 육체를 떠나 천국 또는 지옥으로 가게 된다는 플라톤의 영혼불멸설에 가까운 입장에서 이렇게 기도한다. "이제 육체는 땅에 묻혀서 흙으로 돌아갑니다. 그러나 육체의 장막을 벗어난 영혼은 천국에 들어간 줄로 믿습니다." 그러나 그들은 그들이 공식적인 예배에서 사용하는 사도신경을 통해서 "몸이 다시 사는 것과 영원히 사는 것을 믿습니다."라면서 신앙을 고백한다. 그렇다면 기독교의 정통적인 신앙고백은 무엇일까? 그것은 장례식의 기도가 아니라 사도신경에 의한 신앙고백이다. 정통 기독교는 영혼만 다시 사는 것이 아닌 '몸이 다시 사는 것'을 믿는다. 그런데 이러한 영혼 불멸과 육체의 부활 사이의 부조화와 갈등은 이미 초기 기독교 시대부터 있었던 현상이었다.

: 부조화와 갈등

스티븐 케이브(Stephen Cave)도 그의 저서 『불멸에 관하여』에서 기독교의 사도신경에 나오는 그리스인들의 영혼불멸사상과 초기 기독교인들의 육체의 부활사상 사이의 부조화와 갈등을 다음과 같이 설명한다. "당시 그리스 땅을 지배하고 있었던 세계관은 죽어서 썩어갈 육체를 떠나는 순수하게 영적인 존재인 영혼으로서 인간은 비로소 죽음을 이겨낼 수 있다는 생각이었다. 하지만 부활은 지극히 현실적인 개념으로, 세계적으로 널리 퍼진 부활에 관한 이야기들은 전적으로 육체에 주목하고 있다. 그러나 나약하고 언젠가 썩어갈 육신이 되살아난다는 생각은 당시 그리스인들에게 우스꽝스러우면서 끔찍한 발상이었다. 이러한 상황에서 기독교가 소수 유대교 종파의 한계를 넘어서기 위해 바울은 그 도시의 시민들이 인간의 육신이 무덤으로부터 다시 일어설 수 있다는 생각에 대한 반감을 떨쳐내도록 만들어야 했다."[10] 물론 기독교인들은 이러한 케이브의 설명이 '선후 인과의 오류'를 범하고 있다고 즉각적으로 반발할 것이다. 기독교인들은 예수 육체의 부활 이후에 초기 기독교인들이 '예수 육체의 부활'을 증언했을 뿐만 아니라 '죽은 자의 육체의 부활'도 선포한 것뿐이라고 강력하게 주장할 것이다. 또한 그들은 바울 또는 초기 기독교인들이 플라톤의 영혼불멸설과의 차별화를 시도하기 위해서 그리고 소수 유대교 종파의 한계를 넘어서기 위해서 '죽은 자의 육체의 부활'을 억지로 주장한 것은 아니라고 항변할 것이다. 케이브의 주장은 그들이 보기에 선후관계가 전도되어 있다고 생각할 것이다.

: 영혼에 대한 천시 또는 경멸

어쨌든, 플라톤의 영혼불멸설은 신플라톤주의와 영지주의를 통하여 고대 그리스 사회에 널리 퍼져 있었다. 그리하여 아우구스티누스(Augustinus)는 '영혼불멸설'을 기독교 안으로 끌어들여 죽음과 죽음 이후에 관한 기독교 교리의 기본 골격을 형성하였다. 그가 주장한 이에 관한 기본적인 내용은 다음과 같다. 죽음으로 인하여 인간의 영혼과 육체가 분리된다. 그 후에 영혼은 신은 나아가 심판을 받는다. 상선벌악(常善罰惡)의 원칙 또는 신앙과 불신앙의 원칙에 따라 심판이 이루어진다. 이어서 신은 영혼에게 '영원한 복' 또는 '영원한 벌'을 주신다. 영혼은 신의 직관(Visia Dei) 속에 머물게 된다. 그리고 영혼은 죽은 자들이 모두 부활하게 될 예수의 재림과 최후의 심판 때에 다시 육체와 결합하여 신령한 몸으로 변화된다. 그리고 그러한 신령한 몸으로서의 인간은 영원한 삶을 살게 된다.[11] 아우구스티누스는 최후의 나팔이 울려 퍼지는 순간에 우리 모두의 육신이 무덤으로부터 일어설 것이라는 『성서』의 가르침을 그대로 받아들였다. 그는 육체와 영혼이 완전한 인간 존재를 이루는 핵심이며 플라톤이 주장했던 것처럼 지적·의식적 부분과 연결되어 있다는 점에서 영혼이 둘 중 상위의 존재라고 믿었다. 그리고 더욱더 중요하게, 그는 영혼이 죽음으로 인한 영혼과 육체의 분리 후에도 그리고 최후의 심판 때에 육체와 영혼이 재결합한 이후에도 '개인의 정체성'을 그대로 간직한다고 생각했다.[12] 이처럼 영혼과 육체의 분리라는 죽음과 영혼의 불멸성이라는 플라톤 사상은 죽음 이후 즉시 신에게 나아간다는 신앙과 지연되고 있는 예수의 재림, 그리고 그때 이루어진 부활의 문제, 즉 죽음 이후의 상태와 예수의 재림 때에 이루어질 부활 사이의 공백을 설명해 줄 수 있게 된 셈이다.[13] 그러나 이러한 아우구스티누스의 입장은 플라톤의 영혼불멸설이 안고 있는 육체를 경멸하거나 천시하는 문제를 해결하기 어렵다. 플라톤의 영혼불멸설은 육체를 '영혼의 감옥'으로 취급함으로써 천시한다. 그러나 성서에 의하면, 영혼의 부활이 아닌 '육체의 부활'은 육체를 결코 천시하거나 경멸하지 않는다는 것을 의미한다. 인간의 육체도 신의 피조물이다. 그러므로 기독교인은 인간의 영혼만 귀히 여기는 것이 아니라 육체도 귀히 여겨야 한다. 신은 인간의 육체를 입고 이 세계의 물질성 속으로 들어왔다. 그것을 성육신(成肉身, incarnation)이라고 한다. 그러므로 육신의 몸을 입고 사람의 아들, 즉 인자(人子)로 온 예수를 따르는 사람들은 육체를 결코 경멸할 수 없다. 또한 인간의 육체는 '성령이 거하는 성전'이다.[14] 그러므로 초기 기독교인들은 육체를 절대로 천시하거나 경멸할 수 없는 것이다.

불가지론

: 소크라테스 - 신 말고는 아무도 모릅니다.

소크라테스는 플라톤의 『소크라테스의 변론』에서 죽음이 나쁜 것이 아닌 나름대로 좋은 것이기를 바랄 수 있는 상을 당한 이유가 있음을 이미 우리가 위에서 언급했던 '사멸론'과 '내세주의'의 입장에서 다음과 같이 논변한다. "죽음은 둘 중의 하나입니다. 죽음은 일종의 소멸이어서 죽은 자는 아무것도 자각하지 못하거나, 아니면 사람들이 말하듯 죽음은 일종의 변화이고 영혼이 이승에서 저승으로 이주하는 것입니다… 죽음이 이승에서 저승으로의 이주와 같은 것이라면 그리고 사람들 말처럼 죽은 사람은 모두 그곳에 있는 것이 사실이라면, 배심원 여러분, 이보다 더 큰 축복이 어디 있겠습니까?" [15] 그렇지만 소크라테스는 죽음에 관한 자기의 입장, 즉 죽음에 관한 불가지론적 입장을 다음과 같이 피력한다. "하지만 이제는 헤어질 시간이 되었습니다. 나는 죽으러 가고, 여러분은 살러 갈 것입니다. 그러나 우리 중에서 어느 쪽이 더 나은 운명을 향해 가는지는, 신 말고는 아무도 모릅니다." [16]

소크라테스는 『소크라테스의 변론』에서 '무지의 지'를 말한다. 그는 자기 자신이 "아무것도 모른다."라는 것을 제외하고는 그 어떤 것도 알지 못한다는 것을 다음과 같이 고백한다. "나는 분명 저 사람보다는 더 지혜로워, 우리 둘 다 남에게 자랑할 만한 것을 아무것도 모른다 해도, 그는 자기가 모르는 것을 안다고 생각하는 반면 나는 모르면 모른다고 생각하니까. 아무튼 나는 내가 모르는 것을 안다고 생각하지 않을 만큼은, 비록 미세한 차이이지만 내가 저 사람보다 더 지혜로운 것 같아." [17] 그러므로 죽음에 관한 소크라테스의 입장은 이러한 '무지의 지'라는 그의 인식론적 겸손과 동일선상에 있다. 그가 죽음을 '무지의 지'의 관점으로 바라본다는 것은 그가 죽음에 관한 '불가지론적 입장'을 취하고 있음을 엿볼 수 있다.

: 공자 - 삶도 모르는데 어찌 죽음을 알리요.

유교는 나름대로 생사관에 대해 정교한 교설을 갖고 있지만, 유교에서 말하는 생사관은 한마디로 말해 내세를 인정하지 않는 것이라 할 수 있다. 인간의 죽음이라는 주제와 관련해서 볼 때 유가에서 제시하는 이론은 그들의 큰 스승인 공자가 말한 범위에서 절대로 벗어나지 않는다. 이를테면 공자의 가르침이 일종의 원형이 되는 것이다. 그런데 정작 공자는 인간의 죽음에 관해서 그다지 많은 이야기를 남기지 않았다.[18] 공자는 귀신이나 인간의 죽음 같은 초자연적인 일이나 내세에 관한 이야기가 나오면 질문을 던진 제자들에게 맞질문을 함으로써 의제를 피해 간 것으로 유명하다. 한번은 제자인 계로가 공자에게 귀신을 섬기는 방법과 인간의 죽음에 관해 물었다. 이에 대해 공자는 본인은 알고 있었지만, 제자의 과도한 호기심을 잠재우기 위해서였는지 아니면 본인도 실제로는 알지 못하는 주제였던지라 위기를 모면하려 했든지, 확실히 모르겠지만 제자의 질문을 되받아쳤다. 즉 귀신에 대해서는 '너는 사람도 제대로 섬길 줄 모르면서 무슨 귀신 섬길 걱정을 하느냐'라고 받아쳤고, 죽음에 대해서는 '삶도 모르는 주제에 어찌 죽음을 알려고 하느냐'고 하면서 제자의 질문을 막았다.[19] 이 구문을 놓고 현대 유학 전공자들은 공자는 모든 관심을 죽은 뒤와 같은 미래가 아닌 현재에 집중시켰다고 해석하는 데 해석이 어찌 됐든 간에 공자의 이 발언 때문에 후대의 유가들은 죽음 이후의 문제를 거론할 수 없게 된다. 게다가 공자는 인간의 영혼에 대해서도 별반 관심을 표명하지 않았다. 물론 공자가 귀신과 같은 영적인 존재에 대해 완전히 부정적인 태도를 보인 것은 아니다. 가령 번지라는 제자가 앎이 무엇이냐는 질문을 했을 때 공자는 "백성의 뜻을 따르려 노력하고 동시에 귀신을 공경하지만 멀리하면 가히 앎이라 할 수 있다." [20]라고 대답한 적이 있는데 여기서 그가 귀신을 어떤 존재로 생각하고 언급한 것인지는 모르지만 귀신을 영적인 존재로 생각한 것은 틀림없다. 그런데도 이외에 공자가 유의미하게 인간의 영혼에 대해 언급한 것은 유교 경전에서 거의 눈에 띄지 않는다. 오히려 공자는 인간의 영혼을 인정하지 않는 듯한 발언을 한 것으로 유명하다. 그는 제자들에게 제사를 지낼 때 진짜 귀신, 즉 조상들의 영혼이 존재해서 제자를 드리는 것이 아니라 그저 귀신이 있는 것처럼 생각하고 제사를 지내라고 충고했다. [21]

이처럼 교조인 공자가 귀신 또는 영혼을 소극적으로 인정하는 듯한 발언을 하거나 에둘러서 부정하는 듯한 발언을 하고 죽음 뒤의 삶에 대해서는 언급을 회피했기 때문에 후대의 유학자들에게는 이것이 하나의 지침이 되었다. 그 결과 내세와 영혼에 대한 불가지론적이고 회의론적인 가르침은 유교의 대표 교리로 굳건한 자리매김을 한다.

종말론적인 삶

　루게릭병에 걸려 죽음을 앞둔 대학교수가 매주 화요일마다 한 제자와 만나 인생에 대해 나눈 이야기를 묶은 책이 『모리와 함께한 화요일』이다. 여기서 교수는 제자에게 '종말론적인 삶'에 관하여 다음과 같이 피력한다. "어떻게 죽어야 할지를 배우게 되면, 어떻게 살아야 할지도 배울 수 있다네." 모든 사람은 삶과 죽음을 지나간다. 지금 우리는 삶과 죽음을 어떻게 이해하고 있는가? 우리에게 주어진 인생을 어떻게 사용하고 있는 것일까? 우리가 언젠가는 죽는다는 것은 진정으로 중요한 것을 찾으려는 탐색과 항상 연관되는 현실적이고 근본적인 사실이다. 그런데 하나의 '죽음의 의미'로써 이러한 죽음에 관한 종말론적인 인식은 현재 우리가 어떻게 살아야 할 것인가를 심사숙고하게 만든다.

　맹자가 아직 어렸을 때 맹자의 어머니는 자식의 공부와 성공을 위해 세 번이나 이사했다는 '맹모삼천지교'의 이야기는 아주 유명하다. 아들이 조용한 곳에서 공부하기를 바라고 공동묘지 근처에 살았더니 어린 맹자가 주변의 곡소리 흉내를 냈다. 그리고 두 번째로 시장 근처로 이사를 했다. 그런데 이번에는 상인들의 흥정하는 모습을 흉내 내기 시작했다. 마지막으로 학교 주변으로 이사를 하였는데 이번에는 맹자가 주변의 학구적인 분위기에 어울려 공부에 전념했다는 이야기이다. 그런데 이 이야기를 새롭게 해석하기도 한다. 어떤 학자는 자식을 최고의 학자로 길러낸 현명한 맹자의 어머니가 아무 생각 없이, 공동묘지나 시장으로 이사를 하지 않았을 것이라고 주장한다. 현명한 맹모는 맹자가 학문을 닦는 데 앞서 먼저 인생의 죽음을 공부하고 삶의 엄숙함과 진지함을 알게 하기 위해 공동묘지를 찾았을 것이다. 그리고 죽음이 무엇인지 알게 한 후 시장으로 이사를 하여서 시장 사람들이 치열하게 살아가는 모습을 보며 삶이란 무엇인가를 깨닫게 한 것이다. 그렇게 하여 인생이 무엇인지를 배우고 삶과 죽음의 바른 목적을 알게 하고 그 후에야 비로소 학문에 정진하도록 했다는 주장이다.

법정 스님은 죽음과 관련하여 이렇게 강설했다. "우리에게 죽음이 있다는 게 얼마나 다행인가. 만약 죽음이 없다면 또 얼마나 오만하고 방자하고 무도할 것인가. 죽음이 우리들의 생을 조명해주기 때문에 보다 빛나고 값진 생을 가지려고 우리는 의지적인 노력을 기울인다."[22] 엘리자베스 퀴블러 로스도 종말론적인 삶과 사랑에 관하여 이렇게 말한다. "죽음은 단지 이 삶으로부터 고통과 고뇌가 없는 다른 존재로의 변화일 뿐이다. 모든 아픔과 부조화는 사라질 것이며, 영원히 살아남을 단 한 가지는 '사랑'이다. 그러므로 '지금' 서로 사랑하자. 왜냐하면, 우리는 우리를 태어나게 해주신 분들과 함께하는-많은 부모가 얼마나 불완전한가 한 것과 관계없이-축복을 얼마나 오랫동안 누릴 수 있을지 알 수 없기 때문이다."[23]

: 미고사

나는 죽음이 가져다주는 세 가지의 의미 또는 교훈을 소개하고 싶다. 그것은 바로 반성하기와 감사하기 그리고 사랑하기이다. 나는 종종 장례식 중에서 입관식에 유족과 함께 참여할 때가 있다. 고인을 관에 모시고 나서 관을 덮는다. 이제는 현생에서 다시는 고인을 볼 수가 없다. 이때 유족들이 애통해하는 마음으로 고인을 떠나보내면서 고백하는 말이 있다. 그것은 어느 입관식에서든지 어느 정도 일치하는데, 바로 '미안해요'와 '고마워요' 그리고 '사랑해요'라는 고백의 말이다. 그리고 죽음을 앞둔 사람들도, 만일 시간이 주어진다면, 자기 가족에게 거의 동일하게 이와 같은 세 가지의 고백을 하고 나서 가족들과 작별하는 것을 볼 수 있다. 먼저 '미안해요'라는 고백을 생각해보자. 이것은 상대방과의 이 세상에서의 마지막 화해의 손길을 내미는 것이다. 이것은 상대방에 대한 자기 자신의 반성이요 성찰이다. 죽음의 의미는 바로 죽음이 임박한 사람을 또는 죽어가는 사람을 대면해야 하는 사람 모두에게 반성 또는 성찰을 요구하는 것에 있지 않을까? 이것은 자신이 과거에 '잘못 살았음'에 대한 반성과 성찰인 동시에 마지막 남은 시간을 '당신과 잘 살겠다.'라는 결단을 의미하는 것이 아닐까? 얼마 전에 어떤 분으로부터 이런 말을 듣게 되었다. "요즘 사람들은 '미안하다'라고 사과하면 절대로 안 됩니다. 왜냐하면 사과와 동시에 곧바로 돌아오는 것은 용서가 아닌 소송이기 때문입니다. 없던 죄도 만들어내는 세상에 자신이 잘못했다고 하면 아주 그 사람의 밥이 되는 겁니다." 우리는 초보 영어 회화에 나오는 "A : I'm sorry, B: That's all right."이라는 말이 더욱 그리워지는 세상에서 살고 있는지도 모른다. 물론 모두 다 그런 것은 아니겠지만, 서양 사람들은 민망하거나 실례하거나 할 때도, 실수해서 옷깃만 스쳐도 '미안합니다'를 연발한 단다. 그러나 우리나라 사람들은 '미안합니다'라는 말 한마디에 매우 인색한 것 같다. 그리고 '미안합니다.'라고 정중하게 사과하는 사람을 한참 째려보면서 지나가는 사람들도 많은 것 같다. 이렇게 살아가는 삶이 과연 잘 사는 삶일까?

다음으로 '고마워요'라는 고백이다. 이것은 다름 아닌 케이브가 언급한 '상대방에 대한 감사'이다. 평소에는 상대방에 대한 감사보다는 원망과 불평과 비난이 앞서는 경우가 많다. 그러나 대부분 사람이 자신이 죽음에 이르게 되거나 상대방의 죽음을 목격하게 되면 타자에 대한 원망과 불평은 눈 녹듯이 사라지고 그 사람에 대한 감사를 떠올리게 된다. 그러한 고백은 과거에 상대방으로부터 받았던 모든 은혜에 대한 감사의 마음을 담은 것이다. 그것은 바로 자신에게 주어진 남은 날들도 상대방에게 감사하며 살겠다는 마지막 남은 결단이기도 하다. 미치 앨봄(Mitch Albom)은

루게릭병으로 죽어가고 있는 자기 스승이었던 모리 교수가 자기에게 들려준 교훈을 이렇게 전하고 있다. "우리가 아기로 삶을 시작할 때는 누군가 우릴 돌봐 줘야 생명을 유지할 수 있어. 그리고 나처럼 아파서 삶이 끝나 갈 무렵에도 누군가 돌봐 줘야 생명을 유지할 수 있어. 그렇지 않은가? 여기에 비밀이 있네. 아이 때와 죽어 갈 때 이외에도, 즉 살아가는 시간 내내 사실 우린 누군가가 필요하네." [24] 만일 그렇다면 우리는 나 자신의 전 생애에 걸쳐서 우리와 더불어 살아왔고, 살아가고 있고, 살아갈 모든 사람에게 언제나 변함없이 고맙다고, 감사하다고 표현하면서 살아야 하지 않을까? 울리지 않는 종은 종이 아니듯이 감사를 표현하지 않는 감사는 진정한 의미에서의 감사가 아닐 것이다. 고마움을 느끼고(感), 사(謝), 즉 한마디(寸)의 말(言)로 고맙다고 표현하고, 한 번(寸)이라도 상대방 앞에서 몸(身)을 숙여 고마움을 표현하는 것이 진정한 의미에서의 감사가 아닐까? 그리고 이렇게 사는 것이 참된 의미에서의 '잘 사는 것'이 아닐까? 마지막은 '사랑해요'이다. 사람이라면 누구나 다 죽음에 이르게 되면 '사랑'을 생각한다. 돈이 아무리 좋다지만 인생의 마지막 날에 평생 자신이 죽도록 고생해가면서 축적해놓은 재산을 다 써보지도 못하고서 죽는다고 한탄할 사람들이 얼마나 될까? 나의 희망 사항이기는 하지만, 아마 그런 사람은 없을 것이다. 아마도 정상적인 사람이라면 자신이 살아 있는 동안 더 많이 사랑하면서 잘지 못했음을 후회할 것이다. 그는 자신에게 주어진 남은 날들을 사랑으로 채워가면서 살아갈 것이다. 그는 자신과 함께했던 모든 사람, 특히 자기 가족들과 애절한 사랑을 나눌 것이다. 그는 자신이 평생 살아왔던 자연과의 사랑을 나눌 것이다. 평소에는 한 번도 눈여겨보지 않았던 풀 한 포기, 구르는 돌마저도 새롭게 다가올 것이다. 그는 오직 사랑으로만 가득 채워진 날들을 살아간 후에 이 세상에서의 마지막 삶을 마감할 것이다. 바로 이 세 가지가 죽음이 우리에게 주는 선물이요 복된 교훈이 아닐까? 이러한 의미에서 죽음은 공포와 전율의 그림자가 아니라 우리에게 삶의 은인으로 그리고 삶의 스승으로 다가오고 있는 것은 아닐까?

: 의미가 있을 때, 우리는 모든 것을 견딜 수 있다.

앤드류 커노한은 다음과 같이 말한다. "사랑이 있을 때, 우리는 모든 것을 견딜 수 있다." [25] 맞는 말인 것 같다. 이 말을 조금 창조적으로 변형시켜보자. "우리는 우리의 삶과 고통과 죽음의 의미를 깨달아 알았을 때, 모든 것들을 견뎌낼 수 있다." 그러므로 나는 무의미한 삶보다는 의미 있는 삶이 행복한 삶이라고 말하고 싶다. 삶의 유의미함은 근본적으로 다양할 수밖에 없다. 모든 인간의 삶에 해당하는 단 하나의 의미는 없다. 의미는 보편적이지 않고, 개인마다 개별적이기 때문이다. 그뿐 아니라 사건과 인생은 단 한 가지 방식으로만 의미 있는 것이 아니다. 그러므로 우리는 의미 탐색이라는 추상적인 임무를 수많은 개별적인 임무로 대체해야 한다. [26] 삶의 의미, 고통의 의미, 죽음의 의미라는 의미찾기는 개별적인 숙제로 여전히 우리 안에 남아 있다. 그 누구도 피해 갈 수 없다.

나의 삶을 좀 더 진지하게 심사숙고하는 구도자적인 자세가 필요하다. 삶의 의미를 진지하게 찾아본 결과로서 결국 '삶의 무의미'로 귀착된다고 할지라도 그러한 삶의 자세는 우리의 삶을 좀 더 활력 있고 풍성한 삶으로 우리를 인도할 것이다.

때로는 아무런 생각도 없이 그저 '멍때리는 시간'을 가져보는 것도 중요하다. 일부 정신과 의사들은 끊임없는 자극이 뇌에 밀려드는 시대에 '멍때리기'는 효과적인 휴식 방법이라면서 멍 때리기를 예찬하고 있기 때문이다. 예컨대 어떤 신경정신건강의학과 의사들은 멍때리기가 효율적인 뇌의 재정비 수단이라고 말한다. 그들에 의하면, 뇌는 휴식을 통해 정보와 경험을 정리하고 불필요한 정보는 과감하게 삭제하여 새로운 생각을 채울 수 있는 여백을 만든다. 그런데 현대인의 머리는 휴식할 시간이 없다. 신경증적인 불안감이 24시간 SNS에 접속하게 하는 등 현대인에게 무언가를 찾아 끊임없이 헤매게 만들고 있다. 정작 새로운 아이디어를 창조하는 데 필수적인 재정비의 시간을 희생시키고 있다. 그런 의미에서의 '멍때리는 시간'은 필요하다고 본다. 그러나 평생 사는 날 동안 멍때리기만 하면서 살 수는 없다. 좋든 싫든 소크라테스가 말한 것처럼 캐묻지 않는 삶은 살 가치가 없으므로 끊임없이 "내 삶과 죽음의 의미는 무엇인가"를 나 자신에게 또는 다른 사람들에게 캐물어야만 한다. 그 답이 무엇이든 캐물은 결과로 얻은 그 답을 가지고 살아가는 자세가 필요하다. 왜냐하면 적어도 나 자신에게 있어서의 나의 삶은 그저 멍때리면서 아무런 의미도 없이 마냥 흘려보내기에는 '너무나도 특별한 삶'일 뿐만 아니라 '너무나도 소중한 삶'이기 때문이다. 죽음 앞에서 인생의 유한성과 무상함 깨달은 사람이라면 지금 여기에서의 행복이 얼마나 소중한지를 더욱 절감할 것이다. 우리는 과거의 행복했던 삶을 저장했다가 다시 경험할 수 없다.

또한 우리는 미래에 경험할 행복을 마냥 뒤로 미룰 수도 없다. 우리는 지금 여기에서 행복해야만 한다. 호스피스 운동의 선구자 시실리 손더스(Cicely Saunders)는 우리에게 조용히 이렇게 조언한다. "삶에 며칠을 더 주는 것이 중요한 것이 아니다. 그 며칠에 삶을 선사하는 것이 중요하다."라고. [27] 나는 그의 말을 좀 더 명확화해서 이렇게 말하고 싶다. "내 인생에 며칠을 더 주는 것이 중요한 것이 아니다. 그 며칠에 삶 또는 죽음의 의미를 선사하는 것이 중요한 것이다." 왜냐하면 죽음의 의미와 삶의 의미는 동전의 양면과 같은 것이기 때문이다.

후속활동 프로그램

1. 나의 버킷리스트 작성하기

2. 유서를 작성하고 난 후에 작성된 유서를 타자에게 읽어주기

3. '미고사-미안합니다, 고맙습니다(감사합니다), 사랑합니다.'를 하루에 3번 이상 실천하기

4. 나의 타임캡슐 만들기

5. 시 또는 소설, 음악 또는 미술 등 각종 문학예술에서 '시간(세월)'에 관한 명언 찾기

6. 휴대전화기 또는 시계 없이 하루를 살아보기

전
인
건
강

전인건강

: 전인건강

물리주의적 결정론은 "하나의 개체로서 생명은 고도로 조직화한 물질이며 의식 또한 뇌 안에서 발생하는 물질의 작용이다."라고 주장한다. 그런데 이러한 주장은 "생명이 단지 물질에 지나지 않는다"라고 말하는 것이다. 그러나 이러한 환원주의적 설명은 생물과 무생물의 확연한 차이를 무시하고 있다. 생명 있는 유기체의 현상들이 화학적인 화합물의 배열에 지나지 않는다고 말하는 것은 우리의 경험이 명백하게 증언을 해 주는 여러 유기체 안에서의 여러 관계들을 무시하는 것이다. 의식 또는 정신이 순전히 물리적 상황에 부여된 명칭에 지나지 않는다고 말하는 것은 경험의 한 면, 즉 물리적 상황에 너무 치우친 나머지 경험의 또 다른 부분, 즉 정신적 측면을 깨끗이 잊어버린 결과이다.[1] 그러므로 우리는 흔히 이러한 의식 또는 정신과 관련된 것으로서 이성, 감정, 자유의지, 욕구 등을 생명에 관한 논의 과정에서 언급하지 않을 수 없다. 우리는 이러한 의식 또는 정신이 육체와 함께 전인적으로 건강해야만 진정으로 행복할 수 있다. 인간의 생명을 구성하고 있는 다섯 가지의 요소 중에 어느 하나라도 병들거나 문제가 발생하면 진정으로 행복한 삶을 살기란 거의 불가능에 가깝다. 우리가 건강한 삶을 산다는 것은 육체의 건강만을 말하는 것이 아니다. 인간은 육체뿐만 아니라 이성, 감정, 자유의지, 욕구가 상호적 연관성 속에서 모두 다 적절하게 균형있는 건강을 유지해야만 행복한 삶을 살 수 있는 전인적 존재이다.

4. 이성

: 건강한 이성 - 탁월성, 중용 그리고 행복

아리스토텔레스는 '탁월성(arete)이 있는 사람'이 '중용(mesotes)을 가진 사람'이며, 그러한 사람이 바로 가장 행복한 사람이라고 말한다. 그러면 아리스토텔레스가 말하는 '탁월성'이란 무엇일까? 탁월성은 무엇보다도 '실천이성'과 밀접한 관련이 있다. 아리스토텔레스가 말하는 탁월성이란 "이성을 가지고서 상황에 따라 가장 적절한 방식으로 생각하고, 말하고, 행동하는 것"을 의미한다. 아리스토텔레스에 의하면, 식물과 동물을 포함한 모든 생명체는 '영양 섭취의 능력'을 공유한다. 식물을 제외한 모든 동물은 '감각 능력'과 '욕구 능력'을 공유한다. 그러나 오직 인간만이 다른 모든 동물에게서 찾아볼 수 없는 '이성 능력'을 가지고 있다. 죽는 것보다는 사는 것이 더 좋으므로 무생물보다는 생물 더 좋다. 그리고 식물보다는 동물이 더 좋다. 특히 동물의 삶보다는 인간의 삶이 더 좋다. 그 이유는 인간만이 '생각할 줄 아는 이성 능력'을 가지고 있기 때문이다. 이러한 능력이야말로 인간이 행복한 삶을 누리는 데에 있어서 가장 필수적인 능력이다.[2]

그러면 이제 아리스토텔레스가 말하는 '중용'을 알아보자. 아리스토텔레스는 '탁월성'이라는 개념을 '중용'이라는 개념과 결부시킨다. 사실상 그는 종종 탁월성과 중용을 동일시하기도 한다. "그러므로 탁월성은 중간적인 것을 겨냥하는 한 일종의 중용이다." [3] 그런데 여기에서 중용이라는 용어는 '양쪽 끝으로부터 같은 거리에 있는 것'으로서 중간이라는 의미만으로 사용하지 않는다. 좀 더 엄밀하게 말하자면, 중용이란 '상황에 따라 가장 적절한 방식으로'라는 말과 관련 있다. [4] 예를 들면, 배부른 사람과 굶주린 사람에게 일률적으로 밥 한 그릇을 주는 사람을 가리켜서 탁월성 있는 사람이라고 말할 수 없다. 배부른 사람과 굶주린 사람의 상황에 따라 적절하게 배분해 줄 줄 아는 사람이야말로 탁월성 있는 사람이라고 말할 수 있다. 배부른 사람에게는 밥 한 그릇 이하가 적절할 것이다. 반면에 굶주린 사람에게는 밥 한 그릇 이상이 적절할 것이다. 배부른 사람에게는 진수성찬이 별다른 의미가 없다. 그러나 사흘 동안 굶은 사람에게는 밥 한 숟갈만으로도 진수성찬일 것이다. 그러므로 중용이라는 것은 "탁월성이 있는 사람이 건강한 이성을 가지고서 '상황에 따라 가장 적절한 방식으로' 생각하고, 말하고, 행동하는 것이다."라고 정의를 내릴 수 있다.

병든 이성 1 - 악덕을 추구하는 이성

아리스토텔레스에 따르면, '용기'라는 탁월성이 곧 중용이다. 그리고 이러한 중용을 실천하는 용감한 사람이 곧 행복한 사람이다. "그렇다면 세 가지 성향이 있는 셈인데, 그중 둘은 악덕으로서, 하나는 지나침에 따른 악덕이고 다른 하나는 모자람에 따른 악덕이다. 나머지 하나가 중용이라는 탁월성의 성향이다. 용감한 사람은 비겁한 사람에 비해서는 무모해 보이고 무모한 사람에 비해서는 비겁해 보이니까." [5] 좀 더 부연 설명하자면, 행복한 사람은 어떤 사람일까? 행복한 사람이란 "건강한 이성을 가지고서 상황에 따라 가장 적절한 방식으로 '용기를 가지고서' 생각하고, 말하고, 행동하는 사람이다."라고 말할 수 있다. 그러면 불행한 사람은 어떤 사람일까? 그것은 바로 비겁한 사람과 무모한 사람일 것이다. 예를 들면, 세월호 사건이 발생했을 때, 세월호 선장이 용기라는 탁월성을 가진 사람으로서 건강한 이성을 가지고서 상황에 따라 가장 적절한 방식으로 생각하고, 말하고, 행동한 사람이었다고 가정해보자. 세월호에 승선했던 사람들은 그러한 용기 있는 선장으로 인하여 세월호의 침몰이라는 절체절명의 상황을 극복하고 모두 행복할 수 있었을 것이다. 그러나 그는 병든 이성을 가지고서 세월호 침몰의 상황에서 무모하거나 비겁한 생각과 말과 행동을 한 비겁한 사람 또는 무모한 사람이었다. 그로 인하여 세월호에 승선했던 수많은 사람이 사망했다. 그리고 살아남은 사람들도 지금까지 정신적으로 엄청난 고통을 당하고 있다. 오늘 이 시간에도 세월호 침몰 사건과 관련된 몇몇 비겁한 또는 무모한 사람들로 인하여 수없이 많은 사람이 고통을 당하고 불행한 삶을 살아가고 있다.

: 부역질

우리 사회의 병리적 현상 중에서 가장 심각한 것은 다름 아닌 '부역질과 갑질'이다. 그런데 여기에서 부역질은 아리스토텔레스가 말한 악덕 중의 하나인 '비겁함'과 관련되어 있다. 아리스토텔레스에 의하면, 이러한 비겁함은 미덕이 아니라 악덕이다. 그리고 이러한 비겁함이라는 악덕을 소유한 사람은 불행한 사람이다. 비겁한 사람은 돈과 권력을 악용하여 갑질하는 부도덕한 사회적 강자에게 부역질한다. 전 세계의 역사 또는 우리나라의 역사를 뒤돌아보면, 각각 시대마다 그 시대의 비겁자들이 엄청난 돈과 막강한 권력을 소유한 독재권력자에게 부역질을 해왔다. 그리고 그러한 비겁자들은 그들에게 기생충처럼 빌붙어서 그들의 돈과 권력 일부를 공유하면서 부귀영화를 누려왔다. 그런데 수많은 비겁자는 왜 그들에게 부역질했을까? 아마도 그들은 그렇게 부역질하면서 사는 것이 자기 자신에게 행복을 보장해 줄 것으로 생각했기 때문이었을 것이다. 그러나 그들의 생각이 착각이었다는 것은 그들의 말로를 보면 금방 알 수 있다. 설령 그들이 죽을 때까지 돈과 권력을 가지고서 부귀영화를 누리다가 이 세상을 떠났을지라도 그들은 자기 자신의 삶이 진정으로 행복한 삶이었다고 떳떳하게 말할 수는 없었을 것이다. 왜냐하면 그들이 부역질하면서 살았던 그러한 삶 자체가 자기 자신과 역사 앞에 부끄러운 삶이었기 때문이다. 우리는 그러한 비극적인 역사적 상황 속에서도 건강한 이성을 가지고서 가장 적절한 방식으로 생각하고 말하고 행동하는 용기 있는 삶을 살아야만 한다. 왜냐하면 그렇게 사는 삶만이 그 어떤 상황 속에도 가장 행복한 삶으로 인도하는 유일한 길이기 때문이다.

: 갑질

우리 사회의 병리적 현상 중에서 가장 심각한 것 중에 또 다른 하나는 '갑질'이다. 그런데 여기에서 갑질은 아리스토텔레스가 말한 악덕 중의 하나인 '무모함' 또는 '만용'과 관련되어 있다. 아리스토텔레스에 의하면, 이러한 무모함 또는 만용이라는 악덕을 소유한 사람은 불행한 사람이다. 무모한 사람 또는 만용을 부리는 사람은 돈과 권력을 움켜쥔 부도덕한 사회적 강자로서 모든 사회적 약자들 위에 군림한다. 갑질이란, 갑을관계에서의 '갑'에 어떤 행동을 뜻하는 접미사인 '질'을 붙여 만든 말로, 권력의 우위에 있는 갑이 권리관계에서 약자인 을에게 하는 부당 행위를 통칭하는 개념이다. 다시 말하면, 상대적으로 우위에 있는 자가 우월한 신분, 지위, 직급, 위치 등을 이용하여 상대방에 오만무례하게 행동하거나 이래라저래라하며 제멋대로 구는 행동을 말한다. 갑질의 범위에는 육체적, 정신적 폭력, 언어폭력, 괴롭히는 환경 조장 등이 있다. 그런데 수없이 많은 만용을 부리는 자들은 왜 사회적 약자들에게 갑질할까? 아마도 그들은 역시 갑질하면서 사는 것이 자기 자신에게 행복을 가져다줄 것이라는 잘못된 생각을 했기 때문일 것이다. 다시 말하면, 그들의 이성이 병들었기 때문이다. 병든 이성을 가지고서 갑질하면서 살아가는 삶은 그 자체가 비극적 삶이요 불행한 삶이다. 무엇보다도 병든 이성이 건강한 이성으로 치유되고 회복되어야만 한다. 우리는 건강한 이성을 가지고서 그러한 비극적인 역사적 상황 속에서도 가장 적절한 방법으로 생각하고 말하고 행동하는 용기 있는 중용의 삶을 살아야만 한다. 왜냐하면 그렇게 사는 삶만이 모든 상황을 초월하여 가장 행복한 삶으로 인도하는 가장 확실한 길이기 때문이다.

병든 이성 2 - 그 자체로서 나쁜 것을 추구하는 이성

그러나 아리스토텔레스는 인간의 모든 행동에서 위에서 언급한 상대적인 중용이 가능한 것은 아니라고 말한다. 그는 과도하거나 부족한 복수, 질투, 도둑질, 살인이라는 것은 없으며 그런 행동은 항상 잘못된 행동이라고 말한다. "그런데 모든 행위와 모든 감정이 다 중용을 받아들이는 것은 아니다. 어떤 것들의 경우에는 애초부터 나쁨과 묶여서 이름을 받았기 때문이다.

예를 들어 심술, 파렴치, 시기와 같은 감정들, 그리고 행위의 경우 간통, 절도 살인과 같은 것들이 그런 것이다. 이 모든 것들 또는 그와 같은 것들은 그것들의 지나침이나 모자람이 나쁘다고 이야기되는 것이 아니라, 그것들 자체로 나빠서 나쁘다고 이야기된다."[6] 우리가 중용을 선택한다는 것은 올바른 때에 올바른 목적을 위해 올바른 방법으로 올바르게 생각하고 말하고 행동을 하는 것을 말한다. 그런데 예를 들면, 도둑질이나 살인과 같은 행동에서는 중용의 선택이란 없다. 올바른 때에 올바른 목적을 위해 올바른 방법으로 올바르게 도둑질하거나 살인을 한다는 것은 있을 수 없는 일이기 때문이다.[7]

이처럼 그 자체로서 나쁜 감정이나 행위들을 추구하거나 적극적으로 받아들이는 이성은 병든 이성이다. 병든 이성을 가지고 살아가는 사람이 행복할 리가 없다.

우리는 우리의 이성적 사고체계에서 이러한 것들을 몰아내야만 한다. 그래야만 행복한 삶으로의 여정이 될 수 있다.

병든 이성 3 - 도구적 이성?

프랑크푸르트학파의 대표적인 철학자인 막스 호르크하이머(Max Horkheimer)의 이성 비판은 현대문명에 대한 위기의식으로부터 출발한다. 그는 낙관적인 미래를 약속했던 계몽의 기획이 오히려 야만의 역사가 된 근본적 원인이 '이성 그 자체'라기보다는 이성의 자기반성과 성찰을 상실한 주관적 이성의 전면화에 있다고 주장한다. 먼저 그는 이성의 성격을 주관적 이성과 객관적 이성으로 구분한다. 객관적 이성이란 고대로부터 독일 관념론에 이르기까지 거대한 철학적 체계를 형성하는 토대로서 객관적 세계의 질서를 파악하는 도구일 뿐만 아니라 이성의 자기반성과 성찰을 포함한 보편적 윤리 규범의 토대가 되는 것이다.[8] 반면에 주관적 이성은 사유구조의 추상적 기능, 즉 가르기 능력과 추론 및 연역의 능력이다. 그리고 이러한 주관적 이성의 고유한 기능은 자기보존이라는 주체의 관심에 이바지한다.[9] 다시 말하면, 주관적 이성은 주체의 이해관계와 자기보존이라는 목적을 효율적으로 달성하는 데 필요한 계산적 능력을 의미한다. 호르크하이머에 의하면, "역사적으로 이성의 두 가지 측면, 즉 주관적 측면과 객관적 측면은 처음부터 있었으며 객관적 이성에 대한 주관적 이성의 우세는 오랜 진행 과정에서 이루어졌다."[10] 다시 말하면 양자 사이 균형의 분열이 세계 역사의 과정 안에서 지속해서 일어났다는 것이다. 특히 근대적 주체의 탄생과 시장경제 질서로의 재편은 자기보존의 원리가 삶의 전 영역에 적용되는 데 결정적인 토양으로 작용하게 되었다. 이로 인해 자기보존에 봉사하는 주관적 이성은 전면화되고 객관적 이성은 쇠퇴하게 되었다. 예를 들어 스피노자의 "자기를 유지하려는 노력은 덕의 유일한 또는 제1의 기초이다."라는 격언을 통해 호르크하이머는 자기보존의 욕망을 근대사회와 인간을 움직이는 근본적 원리로 이해한다. 또한 그는 근대적 개인을 타자를 배제하는 선험적으로 고독한 이기적 주체로서 근대적 경제 질서의 메커니즘에 의해 결합하여 있는 모나드(Monade)와 같은 존재로 상정한다.

: 나의 욕구에 대한 합리화의 도구로서 이성

나의 대학 시절에, 내가 존경하는 어느 교수님께서 궤변론자인 소피스트와 소크라테스를 주제로 강의하면서 이렇게 말씀하신 적이 있다. "나의 욕구에 대한 합리화의 도구로서 이성을 악용해서는 안 된다."라고. 그는 "소크라테스가 위대한 이유는 여러 가지가 있겠지만, 가장 큰 이유는 그 당시의 궤변론자들과 맞서서 '절대적 진리가 있음을 확신했다는 점'이다."라고 강변했다. 이러한 소크라테스의 주장과 반대되는 사유는 막스 호르크하이머가 도구적 이성의 하나의 사례로서 언급했던 스피노자의 사유뿐만 아니라 프리드리히 니체의 사유에서도 찾아볼 수 있다. 니체는 진리에 대한 목마름과 같은 '진리에의 의지'라는 것도 결국은 '힘을 향한 의지'에서 유래한 본능의 전개에 불과하다고 생각한다. 그에 의하면, 진리는 삶을 지원하는 노예이다. 또한 이성은 감성을 지원하는 노예일 뿐이다. 그러한 의미에서 니체는 모든 앎은 '진리'가 아닌 '해석'이라고 말한다.

심지어 물리학으로 대표되는 과학마저도 그것은 인간의 자연 지배력을 후원하는 해석일 뿐이다. [11] 나아가 우리가 진리라고 믿고 있는 선과 악의 기준이라는 것도 사실은 지배집단의 힘을 후원하는 우상일 뿐이라는 것, 다시 말하면 그것은 진리나 선악과는 무관한 본능의 산물이라는 것을 의미한다. 니체는 그의 저서 선악의 저편에서 이러한 진리의 허상을 다음과 같이 드러낸다. "우리 안에서 '진리'를 의욕하는 것은 대체 무엇인가? 모든 논리적인 추론 과정의 배후에는 이러한 방식의 가치평가가 있다. 그들은 이러한 자신들의 '믿음'에서 그들의 '지식'을, 격식을 갖추어 마침내 '진리'라고 명명하게 되는 그 무엇을 얻으려고 노력한다. 우리는 의식적인 사유의 대부분도 본능의 활동으로 간주해야만 한다. 삶의 조건으로 비진리를 용인하는 것, 이 일을 감행하는 철학은 그것만으로도 이미 선과 악의 저편에 서 있다." [12]

: 객관적 이성의 회복 가능성

어쨌든, 호르크하이머는 시장경제 체제로의 급격한 변화가 도구적 이성으로서 주관적 이성과 관련된 '근대적 개인'을 탄생시킨 결정적 원인으로 파악한다. [13] 소유권의 확장과 지분의 논리가 개인에 체화되는 시기가 근대이며, 근대적 개인은 '생존과 행복을 위한 의식적인 공동작업'을 더 이상 수행하지 않고, 각자 자신을 위해 일하고, 생각하고, 자신의 보존을 염두에 두는 것을 최고의 가치로 삼게 되었다. [14] 이에 대하여 호르크하이머는 "산업 시대에 와서 자기 이익 관심의 이념이 점차 우위를 점하게 되었으며, 결국 사회가 작동하는데 기초적인 것으로 여겨졌던 다른 동인들을 억압하게 되었다." [15] 라고 진단한다. 근대적 이성은 이성의 이념인 자유와 평등, 실천적 행위에 대한 기준과 판단, 정치적 원칙 등을 배제하고, 계산 가능성을 통한 유용성과 이익 추구 그리고 자기보존의 욕망을 위한 도구가 된다. 호르크하이머는 이러한 이성의 도구화를 '주관적 이성'으로 명명함으로써 전통적 의미에 있어서 '객관적 이성'과 극명하게 대비시킨다. 이런 점에서 호르크하이머는 특히 '근대'를 객관적 이성에 대한 주관적 이성의 우월성이 두드러지게 나타난 시기로 파악한다. [16] 호르크하이머는 이러한 객관적 이성의 쇠퇴와 자기보존의 이념에 경도된 주관적 이성의 전면화를 현대문명의 야만성과 광기 등과 같은 현대사회의 병리적 현상을 발생시킨 근본적 원인으로 지목한다. 그러나 그는 주관적 이성이 전면화되었다는 진단을 통해 현실 비관론자가 되기보다는 자기반성적 성찰을 통한 객관적 이성의 회복 가능성을 통해 더 나은 사회를 희망한다. [17] 우리는 우리 안에 병든 이성, 즉 나의 욕구에 대한 합리화의 도구로 사용하는 도구적 이성을 치유하고 회복하도록 힘써 노력해야만 한다.

병든 이성 4 - 사유의 불능성으로서 이성

: 사유의 전적인 부재

유대인 학살의 주범인 아돌프 아이히만은 독일 패망 이후 아르헨티나의 부에노스 아이레스 외곽에 숨어지냈다. 그러나 그는 1960년 5월 11일 이스라엘 비밀경찰에 의해 체포되었다. 아이히만은 1961년 4월 11일, 예루살렘 지방법원에서 독일인 변호사 세르바티우스 박사의 도움을 받아 재판받았다. 그런데 그 모든 재판과정을 마지막까지 지켜본 한 사람이 있었다. 그녀는 바로 루돌프 아이히만과 동갑내기 여성 철학자 한나 아렌트였다. 아이히만은 그의 재판과정에서 이렇게 말한다. "제가 관심 있는 건 공직자로서 맡은 일을 충실하게 잘하는 것뿐입니다. 나는 잘못이 없습니다. 저는 단 한 사람도 제 손으로 죽이지 않았으니까요. 나는 상관이 시키는 것을 그대로 성실하게 실천한 하나의 인간이며 공무원이었을 뿐입니다. 저는 무죄입니다." [18] 그녀는 그가 아주 근면한 사람이라고 생각했다. 그렇지만 그녀는 아이히만이 유죄인 명백한 이유는 그의 '사유의 진정한 불능성' 또는 '사유의 전적인 부재' 때문이라고 단언했다. 그녀에 의하면, 아이히만은 타자의 관점에서 '사유할 능력'이 없었기 때문에 그는 또한 '말하는 능력'뿐만 아니라 '행위 할 능력' 또는 더 잘 말하자면 도덕 행위를 수행할 능력도 없었다. 그녀는 다른 사람의 처지를 생각할 줄 모르는 생각의 무능은 말하기의 무능을 낳고, 말하기의 무능은 행동의 무능을 낳는다고 주장했다. "그의 말을 오랫동안 들으면 들을수록, 그의 말하는 데 무능력함은 그의 생각하는 데 무능력함, 즉 타인의 처지에서 생각하는 데 무능력함과 매우 깊이 연관되어 있음이 점점 더 분명해진다. 그와는 어떠한 소통도 가능하지 않았다." [19]

: 생각의 무능

아이히만의 정신적 질병은 '사유의 불능성'이었다. 그는 '생각의 무능' 속에서 허우적거리고 있었다. 그는 그러한 전쟁이라는 극단적인 상황 속에서 그의 이성이 얼마나 심각하게 병들어 있는지를 알아차리지 못했다. 건강한 이성을 가진 사람이라면 누구라도 한 생명이 '사는 것(being)'이 최상위 가치라는 것을 알고 있을 것이다. 일단 한 생명이 살아 있어야 차상위 가치로서 '잘 사는 것(well-being),' 다시 말하면, 행복한 삶도 가능하지 않겠는가? 그러나 그는 최상위 가치와 차상위 가치가 무엇인지를 구별할 줄 모르는 병든 이성을 가지고 있었다. 그의 변명, 즉 "나는 상관이 시키는 것을 그대로 성실하게 실천한 하나의 인간이며 공무원이었을 뿐입니다."라는 말은 차상위 가치로서 '잘 사는 것'과 관련되어 있다.

모든 사람이 성실하게 살아야만 모두 다 함께 잘 살 수 있다. 그러나 그것은 차상위 가치이다. 최상위 가치는 바로 모든 생명이 죽지 않고 '사는 것'이다. 이것이 바로 '생명의 존엄함'이 아니겠는가? 최상위 가치로서 '생명의 존엄성'이 확보되지 않고서 어떻게 모든 사람이 행복한 삶을 누릴 수 있겠는가? 갑자기 사유의 불능성 또는 사유의 부재와 관련된 조지 슈타이너(George Steiner)의 다음과 같은 유명한 말이 생각나는 것은 왜일까? "우리는 인간이라는 존재가 저녁에는 괴테나 릴케의 글을 읽고 바흐와 슈베르트의 곡을 연주하고 난 이후에, 다음 날 아침에 곧바로 아우슈비츠로 일하러 갈 수 있음을 알아야 한다." [20]

병든 이성의 치유법 1- 캐물음

: 캐물음

우리는 위에서 다섯 가지의 병든 이성의 결과로서 표출되는 사례들, 즉 비겁과 무모, 부역질과 갑질, 그 자체로서 나쁜 것을 추구하는 이성, 유용성을 위한 도구로써 이성, 사유의 불능성 등을 살펴보았다. 그러면 이러한 병든 이성을 치유하는 방법은 무엇일까? 그것은 바로 '캐물음'이다. 캐물음이야말로 우리의 병든 이성을 치유하고 건강한 이성으로 회복될 수 있는 가장 좋은 치유법 중의 하나이다. 소크라테스는 '캐물음'과 관련해서 다음과 같이 말한다. "또한 내가 미덕과 그 밖에 내가 대화를 통해 나 자신과 다른 사람들에게 캐묻곤 하던, 여러분이 들었던 그런 주제들에 관해 날마다 대화하는 것이야말로 인간에게 최고선이며 모든 인간에게 있어서 캐묻지 않는 삶은 살 가치가 없다고 말한다면, 여러분은 내 말을 더더욱 믿지 않을 것입니다." [21]

: 매장과 파종의 차이

류시화는 그의 저서 『좋은지 나쁜지 누가 아는가』에서 매장과 파종의 차이를 다음과 같이 언급한다. "다만 '매장'과 '파종'의 차이는 있다고 나는 믿는다. 생의 한 때에 자신이 캄캄한 암흑 속에 매장되었다고 느끼는 순간이 있다. 어둠 속을 전력 질주해도 빛이 보이지 않을 때가 있다. 그러나 사실 그때 우리는 어둠의 층에 매장된 것이 아니라 파종된 것이다. 청각과 후각을 키우고 저 밑바닥으로 뿌리를 내려 계절이 되었을 때 꽃을 피우고 삶에 아름다운 열매가 열릴 수 있도록. 세상이 자신을 매장시킨다고 생각할 수 있지만, 그것을 바꾸는 것은 우리 자신이다. 매장이 아닌 파종을 받아들인다면 불행은 이야기의 끝이 아니다." [22]

나는 이 글을 읽으면서 매장과 파종의 차이가 무엇인지 생각해보았다. 그 차이는 바로 죽었는가 아니면 살아 있는가의 차이이다. 생물학적으로만 본다면, 매장은 죽은 사람만 당할 수 있다. 산 채로 매장당하는 경우는 극단적인 경우를 제외하고는 없다. 생물학적으로 살아있는 사람은 결코 매장을 당하지 않는다. 그러나 만일 우리가 병든 이성을 가지고 살아가기를 고집한다면, 우리는 사회학적으로 이 사회에서 소리소문없이 매장당하고야 마는 불행한 삶을 살 아갈 수도 있다. 그러나 생물학적으로 내가 살아 있는 한 적어도 생물학적으로는 내가 매장된 것이 아니다. 그것은 내가 얼마든지 사회학적으로 매장당하지 않고 건강한 이성을 가지고 살아갈 수 있는 기회가 남아 있다는 것을 의미한다.

: 내 최후의 기도

우리는 얼마든지 병든 이성을 극복하고 건강한 이성을 가지고 행복한 삶을 살아갈 수 있는 치유법을 가지고 있다. 그 치유법 바로 '캐물음'이다. 프란츠 파농도 그의 저서 『검은 피부, 하얀 가면』에서 캐물음, 즉 질문의 중요성에 관하여 이렇게 말한다. "내 최후의 기도는 이것이다. 오 나의 몸이여, 내가 언제나 질문하는 사람이 되게 하기를!" [23] 캐물음은 반성적 태도이며, 이러한 반성적 태도야말로 병든 이성을 치유하고 회복시켜서 건강한 이성을 가지고 행복한 삶을 살 수 있는 행복으로 향하는 첫 번째 관문이다. 우리는 어두컴컴한 땅속에 매장되어 있는 듯한 병든 이성의 문제에 직면할 때가 있다. 그러나 우리가 그러한 문제를 해결할 수 있다는 확신을 두고 그 문제를 해결할 방법이 무엇인지 날마다 캐물을 수 있다면 그것은 죽어 있는 매장의 상태가 아니라 살아 있는 파종의 상태이다. 그러므로 언젠가는 싹이 트고 꽃을 피우고 열매 맺는, 즉 건강한 이성을 가지고서 행복한 삶을 살아가는 날이 반드시 올 것이다.

병든 이성의 치유법 2 - 비판적 합리주의

: 비판적 합리주의

칼 포퍼(Karl R. Popper)의 철학은 '비판적 합리주의'로 대표된다. 비판적 합리주의는 세 가지로 요약될 수 있다.

첫째, 합리주의이다. 이것은 기본적으로 인간의 '이성'과 '경험'을 신뢰하는 태도이다. 그는 이와 관련하여 다음과 같이 말한다. "내가 여기서 합리주의라고 말하는 것은 경험론과 지능주의를 모두 포함하는 뜻으로 그 말을 사용한다. 과학이 실험과 사고력을 모두 사용하는 것과 그것은 같다. 그런 식으로 말하자면 합리주의는 (이성에 의한) 비판적 논증에 귀를 기울이며, 경험으로부터 배울 용의가 되어 있는 태도라고 말할 수 있겠다." [24]

둘째, 오류가능주의이다. 우리는 항상 이성과 경험을 활용한다. 그러나 인간의 이성과 경험은 완벽하지 않으며 오류를 범할 수 있다. 인간의 오류 가능성, 즉 이성과 경험의 한계를 인정하자는 것이다. "그것은 근본적으로 이렇게 용인하는 태도를 말한다. 내가 잘못되었을 수 있다. 그리고 당신이 옳을 수 있다." [25] 오류가능주의는 다른 말로 표현하면 '반성적 사고' 또는 '비판적 사고'라 할 수 있다. 반성적 사고는 독단론을 엄격하게 배제하는 것을 말한다. 칸트의 정의에 의하면 독단론이란 "이성이 자기의 능력을 무비판적으로 신뢰하는 방법"이다.[26] 칸트는 독단론을 버리고 반성적 사고를 하는 사람의 태도에 대하여 다음과 같이 언급한다. "만약 누군가 진정으로 진지하게 진리를 발견하려고 숙고한다면, 비록 그것이 학문에의 공헌을 약속하는 것처럼 보인다고 할지라도, 그는 궁극적으로는 자기 자신의 숙고한 결과를 더 이상 보호하려 하지 않는다. 그는 배운 것과 스스로 생각한 모든 것을 전적으로 비판에 종속시킨다."[27]

셋째, 상호비판주의이다. 우리 모두 가진 이성과 경험이 완벽하지 않으므로 상호

간에 비판을 허용하자는 생각이다. 나의 상대방에 대한 비판과 상대방의 나에 대한 비판을 허용해야 한다. 따라서 진리의 발견은 우리 모두의 공동작업이며 어느 한 사람이 독점할 수 있는 것이 아니다. 그는 한 사람의 진리 독점을 거부하며 독단주의를 경계한다. "우리가 노력하면 우리는 진리에 더욱 가까이 갈 수 있을 것이다."[28] 칸트는 이러한 상호비판주의적 태도를 거부하고 자신만이 진리를 독점하고 있다고 생각하는 사람을 다음과 같이 비판한다. "자신만이 모든 참된 인식을 소유하고 있다고 생각하는 반면, 다른 사람은 전적으로 그러한 것을 소유하고 있지 않다고 생각하는 배타적 판단은 자기 자신만을 높이 평가하고 자기 자신 외에는 모든 다른 사람을 업신여기는 썩어빠진 자만일 뿐이다."[29]

: 시행착오의 방법, 잠정적 진리

한마디로 말하면, 비판적 합리주의는 '시행착오의 방법'이라고 할 수 있다. 그러므로 그러한 시행착오의 방법으로 얻어진 진리는 절대적 진리가 아닌 '잠정적 진리'임을 용인해야 한다. 그것은 '논증 또는 관찰'과 같은 수단에 의하여 많은 중요한 문제에 관하여 사람들이 일종의 일치에 도달할 수 있으리라는 희망을 쉽사리 포기하지 않는 태도이다. 그리고 그것은 사람들의 요구들과 이해들이 서로 충돌할 때 여러 가지 요구들과 제안들에 관해 논의함으로써 – 어떤 중재로 – 모든 사람은 아니더라도 사람 대부분에게 공정하여서 용납될 수 있는 어떤 타협에 도달할 수 있으리라는 희망을 쉽사리 포기하지 않는 태도이다.[30] 이 점은 그의 이성에 대한 견해에서도 드러난다.

그에 의하면, 이성은 상호비판을 통해 성장한다. 그에 의하면, 참된 합리주의는 자기 자신의 한계에 대한 인식이며, 자기가 얼마나 많은 오류를 범할 수 있는 존재인가를 아는 지적 겸손이며, 자신의 지식이 얼마나 다른 사람의 도움에 의존하고 있는지를 아는 지적 겸손이다. 그것은 이성으로부터 너무 많은 것을 기대해서는 안 된다는 것에 대한 깨달음이기도 하다. 또한 그것은 논증이라는 것은 우리가 여러 가지 문제들을 더 분명하게 볼 수 있게 하는 배움의 수단이기는 하지만, 논증이 우리의 모든 문제를 해결해주지는 않는다는 것을 인식하는 태도이다. [31]

병든 이성의 치유법 3 - 다양한 층위, 다양한 시각

: 다양한 층위

이 세계는 쿼크라는 미시세계로부터 우주라는 거시세계까지 그 이전의 층위로 환원될 수 없는 수많은 층위가 있다. 각 층위는 자신만의 언어와 법칙을 가지고 있다. 하지만 동시에 그것들은 인접한 위아래 층위와 긴밀하게 연결되어 있다. [32] 그러므로 우리는 이 세계가 다중의 층위들로 이루어진 세계라는 것을 인정해야 한다. 그러므로 우리는 다양한 층위나 층의 관점에서 이 세계를 바라볼 수 있어야 한다. 예를 들면 물리학, 화학, 분자생물학, 천문학, 우주공학 등은 가기 다른 층위에서 실재를 다루고 각 영역에 맞게 적응된 미묘하게 다른 탐구 방법들을 개발해야만 한다. 참으로 복잡하게 얽혀져 있는 이 세계를 제대로 이해하려면 여러 층위에서의 참여와 설명이 있어야만 한다. 그렇지 않으면 이 세계라는 그림의 '일부'만 보고 그것이 이 세계의 '전체'인 것처럼 속단하기 쉽다.

: 다양한 시각

메리 미즐리(Mary Midgley)는 이 세계 실재의 깊이와 상세한 내용을 파악하기 위한 '다중적 지도 접근법'을 옹호하는 대표적인 철학자이다. 미즐리는 우리가 실재의 다양성을 표현하기 위해서는 "지식에 여러 독립적 형태와 출처가 존재한다."

라는 사실을 반영하는 '많은 지도, 많은 창'이 필요하다고 주장한다. 그녀는 이 세계를 '거대한 수족관'으로 생각하는 것이 도움이 된다고 다음과 같이 말한다. "우리는 그것을 위에서 통째로 내려다볼 수 없다. 그래서 수많은 작은 창을 통해 그 안을 들여다본다. 여러 다른 각도에서 얻은 자료들을 참을성 있게 종합하면 결국 이 수족관을 상당히 많이 이해할 수 있다. 그러나 우리의 창이 들여다볼 가치가 있는 유일한 창이라고 우기면, 수족관을 이해하는데 큰 진전이 없을 것이다." [33]

어떤 사고방식도 단독적으로는 이 세계의 의미를 제대로 설명할 수 없다. "인간의 삶에 존재하는 중요한 질문들 대부분에 관해서는 수없이 다양한 개념적 도구 상자들을 늘 함께 사용해야만 한다." [34]

: 이데올로기적 과학주의의 오류

예를 들면, 만일 우리가 과학 일반, 또는 구체적으로 하나의 과학, 이를테면 물리학적 방법론에만 자기 자신을 제한한다면, 우리는 스스로 의미에 대한 괴이하고 제한적인 견해에 불필요하게 갇힐 수도 있다. 그리하여 미즐리는 올바른 과학 추구를 위한 방법론적 과학주의가 아닌 반성적이지 못한 형태의 '이데올로기적 과학주의'가 보이는 전형적 특징인 열띤 과장에 대해 철학적인 통찰력과 재치를 발휘하여 다음과 같이 일침을 가한다. "(이데올로기적) 과학주의의 오류는 한 가지 형태의 지식을 지나치게 칭찬하는 것이 아니라 오직 그 한 가지 형태의 지식을 사고의 나머지 측면들과 분리하면서 그 모든 나머지를 할 일이 없게 만들어버리는 자칭 승리자로서 대우하는 것이다." [35]

이론은 세상을 특정한 방식으로 보는 것이다. '이론(theory)'이라는 단어는 그리스어 테오리아(theoria)에서 나왔고 그것의 의미는 '세상을 보는 방식'이다. 철학자 루트비히 비트겐슈타인(Ludwig Wittgenstein)이 지적한 바와 같이, 단 하나만의 이론은 그 심적 지도에 들어맞지 않는 것을 보지 못하게 막음으로써 우리의 시야를 쉽사리 제한할 수도 있다.[36] 이데올로기적 과학주의와 같은 독단적 실재관에는 잠정성, 열린 마음, 그리고 무엇보다도 지적 겸손이 들어설 자리가 없다. 우리는 이 세계를 경험하는 방식에는 여러 관점 또는 시각이 있다는 것을 인정해야만 한다. 왜냐하면 바로 이것이 건강한 이성을 가진 사람이 학문하는 방식이기 때문이다. 다양한 층위들로 이루어진 세계, 다양한 시각으로 바라보라.

후속활동 프로그램

1. 하나의 악덕으로서 나의 비겁과 만용의 경험을 소개하기

2. 하나의 탁월성(arete)으로서 용기를 통해 경험했던 행복의 사례를 소개하기

3. 나이 이성을 내 욕구에 대한 합리화의 도구로 사용했던 경험을 소개하기

4. 내가 '환원주의의 오류'에 빠졌던 경험을 소개하기

5. 감정

아리스토텔레스는 "인간은 이성적 동물이다"라고 규정한다. 아리스토텔레스 이후, 대부분 철학자도 지금까지 인간에 대한 기본적 이해를 인간의 '이성'을 중심으로 이해해왔음을 부정하기 어렵다. 그렇지만 우리의 삶을 뒤돌아보면 이성보다는 감정에 따라 어떤 선택 또는 결정을 하는 경우가 많다는 것을 쉽게 발견할 수 있다. 이것은 이성 못지않게 감정이 사람들의 선택 또는 결정에 중대한 영향을 미치고 있다는 증거이다. 그럼에도 우리가 감정에 따른 선택과 결정을 한 후에도, 우리는 또다시 그것을 합리적인 이유로 정당화해야 한다고 굳게 믿고 있다. 그래서 '사후 합리화(post hoc realization)'라는 용어가 생겨났는지로 모른다. 이처럼 우리가 감정의 영향을 인정하는 데 불편함을 느끼는 이유는 무엇일까? 그것은 바로 우리가 마음속으로 흔히 "감정이라는 것은 선택과 결정의 질을 높여주기보다는 방해한다"라고 가정하고 있기 때문이다.

어떤 심리학자는 이처럼 감정의 중요성을 과소평가하는 성향을 가리켜 '이성 중독'이라고 부른다. 하지만 우리가 감정에 지나치게 의존하면 실수할 수 있는 것과 마찬가지로, 감정의 중요성을 과소평가해도 우리는 또한 실수할 수 있다. [1] 어쨌든, 아리스토텔레스 이래 '이성 중독'의 영향 때문인지는 몰라도, 인간의 감정은 이성과 비교하면 고대철학에서 현대철학에 이르기까지 한 번도 본격적인 논의의 대상이 되지 못했다. "감정이란 무엇인가?"라는 주제는 그리스와 로마의 스토아학파 이후 서양철학의 주류적 논의에서는 항상 제외되어 온 것이 사실이다. 놀랍게도 아리스토텔레스의 『수사학』과 스피노자의 『에티카』 그리고 애덤 스미스의 『도덕 감정론』 등과 같은 데에서만 감정의 문제를 비주류적 논의에서 본격적으로 다루고 있을 뿐이다. 그렇지만 인간의 '감정'은 철학에서 인간에 대한 가장 본질적인 이해의 매우 중요한 요소 중 하나이다. 심지어 그것은 정치, 경제, 사회, 문화 등 인간의 전

영역에 아주 지대한 영향을 미치고 있다. 이것은 예나 지금이나 우리의 삶의 현장에서 결코 부정할 수 없는 엄연한 사실이다. 인간의 감정은 끈질기게 모든 우리의 삶 속에 여전히 여러 가지 형태로 깊숙이 녹아들어 있음을 부정하기 어렵다. 그러므로 우리는 인간이 이성적 동물이기도 하지만 그것 못지않게, 아니 그것 이상으로 '감정적 동물'이기도 하다는 점을 인정해야만 한다. 그런 관점에서, 인간의 행복 또는 불행도 이성뿐만 아니라 감정에 의해서도 막대한 영향을 받을 수밖에 없다는 것도 분명해 보인다.

: 경제학의 최대 변수

하나의 사례로 경제학의 경우를 살펴보자. 영국이 낳은 19세기의 위대한 사상가이자 예술 비평가였던 존 러스킨(John Ruskin)은 경제학의 최대 변수는 다름 아닌 '사랑이라는 감정'이라고 주장한다. 그는 그의 저서 『나중에 온 이 사람에게도-생명의 경제학』에서 경제학에서의 '잘못된 전제'를 가장 먼저 공격의 대상으로 삼는다. 그는 이와 관련하여 다음과 같이 말한다. "인류의 역사에서 다양한 시대를 통해 대중의 마음을 사로잡아 온 여러 가지 망상들 가운데 가장 기이한 망상은 아마도 인간과 인간 사이에 존재하는 상호 간의 사랑이라는 감정적 요소를 배제할 때 더욱 진보된 사회적 행동규범을 갖게 된다는 관념에 뿌리를 두고 있는, 소위 '경제학'이라 불리는 현대 학문인 것 같다. 그것은 믿을 근거가 가장 부족한 망상임에 틀림이 없다.[2] 그는 인간을 감정적이고 도덕적인 존재가 아닌 이성적이고 합리적인 존재로만 가정한 경제학은 "인간의 신체에는 뼈대 또는 골격이 없다."라고 가정한 것과 마찬가지의 결과를 끌어낼 수 있다고 주장한다. [3]

그는 '사랑'과 같은 '감정적인 요소'가 경제학의 최대 변수이며, 경제학은 '사람'이 중심이 되는 '정의로운' 학문이어야만 한다고 주장한다. 그의 경제학에서는 '사람에 대한 사랑'이 상품과 노동과 자본의 가치를 판별하는 유일한 척도가 된다. [4] 그는 경제학에서 '사랑이라는 감정'의 중요성을 다음과 같이 역설한다. "하지만 주인과 하인 모두에게 기본적인 분별력과 의욕이 있다고 전제했을 때, 사로 반목하여 적대시하는 관계보다 '서로를 위하고 아껴주는 관계'를 통해 최고의 결과를 얻을 가능성이 큰 것이 자연스러운 세상 이치이다…. 하인이 주인의 관대함을 악용하고 호의를 무례함으로 돌려줄지라도 그 하인을 향해 베푸는 주인의 애정이 가져다주는 긍정적인 경제적 효과가 결코 반감이 되지 않는다. 왜냐하면, 친절한 주인을 무례히 대하는 하인은 난폭한 주인에게 앙심을 품을 것이고, 믿고 맡기는 주인에게 거짓말을 하는 하인은 야박한 주인에게 해를 입힐 것이기 때문이다." [5] 결국 이 말은 앙심을 품은 하인보다는 차라리 주인의 사랑을 입은 무례한 하인이 낫고, 해가 될 하인보다는 차라리 주인의 사랑을 받은 거짓말하는 하인이 낫다는 뜻을 담고 있다. 이러한 러스킨의 주장은 '인간에 대한 사랑' 중심이 아닌 '돈 중심'의 현대 신자본주의자들이 뼈아프게 새겨들어야만 하는 아주 중요한 경구와 같은 것이 아닐까?

: 연민의 감정

또다른 하나의 사례로 정치학의 경우를 알아보자. 현대 여성 철학자 마사 누스바움(Martha Nussbaum)은 그녀의 저서 『감정의 격동』에서 이기적인 자아 보존 욕구를 초월하여 어떻게 이타적인 연민과 사랑의 삶으로 나아갈 수 있을까를 고민한다. 자아가 형성되는 과정에서 가장 핵심이 되는 감정이 '사랑과 미움의 병존'이라고 한다면, 인간이 어떻게 미움이라는 감정을 버리고 연민과 사랑이라는 감정으로 전환할 수 있을까? 그녀에 의하면, 이기적인 자아가 자기 자신의 경계선을 넓혀나갈 수 있도록 도움을 줄 수 있는 것이 바로 타자를 향한 연민의 감정이다. 내가 언제든지 '너'가 될 수 있다는 점을 이해할 때, 미움은 줄어들고 연민과 사랑은 자라게 된다. 타자를 향한 연민과 사랑을 통해 자아의 경계선과 타자를 향한 경계심이 점차 느슨해지면서 마침내 타자와 그리고 이 세계와 합일하는 경이로운 순간을 맞이하게 된다. 이것이 바로 그녀가 말하는 '사랑의 감정'이다. [6] 여기에서 마사 누스바움은 특히 연민의 감정을 강조한다.

그러나 약육강식이나 적자생존을 주창하는 이데올로기적 자연주의가 주류를 차지하고 있는 이 험한 세상에서 연민과 사랑의 실천이야말로 진정한 의미에서의 사적 또는 공적 행복을 가져다줄 수 있다고 아무리 외쳐봐도 그리 쉬운 일이 아니다. 그렇다면 타자의 고통을 공감하기 힘든 내가 어떻게 타자를 향한 연민과 사랑을 배울 수 있을까? 누스바움에 의하면, 우리는 내가 직접 경험하지 않더라도 '상상력'을 통해서 타자의 고통과 슬픔을 공감할 수 있다. 그것을 가능하게 해주는 것이 바로 '서사적 상상력'이다. 그리고 그러한 서사적 상상력을 제공해줄 수 있는 탁월한 교육적 장치가 있는데 그것은 바로 '문학예술'이다. 그녀에 의하면, 연민이라는 사적 감정은 자유민주주의에 부합하는 '공적 감정'으로 확장될 수 있다. 우리 모두 똑같은 인간으로서 인간의 존엄성을 가진 평등한 존재라면, 누구든지 고통받지 않고 '행복한 삶'을 살아갈 권리가 있다. 그러므로 우리 모두의 '행복한 삶'과 가장 밀접한 관계를 맺고 있는 것은 다름 아닌 긍정적인 감정 요소 중의 하나인 '연민 또는 사랑'이다. [7]

: 샴쌍둥이, 사랑과 미움

인간은 마치 '사랑이라는 머리'와 '미움이라는 머리'를 한 몸에 달고 태어난 샴쌍둥이와 같은 존재인 것 같다. 사랑의 감정도 미움의 감정도 유전적 요인 또는 환경적 요인으로 결정되어 있다고 단정해버리는 결정론자들이 있다. 그러나 여기에서 결코 부정할 수 없는 것은 '인간의 자유의지'라는 요인이다. 인간의 자유의지가 사랑의 감정을 선택할 수도 있고 미움의 감정을 선택할 수 있다. 만일 자유의지 또는 자유 선택이 없고 모든 것들이 이미 유전적 요인 또는 환경적 요인에 의해서 결정되어 있다면 처벌과 보상, 칭찬과 비난, 인간의 책임의 문제를 해결하기 어렵다. 또한 인간이 의지의 자유를 가지고서 자유로운 선택을 할 수 있다는 전제 아래에서만 비로소 도덕교육 또는 인성교육을 시작할 수 있다.

인간의 의지에 따른 자유로운 선택이 지속해서 반복되면 이렇게 해서 익숙해진 생각, 감정, 행위 등이 하나의 습관으로 굳어진다. 그런데 인간의 뇌는 '나에게 익숙해진 습관'을 좋아한다. 뇌의 원리는 무엇일까? 무의식적으로 뇌는 나에게 이로운 것을 선택하는 것이 아니라, 그저 평소에 유지했던 나에게 익숙해진 습관을 필사적으로 유지하려고 한다.[8] 위에서 언급했다시피, 인간은 유전적 요인 또는 환경적 요인에 의해서 한 인간의 감정이 결정되어버린다고 단정해버려서는 안 된다. 왜냐하면 여기에서 결코 부정할 수 없는 것은 '인간의 자유의지'라는 또 다른 하나의 요인이 있기 때문이다. 인간의 자유의지가 사랑의 감정을 선택할 수도 있고 미움과 분노의 감정 선택할 수 있다. 내 앞에는 '사랑(on)-미움(off)'이라는 감정의 스위치가 있다. 어떤 쪽을 눌러야 하는가는 자명하다. 내 생명을 살리고 내 삶을 풍성하게 하는 긍정적인 감정들을 선택할 것인가? 아니면 내 생명을 죽이고 내 삶을 빈곤에 빠뜨리게 하는 부정적인 감정들을 선택할 것인가? 어느 쪽을 선택해야 할 것인가 또한 자명하다.

인간은 자유의지를 가지고 자유 선택하는 존재이다. 그런데 하나의 문제가 남아있다. 그것은 바로 긍정적인 감정들을 선택한 이후에 발생한다. 그 문제는 무엇일까? 그것은 바로 어떻게 내가 선택한 긍정적인 감정들을 나에게 익숙한 감정으로 습관화할 수 있는가이다. 이와 관련해서 먼저 우리의 감정에 영향을 미치는 것과 긍정적 감정의 습관화에 대하여 알아보자.

감정에 영향을 미치는 것들

: 생각

인간이 세상을 살아가면서 인간의 감정에 영향을 미치는 것들은 어떤 것들이 있을까? 첫째는 '생각'이다. 우리의 생각이 감정에 영향을 준다. 내가 같은 상황에 놓여있을지라도 내가 어떤 생각을 하느냐에 따라서 나의 감정이 달라질 수 있다. '딜레마 논증'이 그 같은 경우이다. "할머니는 비가 오면 짚신 장사하는 큰아들이 장사가 안되어 슬프고, 날이 개면 우산 장사하는 작은 아들이 장사가 안되어 슬프다. 그러므로 할머니는 늘 슬프다." 이와 같은 딜레마 논증은 형식적으로 타당한 논증이다. 왜냐하면 만일 전제가 참이라면 결론은 반드시 참일 수밖에 없는 논증이기 때문이다. 그러나 실제로 또는 내용으로 보면, 건전한 논증인지 건전치 못한 논증인지는 알 수 없다. 왜냐하면 위의 딜레마 논증과 같이 '부정적으로 생각하면' 건전치 못한 논증이지만, 그와는 반대로 '긍정적으로 생각하면' 건전한 논증이 될 수도 있기 때문이다. 긍정적으로 생각해서 '반대 논증으로 되받기'를 해 보자. "할머니는 비가 오면 우산 장사하는 작은아들이 장사가 잘되어 기쁘고, 날이 개면 짚신 장사하는 아들이 장사가 잘되어 기쁘다. 할머니는 이래저래 늘 기쁘다." 이처럼 같은 상황에서도 슬픔과 기쁨이라는 서로 다른 감정을 갖게 되는 이유가 무엇인가? 그것은 바로 '생각의 차이' 때문이다. 같은 상황에서 내가 갖게 된 생각이 그것에 상응하는 감정을 유발하는 것이다.

: 감정의 지력

앞서 언급한 적이 있는 여성 철학자 마사 누스바움(Martha Nussbaum)의 저서 『감정의 격동』은 원제가 'Upheavals of Thought: The Intelligence of Emotion'이

다. 원서 그대로 번역해보면, '사고의 격동: 감정의 지력'이다. 우리는 여기에서 이 책의 제목과 부제만 보아도 누스바움이 이 책을 통하여 무엇을 말하려고 하는지를 금방 알아차릴 수 있다. 그녀가 강조하고자 하는 것은 감정과 연관된 여러 가지 요소 중에서 특히 '사고 또는 지성'인 것을 알 수 있다. 그녀는 자신의 저서 『감정의 격동』에서 이와 관련해서 스피노자와 유사한 생각을 하고 있었던 뇌과학자 안토니오 다마지오(Antonio Damasio)의 이론을 다음과 같이 소개하고 있다. "『데카르트의 오류』에서의 다마지오의 주요 관심사는 독자에게 감정/이성이라는 구분은 부정확하며 오류로 이어질 수 있음을 이해시키는 것이다. 감정은 지적 인식 형태이기 때문이다. 그것은 다른 지각만큼이나 인지적이며, 유기체에 실천이성의 핵심적 측면을 제공한다. 주체와 환경의 관계와 관련해서 감정은 '내적 안내자'로 봉사한다."[9] 그녀는 이미 작고한 어머니의 부재와 관련한 경험을 이렇게 고백한다.

"따라서 그러한 의미에서 자아, 따라서 종종 자기 신체에 대한 의식은 모든 감정의 경험의 일부이다. 하지만 이로부터 감정의 대상이 신체라는 결론이 나오는 것은 아니다. 이 대상은 피험자가 주목하는 목표나 사람 또는 사물 등 그 무엇이든지 상관없다. 어머니 때문에 상심하고 있을 때 나는 그녀가 내 엄마라는 사실을 '알고' 있다. 나는 그러한 상심을 나의 존재 속에 존재하는 부재로 '느꼈다.'"[10] 마사 누스바움 자신도 다마지오와 거의 같은 생각을 가지고 다시 다음과 같이 강조한다. "감정에 대한 스토아학파의 견해는 논적(論敵)을 갖고 있다. 감정은 '추론과는 무관한 움직임', 생각과는 무관한 에너지로, 세계에 대해 지각하거나 생각하는 방식과는 연결되지 않은 채 그저 어떤 사람을 휘두를 뿐이라는 견해가 그것이다. 감정은 한바탕 부는 바람이나 조류처럼 움직이며, 사람을 움직이지만 둔감하게, 즉 대상에 대한 어떤 비전이나 믿음과는 무관하게 그렇게 한다는 것이다. 종종 또한 우리 논적의 견해는 감정은 '정신적인 것'이라기보다는 '몸과 관련된 것'이라는 생각과 관련되어 있다. 마치 이것만으로도 감정을 지적인 것보다는 비지적인 것으로 만들기에 충분하다는 듯한 태도이다. 물론 나도 감정이 다른 정신적 과정과 마찬가지로 몸과 관련되어 있다고 믿는다. 하지만 또한 감정을 모든 경우에 살아 있는 육체 안에서 일어나는 것으로 바라본다고 해서 그것이 감정의 지향적–인지적 구성요소를 비지향적인 신체적 움직임으로 환원시킬 이유를 제공해주는 것은 아니라고 믿으며 또 그렇게 주장할 것이다." [11]

옛말에 '꿈보다 해몽'이라는 말이 있다. 이 말의 의미는 "하찮거나 언짢은 일을 둘러 생각하여 좋게 풀이한다."이다. 좀 더 상세히 설명하자면, 이 말은 "사실 또는 상황보다 해석이 더 중요하다."라는 것을 비유적으로 이르는 말이다. 예를 들어보자. "꿈보다 해몽이라고, 작은 집으로 이사 온 아내가 청소하기 편해졌다며 나를 위로하더라." 또한 널리 회자하고 있는 다음과 같은 경구가 있다. "생각이 바뀌면 말이 바뀌고, 말이 바뀌면 행동이 바뀌고, 행동이 바뀌면 습관이 바뀌고, 습관이 바뀌면 성격이 바뀌고, 성격이 바뀌면 인생이 바뀐다." 이것은 올바른 생각의 중요성을 경구로 잘 표현해주고 있다. 이 경구를 뒤집어 보면, 일반적으로 우리의 생각은 부정적이거나 불필요한 것에 사로잡힐 가능성이 크다는 이야기이기도 하다. 인간의 감정 상태에 영향을 미치는 것은 생각이다. 그러므로 상처 난 감정의 효과적인 치유를 위해서는 생각의 전환이 무엇보다도 필요하다.

신체 상태

감정에 영향을 주는 또 다른 요소는 지금의 '나의 신체 상태'이다. 앞에서 잠시 언급했다시피, 마사 누스바움이 '신체와 감정 사이의 관계'와 관련해서 했던 말을 다시 상기해보자. "종종 또한 우리 논적의 견해는 감정은 '정신적인 것'이라기보다는 '몸과 관련된 것'이라는 생각과 관련되어 있다. 마치 이것만으로도 감정을 지적인 것보다는 지적이지 않은 것으로 만들기에 충분하다는 듯한 태도이다. 물론 나도 감정이 다른 정신적 과정과 마찬가지로 몸과 관련되어 있다고 믿는다."[12] 물론 마사 누스바움은 생각이 감정에 미치는 영향을 가장 중요시하고 있기는 하다. 그러나 그녀가 나의 몸 또는 신체 상태가 나의 감정에 영향을 준다는 사실을 부정하는 것은 아니다. 내가 심한 독감에 걸려서 나의 몸이 매우 아픈 상태에 있다고 해 보자. 그러면 내 마음은 기쁨일까? 아니면 슬픔일까? 아마 슬픈 감정에 휩싸이기 쉬울 것이다. 감정은 우리 몸의 생리적 작용과 연동되어 있다. 몸이 병들면 긍정적이고 건강한 감정 상태를 유지하기 힘들다. 건강한 신체가 건강한 감정을 만든다. 그러므로 신체의 건강관리가 감정관리에 얼마나 중요한지를 아무리 강조해도 지나치지 않다. 건강한 감정 상태를 유지함으로써 행복한 삶을 살기 위해서는 항상 우리의 신체가 건강하도록 잘 관리해야 한다. 우리의 신체와 감정의 건강에 영향을 미치는 중요한 요소들은 무엇일까?

첫째, 영양상태를 생각해보자. 음식을 '이성을 가지고서 상황에 따라 가장 적절한 방식으로' 음식을 섭취하지 않으면 건강한 신체를 유지할 수 없다. 예를 들면, 과식하면 소화불량에 걸릴 것이고 이것이 감정에 영향을 미친다. 당분이나 과도하게 정제된 곡물을 섭취하면 혈당이 급상승했다가 급강하하게 된다. 그러면 우리의 인지능력과 자기조절능력에 문제가 생기게 될 것이다. 그런데 이것은 곧바로 우리의 감정에 부정적인 영향을 가져온다. 그러므로 우리는 매일매일 습관적으로 건강한 먹거리를 섭취하려는 노력을 게을리하지 말아야 한다.

둘째, 신체의 증상이 감정에 영향을 준다. 신체 증상과 감정은 서로 유기적으로 연결되어 있다. 감정에 따라 신체 증상이 발생하기도 하지만 신체 증상이 직간접적으로 감정을 유발하기도 한다. 신체 증상과 감정도 통일성을 유지하려는 성향이 있어서 신체의 증상에 따라 불안, 분노 등의 감정이 촉발된다. 어떤 사람은 맥박이 불규칙하게 뛰는 부정맥이라는 증상이 자기의 신체에 발생했다. 그는 맥박이 빨라지고 가슴이 뛸 때마다 그 원인이 자신의 감정의 기복이라고 생각했다. "저는 가끔 너무 불안하고 초조한 감정에 휩싸이게 됩니다. 그런데 그때마다 심하게 맥박이 빨라지고 가슴이 두근두근해집니다." 하지만 실제로는 그와 반대다. 사실은 부정맥이라는 신체의 증상으로 인해 불안감과 초조감에 휩싸이게 된 것이다. [13] 생각을 바꾸면 감정을 바꿀 수 있듯이 신체 증상을 변화시키면 불안한 마음도 조절할 수 있다. 예를 들면, 불안한 감정으로 휩싸일 때 나도 모르게 가슴호흡을 하게 된다. 흔히 말하는 복식호흡은 우리가 안정되고 편하다고 느낄 때 일어나는 신체의 반응이다. 이것을 이용해서 불안할 때 강제적으로 가슴호흡을 복식호흡으로 바꿔주면 불안한 감정이 평안한 마음으로 전환된다. 불안하고 초조할 때 경직된 근육을 강제적으로 이완시켜주면 불안과 초조의 감정을 누그러뜨릴 수 있다. [14]

셋째, 우리의 감정에 영향을 미치는 것은 수면의 질이다. 영양상태도 좋을 뿐만 아니라 야외활동도 충분하다. 그런데 피곤한 몸을 이끌고 퇴근해서 잠자리에 들었는데도 제대로 잠을 이루지 못하고 있다. 왜냐하면 직장에서 처리해야 할 일들이 전혀 해결되지 않았기 때문이다. 몸은 귀가했으나 정신은 '귀가불능상태'에 빠져 있으면 제대로 잠을 이룰 수 없다. 밤새도록 뒤척이다가 아침에 다시 출근을 서두른다. 이러한 상황에서의 나의 감정은 어떤 상태일까? 피로감과 함께 우울감, 불안감, 적대감 등으로 인해 전혀 행복하지 않은 하루가 될 것이다. 건강한 감정 상태를 유지하기 위해서는 적절한 양과 질의 수면이 필수적이다.

말과 행동

우리의 감정에 영향을 주는 마지막 요소는 '말과 행동'이다. 내가 어떤 말과 행동을 하고 있는가에 따라서 나의 감정이 달라질 수 있다. 내가 매우 가치 있고 의미 있는 말과 행동을 했을 때, 비록 내 몸은 피곤하고 지쳐 있어도 나의 마음만큼은 큰 기쁨으로 가득 차오를 수 있다. 반면에, 내가 매우 잘못된 말과 행동을 했을 때, 내 몸이 아무리 건강할지라도 나의 마음에 어느샌가 나도 모르게 슬픔이라는 감정으로 채워지고 있다는 사실을 부정하기 어렵다. 하나의 예를 들어보자. 이전에는 미워했던 사람을 이제는 용서하고 사이좋게 지내고 싶을 때가 있다. 그런데도 미운 감정이 내 맘대로 쉽게 사라지지 않아서 괴로울 때가 있다면 마음에 쉽사리 내키지 않아도 내가 진정으로 원하는 그것을 말과 행동으로 옮겨보라. 억지로라도 그 사람을 안아 주고, 친절하게 말을 건네고, 상대를 칭찬해보라. 그렇게 행동을 하고 나면 그 사람에 대한 호감이 생기고 긍정적인 생각을 하기가 더 쉬워질 것이다. [15]

: 가정원리(假定原理)

미국의 철학자이자 심리학자인 윌리엄 제임스(William James)는 "어떤 성격을 원한다면 이미 그런 성격을 가지고 있는 사람처럼 행동하라."라는 '가정원리(As if Principle)'의 중요성을 강조한다. 그는 한 사람의 말이나 행동이 그 사람의 기분이나 감정에도 막대한 영향을 미친다고 주장한다. "의도적으로 좋은 기분을 만들어 내려면 벌떡 일어나 신나는 생각을 하고, 언제 어디서나 활기차게 말하고 움직이면 된다. 나쁜 감정과 씨름만 하다 보면 우리의 관심은 온통 부정적인 쪽으로만 흘러가 거기서 헤어 나오지 못하게 된다." [16] 미국의 임상심리학자 에밋 벨텐(Emmett Velten)도 긍정적인 감정을 쉽고 빠르게 유발하는 방법의 하나로서 '행복하고 자신감 넘치는 말'에 주목했다. 그는 말과 감정 사이의 상관관계를 직접 실험해보기로 했다. 그는 피험자들을 두 그룹으로 나누고 각각의 그룹에 카드 60장이 담긴 꾸러미를 주었다. 첫 번째 그룹에는 카드 1장에서 60장으로 갈수록 점점 더 긍정적이고 행복한 감정을 유발할 가능성이 많은 문장으로 채워진 카드 꾸러미를 줬다. 그리고 두 번째 그룹에는 카드 1장에서 60장이 이르기까지 모두 감정과는 전혀 관련이 없는 문장들이 쓰인 카드 꾸러미를 줬다. 그리고 두 그룹에 속한 피험자들에게 1장에서 60장까지 각각의 카드에 적혀 있는 문장들을 큰소리로 읽게 했다. 실험을 모두 마치고 난후, 벨텐은 피험자들 자신의 행복감(幸福感)을 스스로 평가해보도록 했다. 그 결과는 어떠했을까? 우리는 결과를 너무도 쉽게 예상할 수 있다. 첫 번째 그룹 피험자들의 행복감은 시간이 지날수록 더욱 높아졌다. 반면에, 두 번째 그룹 피험자들의 행복감은 전혀 변화 없었다.[17] 우리는 윌리엄 제임스가 말한 "어떤 성격을 원한다면 이미 그런 성격을 가지고 있는 사람처럼 행동하라."라는 문장 그 자체를 모를 수 있다. 그러나 우리는 상식적으로 그 문장의 의미는 이전부터 이미 모두 다 잘 알고 있다. 문제는 실천이다. 실천하지 않으면 아무것도 얻을 수 없다.

: 유머러스한 말과 행동, 하는 것이 안 하는 것보다 못해서야?

아리스토텔레스(Aristoteles)는 "인간만이 웃을 수 있는 동물이다."[18] 라고 정의를 내린다. 이러한 정의에 의하면 웃음은 인간 고유의 속성 중 하나이며, 인간을 동물과 구분할 수 있는 하나의 특징이 된다. 인간은 선천적으로 웃을 수 있는 재능을 가지고 태어난다. 따라서 웃음이야말로 동물과 구분될 수 있고 인간을 인간답게 하는 징표가 된다. [19]

최근의 몇몇 동물행동학 연구에 의하면, 물론 원숭이나 침팬지와 같은 고등 포유동물 중에서 몇 가지 종들도 간지럼을 느낄 때 킥킥거리거나 인간의 웃음과 유사한 웃음소리를 내기도 한다. 따라서 이 연구 결과에 의하면 웃음은 인간만의 전유물은 아닌 것 같다. 어쨌든, 아리스토텔레스만큼 웃음을 높이 평가한 철학자는 거의 없을 것이다. 그의 웃음 이론은 그의 저서 『시학(詩學)』에 잘 표현되어 있다.[20] 그는 웃음과 관련하여 '우스꽝스러운 것'을 다음과 같이 언급한다. "희극은, 이미 언급한 것처럼, 보통보다 더 비천한 것의 모방이다. 그러나 여기서 보통보다 더 비천한 것이란 모든 종류의 악과 관련해서가 아니다. 오히려 추함의 한 부분인 우스꽝스러운 것일 때만 그러하다. 우스꽝스러운 것은 말하자면 하나의 실수이자 하나의 결점이다. 그러나, 예컨대 하나의 우스꽝스러운 마스크가 추하게 일그러져 있으나 고통이 없는 것과 같이, 고통을 주지도 않고 감정도 손상하지 않는 그러한 하나의 결점이다." [21] 여기에서 그의 '우스꽝스러운 것'에 대한 정의는 '고통도 주지 않고 감정도 손상하지 않는 실수나 결점', 즉 '해가 없는 실수나 결점'으로 요약된다. 아리스토텔레스의 우스꽝스러움에 대한 정의에서 '해가 없는 실수'라는 것은 우리가 무언가에 대해서 웃고 있는 대상이나 실수로 인해 웃음의 대상이 된 사람이 이로 인해 조금이라도 고통을 당하거나 감정이 상해서는 안 된다는 의미이다. 좀 더 자세히 말하면 아리스토텔레스는 '우스꽝스러운 마스크'를 예로 들어 이를 일반화하고 있다. "하나의 우스꽝스러운 마스크가 추하게 일그러져 있으나 고통을 주지 않는다." 라고 한 말은 원칙적으로 제삼자(구경꾼)의 고통을 뜻하는 것이 아니라 우스꽝스러운 것의 대상이 된 사람에게 있을 수도 있는 고통을 의미한다. [22] 그러면 왜 아리스토텔레스는 이처럼 '우스꽝스러운 것'과 관련해서 고통의 문제를 특별히 언급했을까? 그것은 바로 웃자고 하는 행동이 오히려 우스꽝스러움의 대상이 된 사람의 감정을 상하게 하거나 고통을 주어서는 안 된다는 것을 미리 강조하기 위함이었던 것 같다. 개그나 코미디를 전문으로 하는 사람들뿐만 아니라 우리도 반드시 마음에 새겨야 할 교훈인 것 같다. 하는 것이 안 하느니만 못해서야 되겠는가?

: 저급한 익살꾼, 경직된 사람, 재치 있는 사람

그는 이와 관련해서 좀 더 상세하게 설명한다. 아리스토텔레스는 그의 저서 『니코마코스 윤리학』 제4권 제8장에서도 웃음과 관련된 '우스운 이야기'를 언급하면서 세 부류의 사람을 이야기한다. 첫째는 우스갯소리를 하는 데 있어서 지나친 사람으로서 저급한 익살꾼 또는 저속한 사람이다. 둘째는 어떤 우스운 이야기도 하지 않을 뿐만 아니라 우스운 이야기를 하는 사람에 대해서도 못마땅해하는 사람으로서 촌스러운 사람, 또는 경직된 사람이다. 셋째는 적절하게 농담을 풀 수 있는 사람으로서 방향을 빨리 바꾸는 사람 또는 재치 있는 사람이다. 그러면 이에 관한 그의 이야기를 좀 더 구체적으로 들어보자. "우스갯소리를 하는 데 있어서 지나친 사람들은 '(저급) 익살꾼', '저속한 사람'으로 보인다. 그들은 무슨 수를 써서라도 웃기려고만 하며, 고상한 것을 이야기하거나 조롱거리가 되는 사람에게 고통을 주지 않는 것보다는 폭소를 만들어 내는 데에 더 마음을 쓴다. 반면에 자기 자신에 대해 어떤 우스운 이야기도 하지 않을 뿐 아니라 우스운 이야기를 하는 사람에 대해서도 못마땅해하는 사람은 '촌스러운 사람', '경직된 사람'으로 보인다. 반면 적절하게 농담을 풀 수 있는 사람은 방향을 빨리 바꾸는 사람처럼(회전이 빠른 사람처럼) 재치 있는 사람이라고 불린다. 이런 종류의 농담들은 품성 상태의 움직임으로 보여, 마치 신체가 신체의 움직임에 의해 판단되듯, 그렇게 품성 상태 또한 이러한 움직임으로부터 판단되는 것이다. 그런데 웃을 만한 일은 곳곳에 있고, 대부분 사람은 마땅한 것 이상으로 놀이나 조롱하는 일을 즐기기에, 사람들은 저속한 익살꾼마저 즐거운 사람이라고 생각해서 '재치 있는 사람'이라고 부르는 것이다. 하지만 이 양자가 엄연히 다르며, 그것도 적잖게 다르다는 것은 지금까지 논의해 온 바를 보면 분명하다."[23]

아리스토텔레스는 여기에서 "웃을 만한 일은 곳곳에 있고, 대부분 사람은 마땅한 것 이상으로 놀이나 조롱하는 일을 즐긴다."라고 말한다. 우리의 삶을 뒤돌아보면 아리스토텔레스가 언급했듯이 웃을 만한 일들이 곳곳에 있다. 그러나 지금 여기 우리의 일그러지고 구겨진 삶의 현장 속에는 목놓아 울 수밖에 없는, 아니 기가 막혀서 도저히 울 수조차도 없는 일들도 곳곳에 도사리고 있다. 기쁨도 있지만 어쩌면 고통, 마음의 상처와 아픔, 슬픔, 분노, 미움, 원한, 서러움 또는 외로움 등과 같은 감정들이 우리 안에 훨씬 더 깊게 꽈리를 틀고서 좌정해 있는지도 모른다. 그러한 상한 감정들을 어떻게 치유하고 회복할 수 있을까? 그러한 부정적 환경 자체가 바뀌는 것이 최선일 수도 있다. 그러나 사정이 여의찮다면, 나 자신이 그러한 부정적 환경을 변화시켜야 한다. 그러기 위해서는 먼저 생각을 바꾸어야 한다. 그리고 말과 행동을 바꾸어야만 한다. 말과 행동을 바꿔나가는 것만으로 우리의 상한 감정을 치유할 수 있다. 그 첫걸음은 바로 "웃을 만한 일은 곳곳에 있다."라는 아리스토텔레스의 말에 귀를 기울이고 웃을 만한 일을 찾는 것이다. 그것을 말로 그리고 행동으로 표현해보라. 다만, 반드시 유의할 점이 있다. 그것은 아리스토텔레스가 언급한 "대부분 사람은 마땅한 것 이상으로 놀이나 조롱하는 일을 즐긴다."에 속한 바로 그 저속한 익살꾼으로서 '대부분 사람'이 되어서는 안 된다는 것이다. 우리는 아리스토텔레스가 부정적으로 언급했던 '저급한 익살꾼'이나 '경직된 사람'이 아닌 '재치 있는 사람'이 되어야 하지 않겠는가? 재치 있는 사람이야말로 웃음으로 자신과 타자의 상한 감정을 치유하고 그것을 건강한 감정으로 회복시키는 사람이기 때문이다.

: 춤추고 노래하라

행복한 사람은 자기의 행복한 감정을 표현하기 위하여 때때로 춤을 춘다. 그러면 그와 반대로, 춤을 추는 사람은 과연 행복감이 높아질 수 있을까? 피터 로밧(Petter Lovatt)은 10주간의 실험을 통해 춤이 사람의 감정이나 기분에 어떤 영향을 미치는지 직접 실험해보았다. 그는 매주 캠퍼스에서 지원자들을 모집하여 새로운 형태의 춤을 배운 뒤 어떤 느낌이 드는지 확인해보았다. 폭스트롯에서 플라맹코, 살사에서 스윙에 이르기까지 학생들은 모두 즐겁게 실험에 참여했다. 실험 후에, 그들은 실제로 기분이 더 좋아졌다고 답변했다. 그들의 춤추는 행동이 실제로 그들의 기분을 좋게 만들어 주었다. 그는 이 실험에서 스코틀랜드 민속춤이나 라인댄스처럼 사람들과 어울리면서 누구나 쉽게 배울 수 있는 반복적인 패턴의 춤이 특히 효과적이라는 사실까지 확인할 수 있었다. [24] 영국 캔터베리 크라이스트 처지 대학교 음악학자 그 렌빌 핸콕스(Grenville Hancox)는 세계적으로 유명한 클라리넷 연주자이자 지휘 자이며 과학자이다. 음악이 인간의 감정에 미치는 영향에 대해 궁금하게 생각하던 핸콕스는 노래를 부르는 행위가 사람에게 행복감을 주는지 확인하기 위해 다양한 대규모 연구 프로젝트에 도전했다. 그중 한 실험에서 핸콕스는 합창단원 500명과 인터뷰를 했다. 그리고 이를 통해 노래를 부르는 행위가 사람들의 행복감을 높여 준다는 사실을 확인할 수 있었다. [25]

: 휠링 더비시(Whirling Dervishes)

중세시대 이슬람 신비주의 철학자이자 시인이었던 잘랄라딘 무하마드 루미(Jalal ad-Din Muhammad Rumi, 1207-1273)는 사랑을 통해 신과의 합일에 이른다는 '수피(sufi)'라는 개념을 중시하는 이슬람 수피 교단의 스승이었다. 그는 이슬람 경 전의 신비적이고 정서적인 교리뿐만 아니라 종교적인 의식으로서 춤과 노래를 중 시했다. 루미가 세상을 떠난 후, 그의 추종자들이 수피즘(sufism)의 메블레비 교단 (Mawlawi Order)을 창설했다. 이 교단의 유명한 회전 춤 '휠링 더비시' 춤은 수피 세마(Sufi Sema) 의식의 일부이다. 이 춤은 회전 춤으로서 사랑을 통해 무지에서 완벽함으로 옮겨가는 인간의 정신적 여정을 나타낸다.

루미에 따르면, 인간은 삶과 죽음과 환생이라는 지속적인 과정에서 과거와 미래의 연결고리이다. 이 과정은 순환이 아니라 한 곳에서 다른 곳으로 이어져 영원으로 향하는 하나의 진행 과정을 말한다. 죽고 썩는 것은 불가피하다. 그리고 그것은 끝 없는 삶의 흐름 일부이다. 하지만 한 형태로 존재하는 것이 끝날 때 그것은 또 다른 형태로 환생한다. 이 때문에 우리는 죽음에 대한 두려움을 가질 필요가 전혀 없을 뿐만 아니라 상실감에 슬퍼할 필요도 없다. 그러나 우리가 한 형태에서 다른 형태로 확실히 성장하기 위해서는 신과 인간과의 관계를 이해하고 영적 성장을 위해 노력해야 한다. 루미는 이러한 신과의 신비적 합일이라는 영적 성장은 인간 이성보다는 '춤과 노래를 통해 향상되는 감정(感情)'을 통해서 이루어질 수 있다고 주장한다. [26]

: 웃고 춤추고 노래하라, 행복감을 맛볼 것이다

종교문화사를 보면, 이처럼 춤과 노래는 '신과의 신비적 합일'과 관련되었을 정도로 신적 또는 영적인 것과도 긍정적인 관점에서 아주 밀접한 관계를 맺고 있다. 고대로부터 현대에 이르기까지 종교적 제의들 대부분에서 '춤과 노래'가 아주 중요한 역할을 감당하고 있기 때문이다. 어쨌든 수피즘에서도 춤과 노래의 긍정적 영향력, 즉 '춤과 노래를 통해 향상되는 감정'을 이야기하고 있다.

그러므로 춤과 노래라는 행위를 통해서 영적 또는 신적 감정까지는 아닐지라도 적어도 우리의 슬픔과 같은 부정적인 감정을 기쁨과 같은 긍정적인 감정으로 변화시킬 수 있는 것은 사실인 것 같다. 피터 로밧과 그렌빌 핸콕스의 실험 결과와 루미의 수피즘이 우리에게 가르쳐주는 교훈은 분명하다. 우리가 단지 행복한 생각을 떠올리는 것도 중요하지만 나 자신이 정말로 행복한 사람인 것처럼 말하고 행동하는 편이 좀 더 빠르고 효과적으로 행복감을 높일 수 있다는 사실이다. 부정적 감정들을 바꾸려면 먼저 긍정적으로 행동하라. 웃으며 춤추고 노래하라. 그러면 반드시 불행의 감정은 어느 틈엔가 사라지고 행복한 감정으로 변화되어 있을 것이다. 그 언젠가 거울을 통해 나의 모습을 볼 수 있을 것이다. 그리고 행복한 나의 모습을 본 많은 사람이 나의 행복한 모습으로 말미암아 더욱 행복해질 것이다. 행복의 큰 바위 얼굴이 되라!

후속활동 프로그램

1. 내 마음에 남아있는 부정적인 생각과 긍정적인 생각을 각각 10가지씩 적어보기

2. 건강한 또는 허약한 신체가 나의 감정에 영향을 주었던 사례를 소개해보자.

3. 부정적 감정을 긍정적 감정으로 바꿀 수 있는 '아름다운 말' 10가지를 소개하기

4. 부정적 감정을 긍정적 감정으로 바꿀 수 있는 '좋은 행동' 10가지를 소개하기

5. 유머 또는 개그 콘서트 - 유머 또는 유머러스한 행동 소개하기

6. 나의 상한 감정을 치유하고 회복시켜주었던 '춤 또는 노래' 소개하기

6. 욕구

지금까지의 세계 사상사를 뒤돌아보면, 모든 도덕과 종교적 전통에서 인간의 욕구 또는 욕망은 항상 부정적으로 취급당했고 정죄를 받아왔다. 그것은 철학사에서도 예외가 아니었다. 플라톤에서 프로이트에 이르기까지의 철학적 전통에서도 욕구 또는 욕망을 하나의 결핍으로 간주하여 부정적으로 그리고 불행하게 여기는 흐름이 지배적이었다. 그런데도, 욕망에 대한 찬양론은 몇몇 철학적 흐름에서 발견된다. 현대 철학자 질 들뢰즈(Gilles Deleuze)는 정신분석학자 펠릭스 가타리(Felix Guattari)와의 공저 『앙티 오이디푸스(Anti-Oedipus)』에서 인간의 욕구 또는 욕망이란 인간에게 환희를 가져다주는 창조적 역동성이자 생명력을 지닌 힘이라고 주장한다. 들뢰즈는 형이상학적 사유의 바탕 위에서 욕구 또는 욕망을 긍정적으로 그리고 하나의 행복의 요소로서 찬양했던, 그리하여 동시대의 사람들로부터 배척받았던 스피노자나 니체와 같은 독특한 사상가들의 생각을 따라간다. [1]

긍정적 의미의 욕구

: 코나투스

스피노자(Baruch de Spinoza)의 저서 『에티카』에서 가장 중요한 개념은 인간의 본질로서 '코나투스(conatus)'이다. '본질'이라는 것은 어떤 사물이 존재하기 위해 필수적인 요소이다. 쉽게 말하면, '코나투스'는 일종의 관성, 즉 물체가 외부의 간섭을 받지 않는 한, 정지 또는 운동 상태를 계속 유지하려고 하는 성질이다. 정지해 있는 물체는 계속 정지해 있으려고 하고, 움직이는 물체는 계속해서 움직이려고 하는 것처럼, 모든 사물은 '자신의 존재를 끊질기게 지속하려는 노력'을 하는 데 바로 이것이 코나투스이다. '노력하다', '애쓰다', '분투하다'라는 뜻을 가진 라틴어 동사 '

코노르(connor)'에서 파생된 '코나투스(conatus)'라는 개념은 어떤 것을 추구하려고 노력하는 것을 뜻한다. 스피노자는 이와 관련하여 그의 저서 『에티카』 3부 정리 6과 정리 7에서 다음과 같이 말한다. "각각의 사물은 자신 안에 존재하는 한에서 자신의 존재 안에 남아 있으려고 한다. 각 사물이 자신의 존재 안에서 지속하고자 하는 노력은 그 사물의 현실적 본질일 뿐이다." [2] 그러면 그에게 있어서 '욕구(appetitus)'란 무엇일까? 그는 『에티카』 3부 정리 9에서 다음과 같이 말한다. "이러한 코나투스가 정신과 신체에 동시에 관련되었을 때 욕구라고 한다. 따라서 이것은 인간의 본질 자체와 다르지 않다. 그리고 그것의 본성으로부터 필연적으로 인간의 보존을 증진할 수 있는 것들이 따라 나온다. 이에 따라 인간은 이것들을 하도록 규정된다. 그다음 욕구와 욕망(cupiditas) 사이에는, 일반적으로 욕망이라는 것은 자신들의 욕구를 의식하는 한에서의 인간들과 관련된다는 점을 제외한다면. 아무런 차이도 존재하지 않는다. 그리고 이 때문에 욕망은 우리의 의식과 결합한 욕구라고 정의될 수 있다."

부정적 의미의 욕구

: 플라톤의 날개 달린 전차의 신화

플라톤(Platon)은 국가의 모든 구성원이 자신의 본성에 맞는 역할을 충실히 수행하고, 다른 사람의 역할에 간섭하지 않을 때 정의로운 국가가 만들어진다고 생각했다. 예를 들어, 농민은 먹을거리를 생산하는 일에, 상인은 상거래의 일에, 군인은 국가를 방위하는 일에, 통치자는 국가를 다스리는 일에 충실할 때 정의로운 국가, 즉 이상 국가가 만들어진다고 주장하였다. 플라톤은 각자가 자신의 역할을 가장 탁월하게 수행하는 상태를 덕으로 표현하였다. 통치자는 지혜의 덕, 방위자는 용기의 덕, 생산자는 절제의 덕을 갖출 때 그 나라는 정의의 덕을 갖춘 국가가 된다. 특히, 절제의 덕은 생산자 계층뿐만 아니라 국가의 모든 구성원에게 필요한 덕목이다.

플라톤은 정의로운 국가와 정의로운 인간은 서로 닮았다고 생각했다. 나라를 구성하는 세 부류의 사람들이 각자의 역할에 충실할 때 정의로운 국가가 만들어지듯이, 인간의 영혼도 크게 세 부분으로 구성되어 있으며, 각각의 부분이 제 역할에 충실할 때 정의로운 인간이 된다. 즉, 이성적인 부분은 지혜의 덕, 기개적인 부분은 용기의 덕, 욕구적인 부분은 절제의 덕을 갖출 때 정의로운 인간이 된다. 달리 말해서, 이성적인 부분이 지혜의 덕을 통해 기개적인 부분과 욕구적인 부분을 잘 다스릴 때 정의로운 인간이 되는 것이다. 플라톤은 그러한 정의로운 사람이 가장 행복한 사람이며, 정의롭지 못한 사람이 가장 불행한 사람이라고 주장하였다. 플라톤은 인간의 육체가 아닌 정신에 관심을 가진다. 플라톤은 인간의 정신을 '영혼'이라고 불렀다. 플라톤은 영혼의 불멸을 주장한다. 인간의 영혼은 육체와는 별개의 것으로 이성과 기개, 그리고 욕망이라는 세 가지 요소로 나누어져 있다. 인간은 이성적인 부분과 비이성적인 부분으로 나뉜다. 그런데 여기에서 기개와 욕망이 이성과 대립하는 비이성적인 부분이다. 기개는 중립적인 부분으로 행동을 위한 정력적인 기운이라고 볼 수 있고, 욕망은 사물에 대한 직접적인 갈망으로서 비이성적인 부분 중에서도 열등한 것이고 악의 가능성을 갖고 있다. 어떤 사람의 됨됨이를 결정하는 것은 이 세 가지 요소들이 어떤 관계를 갖느냐에 달려 있다. [3]

플라톤의 『파이드로스, Phaidros』에는 이성적인 요소가 마부에 비유되고, 흰색의 선한 말은 기개적(氣槪的)인 요소로, 검은색의 악한 말은 욕망적인 요소로 비유되는 '날개 달린 전차의 신화 비유'가 기록되어 있다. 흰색의 선한 말은 마부의 지시에 잘 따르지만, 검은색의 악한 말은 마부의 지시를 거부하고 감각적인 욕망에 휩쓸리는 경향이 있으므로 채찍으로 제지해야만 한다. 플라톤의 이야기를 직접 경청해보자. "말 중 마부에 순종하는 쪽은 언제나처럼 이때에도 수치심의 강제를 받아, 사랑받는 이에게 달려들지 않도록 자제하지. 반면에 다른 쪽은 마부의 채찍과 몰이 막대에도 아랑곳하지 않고, 날뛰며 제 고집대로 가고, 같이 멍에로 묶인 다른 말과 마부에게 갖은 짓거리를 다 해서 강제로 소년 애인에게 가도록 할 뿐만 아니라 아프로디테의 기쁨을 기억하도록 하지. 양쪽(마부와 흰색의 선한 말)은 처음에는 버티고, 자신들이 무섭고 불법적인 것에 강제로 끌려간다는 생각에 분노하지. 하지만 나쁜 상황이 끝없이 계속되자, 결국에 양쪽은 체념하여 받은 명령을 수행하는 데 동의하고 앞으로 이끌려 나아갔지. (Phaidros, 254a1-255b1)" 4

: 올바른 이성이 올바른 것을 추구할 때

플라톤은 이성의 지시를 거부하고 감각적인 욕망에 사로잡혀서 영혼이 엉망이 된 상태로 있는 타락한 인간의 모습을 다음과 같이 묘사하고 있다.

"양쪽 상태가 뒤섞인 까닭에 혼은 그 상태의 이상함에 괴로워하고, 어쩔 줄 몰라 미쳐 버리고, 광적인 상태에서 밤에는 잠들지 못하고 낮에는 자신이 있는 자리에 그냥 머물러 있지 못하고, 아름다움을 지닌 이를 볼 수 있으리라 생각하는 곳이면 어디든 그리운 마음에서 달려가지. 보고 나서 혼은 열망으로 흠뻑 젖어 그때 막았던 것들을 풀어버리고, 숨통이 트이면서 들쑤심과 진통이 멈추며, 당분간 가장 달콤한 이 즐거움을 새삼 누리지. 혼은 자발적으로 가능한 한 거기로부터 떨어져 있으려 하지 않고, 그 어떤 것도 아름다운 자보다 더 중시하지 않으며, 어머니와 형제와 벗들 모두를 잊고, 재산을 소홀히 해서 탕진해도 아무것도 아닌 것으로 여기고, 그전에 사랑스러워했던 규범들과 몸가짐 전부를 다 하찮게 여기고서는 자신이 갈망하는 자에게 가장 가깝게 있도록 허락되는 곳이기만 하면 어디에서든 노예가 되어 잠들 작정이지(Phaidros, 251d5-252a6)" 5

여기에서 플라톤은 이성이 기개와 욕망을 얼마나 적절히 다루느냐에 따라 그 인간의 영혼이 얼마나 아름다운지 또는 얼마나 추한지가 결정된다고 주장한다. 이성의 고유한 기능은 올바른 삶을 추구하는 것이고 이를 행하기 위하여 적절한 기개가 발휘되어야 한다. 플라톤에 의하면, 올바른 이성이 그렇게 올바른 것을 추구할 때만이 가장 잘 사는 행복한 인간이 된다. 그러나 이성이 욕망에 지배당할 때 기개는 타락하고 인간의 영혼은 불행을 맞이하게 되는 것이다. 결국 가장 잘 사는 삶, 행복한 삶을 위해서는 이성이 기개와 욕망을 잘 통제하고 조절하는 것이 필수적이다. [6]

: 모든 것이 허용된다. 단, 들키지만 말라?

브레진스키(Zbigniew Brezenski)는 그의 저서 『통제이탈, Out of Control』에서 '모든 것이 허용되는 사회' 안에서 사는 인간은 결국 도덕적 공백, 도덕적 무관심, 정신적 공허를 경험할 수밖에 없다고 경고한다.[7] 그에 의하면 이러한 것들이 지배하는 사회는 옳음과 그름의 구별이 없고 합법과 불법만이 있다. 그러므로 이러한 사회는 법적 절차 특히 법정만이 도덕과 교회의 역할을 대신하는 도덕과 종교의 부재 사회이다. 누군가 십계명 이외의 11번째 계명이 있다고 말하면서 나에게 알려주었다. "사람은 누구나 모세의 십계명으로부터 자유롭다. 모든 것이 허용된다. 단 들키지만 말아라." 브레진스키가 말하는 옳고 그름이 없고 합법과 불법만 있는 사회가 바로 이러한 사회일 것이다.

그의 말을 좀 더 구체적으로 들어보자. "모든 욕망이 만족되는 것이 허락된다. 그러므로 모든 것들이 동등하게 선하다. 결과적으로 강제성도 자기 부정도 전혀 필요 없다. 자기의 욕구충족이 절대 규범인 사회에서는 도덕적 판단을 내리기 위한 기준은 더 이상 존재하지 않는다. 사람은 그가 자격이 되건 안 되건 그가 원하는 것을 할 수 있는 권리를 가지고 있다. 따라서 도덕적 판단이 없어도 된다. '옳음'과 '그름'을 구별할 필요가 없다. 그 대신 사회적 질서라는 실용적 이유들로 인해서 '합법'과 '불법' 사이의 구별만 있을 뿐이다. 결국 법적 절차, 특히 법정의 시스템이 도덕과 도덕의 원리의 규정자였던 교회를 대신한다. 개인의 행동에 대한 내면화된 안내자로서의 종교가 법적 시스템으로 대체되었다. 그리고 이러한 법적 시스템이 비도덕적인 것의 내적 한계가 아닌 법적으로 허용되지 않는 것의 외적 한계를 규정하게 되었다."[8]

: 쾌락주의의 역설

쾌락주의적 측면에서 보면, 행복은 '욕구가 지속해서 만족된 쾌락의 상태'라고 말할 수 있다. 쾌락주의자들에게 있어서 행복하게 사는 방법은 무엇일까? 그것은 바로 "즐거움은 취하고, 고통은 피한다."라는 것이다. 그런데 요즘 시대적 상황으로 보면 이러한 쾌락주의가 으뜸인 것 같다. 최대한의 쾌락이 최대한의 행복을 낳는다고 생각하는 것이다. 쾌락주의자들은 소비사회의 사고방식에 하루에도 수천 번씩 세뇌당하여 쾌락을 추구하는 것만이 가치 있는 목표라고 믿는 사람들이다. 그러나 이 사람들은 철학자들이 말하는 '쾌락주의의 역설'에 빠져있지는 않은지 뒤돌아볼 필요가 있다. 쾌락주의의 역설이란 일반적으로 쾌락을 직접적으로 추구하면 추구할수록 쾌락에서 멀어지는 현상을 말한다. 그것은 쾌락을 추구하면 할수록 오히려 쾌락으로부터 멀어지고 내가 원치 않았던 것들, 예를 들면 권태와 중독, 공허와 불안, 혐오와 수치심, 죄책감 등으로 인해 전인적 고통이 밀려오는 현상을 의미한다. 그리하여 우리가 쾌락을 의식하지 않고 쾌락 아닌 것을 추구하는 것이 오히려 쾌락의 획득에 도움이 된다는 것이다.[9] 쾌락주의자들은 쾌락을 추구하는 일에 몰두하지만, 일부러 쾌락을 찾아 나서는 사람들은 좀처럼 쾌락을 얻지 못한다. 쾌락을 얻는다 해도 찰나일 뿐이다. 쾌락은 소멸에 이르는 연쇄이다. 첫 번째 쾌락이 찾아오고 격렬한 자기감정은 일단 만족을 선언한다. 그러나 찰나적 쾌락이 사라지면 '우리'는 만족하지 못한 또 다른 쾌락을 원한다. 그러나 또 다른 쾌락도 우리가 원하는 것을 주지 못한다. 우리는 여전히 갈망하고 또다시 갈망하지만 결국

달아오른 감정이 사그라지면 남은 것은 아무것도 없다. 행복의 측면에서 보면 우리는 또다시 출발점에 돌아왔다. 자기 자신을 찾지 못했고 만족도 느끼지 못한다. 아니 오히려 쾌락을 극단적으로 추구하면 추구할수록 고통만이 가중될 뿐이다. 이것은 누구나 겪는 경험이며 쾌락에서 행복을 추구하는 쾌락주의를 실질적으로 반박한다.[10] 그러면 이러한 쾌락주의의 역설에 어떻게 대처해야 할까? 그것에 대한 성숙한 방어기제는 무엇일까?

: 쾌락과 고통의 비대칭성

모든 인간사가 전적으로 이성적으로 또는 합리적으로 해결되는 것은 결코 아니다. 그러나 합리적 해결책의 실천 여부와 상관없이 어떻게 사는 것이 진정으로 나 자신을 위한 삶인지는 합리적으로 생각해볼 수는 있다. 우리는 그 누구라도 쾌락주의의 역설이라는 수렁에 빠져서 고통당하기를 원치 않는다. 그러므로 우리는 쾌락주의의 역설에 대한 하나의 대안으로서 합리적인 자기 제한으로서의 적절한 절제가 필요하다는 것을 인정해야만 한다. 이것이 바로 '방법으로서 금욕적 쾌락주의'이다. 현대 철학자 칼 포퍼(Karl Popper)는 그의 '쾌락과 고통의 비대칭성'이라는 논제를 통하여 쾌락의 증진과 고통의 제거가 그 중요성에 있어서 같지 않음을 강조한다.[11] 이 논제에 따르면 고통의 제거가 쾌락의 추구보다 더 긴급한 해결을 요구하는 윤리적 요구라는 점에서 그 근거를 찾을 수 있다. 보통의 경우에 고통의 제거는 쾌락의 증진보다 더 큰 도덕적 호소력을 가진다. 따라서 포퍼에 의하면 쾌락 추구의 합리적 방법이라는 면에서 볼 때도 고통의 제거와 쾌락의 증진은 일대일의 대칭적 관계에 있지 않다. 방법적 합리성의 면에서 보면 일반적으로 고통의 제거가 쾌락의 증진보다 우선한다. 그러므로 우리가 쾌락을 합리적으로 추구하기 위해서는 적극적인 쾌락 추구에 앞서서 쾌락 추구의 과정에서 발생할 수 있을 것으로 가정해볼 수 있는 고통

유발 요소들, 즉 권태와 중독, 공허와 불안, 혐오와 수치심, 죄책감 등을 최소화하거나 말끔하게 제거해야만 한다. 그러면 우리는 어떻게 해야만 할까?

: 손실 회피성

방법으로서 금욕적 쾌락주의는 쾌락의 증진보다 고통을 피하고자 하는 '인간 심리의 손실 회피성'에 의해서도 지지가 된다. 손실 회피성이란 직접적인 비교든 상호 비교든 간에 손해가 이득보다 커 보이기 때문에 우선하여 손실을 피하고자 하는 성향을 말한다. 대니얼 카너먼(Daniel Kahneman)에 의하면 손실 회피율은 일반적으로 1.5~2.5배 범위이다. [12] 인간의 손실 회피율을 생각해 볼 때, 다른 조건이 같다면 고통의 제거는 쾌락의 추구보다 1.5~2.5배 정도의 우선성을 가진다고 볼 수 있다. 인간의 손실 회피성은 적어도 일정한 조건에서 고통의 제거가 쾌락의 증진보다 순수 편익의 증가를 위해서도 우선적임을 보여준다. 확실히 고통의 제거는 보통의 경우에 쾌락의 추구보다 도덕적으로 또 합리적으로 우선성을 지니는 것으로 보인다. 또한 우리의 직관과 경험은 고통이 제거되고 난 다음에야 비로소 순수한 쾌락에 이를 수 있음을 보여준다. 이런 의미에서 쾌락 추구의 합리적 방법으로서 고통의 제거는 필수적이다. 다만 우리가 여기에서 기억해야 할 점은 방법으로서 금욕적 쾌락주의가 쾌락을 위해서 필요할 때 필요한 만큼 요구된다는 것이다. 그것은 상황과 맥락이 때라 그 필요성과 정도가 결정되는 조건적인 것이다. 따라서 욕구에 대한 금욕은 그것이 욕구의 충족보다 쾌락을 가져오는 방법으로써 '더 적절할 때만' 요구된다. 만일 어떤 상황에서 욕구를 충족시키는 것이 그것에 대한 금욕보다 쾌락을 더 많이 가져온다면, 그 상황에서 방법으로서의 금욕은 더 이상 쾌락 추구의 수단으로서 적절하지 않은 것으로 된다.

그런 상황에서 쾌락주의는 금욕을 거부하고 쾌락 추구의 적절한 방법으로 욕구의 충족을 요구할 것이다. 요컨대, 방법으로서의 금욕적 쾌락주의는 쾌락을 위한 '수단'이므로 욕구의 추구를 원칙적으로 배제하지는 않는다. 우리는 쾌락을 추구하되 극단적인 쾌락의 추구로 말미암아 파생될 수 있는 여러 가지 고통 유발 요소들, 즉 권태와 중독, 공허와 불안, 혐오와 수치심, 죄책감 등을 최소화하거나 말끔하게 제거하는 것은 하나의 선택사항이 아니라 필수사항임을 인정해야만 한다. 어쨌든 고통의 최소화 또는 고통 제거의 수단은 바로 '적절한 정도의' 자기 절제 또는 금욕이라는 것은 분명해 보인다.

소극적 치유법, 절제

현대인들에게 알렉산드르 솔제니친은 20년간에 걸친 그의 미국 망명 생활을 마치고 고국 소련으로 돌아가기에 앞서 이와 같은 '통제이탈' 상황 속에 처해 있는 현대인들이 '유일하고 참된 길'로서 자기 제한, 즉 '절제'라는 황금열쇠를 잃어버렸다고 한탄한다. "오늘의 시대는 우리들의 욕망을 제한할 것을 다급하게 요청하고 있다. 그러나 우리가 자기희생과 자기 부정을 실천하는 것은 결코 쉬운 일이 아니다. 왜냐하면 우리는 정치적인 삶, 공적인 삶, 그리고 사적인 삶에서마저 오래전에 이미 '절제'라는 황금열쇠'를 저 깊은 바닷속에다 던져버렸기 때문이다."[13] 그러나 그는 이 시대를 살아가는 모든 사람을 향하여 희망의 끈을 놓지 않고서 다음과 같이 호소한다. "인격은 자아보다 높은 가치로 향하지 않으면 부패와 몰락이 불가피하게 뿌리를 내리기 마련이다. 오늘의 삶 전체에 걸친 다양한 상호관련성을 생각해보면, 우리가 많은 어려움에도 불구하고 정치적 경제적 사회적 전 분야에서의 (병든) 삶을 점진적으로 치유할 수 있는 것은 오직 '자제'를 통해서만 가능하다."[14]

그는 우리가 진정으로 잘 살기 위해서는 아리스토텔레스가 이미 절제를 강조했듯이 '절제라는 황금열쇠'를 되찾아야 한다고 가르치고 있다. 문제는 우리가 '절제'라는 열쇠를 나의 행복의 문을 여는 귀중한 '황금'으로 만든 '열쇠'로 보고 있는지 아니면 나의 행복의 문을 닫아버리는 하찮은 '놋'으로 만든 '자물쇠'로 보고 있는지다. 만일 내가 진정으로 황금열쇠로 본다면 저 깊은 바닷속에 던져져 있더라도 어떤 방법을 써서라도 기어이 찾아내서 건져낼 것이기 때문이다. 하버드 대학교 의과대학 교수인 조지 베일런트(George E. Vailant)는 그의 저서 『행복의 조건』을 통하여 1930년대부터 72년간 「성인의 평생 발달에 관한 최장기 종단연구 보고서」를 세상에 내놓았다. 이 책의 원제는 'Aging well'이다. 직역하면 '나이 들어가면서 잘 사는 법' 정도일 것이다. 그의 연구 결과 행복의 조건, 즉 나이 들어가면서 잘 사는 법 제1위는 우리가 흔히 생각하는 돈과 권력이 아니라 '고난에 대처하는 자세 – 성숙한 방어기제'였다. [15] 결국 고난 또는 고통이 많고 적음에 관계없이 내가 그것에 어떻게 대처하느냐가 인생의 '잘 사는 것'을 결정 짓는다는 것이다. 결국 '잘 산다는 것'은 내가 고통의 상황을 어떤 관점에서 어떤 방법으로 방어하고 처리해나가는지에 달려 있다는 것이다. 베일런트가 행복의 제1조건으로 '고난에 대처하는 자세-성숙한 방어기제'를 제시했듯이, 나는 육체적 쾌락에 대처하는 자세로서 '절제'를 제시하고 싶다. 아리스토텔레스도, 솔제니친도 육체적 쾌락에 대처하는 자세-성숙한 방어기제로서 '절제'가 필요하다는 것에 동의한다. 왜냐하면 육체적 쾌락 안에는 우리를 잘 살지 못하게 만드는 여러 가지의 바람직스럽지 않은 부정적 요소들이 자리 잡고 있기 때문이다.

그것은 바로 권태와 중독, 공허와 불안, 혐오와 수치심, 죄책감 등이다. 만일 우리가 육체적 쾌락을 절제하지 않는다면, 우리는 우리의 육체적 쾌락 추구로부터 야기되는 것들로 인해 잔혹한 고통 속에서 헤어 나오지 못할 것이다. 지금까지 언급한 절제는 과도한 육체적 쾌락에 대한 소극적 치료법 중의 하나이다. 그러면 과도한 육체적 쾌락에 대한 보다 더 적극적인 치료법은 무엇일까?

적극적 치유법, 사랑

전설적 인물 돈 주앙(Don Juan DeMarco)은 모차르트의 오페라에서부터 몰리에르의 희곡, 할리우드 영화, 그리고 최근에는 보리스 에이프만의 발레에 이르기까지 다양한 예술 작품의 주인공으로 등장했다. 뮤지컬로 다시 태어난 돈 주앙은 어떤 모습일지 주요 대목을 통해 살짝 엿보자. 오만하고 자신만만한 스페인 귀족 청년 돈 주앙은 모든 여성이 그에게 빠져들 만큼 매력이 넘치는 남자다. 하지만 그는 여자를 쾌락 그리고 정복의 대상으로만 생각하고 끊임없이 순간의 '육체적 욕망'을 좇아 방황한다. 그는 끊임없는 육체적 쾌락 추구의 욕망을 절제할 수 없었다. 그의 이러한 불행한 상황과 이에 대한 적극적인 치유법인 '진정한 사랑'이 뮤지컬 「돈 주앙」에 자세하게 묘사되어 있다.

쾌락(Du plaisir)

뮤지컬 「돈 주앙」은 스페인의 전설적인 호색한 '돈 조반니'의 이야기를 모티브로 한 프랑스 최신 뮤지컬이다. '쾌락(Du plaisir)'은 뮤지컬 「돈주앙」의 대표곡 중의 하나로 주인공 '돈주앙'의 열정적이고 관능적인 음성이 돋보이는 곡이다. 강렬한 라틴풍의 음악에 여자를 쾌락의 대상으로만 보는 호색한 '돈 주앙'의 생각을 표현한 이 곡은 뮤지컬 음악이지만 뮤직비디오로 제작되어 화제가 된 바 있다.

내가 원하는 것은
여자와 기타의 선율
내가 느껴지는
그녀의 아름다움

아침까지 그 열정을 느끼고 싶네

나의 매력에 빠져들기를 바라네

내게 포도주를 따라주오

그녀들과 마실 수 있도록

포도주 향기에 취해

잠들지 않는 이 밤을

함께 즐길 수 있도록

쾌락

내가 원하는 유일한 것

쾌락

정열에 불을 붙이는 것

탄식 속에서도 나를 숨 쉬게 하는 쾌락

내가 원하는 것은

여자와 음악

집시 여인들의

눈을 즐겁게 해주리라.

어느 날 밤, 돈주앙은 존경받는 기사의 딸을 유혹하고 기사와 결투를 벌여 그를 죽이고 기사의 저주를 받게 되는데, 그 저주는 다름 아닌 '사랑'이다. 돈 주앙은 기사의 동상 앞에서 우연히 조각가 마리아를 보고 생애 처음으로 사랑을 알아간다. 사랑이 존재하지 않는다고 믿었던 돈주앙은 마리아에 대한 '진정한 사랑'으로 인하여 불행한 삶에서 행복한 삶으로의 변화를 체험하게 된다.

: 변했네, 당신을 위해(Changer, For You)

뮤지컬 「돈 주앙」에 나오는 '변했네, 당신을 위해(Changer, For You)'라는 곡은 주인공 돈 주앙과 마리아의 듀엣곡으로 '변화'라는 뜻을 담고 있다. 이 곡은 '진정한 사랑'을 모르던 남자 돈 주앙이 다른 남자의 약혼녀인 마리아를 만나 진실한 사랑을 깨닫고 변화되는 마음을 노래하고 있다. 뮤지컬 「돈 주앙」은 프랑스 라디오에서 17주 동안 1위를 차지했으며, 9개월간 앨범 판매 선두를 차지하는 등 전례 없는 기록을 남겼다.

변했네
사랑이란 선물을 받고
사랑의 고귀함을 '알게 된 후'
나는 그를 위해 변했네

변했네
어둠에서 벗어나
그녀의 부드러움을 '느끼면서'
나는 그를 위해 변했네

사랑을 위해 변하리라
열정이 우리를
자유롭게 하도록 변하리라
언젠가 우리의 사랑이
책에 쓰이도록 변하리라

상하이 숲에서

아일랜드 끝까지

사랑이 퍼지도록

변하리라

서로 사랑할 때

우리에게 사랑만 있도록 변하리라

수백만 송이의 장미가

꽃잎으로 피어날 수 있도록 변하리라

우리의 마음속에

사랑만이 담기도록 변하리라

한편, 자기 삶의 오직 한 여자인 마리아만 바라보며 전쟁터에서 살아온 군인 라파엘은 전쟁터에서 돌아와 돈 주앙과 사랑에 빠진 마리아를 보고 절망한다. 돈 주앙의 청혼에 수녀가 되기를 포기했던 엘비라도 제어할 수 없는 질투심에 사로잡혀 라파엘에게 복수를 부탁하고 결국, 돈 주앙과 라파엘은 결투를 벌이게 된다. 돈 주앙은 비 오는 새벽, 결투 도중 스스로 칼을 놓아 라파엘의 칼에 최후를 맞이한다. 처음으로 '진정한 사랑'을 느낀 돈 주앙은 마리아에 대한 사랑 때문에 자신이 과거에 저지른 수많은 잘못에 대해 스스로 용서받을 수 없었다고 생각한 것은 아닐까? 돈 주앙이 "변했네. 사랑이란 선물을 받고 사랑의 고귀함을 '알게 된 후' 나는 그를 위해 변했네. 변했네. 어둠에서 벗어나 그녀의 부드러움을 '느끼면서' 나는 그를 위해 변했네"라는 고백 속에서 우리는 인간의 변화에는 '참된 사랑'이 얼마나 중요한지를 알 수 있다. '절제'가 끊임없는 육체적 쾌락 추구의 욕망을 치유하는 소극적 치유법이라면, '진정한 사랑'을 알고 느끼는 것이야말로 그것을 치유하는 적극적 치유법이 아닐까?

후속활동 프로그램

1. "나는 더 좋은 것을 보고 그것을 타당하다고 여기지만 더 나쁜 것을 행하게 되었다네 (Video meliora proboque, jeteriora sequor)."(오비디우스, 변신, 7권 20~21절)의 경험을 소개하기

2. 과도한 욕망 추구로 인한 "권태와 중독, 공허와 불안, 혐오와 수치심, 죄책감" 등에게서 벗어나기 위한 '나만의 욕망의 탈-구축 전략' 소개하기

7. 육체

: 건강 이론으로서 철학

프리드리히 니체(Friedrich Nietzsche)는 평생 사는 날 동안 온갖 질병들을 지닌 채로 살았다. 그는 안질, 편두통, 마비증, 구토 등의 육체적 질병뿐만 아니라 고독, 부정(父情)의 결핍, 신경질환 등의 정신적 질병 등으로 인해 심한 고통을 경험했다. 그는 스스로 편두통, 위통, 앞을 제대로 보지 못할 정도의 눈의 통증 가운데에서 그의 저작 『아침놀』을 저술하기도 했다. [1] 사실상 그는 평생 혹독한 투병 과정에서 그의 모든 저술 활동이 이루어졌다고 볼 수 있다. 그러므로 그의 철학 사상 역시 그의 고통스러웠던 투병 과정의 산물이었다 해도 과언은 아니다. 그리하여 니체는 철학을 '건강의 이론'이라는 관점에서 해석한다. 그는 그의 저서 『아침놀』에서 건강과 철학의 관계에 관하여 다음과 같이 언급한다. "근본적으로 철학은 개인이 건강해지는 법에 대한 본능이 아닐까? 나의 대기, 나의 높이, 나의 기후, 나름대로 건강을 두뇌라는 우회로를 통해 추구하려는 본능이 아닐까?" [2] 실존철학자이자 정신병리학자였던 칼 야스퍼스(Karl Jaspers)도 철학이 위기에 처한 이유를 분석하면서 철학의 과제를 '의사의 치료 행위'와 연관시켜서 다음과 같이 설명하고 있다. "현대과학과 철학의 근본 문제에 대한 우리의 성찰은 '의사가 된다는 것'에 대해 다음과 같은 명제를 정초할 수밖에 없을 것이다… 오늘날 의사의 이념을 보존할 수 있게 하는 본질적 조건은 과학과 철학의 과제를 통합하는 것이다. 의사의 치료 행위는 구체적인 철학이다." [3] 현대철학자 가다머(Hans-Georg Gadamer) 역시 모든 사람에게 직접 연관된 구체적인 문제로서 "건강에 관한 관심은 인간존재의 근원적 현상"으로서 해석학적 관심이 필요하다." 고 말한다. [4]

: 육체의 건강, 행복의 중요한 요소

육체의 건강과 행복 사이의 밀접한 관련성은 이미 고대철학에서도 엿볼 수 있다. 에피쿠로스는 이와 관련하여 다음과 같이 말한다. "우리는 철학을 하는 체하기만 해서 안 되고 실제로 철학을 해야만 한다. 왜냐하면 우리에게 필요한 것은 건강한 것처럼 보이는 것이 아니라 진정으로 건강한 것이기 때문이다." [5] 아리스토텔레스는 '행운'도 행복의 하나의 요소라는 건을 인정한다. 그러나 그는 행복이라는 것은 행운보다는 기본적으로 '잘 살고 잘 활동하는 것'에서 온다고 생각했다. 그런데 육체의 건강은 잘 살고 잘 활동하는 것을 위한 필수요소이다. 그리하여 그는 육체의 건강을 행복의 하나의 중요한 요소로 포함한다. 아리스토텔레스는 다음과 같이 말한다. "좋음은 통상 세 가지 유형으로 나뉘어 왔다. 즉 외적인 좋음이라고 이야기되는 것, 영혼에 관계된 좋음, 육체와 관련된 좋음이라고 이야기되는 것이 그 세 유형이다." [6] 아리스토텔레스는 여기에서 육체와 관련된 좋음으로써 육체의 건강은 행복의 세 가지 요소 중의 하나라고 말한다. 하지만 아리스토텔레스에게 있어서 세 가지 좋음 중에서 영혼에 관계된 좋음이 가장 진정하고 으뜸가는 좋음이기 때문에 [7] 육체의 건강은 추가적이고 도구적인 의미에서만 행복에 포함된다.

: 육체의 건강에 영향을 미치는 요소들

이처럼 아리스토텔레스가 육체의 건강과 관련해서 언급한 것들을 염두에 두고서, 이제 좀 더 구체적으로 육체의 건강에 영향을 미치는 기본적 요소들은 무엇인지를 검토해보자. 이에 대한 아리스토텔레스의 답은 바로 '영양 섭취와 운동 그리고 계절에 따른 기후'이다. 그는 그의 저서 『에우데모스 윤리학』에서 다음과 같이 말한다. "가장 좋은 상태는 가장 좋은 수단들에 의해 생겨나며, 가장 좋은 행위는 각 분야에 관련된 탁월함에서 나온다. 예를 들어 가장 좋은 운동과 영양에서 좋은 체력이 생기고, 좋은 체력에서 최상의 운동이 가능하다. 나아가 모든 상태는 같은 것들에 의해 특정한 방식으로 영향을 받아 생성하기도 하고 소멸하기도 한다. 마치 건강이 영양과 운동 그리고 계절에 따른 기후에 의해 영향을 받는 것과 같다." [8] 나는 아리스토텔레스가 언급한 "가장 좋은 상태는 가장 좋은 수단들에 의해서 생겨난다."라는 말에 전적으로 동의한다.

 그는 육체의 건강을 유지하기 위한 가장 좋은 수단으로서 '영양과 음식 그리고 계절에 따른 기후'를 제시한다. 달리 말하면, 이것은 육체의 건강에 가장 큰 영향을 미치는 세 가지 요소가 바로 영양과 음식 그리고 계절에 따른 기후라는 것을 의미한다. 그리하여 나는 여기에서 육체의 건강에 가장 큰 영향을 미치는 요소들로 먼저, 계절에 따른 기후와 관련된 '자연환경'과 육체의 건강과의 관계를 살펴보려고 한다. 다음으로, 나는 영양 섭취와 관련된 음식과 육체의 건강과의 관계, 그리고 마지막으로 운동과 육체의 건강과의 관계에 대하여 논해볼 것이다.

자연

니체는 오늘날 우리가 자연과 신과 인간에 대해 오만한 태도를 보이면서 우리 자신에게 폭력을 가하고 있다고 비판한다. 우리는 이와 관련해서 자연을 진정으로 이해하고 자기의 몸을 귀중하게 가꾸면서 새롭게 건강한 인간으로 재탄생해야 한다고 주장한다. [9] 그는 질병과 건강과 관련하여 다음과 같이 말한다. "건강과 질병은 옛날의 의사나 오늘날의 일부 임상 의사가 믿고 있는 것처럼 본질적으로 다른 것이 아니다… 사실 건강과 질병이라는 삶의 두 양식 사이에 단지 정도의 차이만 있을 뿐이다. 정상적인 현상들의 과장, 불균형, 부조화가 병적인 상태를 구성하는 것이다." [10] 니체는 질병과 그에 따르는 고통이 건강한 상태로 돌아가려는 자연의 시도라고 생각한다. 다시 말하면, 질병은 건강에 대한 자연이 보내는 내적 신호로서 이 것을 통해 우리는 자연에 역행하는 생리적 불균형이나 심리적 부조화 혹은 삶의 잘 못된 습관이나 자세를 반성하고 다시 건강을 추구하게 된다는 것이다. 그리하여 그 는 자기 자신의 건강을 회복하는 방법의 하나는 '나 자신의 자연성'을 회복하는 것 이라고 주장한다. 그에게 있어서 건강이란 다름 아닌 '자연의 도움으로' 모든 사람 이 각자 자기의 몸과 삶의 균형을 찾아가는 작업이기 때문이다. "병이란 건강에 이 르려는 서툰 시도이다. 우리는 자연이란 정신의 도움을 받아야만 한다."[11] 그는 자신 의 철학적 과제가 '인간의 자연화'에 있다고 말한다. 그에 의하면, 자연에 대한 긍정 과 삶의 본능 속에서 찾고자 한 생명력 있는 '자연인'은 커다란 건강을 지향하는 인 간이다. 그리고 이처럼 건강한 자연성을 회복하고 생명력 있는 인간의 형성을 촉진 하는 것이 '위대한 정치'이다. [12]

: 산처럼 생각하기

미국의 생태학자 앨도 레오폴드(Aldo Leopold)는 니체의 '인간의 자연화'와 거 의 같은 생각을 가지고 있다. 그는 그의 저서 『모래땅의 사계(A Sand Country Almanac)』 안에 있는 '산처럼 생각기'에서 자신이 멕시코에서 삼림감독관으로 일 하던 젊은 시절의 늑대 사냥의 경험담을 언급한다. 그 당시 그는 여느 사냥꾼들과 다름없는 사냥꾼이었다. 그는 사슴을 친구로 그리고 늑대를 적으로 생각했다.

그는 사슴을 잡아먹는 늑대를 보면 서슴없이 방아쇠를 당기곤 했다. 어느 날 그는 산 중턱에서 늑대 한 마리를 발견하고 서슴없이 총으로 쏘았다. 그는 총에 맞은 늑 대에게 다가갔다. 그는 총에 맞고 신음하며 죽어가는 늑대의 눈에서 '꺼져가는 푸 른 불꽃'을 보게 된다. 그의 눈이 죽어가고 있는 늑대의 '푸른 불꽃'과 마주치는 순 간, 그는 신음하며 죽어가는 늑대의 눈 안에 지금까지 자신이 전혀 보지 못했던 그러나 죽어가는 늑대와 그 모습을 지켜보고 있는 산은 알고 있는 그 무언가가 담겨 있다는 사실을 깨닫게 된다. [13] 그러면 인간을 포함한 모든 생명체가 어우러져 살아가는 생명의 공간인 산이 알고 있는 것은 무엇일까? 그것은 바로 '생태계 메커니즘의 붕괴'이다. 인간이 인간 중심적 생각하고서 늑대를 모두 다 소탕하면 사슴의 개체 수가 늘어날 것이다. 사슴의 수가 늘어나면 사슴의 먹이인 나뭇잎과 풀이 급격하게 감소할 것이다. 결국 모든 생명을 품고 있는 산 전체는 생태학적 균형을 잃어버릴 것이다. 그러면 생태학적 균형을 잃어버린 산에서 사는 인간은 건강한 삶을 살 수 있을까? 바로 이 지점에서 니체의 '인간의 자연화'가 요구된다. 니체가 말하는 '인간의 자연화' 그리고 '자연인'이야말로 건강한 삶의 기본적 토대이다.

: 환경 세계

이제 니체의 '인간의 자연화'와 거의 같은 의미를 담고 있는 또 다른 하나의 사례를 살펴보자. 현대 생태학의 창안자인 에스토니아의 야콥 폰 윅스퀼(Jakob von Uexkull)은 그의 저서 『동물들의 세계와 인간의 세계』에서 동물들도 인간과 마찬가지로 하나의 주체라고 선언한다. 그는 동물 주체들은 저마다 자신이 살아가는 세계와 지각적으로 그리고 행위적으로, 즉 능동적으로 관계한다는 점을 여러 가지 사례를 들어 제시한다.

그에 의하면, 각각의 동물 종은 수용기관으로서 지각기관과 실행기관으로서 운동기관을 매개로 각자 자신에게 고유한 '환경 세계(Umwelt)'를 형성한다. 그는 떡갈나무와 그 거주자들의 예를 든다. 떡갈나무는 그것을 활용하는 존재들의 서로 다른 지각적 또는 행위적 용도에 따라 각각 다른 의미를 지닌다. 나무의 뿌리 사이에 자신의 소굴을 만든 여우에게 떡갈나무는 여우와 여우 가족을 악천후로부터 보호하는 견고한 지붕의 역할을 한다. 삼림감시인에게 있어서 떡갈나무는 자신의 환경 세계에서 갖게 되는 '벌목'이라는 내포적 의지를 지니고 있다. 또한 여자아이에게 있어서 떡갈나무는 여자아이의 환경 세계에서 갖는 '위험'이란 내포적 의미가 있다. 다람쥐에게 있어서 편리한 점프대를 제공하는 수많은 잔 나뭇가지를 가진 떡갈나무는 "타고 오른다."라는 내포적 의미를 담고 있다. [14] 그러나 그는 각각의 '개별적인 환경 세계' 바깥쪽에서 모두가 각자의 방식으로 공존하는 '조화로운 환경 세계'에 대한 인식이 필요하다고 주장한다. 그에 의하면, 우리는 동물들을 상대로 선천적인 인간적 자연의 원환(圓環)을 확장할 수 있는 유리한 조건을 소유하고 있다. 물론 우리는 새로운 기관들을 창조할 수는 없다.

그러나 우리는 도구들을 활용함으로써 우리의 기관들을 증식시킬 수 있다. 우리는 지각의 도구들과 행위의 도구들을 동시에 창조했다. 우리가 행위의 도구들을 능숙하게 다룸으로써 우리 각자는 우리 자신의 환경 세계를 심화시키고 확장할 수 있다. 우리가 우리 고유의 환경 세계의 협소함에서 벗어날 수 있는 길은 오로지 "모든 환경 세계들이 여러 소리처럼 우주적인 악보의 구성에 참여한다."라는 사실을 인식할 때다. 어떻게 우리는 우리 각자의 한계에서 벗어날 수 있을까? 그것은 바로 우리가 우리의 개별적 환경 세계들 바깥에서 다른 인간들의 환경 세계들과 동물들의 환경 세계들이 이것들 모두를 포함하는 '하나의 장으로서 자연'에 뿌리를 내리고 있다는 사실을 인식하는 것이다. [15]

이와 관련해서 그는 이렇게 말한다. "꽃이 꿀벌에 대해 만들어지지 않았다면 그리고 꿀벌이 꽃에 대해 만들어지지 않았다면 결코 저들은 화합하지 못할 것이다." [16] 그가 제시한 이러한 '관계적 맥락'과 '순환의 도식' 안에서 살아가는 삶이야말로 니체가 말하는 '인간의 자연화'가 아닐까? 그리고 자연화된 인간, 즉 자연인으로 사는 삶을 살아가는 것이 건강한 삶으로 가는 가장 확실한 지름길이 아닐까?

: 생명애(生命愛, biophilia)

자연은 우리의 심신의 건강과 긴밀하게 연결되어 있다. 1980년대 이후 이처럼 '자연과 건강과의 연관성'을 강조하는 현상이 '생명애(生命愛, biophilia)'이다. 생명애란 진화생물학자 에드워드 윌슨(Edward Wilson)이 주창한 조어로 "생명 및 생명과 비슷한 과정에 관심을 가지는 인간의 타고난 성향"을 말한다. 윌슨에 따르면 "나방이 불빛에 끌리듯이" 인간은 자연에 끌린다.[17] 생명에는 사람들이 심신의 질병을 치유하는 방법으로 불가사의하게 야생에 끌리는 것이다. 불안하거나 스트레스를 받을 때, 잎이 무성한 숲길을 말없이 걷거나 바다를 바라보며 해변을 걷기만 해도 마음이 어느 정도 진정된다는 사실은 누구나 아는 상식이다. 정원에서 한 시간 정도 풀을 뽑고, 축축한 흙냄새를 맡고, 새가 지저귀는 소리를 듣고, 봄에 처음 돋아난 새싹을 보는 일도 일종의 원기회복제 같은 역할을 한다.[18]

매일 나는 아침마다 우리 집 근처에 있는 야산에 가서 등산한다. 산 입구에 약수터가 있고, 산 정상에 올랐다가 반대편 방향으로 내려오다 보면 그 장소에도 약수터가 있다. 나는 매일 이 약수터에서 한 바가지의 물을 마신다. 그것은 매일 보약 한 첩을 마시는 것과 같다. 그리고 나는 약수와 함께 아무런 의식도 없이 신선한 공기를 마시고 흙냄새를 맡고, 단단한 아스팔트가 아닌 항상 약간의 물기를 머금고 있는 부드러운 흙을 밟는다. 그리고 가끔은 약수터 옆에 있는 오래된 삼나무 숲에 설치되어 있는 해먹 위에 나의 몸을 눕히고서 선선히 불어오는 바람에 나의 몸을 맡기기도 한다. 나는 사시사철마다 피어나는 아름다운 들꽃들을 나의 사진첩에 담는다. 이 모든 자연과 함께하는 습관적 활동들이 쌓이고 쌓여서 오늘의 심신이 건강한 내가 있는 것은 아닐까?

음식

: 영양을 적절하게 고려한 음식

　자, 이제 음식과 육체의 건강 사이의 연관성이라는 주제로 다시 돌아가자. 우리가 어떤 종류의 음식을, 어떤 방식으로, 어떤 양질의 것으로 그리고 얼마만큼의 양으로 섭취하느냐에 따라서 우리의 건강에 아주 큰 영향을 미친다는 것을 모르는 사람은 아마 아무도 없을 것이다. 그만큼 육체의 건강에 있어서 음식물 섭취가 차지하는 비중은 실로 막대하다고 말할 수 있다. 그런 면에서 일생을 병약하게 살았던 니체의 '음식과 건강'에 관한 생각들은 우리에게 시사하는 바가 클 것 같다. 니체는 육체적 또는 정신적 활동 전체를 관리하는 것으로서 히포크라테스 학파의 섭생론에 영향을 받은 것처럼 보인다. 그는 히포크라테스 학파의 체액의 평형이론을 비판한다. 그러나 그는 그 학파의 섭생론을 긍정적으로 수용한다.

　그는 현대의 잘못된 섭생 습관이 현대인들의 질병을 불러온다고 주장하면서 근대의 자본주의적 삶의 태도를 비판하기도 한다. 니체는 현대인의 식습관에도 돈으로 자신의 신분을 과시하는 자본주의적 요소가 들어가 있다고 비판한다 "나쁜 식사법에 대한 반대. - 호텔에서든 사회의 상류층이 사는 어느 곳에서든 현재 사람들이 하는 식사는 엉망이다. 크게 존경받을만한 학자들이 모일 경우에조차 그들의 식탁은 은행가의 식탁과 같이 채워진다. '다량으로' 그리고 '다양하게', 이것이 규칙이다. 그 결과 요리는 인상을 주기 위해 만들어질 뿐, 영양까지 고려해 조리되지 않는다."[19] 그의 말을 유추해보면, 니체는 요리, 즉 음식 만들기에 있어서 가장 중요한 것은 건강과 가장 밀접하게 연관된 '영양을 적절하게 고려한 음식'이라고 생각했던 것 같다. 그리고 그에게 있어서 다음으로 건강과 관련하여 중요한 것은 아마도 '다량으로 그리고 다양하게'가 아닌 '적절한 양으로 그리고 적절한 가짓수로'일 것 같다.

: 적절하게, 마땅히 그래야 할 방식으로

아리스토텔레스는 음식과 연관된 '미각'의 즐거움들이 노예적이며 짐승적인 것이라고 말한다. "그런데 여타의 동물들도 동참하는 이런 종류의 즐거움들에 절제와 무절제가 관련한다. 바로 그래서 이러한 즐거움들은 노예적이며 짐승적인 것으로 보이는 것이다. 촉각과 미각이 그런 것이다. 그런데 이러한 쾌락들은 미각을 조금만 사용하거나 거의 사용하지 않는 것으로 보인다. 미각이 하는 일은 맛을 식별하는 것으로서 포도주를 감별하는 사람이나 음식을 요리하는 사람들이 바로 그 일이기 때문이다. 그러므로 그들은 이런 일에서 그의 기쁨을 느끼지 않고, 무절제한 사람도 이런 정도에서 기쁨을 느끼지 않는다. 무절제한 사람들이 기쁨을 느끼는 것은 향락이다. 그리고 이것은 모두 촉각이나 미각을 통해서, 즉 먹는 것과 마시는 것, 이른바 성애적인 것 안에서 일어난다. 이런 까닭에 어떤 진짜 미식가는 촉각이나 미각에서 즐거움을 얻는다고 생각해서 자기의 목이 학보다 길어지게 해달라고 기도하기까지 했다. 그렇다면 무절제가 관계하는 감각은 감각 중 가장 널리 공유되는 촉각이나 미각과 같은 것이다. 또한 그것은 우리가 인간인 한에서가 아니라 동물인 한에서 갖는 것이다. 그러므로, 그것들에 대한 무절제는 비난받아 마땅한 것으로 보일 것 같다."[20]

아리스토텔레스는 노예적이며 짐승적 일 수 있는 미각에 대한 절제, 즉 '중간의 방식으로서 적절성'을 그것의 치유법으로서 다음과 같이 제시한다. "절제 있는 사람은 이런 것들에 대해 '중간의 방식'으로 관계한다. 그는 무절제한 사람이 가장 즐거워하는 것들에서 즐거워하는 것이 아니라 오히려 불편해하고, 일반적으로 즐거워하지 말아야 할 것들에서 즐거워하지 않거나 그러한 것 중 어느 것에서도 과도하게 즐거워하지 않고, 즐거움이 없다고 고통스러워하지도, 욕망하지도 않거나, 설령 욕망하더라도 '적절하게' 욕망할 뿐, 마땅한 것 이상으로 욕망하지도 않고, 마땅히 욕망하지 말아야 할 때도 욕망하지 않으며, 일반적으로 이러한 여러 방식 중 어느 것에서도 욕망하지 않기 때문이다. 그러나 그는 건강에 이바지하는 모든 것이나 좋은 상태를 위해 진정 즐거움을 주는 것들을 '적절하게' 또 '마땅히 그래야 할 방식으로' 욕구하며, 이런 것들에 진정 방해가 되지 않는 다른 즐거운 것들, 혹은 고귀함을 벗어나지 않거나 자신의 힘을 넘지 않는 즐거운 것들을 욕구한다." [21]

: 서서히 일어나는 치료

어쨌든, 니체는 육체와 영혼의 질병이 위에서 언급한 잘못된 섭생과 같은 '잘못된 습관'들로부터 발생한다고 말한다. 그러므로 우리가 질병을 치유하고 건강한 삶을 유지하기 위해서는 사소한 잘못된 삶의 습관들을 교정하는 데서 출발해야만 한다고 주장한다. "서서히 일어나는 치료 – 육체의 만성적인 질병과 마찬가지로 만성적인 영혼의 질병은 육체와 영혼의 법칙을 크게 한번 침해하는 것으로만 생기는 경우는 매우 드물다. 그것은 흔히 알아채지 못한 무수하고 사소한 소홀 때문에 발생한다… 자신의 영혼을 치유하려는 사람조차 가장 사소한 습관들을 고쳐야 한다. 많은 사람이 매일 열 번씩 자기 주위의 사람들에게 악의에 가득 찬 차가운 말을 퍼부으면서도 거의 그것을 대수롭지 않게 생각한다. 특히 몇 년 후에 그는 자신이 매일 열 번 주위 사람들을 기분 나쁘게 하도록 그를 강제하는 습관의 법칙 하나를 만들어냈다는 사실을 생각하지 않는다. 그러나 그는 주위 사람들을 매일 열 번씩 기분 좋게 만드는 습관을 들일 수도 있다." [22]

결론적으로, '습관적으로' 영양을 적절하게 고려한 요리와 적절한 양으로 그리고 적절한 가짓수로 만든 음식을 섭취할 때 그리고 이에 더하여 창조적 자기표현으로서의 음식과 함께 나눌 수 있고 타자에게 선물할 수 있는 음식을 추구할 때, 우리는 그러한 음식과 더불어 더 건강하고 행복한 삶을 살 수 있지 않을까?

운동

나의 우울증 치료법 중에 가장 효과적인 것은 바로 다름 아닌 등산 또는 운동이다. 집 근처에 있는 야산에 열심히 올라가다 보면 땀이 나고 기분도 좋아지고 우울증도 사라진다. 그리고 산 정상에 있는 운동기구들을 가지고서 근력 운동을 하면 내 마음은 더욱 상쾌해진다. 그리고 산에서 내려오다가 약수터에 들러서 물 한 모금 마시고 나면 내 기분은 그야말로 최고조에 이른다. 스트레스가 있거나 우울할 때 전혀 생각나지 않은 아이디어들이 산에서 내려오는 과정에서 하나씩 하나씩 내 머릿속에 채워지기 시작한다. 나의 하루의 일과 중에 가장 행복한 시간이다. 일정 기간 약물과 운동의 우울증 개선 효과를 비교한 연구를 보면, 실험한 지 6개월이 지난 시점에서 우울증 완치율은 운동 집단이 가장 높았다. 약물 복용 집단의 완치율이 50%를 약간 넘지만, 운동 집단은 대략 90% 이상의 완치율을 보였다. [23] 이러한 실험 결과는 운동이 우울증 감소에 얼마나 큰 효과를 발휘하는지를 단적으로 보여주는 하나의 좋은 사례이다. 운동이야말로 우리의 우울증을 치유하고 행복한 감정에 이르게 하는 가장 좋은 요소 중의 하나임이 분명하다. 지금 여기에서 가벼운 운동이라도 시작하라. 그러면 행복해질 것이다.

: 건강 유지

우리가 육체적인 운동을 하는 목적은 무엇일까? 그것은 무엇보다도 '육체의 건강 유지'가 아닐까? 어느 날 몸에 이상이 생겨서 건강검진을 했는데 결과가 좋지 않게 나왔다고 가정해보자. 그 순간 우리가 곧바로 가장 먼저 생각하는 것이 무엇일까? 그것은 바로 '운동'인 것 같다. 내가 먹기는 잘 먹는 데 전혀 혹은 거의 운동하지 않고 살아서 이렇게 건강이 무너졌다고 생각할 것이다. 사람들은 일반적으로 "내가 나의 건강에 관해서 책임을 져야 했는데 내 건강 유지를 위해서 필연적인 '건강의 의무'를 다하지 못했다."라고 자책할 것이다. 이런 경우에 자책 이외에 '비난받음'이 있다. 아리스토텔레스는 육체의 질병 또는 허약함으로 인해 볼품없는 사람이 되면 다른 사람들로부터 자기의 몸을 돌보지 못한 것에 대해 비난을 받을 것이라고 말한다. "어떤 사람들의 경우에는 영혼의 악덕뿐만 아니라 신체의 그것까지도 자발적이다. 우리는 이 사람들 또한 비난한다. 본래 볼품없는 사람은 누구도 비난하지 않지만, 운동하지 않고 돌보지 않아서 볼품없는 사람은 비난하니까. 허약함이나 불구에 관련해서도 마찬가지이다. 어떤 사람도 본성적으로 눈이 먼 사람이나 병 혹은 부상 때문에 눈이 먼 사람을 비난하지는 않을 것이며 오히려 그를 가련히 여길 것이지만, 폭음이나 그 밖의 다른 무절제로 인해 눈이 멀게 된 사람은 누구나 비난할 것이기 때문이다." [24] 소크라테스는 만일 몸이 건강하지 못하면 그 사람의 이성과 감정 그리고 의지와 욕구 등 인간의 모든 영역에 지대한 피해를 줄 수 있으므로 몸을 최선의 상태로 유지하는 것이 중요하다고 역설하기도 한다. "다른 어떤 경쟁 혹은 어떤 행위에서도 몸을 더 나은 상태로 준비하여 손해 보는 때는 없네. 사람들이 행하는 모든 일에는 몸이 유용하니까. 또한 몸을 사용하는 모든 경우에, 몸을 최선의 상태로 유지하는 일은 특별히 중요하다네. 자네가 보기에 생각하는 일 – 즉 몸을 가장 덜 쓴다고 여겨지는 분야에서도 – 몸이 건강하지 않기 때문에 많은 사람이 실족한다는 것을 누가 모르겠는가? 또한 몸 상태가 나빠서 기억상실과 낙심, 까탈스러움, 광기가 종종 많은 사람의 사고에 생겨나서 올바른 지식을 몰아내기까지 하지." [25] 플라톤도 운동의 목적이 영혼과 육체의 조화와 균형을 이루어 '건강을 유지하는 것'이라고 말한다. 특히 건강한 영혼을 위해서 힘쓰는 사람들일수록 운동을 통하여 건강한 육체를 유지하는 데에도 최선을 다해야 한다고 역설한다. "사실상 유일한 구제책이란 몸을 도외시하고 혼만 움직이게 한다거나, 혼은 도외시하고 몸만 움직이게 한다거나 하지 않는 것이지요. 이는 양자가 서로 견제함으로써 균형을 맞추고 건강을 유지하도록 하기 위함입니다. 그런 식으로 수학자라든가 또는 추론 활동을 통해서 다른 분야를 탐구하는데 열심인 사람들은 체육을 가까이함으로써 몸에 대해서도 운동을 제공해주어야 합니다." [26]

: 체력 단련

자, 여기까지 다시 한번 정리해보자. 우리가 육체적 운동을 하는 목적은 무엇이었나? 그것은 바로 '건강 유지'이다. 또 다른 목적이 있을 수 있다. 그중의 하나가 바로 운동을 통하여 체력을 단련하고 특정 운동 종목의 기술을 연마하여 올림픽 대회와 같은 각종 경기대회에 출전하는 것이다. 고대의 에픽테토스는 이와 관련해서 다음과 같이 언급한다. "너는 올림피아 경기에서 승리하기를 바라는가? 신께 맹세코 나도 그렇다. 너는 잘 훈련해야만 하고, 먹는 것을 조절해야만 하고, 맛난 것도 삼가야만 하고, 더울 때나 추울 때나 정해진 시간에는 억지로 훈련해야만 한다. 마시고 싶다고 해서 찬물이나 포도주를 마셔서도 안 된다. 바로 말해서 훈련 교관이 마치 너의 의사인 것처럼 너 자신을 그에게 맡겨야만 한다. 그런 다음 경기에 들어가야만 한다. 때때로 너는 손이 내팽개쳐져야만 하고, 발목이 비틀려야만 하고, 많은 모래를 먹어야 한다." [27] 고대 그리스에서 올림피아 경기에서 승리를 목표로 삼고서 운동을 했던 운동선수들은 그럴 수밖에 없는 불가피한 면이 있을 것이다. 그들에게 있어서 운동이란 하나의 고된 노동이었을 것이다. 일정한 기간에 체중감량 또는 고난도의 기술 연마 등의 명확한 과제를 주고 주어진 프로그램을 따라 모든 훈련과정을 소화해내야만 한다.

어느 날 소크라테스는 소피스트였던 안티폰과 대화 중에 운동의 목적으로서 '유용성'과 관련해서 다음과 같이 말한다. "천성적으로 몸이 약한 사람들이라도 운동을 하면, 천성적으로 아주 세지만 운동을 안 하는 사람들보다 운동하는 데 있어 더 강해지고 체력 단련도 더 쉽게 참을 수 있게 된다는 사실을 당신은 알지 못하나요? 그렇다면 내 몸에 닥치는 것을 인내하려고 늘 연마하는 내가 연마하지 않는 당신보다 모든 것들을 더 쉽게 참으리라는 것을 당신은 알지 못하나요?"[28]

소크라테스는 날마다 운동을 통하여 체력을 단련하는 사람이 더 행복할 뿐만 아니라 전쟁과 같은 상황에서도 친구와 국가에 도움이 될 것으로 생각했다. 알키비아데스는 소크라테스와 함께 델리온 전투에 참여한 적이 있었다. 그는 그 당시 아테네 군이 천여 명의 보병이 사망하고 퇴각하는 순간에서도 건장한 소크라테스가 용기와 의연함을 잊지 않았다고 증언하기도 했다. 아리스토텔레스도 체력 단련을 위해서 몸에 기름을 바르는 시간이 될 때까지 제자들과 함께 리케이온을 거닐면서 철학적 대화를 나누었다고 한다. 그래서 그들을 산책로를 뜻하는 페리파토스, 즉 소요학파라고 부른다. 그들은 이른 새벽부터 산책로 주변을 거닐면서 먼저 철학적 담론을 통하여 철학을 단련했다. 이어서 그들은 몸을 단련하기 위해서 다양한 운동을 했던 것으로 전해진다. 그리하여 아리스토텔레스의 제자 중에서 리콘이라는 제자는 권투를 즐겨 해서 항상 그의 귀가 찢어져 있을 정도였을 뿐만 아니라 레슬링 선수로도 활약했다고 알려져 있다.

: 그냥 좋아서 운동할 때 가장 행복하지 않을까?

자, 이제 많은 사람이 질병의 치유와 건강회복을 위해서 작심하고서 운동을 시작했다가 작심삼일로 운동을 포기해버리는 이유가 무엇인지를 생각해보자. 여러 가지 이유가 있겠지만 아마도 운동을 운동 그 자체로서 '그냥 좋아서' 또는 '그냥 즐거워서' 하는 것이 아니라 건강 유지를 위한 목적, 즉 내 신체는 내가 책임져야만 한다는 의무감 또는 책임감으로 접근하기 때문인 것 같다. 우리가 그 자체로서 그냥 좋아서 하는 운동은 하나의 '놀이'로서의 운동이다. 그러나 의무감 또는 책임감으로만 접근하는 운동은 이제 운동이 아니라 하나의 노동이 되어버린다. 그러므로 우리는 '건강 유지'라는 운동의 목적을 잠시 내려놓고서 운동을 그 자체로 좋아서 해보는 것은 어떨까? 네덜란드의 철학자 요한 하위징아(Johan Huizinga)는 그의 저서 『호모 루덴스』에서 놀이를 다음과 같이 설명한다. "놀이는 그 자체로서 만족감을 얻는 일시적 행위이며 그것으로 놀이의 소임은 끝난다." [29] 라고 말한다. 비록 우리는 "지속적인 운동을 통해서 육체가 건강해야 행복한 삶을 살 수 있다."라는 목적의식을 가지고서 운동을 시작했을지라도, 그 자체로서 운동을 즐기는 과정에서 육체의 건강도 그리고 정신건강도 자연스럽게 따라오지 않겠는가? 묻지도 따지지도 않고 '그냥 좋아서 하는 운동'이 우리를 가장 행복한 삶으로 인도할 것이다.

후속활동 프로그램

1. 나만의 건강 비법 소개하기

2. 내가 좋아하는 운동 소개하기

3. 나의 건강을 위한 섭생(음식) 등을 소개하기

4. 건강을 위한 자연과의 교감 등을 소개하기

   - 나를 건강하고 행복하게 해주는 동물 또는 식물, 편백나무 숲 체험 등의 자연 친화적 활동을 소개하기

5. 다양한 '꽃' 사진찍기

인간관계

04

인간관계

: 지혜는 유치원의 모래성에 있었다.

수년 동안 행복론 수업의 진행 과정에서 여러 가지 분야와 주제 중에서 학생들이 가장 적극적으로 관심을 가지고서 참여하는 분야와 주제가 있었다. 행복론과 관련된 분야로서는 다름 아닌 '인간관계'였고 주제로서는 '사랑', 특히 '가족 간의 사랑'임을 알 수 있었다. 수업에 참여한 학생들은 인간관계 또는 사랑에 관한 철학적 지식에도 물론 관심이 있었다. 그러나 그보다 훨씬 더 많은 관심을 가지고서 적극적으로 참여한 수업 과정은 바로 '특별활동 프로그램'이었다. 그들은 처음에는 강의 주제에 따라 주어진 특별활동 프로그램을 받아보고서 대부분 의아해하는 분위기였다. 맨 처음에 학생들은 자기에게 주어진 과제가 언뜻 보기에는 '초보 수준'에 불과한 것들이라면서 불만을 표현했다. 그때마다 나는 조용히 세계적인 에세이스트인 로버트 풀검(Robert Fulghum)의 저서 『내가 정말 알아야 할 모든 것은 유치원에서 배웠다』에 나오는 한 문장을 소개했다.

"그때 나는 의미 있는 삶을 사는 데 꼭 필요한 것을 내가 이미 알고 있음을 깨달았다. 그게 그리 복잡하지 않다는 것도. 나는 알고 있다. 이미 오랫동안 알고 있었다. 그러나 아는 것과 아는 대로 사는 것은 또 다른 문제다. 이제 나의 신조를 소개한다. 어떻게 살 것인지, 무엇을 할 것인지, 어떤 사람이 될 것인지에 대해 내가 정말 알아야 할 모든 것을 나는 유치원에서 배웠다. 지혜는 대학원의 상아탑 꼭대기에 있지 않았다. 유치원의 모래성 속에 있었다."[1] 맞는 말이다. 아는 것과 아는 대로 사는 것은 또 다른 문제다. 중요한 것은 아는 바대로 실천하는 것이다. 울리지 않는 종은 종이 아니듯 실천을 통해 누리지 못하는 행복은 행복이 아니다. 이 말은 인간관계를 통한 행복에 가장 어울리는 말이기도 하다.

8. 감사와 겸손

: 보충적인 덕, 감사와 겸손

로스(W. D. Ross)는 아리스토텔레스의 '포부가 큰 사람'에 대하여 다음과 같이 언급하고 있다. "여기에 묘사된 것 중에서 감탄할 만한 특성들이 있다. 그러나 대체로 그러한 묘사는 불쾌한 것들이다. 그 구절은 단순히 아리스토텔레스 윤리학의 나쁜 측면인 자아도취를 다소 적나라하게 나타내고 있다."[2] 그러면 아리스토텔레스의 탁월성 중에서 '포부가 큰 것'에 대한 표현 중에서 어떤 부분이 로스가 언급한 바와 같이 '불쾌한 것들'일까? 이에 관한 일반적인 대답은 아마도 포부가 큰 사람의 자기 자신에 대한 우월의식과 다른 사람들에 대한 경멸, 그리고 배은망덕을 표현하고 있는 것처럼 보이는 아리스토텔레스의 『니코마코스 윤리학』 제4권 제4장 안에 있는 1124b5-1124b18일 것이다. 아리스토텔레스에 의하면, '포부가 큰 사람'은 참되게 판단하기 때문에 정당하게 다른 사람들을 낮추어 보는 것이지만, 다중들은 근거도 없이 되는 대로 그러는 것이다. 또한 그는 잘 베푸는 사람이기 때문에, 선행을 받고는 부끄러워한다. 잘 베푼다는 것은 능가하는 사람이 하는 일인 반면에, 선행을 받는다는 것은 능가 당하는 사람이 하는 일이기 때문이다. 또한 그에 의하면, 그들은 잘 베풀어 준 일들을 기억하지만, 자신들이 받은 것들을 기억하지 못하는 것으로 보인다. 선행을 잘 받은 사람은 잘해 준 사람보다 못한데, 그들은 능가하기를 원하기 때문이다. 계속해서 아리스토텔레스에 의하면, 그들이 잘해준 일은 즐겁게 듣지만, 잘 받은 일은 듣기에 거북해한다. 그리하여 그는 누구의 도움을 요청하지 않거나 혹은 거의 아무에게도 도움을 요청하지 않지만, 기꺼이 남들을 도와주는 것이 포부가 큰 사람이 하는 일이라고 말한다. 3

비록 아리스토텔레스가 『니코마코스 윤리학』 제9권의 여기저기에서 친애의 맥락 안에서의 '감사'에 대하여 부분적으로 언급하고 있을지라도, 그는 『니코마코스 윤리학』 안에서 감사를 도덕적 탁월성 중의 하나로서 간주하고 있지 않은 것을 볼 수 있다. 그러나 아리스토텔레스는 그 밖의 다른 곳에서 부분적으로 '감사'에 대한 언급을 하고 있다. 예를 들면, 아리스토텔레스의 『수사학』 안에서의 예외적인 탁월성들, 달리 말하면 법에 의해서 요구되는 것을 넘어서 있는 것들을 논하면서 아리스토텔레스는 "우리에게 은혜를 베푼 사람들에 대해 감사 또는 보답, 우리의 친구들을 도울 준비, 그리고 그와 같은 것들"[1374a25] 그리고 "우리가 명예를 훼손당하는 것보다 오히려 받은바 은혜를 기억하라."[1347b1–1347b17]라고 언급하고 있는 것을 볼 수 있다.

그러면, 토마스 아퀴나스는 아리스토텔레스의 '포부가 큰 것'이라는 탁월성에 분명하게 묘사된 이러한 '불쾌한 것들', 즉 포부가 큰 사람의 자기 자신에 대한 우월의식과 다른 사람들에 대한 경멸 그리고 배은망덕의 문제를 어떻게 해결했을까? 호너(David A. Horner)와 할로웨이(Carson Holloway)는 토마스 아퀴나스가 아리스토텔레스의 포부가 큰 것에다가 기독교의 덕으로서 '감사'와 '겸손'을 보충함으로써 이러한 문제를 해결했다고 말한다. 그들은 만일 그것들 자체의 적절한 표현들과 영역들 안에서 구별되고 적절하게 이해될 수만 있다면 그것들은 최소한 유대교 또는 기독교를 믿는 사람들 안에서 재통합될 수 있다고 주장한다. 또한 그들은 토마스 아퀴나스가 아리스토텔레스의 포부가 큰 것과 기독교의 겸손과 감사는 '대립하는 덕'이라기보다는 오히려 '보충적인 덕들'이라고 주장하는 것에 대하여 적극적으로 동조한다. 그들은 하나는 다른 하나에 단순하게 더해져서 인간의 삶과 윤리적 탁월성이 더 잘 균형 잡히고 더욱더 완전한 상태로 된다고 말한다. [4]

토마스 아퀴나스는 아리스토텔레스의 '포부가 큰 것' 안에 함유된 것처럼 보이는 '배은망덕'이라는 '부적절한 교만'을 제거한다. "'감사한 마음'이라는 빚(debt)은 '사랑의 빚을 진 것'으로부터 흘러나온다. 그리고 그 어떤 사람이라도 그 어떤 상황에서라도 사랑의 빚으로부터 면제되기를 바라서는 결코 안 된다. 그리하여 어떤 사람이 '마지못해서' 이러한 사랑의 빚을 갚아야 할 의무가 있다고 생각하는 것은 그에게 호의를 베푼 사람에 대한 '사랑의 결핍'으로부터 발생하는 것처럼 보인다." [5]

또한 토마스 아퀴나스는 아리스토텔레스의 '포부가 큰 것'에다가 '겸손'이라는 기독교의 덕을 부가함으로써 아리스토텔레스의 묘사에서 요구되는 하나의 균형을 제공해준다. [6] "인간은 두 가지 방식 안에서 겸손에 도달할 수 있다. 하나는 가장 중요한 것으로서 '은총의 선물'에 의해서 겸손에 이르게 된다. 그리고 이런 방식 안에서 내적 인간은 외적 인간을 능가하게 된다. 또 다른 하나는 '인간의 노력'에 의한 것이다." [7]

: 가족 치유는 감사로부터!

TSL 치료, 즉 Thank-Sorry-Love 치료는 연세대학교 가족 복지팀이 1997년과 199년에 전국가정폭력 실태조사와 가정폭력 가해자 및 피해자 치료프로그램으로 개발하여 실시한 가족 치료요법이다. 아내와의 관계를 회복하기 위해서는 먼저 가해자인 남편들이 자기의 행동에 대해 잘못을 인정하고, 미안하다고 사과하고, 그것을 상대방이 느낄 수 있도록 표현하며, 그런 행동을 지속해서 보여주어야 한다. 그래서 "미안합니다, 사랑합니다, 고맙습니다"를 인정하고 표현하게 하는 '미사고 치료'를 설계했다. 미사고 치료는 이들 세 단어의 앞자리 글자를 의미할 뿐만 아니라 '미사고(美思考)', 즉 '아름다운 생각'이라는 의미로 가족관계를 개선하기 위한 아름다운 생각 세 가지를 의미했다. [8] 하지만 미사고 치료를 실행한 결과 첫 단계인 "미안합니다."에서부터 남편들이 표현하는 것을 거북스러워했다. 왜냐하면 남편들 대부분이 자신이 잘못한 행동에 대해 미안하기는 하지만 그 자신도 아내나 가족들에 대해 많은 섭섭함과 억울함을 가지고 있기 때문이었다. 예를 들면 가시적인 혹은 비가시적 폭력을 행사한 남편이 아내와의 관계 개선을 바라고 있을지라도 그들 역시 아내나 가족들로 인한 깊은 상처들 때문에 양자 사이의 관계가 잘 회복되지 않았다. 이들은 자신들이 당한 것을 보상받기 전에 '미안하다'라는 말을 먼저 한다는 것이 너무 억울하다고 생각했다. 이런 이유로 '미사고' 치료는 잘 적용되지 않는 것처럼 보였다. 연구팀이 그들의 특성을 분석해본 결과, 현재 배우자에 대해 '고마워하는 마음'을 가진 사람들이 '미안하다'라는 표현을 빨리하기 시작하고 관계 개선을 위해 더 노력한다는 사실을 발견했다. '미안하다'라는 말보다는 먼저 '고맙다'라는 고백을 했을 때 상대방의 마음이 열리고 변화된다는 것을 알게 된 것이다. 그들은 이러한 점에 착안하여 '고미사'의 순서로 치료 방법을 바꾸었다. 'TSL(고미사)'치료, 즉 'Thank(고맙습니다)', 'Sorry(미안합니다)', 'Love(사랑합니다)'라는 인간관계 치료요법이 정립된 것이다. [9]

TSL 인간관계 치료의 기본개념은 집과 유사하다. 집에서의 기초공사와 골격은 '고맙습니다'이다. 집의 기초가 없고 골격이 부실하면 집을 제대로 건축할 수 없듯이 '고맙다'라는 표현이 없다면 건강한 인간관계가 성립될 수 없다. 집에서의 '창문'은 '미안합니다'라는 표현이다. 창문은 더럽혀진 공기를 안에서 밖으로 내보내면서 동시에 신선한 공기를 밖에서 집 안으로 들어오게 하는 통로 역할을 한다. 이와 마찬가지로 '미안합니다'라는 표현은 양자 사이의 악화한 감정들을 정화하는 역할을 한다. 마지막으로 집에 있어서 '지붕'은 '사랑합니다.'이다. 지붕은 집의 형태를 완성하고 집 전체를 덮어줌으로써 가족들에게 안락함을 제공한다. 이와 마찬가지로 인간관계에 포근함 또는 안락함을 제공해주는 것이 바로 '사랑한다'라는 표현이다. '고맙습니다', '미안합니다', '사랑합니다', 이 세 가지의 단어가 모두 모두 있어야만 진정으로 아름답고 행복한 가정이 될 수 있다. 집도 단번에 지을 수 없는 것처럼 TSL 인간관계 치료도 많은 시간과 인내와 노력이 필요하다. [10]

여기에서 특히 "사랑합니다"라는 것은 무엇을 의미할까? 그것은 단순히 "사랑한다"라는 감정 표현 정도를 넘어선 것임에 틀림없다. 상대방에게 사랑한다고 표현하는 것은 다름 아닌 내가 사랑하는 당신을 위해서 구체적으로 어떤 희생이나 대가를 지불하겠다는 강력한 의지의 표현이기도 하다.

감사의 유익

영어의 'Thank(감사하다)'라는 단어는 'Think(생각한다)'로부터 나온 것이라고 한다. 우리가 아무런 생각 없이 살다 보면 모든 일에 감사보다는 원망과 불평에 빠지기 쉬운 것 같다. 그러나 그 어떤 힘든 상황 속에서도 심도 있게 생각해보면 그래도 감사할 일이 아직도 많이 남아 있음을 발견한다. 이에 관한 짧은 일화가 있다. 프랭클린 루스벨트(Franklin Roosevelt) 전 미국 대통령이 기거하는 자택에 도둑이 들어서 귀중한 물품들을 몰래 훔쳐 갔다. 이 소식을 들은 루스벨트의 친구가 위로의 편지를 보냈다. 이에 루스벨트는 다음과 같은 회신을 보냈다고 한다. "위로의 편지를 보내줘서 감사하네. 난 아무렇지도 않으니 걱정하지 마소. 천천히 잘 생각해보게. 도둑이 훔쳐 간 것은 내 물품이지 내 목숨이 아니잖나? 도둑이 가져간 것은 내 일부이지 내 전부가 아니잖나? 그리고 가장 감사한 것은 내 물품을 훔쳐 간 것은 도둑이지 내가 아니라는 사실일세." 이런 일을 당하자마자 '감사'라는 단어를 떠올릴 사람이 어디 있겠는가? 정상적인 사람이라면 아마도 먼저 그 도둑에 대한 '미움 또는 증오'가 치밀어오를 것이다. 그러나 '천천히 잘 생각해보면' 미움과 증오는 서서히 사라지고 '그런데도 감사하는 마음'이 생기지 않겠는가? 그러면 감사의 유익에는 어떤 것들이 있을까?

: 시련 극복

첫째, 모든 일에 감사하면 온갖 시련을 극복할 수 있는 능력이 생겨난다. 이와 관련된 다음과 같은 이야기가 있다. 어떤 사업가가 젊었을 때 사업에 실패하여 무일푼이 되었다. 그때 그 사업가는 이렇게 생각했다. "아직도 나에게 감사할 만한 일들이 남아 있을까?" 그는 극단적으로 절망적인 상황 속에서 아직도 자기에게 남아 있는 감사할 만한 일들을 생각나는 대로 '감사 목록'을 적어보았다.

"아직도 사랑하는 내 가족들이 내 곁에 남아 있어서 감사하고, 아직도 나와 내 가족이 건강하니 감사하고, 아직도 나와 내 가족들이 누워 잘 수 있는 집과 입을 수 있는 옷들이 남아 있어서 감사하고…" 그렇게 감사할만한 일들을 하나씩 하나씩 적다 보니 어느새 종이 한 장을 가득 채웠다. 그리고 아직도 나에게 남아 있는 수많은 것을 보고 있노라니 가슴 속에서 다시 새로운 희망이 꿈틀거리기 시작했다.

그는 아직도 남아 있는 것들로 말미암아 그가 겪고 있는 시련을 극복할 수 있는 용기를 얻게 되었다. 여러분도 한 번 '감사 목록'을 작성해보라. 아직도 내 삶에 감사 제목들이 무수히 남아 있음을 발견하게 될 것이다.

: 인격적 가치 상승

　둘째, 모든 일에 감사하면 나의 인격적 가치가 올라간다. 영어에서 '감사'를 뜻하는 단어 'appreciate'는 두 가지의 의미가 있다. 하나는 '감사하다'이고, 또 다른 하나는 '가치가 오른다'이다. 이러한 두 가지의 의미를 하나로 합치면 어떤 뜻이 될까? 그것은 바로 "내가 다른 사람에게 감사를 표현하면 나의 가치가 올라간다."라는 의미를 담고 있다. 그러므로 우리가 타자에 대하여 감사를 넘치게 하면 할수록 나의 인격적 가치가 더욱 올라갈 것이다. 만일 내가 어떤 일이든 감사함으로 참여하면 어찌하여 내가 감사하는 것에 대하여 비방을 받겠는가? 어떤 일이든 불평과 원망을 하는 사람은 비난받을 수밖에 없다. 그 누구든 불평과 원망의 소리를 즐겨 듣는 사람은 없다. 그런 사람은 어디를 가도 환영받지 못한다.

　그러나 어떤 일이든 감사하는 사람은 존귀하게 여김을 받는다. 그 사람의 가치가 상승한다. 그렇게 될 때 자기 자신의 자존감도 높아질 수 있다. 자존감이 높은 사람은 감사가 넘치는 사람이다. 그러나 자존감이 낮은 사람은 원망과 불평이 넘치는 사람이다. 이와 반대로, 감사가 넘치면 자존감이 높아질 수 있다. 그러나 내 삶이 원망과 불평으로 가득 차 있으면 나의 자존감은 낮아질 수밖에 없다. 자존감이 낮은 사람일수록 '자존심'만 센 법이다. 아직도 내 알량한 자존심 때문에 타자에게 감사를 표현하기 어려운가? 그러면 우선 내 방으로 들어가서 조용히 '상대방의 장점 10가지' 또는 '상대방이 자랑스러운 이유 10가지'를 적어보라. 그러면 그 사람에 대한 원망과 불평은 사라지고 그 사람으로 인하여 오히려 나의 감사의 제목이 더욱 풍성해져 있을 것이다.

: 원만한 인간관계

셋째, 모든 일에 감사하면 우리에게 주어진 상황이 긍정적이든 부정적이든 종국적으로는 원만한 인간관계를 유지할 수 있다. 그러므로 내가 그 어떤 일이든 감사함으로 받으면 버릴 것이 없다. 내가 아무리 열악한 상황 속에서도 한마디의 말로서 또는 단 한 번만이라도 내 몸으로 허리를 숙여 감사 제목을 찾아 감사를 표현해보자. 그러면 나와 함께 힘든 시기를 보내고 있는 사람들도 원망과 불평의 마음에서 감사의 마음으로 전환될 것이다. 아무리 열악한 상황에 있을지라도 내가 먼저 감사를 표현하면 타자와의 인간관계는 절대로 악화하지 않을 것이다. 감사는 나와 타자를 하나로 만들어주는 기적의 접착제와 같다. 타자와의 인간관계가 최악의 상황인가? 그러면 그 사람에게 억지로라도 감사의 제목들을 찾아서 '감사 편지' 또는 '상대방으로 인하여 감사한 이유 20가지'를 써서 건네줘 보라. 그러면 아마도 두 사람 사이의 인간관계에 기적과도 같은 일들이 반드시 일어날 것이다.

: 자족하는 마음

넷째, 모든 일에 감사하면 '탐욕의 마음'에서 '자족(自足)하는 마음'으로 변화된다. 모든 일에 감사하면서 사는 것은 어떠한 형편에든지 자족하기를 배워나가는 과정이다. 어떤 주어진 환경에서 원망하고 불평한다는 것은 아직도 내 마음으로 '탐욕'으로 가득 차 있다는 증거이다. 우리의 마음이 탐욕으로 가득 차 있는 한, 우리는 결코 행복해질 수 없다. 왜냐하면 탐욕은 또 다른 탐욕을 부르고 끝없는 탐욕은 우리를 영원히 불만족 상태로 남겨둘 것이기 때문이다. 나는 어떤 이유로 인해 원망하고 불평하는가? '원망과 불평 목록'을 종이에 적어보라. 그리고 그것이 객관적으로 그리고 정당하게 원망과 불평의 요소인지를 심사숙고해서 점검해보라. 그러면 아마도 원망과 불평의 목록에서 슬그머니 지워버리고 싶은 목록들을 발견하게 될 것이다. 그리고 지우지 않고 여전히 남아 있는 원망과 불평 목록을 감사 목록으로 바꿀 수 있는 적절한 대안은 없는지 숙고해보라. 그러면 만일 내가 건강한 이성을 가지고 있다면, 아마도 반드시 적절한 대안이 떠오를 것이다. 그리고 내 마음속에 떠오르는 구체적인 대안들을 하나씩 적어보라. 그러면 어쩌면 그 목록에는 단 하나의 불평과 원망도 남아 있지 않을 수도 있다. 이제부터 작은 일에도 감사하면서 살아가라. 그러면 우리 안에 있는 탐욕은 줄어들면서 나도 모르게 자족하는 마음으로 변화될 것이다. 자족할 줄 아는 삶이 곧 행복한 삶으로의 초대가 아닐까?

: 감사의 선순환 구조

다섯째, 모든 일에 감사하면 나와 타자가 함께 행복해진다. 나의 감사가 타자의 감사로 이어진다. 감사의 선순환 구조가 형성되는 것이다. 그러나 불평하면 나와 타자가 다 함께 불행해진다. 나의 불평이 타자의 불평으로 이어진다. 불평의 악순환 구조가 형성되는 것이다. 세계적인 극작가 오스카 와일드는 감사와 행복과의 관련성에 관하여 다음과 같이 말했다. "나는 음악회나 오페라 극장에 가기 전에, 연극이나 마임을 보기 전에, 길을 걷기 전에, 춤을 추기 전에, 만년필에 잉크를 넣기 전에 감사하는 마음을 가진다. 감사는 우리를 행복하게 만들 수 있는 가장 간단한 방법이다." [11] 옛말에 "근주자적 근묵자흑(近朱者赤 , 近墨者黑)"이라는 고사성어가 있다. 이 말은 "먹을 가까이하는 사람은 검어지고 붉은 것을 가까이하는 사람은 붉어지니라."라는 의미이다. 여기에서 검은색은 악한 사람을 뜻하고, 붉은색은 착한 사람을 뜻한다. 그러므로 이러한 고사성어는 "사람은 늘 가까이하는 사람에 따라 그 영향을 받아서 변하는 것이니 조심하라."라는 교훈을 담고 있다. 매일 눈만 뜨면 원망과 불평을 늘어놓는 사람은 절대로 만나지 말라. 그 대신에 오스카 와일드와 같이 항상 모든 일에 감사하는 마음으로 살아가는 사람을 만나라. 그러면 당신도 감사의 마음을 가지고 살아가는 행복한 사람으로 변화될 것이다. 그리고 감사한 마음으로 살아가는 나로 인하여 그 누군가도 감사할 줄 아는 사람, 그리하여 행복한 사람으로 변화되는 선순환 구조를 만들 수 있지 않을까? 내 삶 속에서 '감사의 롤모델(role model)'을 찾아보라. 누가 내 삶의 감사의 롤모델인지를 적어 보라. 그리고 그 사람이 왜 나의 마음에 '감사의 롤모델'로 떠올랐는지 그 이유를 적어 보라. 그리고 그 사람을 가까이하라. 그 사람의 감사의 삶을 닮아가라. 그리고 매일 감사의 롤모델을 바라보며 그리고 오늘 하루의 내 삶을 뒤돌아보면서 '감사일기'를 써보라. 내 삶이 더욱 확연하게 행복한 삶으로 변화되어 있을 것이다.

감사는 표현이다.

"울리지 않는 종은 종이 아니듯 표현하지 않는 사랑은 사랑이 아니다."라는 말이 있다. 감사도 예외가 아니다. 울리지 않는 종은 종이 아니고 표현하지 않는 사랑은 사랑이 아니듯이, 표현하지 않는 감사도 결코 감사라고 말할 수 없다. '감사'는 한자어로 '感謝'이다. 이러한 한자어를 풀어보면 "'감사'라는 것은 '느끼는 것(感)'으로만 끝나지 않고 단 한마디(寸) 말로라도 그리고 단 한 번의 몸(身)으로라도 감사를 표현해야 한다."라는 의미를 담고 있다. TV 드라마 '상속자들'의 'OST Part 8'에는 가수 박정현이 부른 '마음으로만'이라는 곡이 수록되어 있다. 이 곡은 마음으로는 연인을 사랑하지만, 그 사랑을 제대로 표현할 수 없는 상황에 있는 한 사람의 애달픈 심정을 다음과 같이 노래하고 있다.

환하게 웃어요 난 걱정하지 마요
난 지금도 이렇게 웃잖아요

난 못 잊을 테니까

나만 기억하면 되니까

잊지 않을게요 웃어봐요

환하게 웃어요 난 감사할 뿐이죠

그대와의 추억이 있잖아요

꼭 숨겨두었다가 혼자

꺼내 보면 되니까

보고플 땐 힘이 될 거예요

마음으로만 난 그댈 훔치고

마음으로만 난 그댈 안을게요

그것으로 돼요 나 때문에

아프지 마요

눈길만 부딪쳐도 난 눈물 나요

시간이 쌓이고 사랑도 길어지면

미울 때 있을 텐데 다행이죠

다정했던 그대만 나를 안아주던

그날만

난 기억 할 테니 좋잖아요

마음으로만 난 그댈 훔치고

마음으로만 난 그댈 안을게요

그것으로 돼요 나 때문에

아프지 마요

눈길만 부딪쳐도 난 눈물 나요

혹시 우연처럼 또 마주친대도
모른 척 나를 지나쳐가세요
심장이 찢어지듯 가슴은 울겠지만
스치듯 잠시 그댈 볼 수 있게
마음으로만 난 그댈 탐내고
마음으로만 난 입 맞추면 돼요
미안하지 마요 어차피
다 내 몫인걸요
사랑해도 미안해도 난 같아요

  사랑하는 사람이 있을지라도 그 사랑을 표현할 수 없는 상황 때문에 그저 그 사랑을 마음으로만 담고 살 수밖에 없는 심정을 "심장이 찢어지듯 가슴은 울겠지만"이라고 표현한다. 열렬하게 사랑하는 사람에게 "마음으로만 난 그 댈 훔치고 마음으로만 난 그댈 안을게요. 마음으로만 난 그댈 탐내고 마음으로만 난 입 맞추면 돼요. 그것으로 돼요. 나 때문에 아프지 마요. 눈길만 부딪쳐도 난 눈물 나요."라고 고백할 수밖에 없는 연인의 심정을 헤아린다면 사랑을 표현할 수 있다는 것이 얼마나 큰 축복인지를 새삼 깨닫게 될 것이다. 우리가 사는 이 세상에서 내가 감사를 아무리 넘치게 표현한다고 해서 나를 비난할 사람은 아무도 없는 것 같다. 우리는 마음껏 표현의 자유를 누리며 살 수 있는 세상에서 살고 있다. 우리는 이 세상에서 그 누구에게나 사랑을 표현할 수 없다. 사랑의 표현은 극히 제한적일 수밖에 없다. 함부로 사랑을 표현했다가는 큰일 날 수도 있다. 이상한 사람으로 취급당할 수도 있다.
  그러나 감사의 표현은 사랑보다는 그리 제한적이지 않다. 누구에게나 감사의 표현은 열려 있다. 여성에게도 남성에게도 제한이 없다. 남녀노소에게도 제한이 없다. 지인이든 지인이 아니든 상관없다. 가난한 사람이든 부한 사람이든 아무런 제한이 없다. 그 누구에게라도 감사를 표현한다고 해서 뭐라 할 사람은 아무도 없다. 내가 그 어떤 일이든 또는 그 어떤 사람이든 감사함으로 참여하면 내가 감사하는 것에 대하여 칭찬을 받을지언정 비난받지는 않는다. 그러므로 감사함을 넘치게 표현해 보자. 감사함을 느꼈다면 단 한마디의 말로라도, 단 한 번의 몸짓으로라도 감사를 표현함으로 답례해보자. 감사를 표현하면 할수록 나와 우리 그리고 이 세상 모든 사람은 더욱 행복해질 것이다.

겸손

: 포부가 큰 것 vs 겸손

앞서 서두에서 언급한 바와 같이, 로스(W. D. Ross)는 아리스토텔레스의 탁월성 중 하나로서 '포부가 큰 것'에 대한 표현 중에서 『니코마코스 윤리학』 4권 4장 1124b5-1124b18 안에 있는 내용, 즉 아마도 포부가 큰 사람의 자기 자신에 대한 우월의식과 다른 사람들에 대한 경멸, 그리고 배은망덕을 표현하고 있는 것처럼 보이는 부분을 그가 보기에 '불쾌한 것'으로 판단한다. 그러나 호너(David A. Horner)와 할로웨이(Carson Holloway)는 토마스 아퀴나스가 아리스토텔레스의 '포부가 큰 것'에다가 기독교의 덕으로서 '겸손'을 부가함으로써 그 안에 함유된 것처럼 보이는 불쾌한 것들, 즉 포부가 큰 사람의 자기 자신에 대한 우월의식과 다른 사람에 대한 경멸, 그리고 '배은망덕'이라는 '부적절한 교만'을 제거했다고 말한다. 그들은 토마스 아퀴나스가 아리스토텔레스의 포부가 큰 것과 그리스도교의 겸손은 대립하는 덕이라기보다는 오히려 보충적인 덕들이라고 주장하는 것에 대하여 적극적으로 동조한다. 그들은 하나는 다른 하나에 단순하게 더해져서 인간의 삶과 윤리적 탁월성이 더 잘 균형 잡히고 더욱더 완전한 상태로 된다고 말한다. 그러나 과연 그럴까? 너무 무리하게 양자 사이의 종합을 시도하려고 한 것은 아닌지 매우 의심스럽다.

: 오류가능주의와 겸손

옛말에 "벼는 익으면 익을수록 고개를 숙인다."라는 말이 있다. 이 말은 지식과 겸손의 덕을 겸비한 사람을 이상적인 인간으로 본다는 의미를 담고 있다. 달리 말하면, 이 말이 강조하는 바는 "진정한 지식인이라면 겸손해야만 한다."라는 뜻이다. 미국의 실용주의 철학자 퍼스(C. S. Peirce)는 우리가 신념을 확정하는 방법으로서 고집의 방법, 권위의 방법, 선험적 방법 그리고 과학적 방법을 제시하였다. 그는 이 가운데 과학적 방법만이 바른 것이라고 주장하였다. 그는 과학적 방법에 따라 얻어지는 신념이 연구자 사이에 공개되어 최종적으로 전원의 의견일치를 보았을 때만이 진리로서 승인된다고 주장했다.

그는 '오류가능주의'에 관하여 다음과 같이 언급한다. "우리의 지식은 결코 절대적이지 않다. 그리고 그것은 불확실성과 불확정성의 연속체 안에서 언제나 이리저리 헤엄치고 있다. 그러므로 우리는 우리가 가지고 있는 지식은 오류가 가능하다는 오류가능주의를 인정해야만 한다." [12]

그러면 철학 또는 학문을 탐구하는 사람이 반드시 지녀야 할 '오류가능주의'는 어떻게 '겸손'이라는 도덕적 품성을 도출해낼 수 있을까? 우리는 퍼스의 오류가능주의가 특히 겸손과 밀접한 관련을 맺고 있다는 것을 발견할 수 있다. [13]

첫째, 한 사람의 탐구자로서 '오류가능주의자 자신을 향한 사고'와 관련된 것이다. 그는 자기 자신의 탐구 결과에 대한 '오류가능성'을 항상 인지하고 있다. 그러므로 그는 자기 자신이 아무리 최선을 다해서 탐구해서 얻은 결과물일지라도 "내가 틀릴 수도 있다."라는 '자기 – 통제적 사고'를 취할 수밖에 없다. 그런데 이러한 자세야말로 탐구자 자신을 겸손하게 만드는 가장 기본적인 자세라 할 수 있다.

둘째, '다른 탐구자들을 향한 사고'와 관련되어 있다. 한 사람의 탐구자로서 오류가능주의자는 자기 자신의 탐구로 얻은 지식이 '불확실성'과 '불확정성'의 연속체 안에 놓여 있다는 것을 받아들인다. 그리하여 그는 자기 자신 이외의 다른 탐구자들의 결과물들에 대한 열린 자세를 가지게 된다. 그 결과 그는 나와 다른 생각과 방법론을 가지고 있는 "다른 사람에겐 다를 수도 있다."라는 '타자 – 배려적 사고'라는 겸손한 태도를 보일 수 있다.

셋째, 불확실성과 불확정성의 '연속체'와 관련되어 있다. 오류가능주의는 '탐구의 연속성'을 특히 강조한다. 탐구자로서 오류가능주의자는 나와 너의 불확실하고 불확정적인 결과물을 겸허하게 인정한다. 그리고 그는 지식에 대한 회의주의나 불가지론에 함몰되지 않고서 계속해서 전혀 다른 각도와 시각에서 창조적 사고를 가지고서 새롭게 도전한다. 이것이 바로 "우리 것이 아닐 수도 있다."라는 나와 너의 한계를 넘어서서 새로운 세계를 향한 '차원-이동적 사고'이다. 그런데 이러한 사고에로의 전환이 가져다주는 인격의 변화가 바로 '겸손'이다. 이것은 "오류가능주의라는 고치 속에서 철학적 겸손이라는 나비가 나온다."로 비유할 수 있지 않을까?

: 실력은 높이고 자세는 낮추라

내가 활동하는 분야에서 실력이 없으면 자존감이 낮아지고 자존심만 내세울 수 있다. 실력이 없으면 원래 낮은 자리에 있을 수밖에 없으므로 더 이상 자세를 낮추고 싶어도 낮출 수 없다. 내가 이런 상황이라면 사실상 행복한 삶을 살기 어렵다. 그러나 실력을 꾸준히 높여나가면 그에 따라 자존감이 높아지기 마련이다. 실력 있는 사람들은 자존감도 높아서 자존심을 내세울 필요도 없다. 내가 타자를 향해 자세를 낮출 수 있는 여유도 생긴다. 또한 내가 활동하는 분야에 실력도 없는데 높은 자리만을 탐하는 것은 허영이다. 실력도 없는데 높은 자리를 차지하고서 높은 자리에 있는 사람이 감당해야만 하는 일들을 잘 처리할 수 없다면 나 자신도 괴롭고 다른 구성원들에게도 피해를 줄 수밖에 없다. 그러므로 꾸준히 실력을 연마하지 않고 게으름 속에서 살아가는 것은 불행을 자초하는 일이다. 우리는 적어도 내가 활동하는 분야에서만큼은 그에 합당한 출중한 실력을 확보하려는 노력을 게을리해서는 안 된다. 그러면 실력을 높여서 높은 자리를 원하는 것은 바람직할까? 만일 우리가 실력을 높여서 높은 자리에 올라서기를 원하는 이유가 높은 자리를 차지하고서 모든 구성원 위에서 군림하면서 갑질하고 싶은 야망 또는 욕심 때문이라면 그것은 바람직하지 않다. 왜냐하면 모든 사람이 더 불행해지기 때문이다. 차라리 실력이 조금 부족해도 군림하거나 갑질하지 않고서 평범하게 사는 것이 더 나을 것이다. 그러나 만일 우리가 우리는 실력을 연마해서 높은 자리에 가려는 이유가 그 공동체의 구성원들을 낮은 자세로 섬기려는 열망 때문이라면 그것은 참으로 권장할 만한 일이다. 자신이 활동하는 분야에 실력을 제대로 갖추지 못하고서도 그 공동체와 구성원들을 얼마든지 섬길 수 있다. 그러나 실력을 높여서 출중한 실력을 갖추고서 낮은 자세로 그들을 섬길 수 있다면 내가 속해 있는 공동체 안에서 더 큰 일들도 이루어 낼 수 있다. 그리 나의 출중한 실력과 나의 낮은 자세로 인하여 이에 대한 파급력도 공동체 안팎에서 더욱 커질 것이다. 무엇보다도 내가 '실력은 높이고 자세는 낮추어서' 그 공동체와 구성원들을 섬기고 '초월적 대의'를 위해 봉사할 때, 나 자신뿐만 아니라 공동체의 구성원 모두 다 행복한 삶을 영위해 나갈 수 있을 것이다.

우리나라는 다양한 방식으로 전기를 생산해낸다. 그중에 하나가 양수발전(pumping-up power generation, 揚水發電)이다. 양수발전은 발전소의 하류와 상류에 저수지를 만든 후에 심야 또는 풍수기에 남는 전력으로 펌프를 가동해 하류의 물을 상류로 퍼 올리고 물이 부족 할 때는 상류에서 하류로 방수하여 발전하는 방식이다. 이러한 양수발전의 경우를 생각해보자. 양수발전이 가능해지려면 우선 발전소 상류와 하류의 물이 있어야 한다. 물이 있되 발전이 가능할 정도로 풍부해야 한다. 다음으로, 물이 아무리 많이 저장되어 있어도 낮은 곳에만 있다든지 또는 높은 데만 있어서는 발전, 즉 전기를 생산할 수 없다. 풍부한 물이 높은 곳에서 낮은 곳으로 힘차게 떨어질 때만이 전기를 생산할 수 있다. 우리의 삶도 마찬가지이다. 우리는 적어도 내가 활동하는 분야에서 실력을 높여야 한다. 우리의 실력이 형편없이 낮을 때에는 우리가 활동하는 공동체와 그 구성원들을 제대로 도울 수 없기 때문이다.

반대로 우리가 실력을 높여서 높은 데에만 처해서 군림하면 그들에게 아무런 도움이 안 되고 피해만 줄 뿐이다. 그러므로 우리는 실력을 높이고 자세를 낮추어야만 한다. 높은 실력과 낮은 자세로 우리가 속한 공동체와 그 구성원들을 전심으로 섬기고 봉사해야 한다. 그리할 때 우리는 진정으로 많은 분야에서 행복을 생산하고 공급해주는 '행복 발전소의 삶'을 살아갈 수 있을 것이다. 내가 실력을 높여야 하는 분야는 어느 분야인지 그리고 내가 자세를 낮추고서 섬길 분야는 어떤 분야인지 검토해보라.

후속활동 프로그램

1. 부모님, 스승님, 친구들에게 감사 편지쓰기

2. '상대방이 감사한 이유 20가지'를 작성하고 당사자 앞에서 읽어주기

  - 아버지, 어머니, 형제자매들 등등

3. 나의 원망과 불평 목록 만들어보기

4. 감사일기 또는 감사 노트 쓰기

5. 가족들에게 보내는 동영상 편지 제작하기

9. 공감과 존중

공감

: 공감의 부재

인간관계에서 가장 핵심적인 요소들 가운데 하나는 바로 '공감 능력'이다. 공감 능력이 없거나 부족하면 원만한 인간관계를 유지하기가 어렵다. 우리의 삶 속에서 인간관계에 현저하게 문제가 생기면 행복한 삶을 살고 있다고 단언할 수 없다. 2008년 버락 오바마가 마틴 루터 킹 목사를 추모하는 연설에서 이야기했듯 우리 사회의 핵심 문제 중 하나는 바로 '공감의 부재'이다. 대부분 사람은 다른 사람들과 폭넓게 그리고 충분히 공감하지 못한 채 살아가고 있다. 공감 능력에는 여러 가지 장점이 있다. 우리가 영화나 드라마, 스포츠, 예술작품이나 문학작품 등을 보면서 즐거워할 수 있는 것은 공감 능력 덕분이다. 우리가 주변 사람들과 친밀한 관계를 유지하면서 행복한 삶을 살아갈 수 있는 것도 역시 공감 능력의 공이 크다. 때로 공감 능력은 도덕적인 삶을 살도록 자극하는 역할도 한다.

: 공감적 타자

임마누엘 레비나스(Emmanuel Levinas)에게 있어서 주체를 주체답게 만드는 요소는 타자의 고통에 불가항력적으로 반응할 수밖에 없는 '수동적인 윤리적 감수성'이다. 바로 이 지점에서 레비나스의 '대면의 철학'이 시작된다. 레비나스는 그의 저서 『전체성과 무한』에서 '대면의 철학'을 전개한다. 그는 윤리란 타자에 의해 발생하고, 타자는 얼굴로 우리에게 다가온다고 말한다. 레비나스가 말하는 얼굴은 현재 우리가 눈으로 볼 수 있는 얼굴을 의미하는 것이 아니다. 다시 말하면, 그것은 물리적 시공간에 위치를 점하고 있는 감각적인 상으로서의 얼굴이 아니다. 타자의 얼굴은 우리에게 깊이와 근거를 알 수 없는 하나의 흔적으로 남아 있다. 그러나 그것은 우리를 향해 침투하고 관여하면서 우리를 향해 손짓하고 몸부림을 치면서 우리의 응답을 촉구한다. 레비나스는 타자의 얼굴과 관련하여 다음과 같이 말한다. "타자의 얼굴은 정의를 호소한다. 먼저 얼굴의 정지함이 있다. 숨김없이 얼굴을 드러낸다. 얼굴의 살갗은 벌거벗었고 헐벗은 채로 있다. 깔끔하긴 하지만 여하튼 발가벗었다. 그리고 헐벗었다. 얼굴에는 가난이 깔려 있다. 흔히 어떤 자세를 취하고 무슨 내용을 담아 그 가난을 없애려고 노력하는 것으로 보아도 그 점을 알 수 있다. 얼굴은 위협 앞에 노출되어 있다. 마치 폭력을 저지하도록 우리를 끌어들이는 듯하다. 동시에 얼굴은 우리의 살인을 금지한다." [1] 따라서 타인의 얼굴은 정의롭게 해야 한다는 윤리적 함축성을 갖는다. 타인의 얼굴은 상처받을 수 있으므로 누구도 타자의 얼굴을 거부할 수 없다. [2]

여기 타자의 얼굴에서 발가벗음과 정직성 그리고 비폭력성이 나타난다. 레비나스는 어떤 사람도 이러한 타자의 얼굴을 거부할 수 없으므로 '어떤 수동성보다 더 수동적인 수동성'으로서 얼굴의 윤리성을 강조한다. 그 어떤 사람도 타자의 고통을 대신하여 희생하기를 원하지 않을 것이다. 그러나 타자의 고통스러움을 대면한 사람, 그로 인하여 불가피하게 타자에 의해 지명되고 부름을 받은 사람은 자신의 원함 또는 원치 않음과는 관계없이 타자의 얼굴에 영향을 받을 수밖에 없는 불가항력적 수동성에 노출되어 있다.

또한 타자에 대한 나의 책임을 깨닫는 것이 타인의 얼굴에 대한 응답이다. 결국 얼굴과의 관계는 책임의 관계이다. "나는 대가(代價)를 기다리지 않고 상대방에게 책임을 진다. 그는 내 목숨까지도 요구한다. 대가는 그의 문제다. 다만 그 사람과 나의 관계가 상호관계가 아니기 때문에 나는 다른 사람의 종이다. 원래 그런 뜻으로 나는 주체다. 모든 게 내 책임이다." [3] 레비나스가 언급하고 있는 '타자의 얼굴'은 주체가 함께 아픔과 슬픔을 뼈저리게 '공감하게 하는 존재'이다. 그런 점에서 타자는 이미 '공감적 타자'이다. 그것은 타자의 고통에 대한 공감을 넘어서서 주체에게 타자에 대한 책임을 자각하게 한다. "다시 말해 나는 완전히 종이 되는 가운데 제 일인칭으로 탄생한다. 내 책임은 끝없고 아무도 나를 대체할 수 없다." [4] 고통받는 타자에 대해서 책임을 자각하고 책임을 진다는 것은 사실상 내가 타자를 대신하여 고통을 받는 것일 뿐만 아니라 타자를 위해 희생한다는 것을 의미한다. 레비나스는 이를 '대속'이라고 말한다. 이것은 레비나스가 말하는 '윤리적 자아'의 핵심이다. 여기에서 레비나스는 '전환'을 강조한다. 그런데 그가 말하는 전환은 '실체의 변화'를 의미한다. "이 같은 전환, 자기의 이익에 사로잡히지 않는 것, 전환은 박해의 상처 속에서 박해자에 대한 분노로부터 책임으로 이행해 가는 것, 이 같은 의미에서 고통으로부터 타자에 대한 대속으로 이행하는 것이다." [5]

: 공감에서 책임으로

레비나스가 말하는 전환은 자기의 이해관계에 사로잡히지 않는 것, 자신의 존재 관심을 넘어서서 타자로부터 발생한 윤리적 절박성을 받아들이는 것, 박해받는 고통 가운데에서 살아남은 자가 박해받는 사람들에 관한 관심과 책임으로 향하는 것, 타자의 고통을 돌아보고 그의 고통에 대해 자신의 책임을 감수하는 것이다.

레비나스는 '이기적 자아'로부터 '윤리적 자아'로의 전환을 통해 형성되는 주체성을 '동일자 안의 타자'로 표현한다. 그것은 내가 타자의 호소와 요청을 받아들이면 받아들일수록 내 안에 타자의 크기가 커져만 가는 것을 의미한다. 또한 그것은 그에 비례하여 타자에 대하여 더욱 큰 책임감을 느끼면서 커져만 가는 '윤리적 자아'를 나타낸다. 즉 이기적 자아로부터 윤리적 자아로 전환될수록 그리고 나의 이기적 자아를 버리면 버릴수록 나는 더욱더 나 자신이 도덕적 짐을 진 사람임을 깨닫게 된다. [6]

윤리적 자아는 이웃에게 다가가지만 대가를 바라지 않고서 고통받는 타자에 요청에 응답한다. 그리고 요청의 응답 과정에서 누구도 대신 할 수 없는 자아의 고유성이 발생한다. 그것이 바로 나이고, 고통받는 타자에 대하여 '인질이 된 나'이다. 대속 또는 대리를 통하여 나의 존재는 나에게 속할 뿐 타자에게 속하지 않는다. 대속 또는 대리를 통하여 비로소 나는 윤리적 주체의 고유성을 확보한다.

: 가족의 경이(驚異)

그러면 이제 레비나스가 말하는 윤리적 자아의 핵심이라 할 수 있는 '대속의 사건'을 어디에서 찾아볼 수 있을까? 자기를 핍박하고 박해하는 고문자의 잘못마저 내가 책임지는 것이 참된 윤리적 자아라는 주장은 『성경』의 예수의 십자가 사건 이외에 어디에서 그 근거를 가져올 수 있단 말인가? 그의 타자 철학 또는 대면 철학은 결국 일종의 신학으로의 귀결이 아닐까? 그런데 그가 궁극적으로 호소하는 현상학적 원천은 예수의 십자가 사건이 아니라 '가족의 경이'이다. 나를 고문하는 타자의 잘못마저 내 탓으로 여기는 대속의 경지를 두고 그가 염두에 두고 있는 보편적 상황은 바로 가족 안에서 흔히 볼 수 있는 '모성애'이다.

레비나스는 우리 각자에게서 타자를 잉태하는 '모태'를 되살리고자 한다. 그는 박해자마저 품을 수 있는 대속적 책임의 주체의 현상학적 원천을 자식이 그 어떤 잘못을 했더라도 감싸는 모성애에서 찾는다. 그리고 그에 의하면, 모성애에 더해 가족을 제외한 제삼자를 고려한 형평성과 측정, 객관성과 앎과 관련해서 현상학적 중시의 원천이 되는 것은 부성애이다. 레비나스가 새롭게 정의하는 철학 '사랑의 지혜'는 그러므로 모성애의 무조건적 사랑과 부성애의 가리는 지혜의 출산적 종합이라 할 수 있다. 이 종합 속에서 출산한 아이는 장차 형제애의 실천을 통해 세계에 정의를 실현할 메시아로 자라날 것이다. '존재에 대한 경이'에서 출발하는 희랍 전통의 철학과는 달리 레비나스의 타자의 철학 또는 대면의 철학은 '가족의 경이'에서 시작되고 그리로 돌아간다. 레비나스 철학의 특수성과 보편성은 이처럼 그의 사유 전체를 떠받치는 '가족 모델'을 우리가 어떻게 받아들이냐에 달려 있다.[7] 진정한 사랑은 타자와 공감하는 것이고, 공감은 책임지는 것으로 나아가야 한다. 그리할 때 우리 사회는 좀 더 행복한 사회가 될 것이다.

존중

: 자존감과 자존심

자기 존중감, 즉 자존감과 행복은 아주 밀접한 관계를 형성한다. 자존감(self-respect, self-esteem)은 행복감을 구성하는 하나의 최소 요건이다. 그것은 개인적으로 획득될 수도 있다. 그러나 그것은 사회적인 관계에서 인정과 존경을 통해서 확보될 수 있다. 행복한 사회는 개인의 자존감이 최소한 보장되는 체계를 갖춘 인륜 공동체라고 할 수 있다. 자존감은 누구에게나 익숙한 단어이지만 정확하게 설명하기는 상당히 어렵다. 일반적으로 자존감은 자존심 혹은 자부심과는 구별된다. 자존감은 자신의 존재를 있는 그대로 존중하는 것이기에 다른 사람에 의해 좌지우지되지 않는다. 자신의 존재를 있는 그대로 존중하는 사람은 우월감이나 열등감과는 거리가 멀다. 능력이 있으면 있는 대로 또는 능력이 없으면 없는 대로 자신을 온전히 존중하기 때문이다. 나와 타자를 경쟁 관계로 보고 남과 나를 비교해서 남보다 능력이 있다고 우쭐대지도 않고, 남보다 능력이 부족하다고 위축되지도 않는다. 반면 자존심 또는 자부심은 항상 다른 사람과 경쟁하고 비교하는 데서 나오는 감정이다. 우리는 치열한 경쟁사회에서 살아남아야 한다는 강박관념 속에서 살고 있다. 그리하여 우리는 남보다 우위에 서야 한다는 생각이 우리의 뇌리에서 항상 떠나지 않는다. 다른 사람과 비교해서 자신이 좀 나으면 우쭐하는 우월감이 생기고, 다른 사람보다 못하다고 생각되면 열등감이 생겨 위축되기도 한다. 그래서 "자존감이 높은 사람일수록 자존심을 내세우지 않고, 이와 반대로 자존감이 낮은 사람일수록 자존심만 내세운다."라는 말이 있는 것 같다.

: 임마누엘 칸트 - 인간 존엄성과 자존감

임마누엘 칸트는 '존엄(dignity)'과 '존중(respect)'을 구분한다. 그에 의하면, 인간은 원래부터 '존엄한 가치'를 가지고 태어난다. 그리하여 인간은 선천적으로 '존중의 대상'으로 간주한다. 그는 인간 존엄성에 관해 언급하면서 '인격체'라는 단어를 사용한다. 인격체는 '자의식(self-awareness)과 사유 능력 그리고 공동체 안에서의 윤리적 실현을 감당할 수 있는 능력을 소유한 존재이다. [8]

칸트에게 있어서 인간은 이원적 존재, 즉 '자연'과 '자유'에 속한 존재이다. 인간은 다른 존재들처럼 자연의 인과법칙에 영향을 받는 존재이면서 동시에 자연의 법칙을 초월하는 자유의 법칙에 속하는 존재이다. [9] 여기에서 칸트가 주목한 것은 자연 법칙을 초월하는 자유의 법칙에 속한 인간이다. 그는 자유를 '타인이 강요하는 의사로부터의 독립성'이라고 정의를 내린다. 그에게 있어서 자유는 모든 타인의 자유와 보편적 법칙에 따라서 공존할 수 있는 한에서 모든 인간에게 부여되는 유일하고 근원적인 권리이다. 그는 자유가 생득적으로 획득될 수 있는 가치로서 인간 존엄성의 근거라고 주장한다.[10] 칸트는 인간을 자유의 존재로서 파악하고 자유롭게 행위를 할 수 있는 인간은 그 '자유로움'으로 인해 다시 인간 존엄성의 근거를 가질 수 있다고 본 것이다. 또한 칸트에게 있어서 인간은 자연 존재들이 가질 수 없는 '절대적 이성'을 가진 존재로 규정된다. [11] 자율적 행위자로서 인간은 '정언명법'의 도출 과정에서 자기 자신이 참여자가 된다. 정언명법은 사람이 사람으로서 반드시 그렇게 행위 하여야만 한다고 스스로 명령하는 법칙이다. 그런데 어떤 행위가 옳다고 인식하고 자신에게 그렇게 행동하라고 명령할 수 있다는 것은 인간이 스스로 '자율적 행위'를 할 수 있는 '절대적 이성'을 가지고 있어서 가능한 것이다. 이처럼 절대적 이성에서 비롯된 자유의지는 인간이 존엄한 존재임을 드러낸다. 인간은 이러한 자유의지를 기초로 해서 자기 입법에 기초한 명령, 즉 정언명법을 수행한다. [12]

칸트에게 있어서 인간의 존엄성은 '생득적으로' 획득되는 가치이다. 그러나 인간의 존엄성을 유지하는 것은 인간 자신에게 달려 있다. 칸트는 이와 관련해서 다음과 같이 말한다. "인간은 자신의 존엄한 가치를 가진다. 그러나 음주에 탐닉하거나 어긋나는 행동이나 범죄를 저질렀을 때, 이러한 행위는 인간을 동등한 존재 이하로 떨어뜨리고 인간의 존엄성을 부정하는 것이다."(『교육학』, IV, 749) 그는 인간이 자신의 가치를 가진 존엄한 존재이지만 때로는 위법적 준칙을 설정할 수도 있다고 말한다. "인간이 도덕법칙을 잘 알고 있으면서도 기회가 있을 때 도덕법칙으로부터 이탈을 자신의 준칙으로 삼는다."(『이성의 한계 내에서의 종교』, IV, 677) 태어날 때부터 인간은 실존적으로 존엄한 가치를 가진다. 그러나 인간은 도덕법칙의 준수 여부에 따라서 선험적으로 획득된 인간 존엄성의 가치를 유지할 수도 있고 박탈당할 수도 있다. 존중의 대상으로서 인간은 존엄한 존재로 대우받기 위해서는 반드시 도덕적 의무를 수행해야만 한다. 그리할 때 인간은 자기 자신 안에 있는 자존감도 소멸하지 않고 안정적으로 유지할 수 있다.

: 장 자크 루소 - 차분한 자존심과 과열된 자존심

덴트(N, J, H. Dent)는 그의 저서 『루소: 그의 심리학적, 사회학적, 정치학적 이론에 관한 서설』에서 장 자크 루소(Jean-Jacques Rousseau)의 저서 『인간불평등기원론』과 『에밀』에서의 '자기애'와 '자존심'에 관한 하나의 적절한 해석을 제시했다. 그는 이에 관한 루소의 이론에서 자기애와 자존심이 연속선상에 있다는 것을 강조한다. 루소는 자기애에 관하여 다음과 같이 정의를 내린다. "자기애는 다른 모든 정념에 앞서고 그것들의 원천이며 인간이 살아 있는 한, 그를 떠나지 않는 원초적이고 생득적인 정념이다."[13] 덴트는 자기애에 관한 이러한 루소의 해석과 관련해서 다음과 같이 언급한다. "자기애는 살아있는 활동적 삶 자체의 구성 원리이자 살아 있는 존재가 자신의 실존을 유지하고자 하는 충동을 이루는 삶과 잘 삶과 번영을 향한 충동이다."[14] 루소는 타자와의 관계로부터 독립된 인간을 염두에 두고서 자기애에 대한 진술을 전개했다. 덴트 역시 일단 이것을 따르고 있다.

덴트의 설명에 따르면, 루소가 언급한 '자존심'은 '타자와의 관계에서의 자기애'이다. 자기애가 주로 육체적 존재로서의 좋음을 보살핀다면 자존심은 사회적이고 도덕적인 자아로서의 좋음을 보살핀다. [15]

그리고 그것은 도덕적으로 유의미한 존재로서 '우리의 지위'와 '고유한 힘'에 대한 정당한 배려이자 주장이다. 이러한 자존심에 대한 요구는 부당하거나 부적절한 것이 아니고 오히려 인간들 사이에 존재하는 인간으로서 우리를 구성하는 데에 필수적이다. 즉 내가 인간으로서 존중받기를 요구하는 것은 나의 존재에 본질적일 뿐만 아니라 자기를 구성하는 목적과 관심 중의 하나이다. 그것은 타자 앞에서의 온전한 자율을 위해 반드시 필요한 것이다. [16] 그러므로 자기애와 자존심은 본질적으로 다른 것이 아니며 양자는 서로 대립적이지 않고 오히려 연속선상에 있는 것이다.

덴트는 그동안 루소의 해석가들이 루소가 말한 자존심이 두 가지의 다른 형태, 즉 '차분한 자존심'과 '과열된 자존심'으로 분류될 수 있다는 것을 간과해왔다고 말한다. 그는 기존의 해석가들이 차분한 자존심의 가능성과 역할을 보지 못하고서 자존심을 그 자체로 '과열된 자존심으로만' 오해해왔다고 비판한다. 덴트에 따르면, 차분한 자존심은 한 인간으로서 자신과 타자에 대한 존중을 요구한다. 그것은 우리가 타자보다 우선시되는 것을 절대로 요구하지 않는다. 또한 그것은 타자에게도 우리와 동등한 수준의 지위와 평가를 제공함으로써 나와 동등하게 타자를 인정한다는 것을 함유하고 있다. 덴트는 루소가 타자를 멸시함으로써 자기의 자존심을 만족시키려는 시도들이 실패할 수밖에 없음을 너무나도 잘 알고 있었다고 말한다.[17] 그에 의하면, 우리의 자존심이 요구하는 나 자신의 도덕적 지위에 대한 인정 우리가 타자에게 동등한 지위를 인정해주어야만 가능하다. 그리하여 우리는 우리 자신의 인정에 대한 요구의 내적 논리에 의해 타자를 인정하도록 요구받는다. 우리는 타자에게 우리와 동등한 지위를 인정해주어야 한다. 이것은 어떤 외적 강제 때문이 아니라 그렇게 해야만 우리 자신의 자존심이 목적에 도달할 수 있기 때문이다.[18]

덴트에 따르면, 루소는 타자와의 관계로부터 절연된 삶을 이상으로 여긴 것이 아니라 오히려 인간으로서의 온전한 삶이 타자와의 관계가 필요하다는 것을 인정했다. 다시 말하면, 내가 타자를 인간으로 존중해주는 것은 나 자신이 인간으로서 온전히 서는 데 필요한 의무이다. 따라서 그것은 우리 자신의 존재 성격에 기록된 법과도 같다.[19] 또한 루소는 우리가 자기애가 요구하는 대로 우리 자신이 인간으로서 온전하고 건강한 삶을 누리기 위해서는 상호존중의 타자 관계가 필수적으로 요청된다는 것을 분명하게 보여주고 있다. 그러므로 루소의 사상 속에 함유된 차분한 자존심은 자기애의 연장선에 있다. 그리고 그것에 역시 함유되어있는 상호 간의 도덕적 지위의 인정은 우리가 인간으로서 자신의 존재를 온전히 실현하는 데에 필수적이다.[20]

덴트에 따르면, 이미 언급했다시피 기존의 해석가들은 자존심을 그 자체로 '과열된 자존심으로만' 오해했다. 그러면 덴트가 말하는 '과열된 자존심'이란 무엇인가? 그에 따르면, 과열된 자존심은 한 인간으로서 삶에 필수적인 욕구가 기형적이고 자멸적인 형태로 표현된 것일 뿐이다.[21] 그것은 평등한 상호존중에 만족하지 않고 타자에 비해 우월한 지위와 권리를 요구한다. 그것이 요구하는 우월성은 두 가지로 구분된다. 하나는 주인과 노예의 관계로 묘사되는 권력과 종속의 조건이다. 그리고 또 다른 하나는 굴욕적인 비가시성이나 수치와 대비되는 명성이다. 전자와 달리 후자는 타자의 칭송을 요구한다.[22]

여기에서 분명한 점은 과열된 자존심이 추구하는 지배 및 우월한 지위에의 욕망이 궁극적으로는 결코 달성될 수 없다는 것이다. 하지만 그러한 욕망의 필연적 실패와 그로 인한 불행에도 불구하고 그것이 이 사회에 만연해 있다는 사실이 우리를 슬프게 할 뿐이다. 결론적으로 루소가 제시한 행복의 비법은 과열된 자존심을 버리고 자기애와 차분한 자존심을 가지고서 상호존중의 타자 관계를 잘 유지함으로써 온전하고 건강한 삶을 누리는 것이 아닐까 싶다.

: 타자에게 인간다운 처신을 요구할 권리

이제 자존감과 자존심에 관한 지금까지의 내용들을 정리해보자. 임마누엘 칸트의 '인간의 존엄성'에 관한 철학 사상에서 제시된 '자존감'은 장 자크 루소에 의해서 묘사된 '자기애'와 일맥상통한다. 그리고 루소가 제시한 타자와의 관계 속에서 드러나는 바람직한 자존심은 '과격한 자존심'이 아닌 '차분한 자존심'을 의미한다. 그런데 우리는 루소의 철학 사상에 제시된 '과격한 자존심'과 '차분한 자존심'과 관련된 하나의 사례를 철학자이자 정신분석가인 프란츠 파농(Frantz Fanon)의 저서 『검은 피부, 하얀 가면』에서 찾아볼 수 있다. 파농은 여기에서 흑인다움과 백인다움을 언급한다. 그런데 그가 말하는 '백인다움(whiteness)'과 '흑인다움(blackness)'은 루소의 '과격한 자존심'과 관련되어 있고, 반면에 '인간다움(humanness)'은 '차분한 자존심'과 관련되어 있음을 엿볼 수 있다.

파농은 1952년에 출간된 그의 저서 『검은 피부, 하얀 가면』에서 전 세계 유색인종 공동체에 뿌리내리고 있는 '식민주의'라는 정신적 사회적 유산에 대한 대안을 제시했다. 첫째, 그는 '백인다움'에 관하여 비판한다. "이런 결론을 받아들이는 것이 아무리 아플지라도 우리는 이 말을 해야만 한다: 흑인에게는 단 하나의 운명이 있을 뿐이다. 그것은 흰색이다." [23] 그에 의하면, '백인다움'은 흑인들을 포함한 대다수 식민지 국민이 식민지 모국문화의 영향을 받아서 "흑인이 백인처럼 되고 싶어 한다."라는 의미를 담고 있다. 유럽의 식민주의 문화는 대체로 '흑인다움'을 불순함과 동일시한다. 그리고 식민지 치하의 국민 역시 이러한 생각을 토대로 자기의 정체성을 형성한다. 그리하여 그들은 자신들의 피부색을 열등함의 징표로 보게 되는 것이다. 그 결과 이와 같은 열등한 상태에서 벗어나려면 기필코 '백인다움'을 획득하고야 말겠다는 어그러진 열망이 생기게 된다. 바로 이것이 루소의 철학 사상에 묘사된 '과격한 자존심'이 아닐까?

둘째, 파농은 '흑인다움'에 대해서도 역시 비판을 가한다. 흑인들은 유색 피부를 갖고 태어난 이상 결코 백인으로 인정을 받지 못한다. 그리하여 결국 흑인의 백인 되고자 하는 백인다움이라는 열망은 매번 실패로 돌아갈 수밖에 없다. 그리하여 흑인들은 역으로 '흑인다움'이라는 독자적인 시각을 주장하는 방법이 하나의 해결책이 될 수 있다고 주장한다. 그러나 이러한 주장 역시 백인다움과 다를 바가 없다. 즉 흑인다움이라는 개념 자체가 이미 유럽의 인종차별주의적 사고방식이 만들어낸 돌연변이다. 예를 들면, 프랑스의 네그리튀드(negritude) 운동, 즉 흑인의식운동을 들 수 있다. 네그리튀드 운동이란 1930년대 프랑스인이나 프랑스어를 구사하는 흑인 작가들이 주류 프랑스 문화의 인종차별주의와 식민주의를 거부하고 흑인들끼리 독자적으로 공유하는 문화를 만들고자 했던 운동이다. 그러나 파농은 네그리튀드라는 개념 역시 본래 이 운동이 극복하고자 했던 인종차별주의 문제로부터 자유롭지 않다고 보았다. 왜냐하면 흑인다움을 정의하는 방식이 여전히 주류 백인문화에 대한 환상을 답습하고 있기 때문이었다.

셋째, 파농은 백인다움과 흑인다움을 비판하면서 그에 대한 대안으로서 '인간다움'을 제시한다. 먼저 그는 흑인다움과 백인다움을 이렇게 비판한다. "우리에게는 검둥이들을 찬양하는 자는 그들을 저주하는 자와 마찬가지로 '환자'이다. 거꾸로 자기 종(種)을 희게 만들려는 흑인 역시 백인에 대한 증오를 설교하는 자만큼이나 불행하다." 24 그리하여 그는 이에 대한 대안이 필요하다고 역설한다. "유색인인 나는 단 한 가지를 원할 뿐이다. 결코 도구가 인간을 지배하지 않기를, 인간이 인간을, 말하자면 자아가 타자를 노예화하는 일을 그만두기를. 인간이 어디에 있든 내가 그 인간을 찾고 원하도록 허락되기를. 검둥이는 없다. 백인도 마찬가지다. 진정한 소통이 생겨나기 위해서는, 양쪽 모두 각자의 선조들이 남긴 비인간적 목소리에서 멀어져야 한다. 긍정적인 목소리 안으로 들어오기 전에 자유를 위한 탈 소외의 노력이 필요하다." 25 그리고 그는 그에 대한 하나의 대안으로서 '인간 안에 내재하는 보편주의' 즉 인간다움을 제시한다. "백인은 자신의 흰색에 갇혀 있다. 흑인은 자신의 검은 색에. 백인들이 스스로 흑인들보다 우월하다고 간주하는 것이 사실이다. 흑인들이 백인들에게 자기들의 사상도 풍요롭고 정신의 힘도 동등하다고 한사코 증명하려는 것 역시 사실이다. 어떻게 여기서 벗어날 것인가? 우리는 이 병적인 세계를 완전히 녹여 없애고자 한다. 우리는 개인이 인간 조건에 내재하는 보편주의를 떠맡아야 한다고 믿는다." 26

파농은 어떤 의미에서 인종차별주의적 사고를 완전히 초월해야만 여러 가지 다양한 차별의 문제, 즉 인종차별, 성차별, 가난한 자 차별, 특정한 지역 출신자 차별, 특정 종교 차별, 장애인 차별, 외국인 노동차 차별, 특정 질병 환자 차별의 문제 등을 해결할 수 있다고 생각했다. 그는 자기의 책 뒷부분에 이렇게 적었다. "나는 어느 날, 그런 세상에 내가 있다는 것을 알게 되고, 스스로 단 하나의 권리만을 인정한다. 타자에게 인간다운 처신을 요구할 권리. 의무도 단 하나뿐이다. 내 선택을 통해 내 자유를 버리지 않을 의무." 27

그에 의하면, 이 세상에 태어난 모든 인간에게 오로지 하나의 권리만이 있는데 그것은 바로 '인간에게 인간다운 행동을 요구할 권리'이다. 우리는 루소의 철학 사상에서 묘사되어 있는 '과격한 자존심'으로 대변되는 파농이 말하는 백인다움과 흑인다움을 과감하게 버려야 한다. 그리고 루소의 '차분한 자존심'으로 대변되는 '인간다움'을 회복해야만 한다. 그래야만 우리는 우리 사회에 만연해 있는 각양 각색의 차별과 소외의 문제를 해결하고서 진정으로 아름답고 행복한 공동체를 만들어갈 수 있을 것이다. 각종 차별과 억압의 구조 아래 신음하는 수많은 사람들에게 파농은 아직 오지 않은 삶을 미리 산 희망의 인간이었다. 그 희망은 다분히 낭만적이었다고 볼 수도 있다. 하지만 그는 현실의 변혁에는 그러니까 논리의 전도(轉倒)에는 깊은 서정시가 요구된다는 것을 애초부터 알고 있었다.[28]

: 인정투쟁

악셀 호네트(Axel Honneth)는 그의 저서 『인정투쟁』에서 다양한 사회 문제 뒤에 감춰진 사회적 투쟁의 근본 원인을 밝혀낸다. 어떻게 무시와 모욕이 사람들의 분노를 일으키고, 마침내 폭동이나 봉기의 원인이 되는가? 호네트는 '인정투쟁'이라는 개념을 통해 인간과 사회를 바라보는 독창적인 관점을 제시하면서 기존 사회이론의 토대를 흔든다. 그리고 고립된 개인에 대한 잘못된 가정에서 벗어나 '관계 속에서의 개인'을 성찰하는 새롭고도 설득력 높은 해답을 제시한다. 그는 "다원화된 사회 속에서 어떻게 사는 것이 진정으로 잘 사는 것인가?" 그리고 "인간의 잘사는 것을 가능하게 하는 사회적 조건은 무엇인가?"에 관하여 깊은 관심을 가졌다. 그는 한마디로 말해서 "타자를 무시하거나 모욕하지 않고 인정해주는 사회 속에서만 인간은 그 자신을 위해서 가장 잘 살 수 있다."라고 생각했다. 그리하여 그는 "미드(George Herbert Mead)의 저작들은 오늘날까지도 청년 헤겔(Georg Wihelm Friedrich Hegel)의 상호주관성의 이론적 직관들을 탈형이상학적 이론 속에서 재구성할 수 있는 최적의 수단을 지니고 있다."[29] 라고 주장하면서 그의 인정투쟁 이론을 전개했다. 그런데 그가 말하는 인정투쟁은 흔히 생각할 수 있듯이 정치적 투쟁에만 국한되는 개념은 아니다. 트위터나 페이스북과 같은 SNS에서의 관계 맺기부터 시작하여 가족, 여성, 인종, 성적 차이 문제를 비롯한 정체성 정치, 문화적 차이에서 비롯되는 문화적 갈등 등에 이르기까지 인정 행위와 관련된 다양한 문제를 포괄할 수 있는 틀이 인정투쟁이다. 인간 주체 사이의 사회적 투쟁과 관계적 갈등을 모두 '인정을 둘러싼 투쟁'으로 볼 수 있다는 것이다.

호네트는 그의 저서 『인정투쟁』 안에서 '인정투쟁 이념의 체계적 현대화─사회적 인정 관계의 구조'를 언급하면서 '인정과 사회화─미드에 의한 헤겔 이념의 자연주의적 변형'에 관해서 말하고 있다. 그는 헤겔의 인정이론과 오늘날의 경험적 사회이론, 예를 들면 미드의 사회심리학과의 만남을 시도한다. 여기에서 그가 소개하고 있는 미드의 사회심리학은 "인간 개인이 서로에 타자에 대한 무시가 아닌 인정 경험 속에서 정체성을 형성한다."라는 것을 사회심리학적으로 잘 보여준다. 그리하여 호네트의 인정투쟁 개념은 "사람은 혼자서 살 수 없다."라는 인식에 바탕을 두고 있다. 인간은 타인의 인정 없이는 살아갈 수 없으며 타인의 인정을 받고 타인을 인정하는 지속적인 상호인정을 통하여 긍정적 자아를 형성시킨다.

그러나 반대로 타인의 무시를 지속해서 경험할 때 인간은 자신을 스스로 무시하기 쉬우며 이러한 부정적 자아 아래에서는 생존에 대한 의지까지도 포기하게 된다. 즉, 사회적 무시와 모욕은 자아 정체성에 대한 도덕적 위협이고, 이에 대한 심리적 반작용으로 사람들은 분노하게 되며 마침내 그것은 폭동이나 봉기와 같은 사회적 투쟁으로 나타난다.

이로써 헤겔의 인정 개념은 미드의 사회심리학이라는 경험과학과의 만남을 통해 호네트의 인정투쟁이라는 사회철학 안에서 좀 더 발전된 사회이론의 가능성을 모색할 수 있게 되었다. 호네트는 헤겔과 미드의 이론을 토대로 삼아 프로이트 이후 가장 뛰어난 정신분석학자 중 한 명인 도널드 위니컷(Donald W. Winnicott)의 대상관계이론을 활용하여 상호인정 관계를 세 가지의 형태로 제시한다.

: 사랑

첫 번째의 상호인정관계는 '사랑'이다. 호네트는 '사랑'과 관련해서 다음과 같은 사례를 제시한다. "위니컷을 발단부터 정통파 심리분석의 전통과 구분해주는 것은 헤겔과 미드가 정식화한 이론들과 무리 없이 결합 될 수 있다는 그의 통찰이다. 즉 이에 따르면… 어머니가 젖먹이의 생명을 유지하기 위해 돌보는 것은 젖먹이의 행동에 뭔가 이차적인 것으로 부가되는 것이 아니다. 오히려 젖먹이와 어머니는 서로 융합되어 있으며, 바로 이런 점 때문에 인간의 삶의 최적기에 미분화된 상호주관성 단계인 공생기를 가정하는 것이 설득력을 얻게 된다…출생 직후부터 형성되는 '공생적 공동관계'라는 최초의 단계를 규정하기 위해 위니컷은 특히 '절대적 의존성'이라는 범주를 끌어들인다." [30]

이처럼 젖먹이와 어머니 사이의 사랑 관계, 즉 '공생적 공동관계' 또는 '절대적 의존관계'는 가족, 연인, 친구, 직장동료, 동포 등과 같은 정서적으로 친밀한 관계 속에서 구현된다. 그런 의미에서, 호네트는 이러한 정서적 차원에서의 인정을 '사랑'이라는 개념으로 설명하고 있다. 인간은 타자와의 관계에서 '사랑'이라는 인정을 경험하면서 자신감이라는 긍정적인 자기의식을 형성하게 된다. 여기에서 호네트가 말하는 자신감은 사랑을 경험한 당사자의 심리적 현상을 의미한다.

: 법적 권리의 동등한 인정

두 번째의 상호인정관계는 '법적 권리의 동등한 인정'을 통해 형성된다. 호네트에 의하면, 주체는 권리 인정을 경험함으로써 자기 자신을, 다른 모든 공동체 구성원과 함께 담론적 의사 형성에 참여할 수 있는 속성을 공유하고 있는 인격체로 간주하게 된다. 그리고 그런 식으로 자기 자신에게 능동적으로 관계할 수 있다는 가능성에 우리는 '자기 존중'이라는 이름을 붙일 수 있다. [31] 다시 말하면, 인간은 타자의 법적 권리의 동등한 인정을 자기의 삶 속에서 지속해서 경험할 때 자신에 대한 긍정적 의식을 형성할 수 있다. 그리고 이러한 긍정적 자기의식 속에서 진정한 의미에서의 자아실현도 가능하다.

우리나라는 '법적 권리의 동등한 인정'과 관련해서 '다문화 관련 법과 정책'을 적극적으로 시행하고 있다. 다문화가정과 관련된 법률로서 국적법, 재한외국인 처우에 관한 기본법, 다문화가족 지원법 등이 입법되어 시행되고 있다. 먼저, 국적법을 살펴보자. 국적법은 대한민국 국민으로서의 신분이나 국민이 되는 자격을 정한 법률로서 다문화가족 구성원이 안정적인 가족생활을 영위할 수 있도록 하여 삶의 질 향상과 사회통합에 이바지함을 목적으로 제정된 법률이다. 재한외국인 처우에 관한 기본법은 재한외국인 처우 등에 관한 기본적 사항을 정한 법이다. 그것은 그들이 대한민국 사회에 잘 적응하고 개인의 능력을 최대한 발휘할 뿐만 아니라 국민 상호 간의 이해와 존중을 기반으로 하는 사회를 만들어 대한민국의 발전과 사회통합에 이바지하는 것을 목적으로 하는 법이다. 다문화가족 지원법에는 다문화가족의 이해증진, 생활정보 제공 및 교육지원, 가정폭력피해자에 대한 보호, 다문화가족지원센터의 지정, 다문화가족 지원사업의 전문인력양성 등에 관한 법률 등이 제정되어 있다.

: 사회적 연대 의식

세 번째의 상호의존관계는 '사회적 연대 의식'이다. 그에 의하면, 근대사회라는 조건 아래서 사회적 연대 의식은 개성화된 그리고 자율적인 주체들 사이의 '대등한 가치 부여'를 가능하게 하는 사회적 관계의 전체이다. 나는 나에게 낯선 타자의 속성이 발휘될 수 있도록 적극적으로 배려함으로써 우리의 공동 목표가 실현될 수 있다. [32] 예를 들면, 한 개인이나 어느 집단이 사회적 연대에서 배제된다면 어떤 현상이 벌어질까? 우리가 가정에서, 학교에서, 직장에서, 그리고 지역사회에서 그리고 한 국가 안에서 따돌림을 받게 된다면 그러한 개인과 집단은 그러한 공동체 안에서 '대등하지 않은 가치 부여'를 받고 있다고 볼 수 있다. 그것이 바로 사회적 무시 또는 모욕이며 이것이 분노와 폭력투쟁의 원인이 되는 것이다.

  내가 지금부터 소개할 편지글을 여기에 실을지 말지를 망설이다가 본인의 동의를 어렵게 얻어 '사회적 연대 의식'과 관련된 부분만을 짧게 소개하려고 한다. 다음의 글은 어느 남학생이 군 입대 후 나에게 보낸 편지글 일부를 발췌한 것이다. "책은 디트리히 본회퍼(Dietrich Bonhoeffer)의 『옥중서신』을 읽고 있습니다. 제가 교도소에서의 수감생활을 하는 것은 아니지만 비슷한 처지처럼 느껴집니다. 가장 기억에 남는 구절 하나를 함께 나누고 싶습니다. 「약자들과 관계를 맺을 때, 유일하게 요구되는 생산적인 태도는 사랑, 곧 그들과 연대하겠다는 의지이다.」 불침번을 설 때 이 문장이 계속 머리를 맴돌았습니다. '약자'라고 불리는 존재를 대하고 관계 맺을 때, 「너를 돕고 있는 '나'」에 방점이 찍혀 있던 저의 모습이 떠올랐습니다. 그들에 대한 저의 사랑의 태도는 「너를 돕고 있는 '나'」가 아닌 「함께 연대하는 '우리'」가 아닐까 라는 생각이 듭니다. 본회퍼가 믿고 따랐던 예수님도 그분 스스로가 '하나님의 아들'이란 신적 권위에만 머무르지 않으셨던 것 같습니다. 그분은 자기를 가리켜 '인자(人子)', 즉 '사람의 아들'로 칭하시면서 사회적 약자들과 함께하시고 그들과 함께 사랑의 마음을 나누셨던 것 같습니다."

  다시 강조하거니와, 호네트는 '개인의 자기 정체성과 무시 – 폭행, 권리의 부정, 가치의 부정'이라는 내용을 다루고 있다. 여기에서 그는 개인의 자기 정체성을 훼손하는 신체적 폭행, 법적 권리의 부정, 대등한 가치의 부정 등은 인정투쟁을 불러오는 원인이 된다고 주장한다. 그리고 그는 이것을 통하여 사회적 투쟁과 저항의 동기를 도출한다. [33] 이러한 그의 인정투쟁이론이 제시해주고 있는 교훈은 개인이 진정으로 잘 사는 것과 사회적 인정투쟁이 결코 동떨어져 있는 각각의 문제가 아니라는 것이다. 한 인간이 진정으로 잘 사는 것은 언제나 타자의 인정을 절대적으로 필요로 한다. 그러므로 우리는 긍정적 자기 인식을 위해서 그리고 진정으로 잘 살기 위해서 반드시 긍정적인 인정 관계를 우리의 삶 속에 확립해야만 한다. 호네트는 이러한 이해를 바탕으로 해서 근대 사회철학의 딜레마인 개인과 사회, 도덕성과 사회구조 사이의 괴리를 해결하면서 새로운 상호인정관계의 확립을 통하여 정의로운 사회와 개인들의 좋은 삶 또는 잘 사는 삶을 위한 하나의 대안을 제시하고 있다. 우리는 공감과 존중의 부재 사회 속에서 살고 있다. 그래서 우리는 그 어느 때보다도 더욱 불행하다고 생각하고 있는지도 모른다. 우리 사회에서의 공감과 존중의 부활이 어느 때보다도 절실하다. 공감과 존중이 일상화되어 있는 사회에서 살고 있는 사람이야말로 가장 행복한 사람이 아닐까?

후속활동 프로그램

1. 역할수행이나 역할극 해보기

2. 타자(가족, 친구들)의 관점에서 일기 쓰기

3. 자존심이 상했던 경험을 소개하기

4. 내가 나의 자존감을 높이기 위해서 실행하는 것들 소개하기

5. 자녀가 자랑스러운 이유 20가지 적어보기 (부모님 과제)

6. 내가 자랑스러운 이유 20가지 적어보기

7. 형제자매와 친구들에게 나의 장점 10가지 물어보기

8. 서로 대면하여 '상대방의 초상화' 그리기

9. 서로 대면하여 '상대방의 다양한 포즈 사진'을 찍고서 감상하기

10. 세상 사람들의 고단하고 힘겨운 삶의 모습 사진찍기

10. 사랑과 돌봄

: 인간은 사랑하는 존재이다.

독일 철학자인 막스 셸러 (Max scheler)는 현상학이 의식구조를 연구하는 과정에서 지나치게 지적 능력에만 초점을 맞춤으로써 사랑이나 심리적 경험과 같이 훨씬 근본적인 부분을 놓쳤다고 주장했다.[1] "인간은 그가 사고하거나 의욕 할 수 있기 전에, 사랑하는 자이다"(유고 S. 356). 셸러의 이 명제는 그의 인간학의 핵심이다. 이것이 이해되지 않는다면, 셸러의 철학 전체는 이해되지 않는다. 사랑은 근본적인 정신 작용이다. 그것은 무엇에도 의지하지 않는 자발적인 운동이다(유고, s, 118). 사랑과 증오 그 둘은 작용으로서의 그것들이 감정들이 변화하는 동안에도 영향을 받지 않는 채 남아 있어서, 동정(動靜)으로부터 독립적이다(유고, S, 119). 따라서 사랑과 증오는 전적으로 감정들이 아니라고 할 수 있다.[2] 예를 들면, 누군가에 대한 우리의 사랑은 그 사람이 우리에게 슬픔이나 고통의 감정을 유발한다고 해도 변하지 않고, 누군가에 대한 우리의 증오는 그 사람이 우리에게 즐거움이나 유쾌를 유발한다고 해도 변하지 않는다. 인간들 사이에서 사랑과 증오는 동반하는 감정들의 모든 변화에 걸쳐서 영향을 받지 않는 채 남아 있다. 그러나 사랑과 증오의 실행은 감정 상태로서의 슬픔, 즐거움, 축복 그리고 실망의 깊은 원천이고(유고, S. 370f), 따라서 그것들은 순서상 모든 감정에 근원적이다.[3] 셸러는 『사랑과 지식』(1923)이라는 에세이에서 "사랑은 빈곤한 지식에서 더 풍요로운 지식에 이르는 다리를 형성한다."라는 말을 남겼다. 셸러는 우리의 경험에서 사물을 발견하고 지식을 만드는 것이 사랑이라고 주장했다. 그래서 사랑은 우리를 자기 자신과 이 세계에 대한 지식으로 이끄는 '영혼의 산파'와도 같다고 말한다. 사랑이야말로 한 사람의 도덕, 가능성, 운명에 대한 가장 중요한 결정요인이라는 것이다. 결국 셸러의 철학에서 인간이란 17세기의 프랑스 철학자 데카르트의 말처럼 '생각하는 존재'가 아니라 '사랑하는 존재'였다.[4]

: 진정한 사랑, 주는 것

에리히 프롬(Erich Fromm)은 그의 저서 『사랑의 기술(The Art of Loving)』에서 진정한 사랑은 '주는 것'이라고 말한다. 가장 일반적인 방식으로서 사랑이라는 것이 원래 '주는 것'이지 받는 것이 아니라고 말함으로써 사랑의 능동적 성격을 설명할 수 있다. '주는 것'이라는 점에서 가장 중요한 영역은 물질적 영역이 아니라 특히 인간적인 영역에 있다. 어떤 사람이 다른 사람에게 주는 것은 무엇인가? 그는 자기 자신, 그가 가진 것 중 가장 소중한 것, 다시 말하면 생명을 준다. 이 말은 반드시 남을 위해 자신의 생명을 희생한다는 뜻은 아니다. 오히려 자기 자신 속에 살아 있는 것을 준다는 뜻이다. 그는 자신의 기쁨, 자신의 관점, 자신의 이해, 자신의 지식, 자신의 유머, 자신의 슬픔, 자기 자신 속에 살아 있는 것의 모든 표현과 현시를 주는 것이다

. 이처럼 자신의 생명을 줌으로써 그는 타인을 풍요롭게 만들고, 자기 자신의 생동감을 고양함으로써 타인의 생동감을 고양한다. 그는 받기 위해서 주는 것이 아니다. 주는 것 자체가 절묘한 기쁨이다. 그러나 그는 줌으로써 다른 사람의 생명에 무엇인가 일으키지 않을 수 없고, 이처럼 다른 사람의 생명에 야기된 것은 그에게 되돌아온다. 참으로 줄 때, 그는 그에게로 되돌려지는 것을 받지 않을 수 없다. 준다는 것은 다른 사람을 주는 자로 만들고 두 사람 다 생명을 탄생시키는 기쁨에 참여하는 것을 의미한다. 주는 행위에서는 무엇인가 태어나고 관련된 두 사람은 그들 두 사람을 위해 태어난 생명에게 감사한다. 이 말은 특히 사랑에 대해서는 사랑은 사랑을 일으키는 힘이고 무능력은 사랑을 일으키는 능력이 없다는 뜻이다.[5]

: 보호 또는 관심

프롬은 사랑의 능동적인 성격은 '주는 것'이라는 요소 이외에도 언제나 모든 사랑의 형태에 공통된 어떤 기본적인 요소를 내포하고 있다고 말한다. 그는 사랑의 네 가지 기본적 요소로서 보호 또는 관심, 책임, 존경 그리고 지식을 제시한다. [6]

그에 의하면, 첫째, 사랑에는 보호 또는 관심이 포함되어 있다. 꽃을 사랑한다고 말하면서도 꽃에 물을 주는 것을 잊어버린 여자를 본다면, 우리는 그녀가 꽃을 '사랑한다'라고 믿지 않을 것이다. 사랑은 사랑하고 있는 자의 생명과 성장에 대한 적극적인 관심이다. 이러한 적극적인 관심이 없다면 사랑도 없다.

: 책임

둘째로, 그는 보호와 관심에는 또 다른 하나의 측면, 곧 '책임'이라는 측면이 포함되어 있다고 말한다. 오늘날은 책임이 흔히 의무, 곧 외부로부터 부과된 것을 의미한다고 이해되고 있다. 그러나 책임은 그것의 참된 의미에서 전적으로 자발적인 행동이다. 책임은 다른 인간 존재의 요구에 대한 나의 반응이다. "책임을 진다."라는 것은 응답할 수 있고 응답할 준비가 돼 있다는 뜻이다. 어머니와 어린애의 관계에서는 이러한 책임은 주로 신체적 욕구에 대한 배려와 관련된다. 어른 사이의 사랑에서의 책임은 주로 상대방의 정신적 요구와 관련된다. 아버지학교에서는 '책임감의 회복'을 강조한다. [7] 아버지로서 그리고 남편으로서의 책임감의 회복은 먼저 자기 자신에 대한 책임이다.

우리는 먼저 우리 자신을 잘 관리하고 자기 삶의 태도에 대한 책임을 져야 한다. 다음으로, 가정에 대한 책임이다. "나로 인해 우리 가족들이 기뻐하고 있는가? 아니면 나로 인해 스트레스를 받고 있는가?"를 뒤돌아보아야 한다. 아버지는 가정 안에서 기쁨의 원천이 되어야 한다. 마지막으로, 사회에 대한 책임이다. 나로 인해 직장은 발전하고 있는가? 나로 인해 우리 사회는 좀 더 건강한 사회가 되어가고 있는가? 사회의 구성원으로서 책임 있는 행동을 해야 한다. 내 가족들이 건강한 사회인이 되도록 돌보는 일도 사회에 대한 책임이다. 사랑은 나 자신과 내 가족 그리고 내가 나의 삶을 영위하고 있는 사회에 대해 책임지는 것이다.

: 존중 또는 존경

셋째로, 프롬은 만일 사랑 안에 사랑의 '존중 또는 존경'이 없다면, 타자에 대한 책임은 쉽게 지배와 소유로 전락해버리고 말 것이라고 경고한다. 존중 또는 존경은 두려움이나 경외가 아니다. 그에 의하면, 존중 또는 존경은 이 말의 어원(respicere= 바라보다)에 따르면, 어떤 사람을 '있는 그대로 보고' 그의 독특한 개성을 아는 능력이다. 그것은 다른 사람이 그 나름대로 성장하고 발달하기를 바라는 관심이다. 나는 사랑하는 사람이 나에게 무엇인가를 되돌려주기 위해서가 아니라 자기 자신을 위해서 자기 나름의 방식으로 성장하고 발달하기를 바란다. 나는 여기에서 프롬의 해석과는 조금 다르게 해석하고 싶다. 그것은 바로 '존중 또는 존경(respect)' 이라는 말에 대한 또 다른 하나의 해석이다. 영어의 'respect'라는 말은 're'와 'spect' 가 합쳐진 말이다. 're'는 '반복'과 '뒤로(retro)'라는 뜻을 함유하고 있고, 'spect'는 '보다'라는 뜻이 있다. 이것을 종합해보면, 'respect(존중, 존경)'라는 말은 '반복적으로 뒤돌아봄'이라는 뜻이다. 우리는 흔히 다른 사람의 첫인상만을 '있는 그대로 보고' 섣부르게 사람을 잘못 판단하기 쉽다.

그러나 우리가 그 사람을 한 번 보고 또다시 한번 보고 '반복적으로'보다 보면 그 사람이 지금까지 살아온 '뒤'모습, 즉 '삶의 배경' 또는 '과거의 삶'을 더욱더 깊이 있게 들여다볼 수 있다. 우리는 그러한 과정을 통해서 그 사람을 더 깊게 이해할 수 있게 될 뿐만 아니라 진정으로 그 사람을 존중하고 존경할 수 있게 되지 않을까? 나태주 시인은 '풀꽃'이라는 시를 통해서 이러한 평범한 진리를 우리에게 일깨우고 있는 것은 아닐까? 여기에서 '풀꽃 1'은 'respect'에 대한 나의 해석, 즉 '반복적으로 뒤돌아봄'과 과 관련되어 있고, '풀꽃 3'은 프롬의 해석, 즉 '있는 그대로 봄'과 관련되어 있다. [8] 한 번 음미해보시라.

풀꽃 1

자세히 보아야 예쁘다
오래 보아야 사랑스럽다
너도 그렇다.

풀꽃 3

기죽지 말고 살아봐
꽃 피워봐
참 좋아

: 지식

마지막으로, 프롬은 어떤 사람을 존경하려면 그를 잘 '알지 않고서는' 불가능하다고 말한다. 그에 의하면, 보호와 책임은 지식에 의해 인도되지 않는다면 맹목적일 것이다. 지식은 관심으로 동기가 주어지지 않으면 공허할 것이다. 지식에는 여러 층이 있다. 사랑의 한 측면인 지식은 주변에 머물지 않고 핵심으로 파고드는 지식이다.

이러한 지식은 나 자신에 관한 관심을 초월해서 다른 사람을 그의 측면에서 볼 수 있을 때만 가능하다. 예컨대 나는 어떤 사람이 화를 냈다는 것을 그가 분명히 나타내지 않을 때도 알 수 있다. 그러나 그가 화를 냈다는 것 이상으로 더 깊이 그를 알 수 있을 것이다. 그러면 나는 그가 불안하고 근심에 쌓여 있으며 외로움을 느끼고 죄책감을 느끼고 있다는 것을 알 수 있다. 그러면 나는 그의 노여움이 보다 깊은 어떤 거의 나타남에 지나지 않음을 알게 되고 그를 근심하고 당황하는 사람으로서, 다시 말하면 화낸 사람이라기보다는 괴로워하는 사람으로서 보게 된다.

단순히 생물학적 측면에서 보아도 인간의 생명은 기적이고 신비이지만 인간적 측면에서 보아도 인간은 자기 자신에 대해, 그리고 그 동료들에 대해 '불가해한 비밀'이다. 그래서 나태주 시인은 그의 시 '풀꽃 2'에서 '아, 이것은 비밀'이라고 읊었을까? 그의 시 '풀꽃 2' [9] 를 다시 한번 읊조려보시라.

풀꽃 2

이름을 알고 나면 이웃이 되고
색깔을 알고 나면 친구가 되고
모양을 알고 나면 연인이 된다
아, 이것은 비밀

: 어린 왕자가 장미들에게 들려준 말

생텍쥐페리(Antoine de Saint-Exupéry)의 『어린 왕자』를 읽어보면, 그 안에는 프롬이 제시했던 사랑과 관련된 다섯 가지의 단어, 즉 주는 것, 보호 또는 관심, 책임, 존중 또는 존경, 지식 등이 모두 총망라되어있는 것을 볼 수 있다. 그는 어른들을 위한 동화 『어린 왕자』에서 '사랑'이라는 진실을 무시하고 소외시키고 있는 현대인들에게 경종을 울려주고 있다. 이 동화에 등장하는 여우는 생텍쥐페리가 사막지대인 캅쥐비(Cap-Juby)에서 근무할 때 키우던 페네크 여우에서 가져온 캐릭터이다. 그리고 여기에서 여우는 어린 왕자에게 사랑, 길들임, 의례, 우정, 마음의 눈 같은 『어린 왕자』의 가장 중요한 의미를 가르쳐 준 정신적 안내자 역할을 한 동물로서 '지혜 또는 지식의 상징'이기도 하다. 그는 프롬이 제시했던 사랑의 기본적인 네 가지 요소 중에서 사랑에 대한 '지식'을 가르쳐 준 존재이기도 하다. 그리고 여기에 언급된 장미는 생텍쥐페리의 아내 콘수엘로 순신(Consuelo Suncin)의 상징으로 알려져 있다. 어느 날 어린 왕자가 사는 별에 갑자기 나타난 장미는 아름답지만 까다롭고 거만한 존재이다. 장미의 요구와 변덕에 지친 어린 왕자는 별을 떠나 다른 별의 사람들을 만나가 지구까지 내려와서 사랑을 이해하게 된다. 그리고 그는 자기의 장미가 세상에서 유일하고도 소중한 존재임을 깨닫게 된다.

그러면 이제 어린 왕자가 장미들에게 들려준 말들을 통하여 생텍쥐페리가 현대인들에게 에리히 프롬이 제시한 사랑의 네 가지 기본적 요소 중에서 무엇을 강조하고 있는지 좀 더 구체적으로 살펴보자. "아무도 너희들을 위해 죽을 수 없을 거야. 물론 평범한 행인은 내 장미가 너희들과 비슷하다고 하겠지. 하지만 하나뿐인 내 장미는 너희들 모두보다 더 소중해. 내가 물을 '준' 장미이기 때문이야. 내가 둥근 덮개를 씌워 '주었기' 때문이야. 내가 바람막이로 보호해 '주었기' 때문이야. 내가 벌레를 잡아 '주었기' 때문이야(나비라 되라고 두세 마리만 남겨 두고). 불평을 들어 '주고' 자랑을 들어 '주고' 때로는 침묵까지도 들어 '주었기' 때문이야. 그건 내 장미이기 때문이야."[10] 여기에서 어린 왕자는 "내 장미는 너희들 모두보다 더 소중해"라고 말한다. '소중히 여긴다.'라는 말은 프롬이 말한 '존중 또는 존경'을 의미한다. 그는 "내가 바람막이로 보호해주었기 때문이야"라고 고백한다. 이것은 프롬이 제시한 '보호 또는 관심'을 뜻한다. 그는 "물을 주고, 둥근 덮개를 씌워 주고, 보호해주고, 벌레를 잡아주고, 들어주고"라고 말하면서 반복적으로 '주고'라는 단어를 사용하고 있다. 어린 왕자는 프롬의 주장대로 사랑은 무조건 그리고 반복적으로 '주는 것'이라는 진리를 강조하고 있는 것을 볼 수 있다. 계속해서, 여우는 어린 왕자에게 '사랑이라는 불가사의한 비밀'에 관해서 다음과 같이 말한다. "내 비밀은 이거야. 아주 간단해. 오직 마음으로 보아야만 잘 보인다는 것. 가장 중요한 것은 눈에 보이지 않아."[11] 그 후에 마지막으로 여우는 어린 왕자에게 다음과 같은 의미심장한 말을 남기고 그와 헤어진다. 이 말은 내가 여기에서 진정으로 강조하고 싶은 말이기도 하다. "네 장미를 그렇게 소중하게 만든 것은 네가 네 장미를 위해 소비한 시간이야. 사람들은 이 진실을 잊어버렸어. 하지만 넌 그걸 잊어선 안 돼. 넌 네가 길들인 것에 대해서 영원한 책임이 있어. 잊어선 안 돼. 넌 네가 길들인 것에 대해서 영원히 책임이 있어. 너는 네 장미에 대한 책임이 있어…"[12] 여기에서는 프롬이 제시했던 사랑의 네 가지 기본적 요소 중에서도 '책임'을 거듭해서 강조하고 있는 것을 볼 수 있다.

여기에서 '소비한 시간'이란 무엇을 의미할까? 그것은 프롬이 제시했던 사랑의 기본적인 요소와 밀접하게 관련된 시간, 즉 장미를 보호해주고 관심을 가져준 시간, 장미를 존중하고 존경한 시간, 장미에 관한 지식을 알아가는 시간 그리고 가장 중요한 것으로서 장미의 모든 일에 책임져준 시간이 아니었을까? 왜 수많은 현대인은 자기 삶이 불행하다고 생각하는 걸까? 그것은 아마도 국가에 대하여, 직장에 대하여, 가정에 대하여, 모든 인간관계에 대하여 '개인의 권리'만을 지나치게 주장하고 그에 따르는 '책임'을 외면해버리는 데에서 오는 필연적인 귀결이 아닐까? 어쩌면 현대인들은 프롬이 제시한 사랑의 네 가지 기본적인 요소와 '모든 일에 책임 져준다는 것'에 대해 명확한 거부 의사를 표시함으로써 더 많이 행복해지기는커녕 더 큰 불행의 늪 속으로 점점 더 빠져들어 가고 있는 것은 아닐까? 그런 의미에서 진 정으로 잘 산다는 것은 무엇인지를 우리의 명석한 두뇌로 다시 한번 심사숙고해보 아야 하지 않을까?

: 돌봄의 윤리

케럴 길리건(Carol Gilligen)은 그녀의 저서 『다른 목소리로』에서 '돌봄의 윤리'를 주창했다. 그녀는 남녀의 다른 도덕 발달 또는 관점을 분석함으로써 그의 이론을 전개한다. 그녀는 남성과 여성이 서로 다른 도덕적 관점과 태도를 보인다고 생각한 다. 이것은 남녀가 생득적으로 서로 다른 도덕관념을 가지고 있다는 의미가 아니다. 그녀는 그것보다는 그것이 가부장적인 사회에서 남녀의 사회화 과정을 통해 사회적 역사적으로 형성되었다고 주장한다. 길리건은 돌봄의 윤리가 특유한 여성적 윤리 의 성격을 띠고 있다는 주장의 이론적 근거로서 심리분석학자 낸시 쵸도로(Nancy Chodorow)의 자아형성이론을 소개한다.

그녀의 이론에 의하면, 여자와 남자는 각각 자아에 관한 다른 개념을 갖게 된다. 왜 냐하면 그들은 영아기 때부터 부모와의 관계를 통한 서로 다른 '대상-관계'의 경험 때문이다. 남자아이는 엄마와의 전오디푸스 관계로부터 일찍 분리된다. 그러나 여 자아이는 출생 이후부터 엄마와의 관계가 오랫동안 지속된다. 그러므로 여자아이 와 남자아이는 그들의 심리-성적 발달에 있어서 본질적으로 다른 형태를 띠게 된 다. 이와 같은 남자와 여자 간의 본질적으로 다른 심리-성적 발달은 그들의 자아 형 성에 심각한 영향을 미친다. 남자아이의 경우, 엄마로부터의 이른 분리로 인해 다른 사람들과 깊은 관계를 할 수 없게 되는 관계성의 무능을 가지게 된다. 남자아이는 이러한 환경 속에서 성장하여 관계의 무능력을 가지고서 공공의 영역에서 일하게 된다. 남성은 이로 인하여 자기중심적이고 경쟁 지향적이고 사업적 태도에 잘 적응할 수 있는 자아로 살아간다. 이에 반해 여자아이는 엄마와의 오랜 기간의 동일화 과정을 통해 하나로 결속됨으로써 관계성 능력의 기반을 가지게 된다. 그로 인하여 여자아이는 곧 사적 영역에서의 엄마나 아내가 행하는 양육과 돌봄의 일을 잘할 수 있는 능력을 갖추게 된다. [13]

: 돌봄 지향적 윤리, 책임

길리건은 이러한 자아형성이론에 기반을 두고서 기존의 남성 중심의 정의 지향적 윤리는 '권리'만을 강조해왔으므로, 여성 중심의 돌봄 지향적 윤리로서 사랑과 밀접하게 관련된 '책임'을 보완해야만 한다고 주장한다. 그녀는 이와 관련해서 다음과 같이 언급한다. "이 개념에서 볼 때, 도덕 문제라는 것은 상충하는 '권리들' 중에서 어떤 것이 먼저이고 더 가치 있는 것인가를 따지는 데서 일어나는 것이라기보다는, 서로 갈등상태에 있는 '책임들' 중에서 어떤 것이 더 중용하고 우선인가 하는 것을 판단하는 데에서부터 일어나는 것이다. 그리고 판단하기 위해서는 추상적이고 형식적인 사고 양상보다는 상황적이고 담론적인 사고 양상이 요청되는 것이다. 이러한 도덕 개념은 돌봄의 활동에다 초점을 맞추고 있는 도덕 개념으로서 도덕 발달을 '책임성'과의 관계성에 대한 이해에 기초를 두고 살피게 되어 있다. 마치 도덕을 공정성이라는 의미에서 개념화시키고 있는 도덕 개념에서는 도덕 발달을 '권리와 규칙'에 대한 이해에 연결시키고 있는 것과 같다." [13]

먼저, 길리건은 그녀의 돌봄의 윤리에서 먼저 기본적으로 스스로에 대한 존중과 배려를 토대로 해서 타자에 대한 사랑과 연민, 공감과 존중 그리고 책임으로 나아가야만 한다고 주장한다. 그러므로 그녀의 돌봄과 책임의 윤리에는 강압이나 굴

종이 아닌 자유롭게 자기 삶을 결정하고 자율적으로 도덕적 판단을 내릴 수 있는 '자율적 존재'로서 도덕적 인간이 전제되어 있다. [15] 다음으로, 길리건은 책임의 관점이 권리의 관점보다 도덕적으로 더 우월하다거나 권리의 관점을 책임의 관점으로 대체해야 한다고 주장하지 않는다. 또한 그녀는 두 관점 모두 중요하기 때문에 여성은 여성대로 책임의 관점을, 남성은 남성대로 권리의 관점에 만족하면서 부당하게 다른 성의 관점을 무시하지 말고 상호 존중해야 한다고 주장하지도 않는다. 길리건은 두 관점, 즉 권리와 책임 또는 정의와 돌봄이 모두 도덕적 행위의 중요한 척도로 받아들여져야 할 뿐만 아니라 남녀 모두에게 있어서 상호 보충적인 것으로 이해되어야 한다고 주장한다. [16] 그러므로 우리는 비록 책임을 강조하는 돌봄의 윤리가 주로 여성들에게서 발달한 관점이라 하더라도, 이를 여성의 관점으로만 고정하지 말고 궁극적으로는 남녀 모두의 보편적 관점으로 자리 잡을 수 있도록 노력해야만 한다. 타자에 대한 책임을 강조하는 돌봄의 윤리는 확실히 사랑과 연민 그리고 공감이라는 감정 등을 함유한 게 사실이다. 그러나 자기 자신의 권리와 합리성을 강조하는 정의의 윤리와는 전혀 연관성이 없는 돌봄의 윤리는 때때로 부주의하고 위험할 수도 있음을 직시해야만 한다. 자신의 권리와 타자를 향한 책임, 정의의 윤리와 책임의 윤리 그리고 합리성과 사랑의 감정은 전혀 무관한 것이 아니라 상호 보완적이다. 왜냐하면 돌봄의 감정이 비판적이고 합리적인 성찰과 서로 결합하여야만 신중하고 사려 깊은 돌봄이 가능하기 때문이다. [17]

고대 그리스의 사랑의 여섯 가지 유형

우리가 '사랑'이라는 단어를 생각할 때 쉽게 떠올릴 수 있는 것은 남녀 간의 사랑이다. 옛날이나 지금이나 변함없이 그 시대에 유행했던 노래 가사들은 대부분 사랑하는 연인과의 만남, 교제 그리고 이별 등의 남녀 간의 사랑을 주제로 한 것들이다.

물론 노래 가사 중에는 친구 사이의 사랑, 즉 우정을 주제로 한 것이나 부모를 향한 사랑과 그리움 등을 노래한 것들도 있지만 남녀 간의 사랑을 다룬 가사들이 압도적으로 많다. 영화나 드라마도 마찬가지이다. 남녀 간의 사랑을 주제로 한 것들이 대부분이다. 간혹 남녀 간의 사랑을 포함하는 가족을 주제로 한 영화나 드라마도 있다. 그러나 그것도 역시 남녀 간의 사랑을 제외한 것들을 거의 찾아보기 힘들다.

이와 같은 사랑의 대상에 대한 획일성은 우리의 행복한 삶에 그리 긍정적인 요소로 작용하는 것 같지 않다. 물론 남녀 간의 사랑이 우리의 행복한 삶에 중요한 요소 중의 하나임을 부정하기 어렵다. 그러나 사랑의 대상이 남녀 간의 사랑만 있는 것이 아니다. 남녀 간의 사랑이 성공적이라 할지라도 그 외의 대상들 사이에 존재하는 사랑을 잃어버리고 사는 삶을 행복한 삶이라고 말하기 어렵다. 하물며 외줄을 타는 심정으로 남녀 간의 사랑에 목숨을 걸었던 사람이 그러한 열렬한 사랑에 실패했을 때 그야말로 진실로 행복하다고 말할 수 있겠는가? 그러므로 우리는 사랑의 대상에 대한 편협성 또는 편향성에서 벗어나야 한다. 우리는 남녀 간의 사랑을 넘어서서 우리의 일상생활에서 발견할 수 있는 다양한 사랑의 대상을 찾아야만 한다. 그리고 우리는 그러한 다양한 사랑의 대상과 함께 그러한 사랑을 키우고 발전시켜 나가야 한다.

요즘 사람들이 사랑의 대상에 대한 편협성 또는 편향성을 가지고 살아가는 것과는 달리 고대 그리스인들은 사랑의 대상에 따르는 사랑의 유형을 여섯 가지로 정교하게 구별했다. 그들은 사랑의 대상을 여섯 가지로 정교하게 구별함으로써 사랑의 대상에 대한 편협성 또는 편향성에서 벗어나려고 노력했다. [18] 그들은 사랑의 대상에 대한 획일화가 아닌 다양화를 추구함으로써 요즘 사람들보다는 좀 더 다원적인 행복을 누리고 살았던 것 같다. 고대 그리스인들이 제시했던 여섯 가지 사랑의 대상과 관련된 사랑의 유형들은 다음과 같다.

에로스(eros)

첫째는 에로스이다. 에로스는 흔히 남녀 간의 육체적인 사랑을 의미하는 것으로 사용되고 있다. 고대 그리스에서 '에로스'라는 주제를 다루고 있는 대표적인 철학자는 플라톤이다. 그는 그의 저서 『향연』에서 "에로스란 무엇인가?"의 문제에 관하여 기술하고 있다. 플라톤은 에로스, 즉 진정한 사랑은 무엇인가에 관하여 여러 화자의 주장을 통해 에로스에 대한 자기 생각을 나타낸다. 파이드로스는 "에로스는 동성 간의 성적 열망이다."라고 정의를 내린다. 파우사니아스는 "에로스는 육체적 사랑이 아니라 도덕적으로 뛰어난 남성적 특징을 갖는 사람과 맺는 우정이다."라고 말한다. 에뤽시마코스는 "에로스는 인간뿐만 아니라 모든 만물에 적용되는 지식의 원리이다."라고 주장한다. 아리스토파네스는 "에로스는 원초적 자아의 잃어버린 반쪽과의 재결합에 대한 갈망이다."라고 언급한다. 아가톤은 "에로스는 가장 아름다운 존재이며 정의, 절제, 용기와 지혜의 덕을 갖춘 존재이다."라고 묘사한다. 마지막으로 소크라테스는 "아름다움 자체를 관조함으로써 지혜를 사랑하게 되는 영혼의 상승이다."라고 주장한다. 이러한 화자들의 주장은 대체로 '육체적인 사랑'과 '정신적인 사랑'으로 구분될 수 있다. 그런데 플라톤은 소크라테스의 입을 빌려서 진정한 선과 행복에 도달하기 위해서는 찰나적인 육체에 대한 사랑이 아니라 정신적인 사랑, 즉 영원한 것으로서 아름다움 자체에 대한 사랑을 갈망해야 한다는 것을 강조하고 있다. [19]

: 육체적인 사랑

먼저, 육체적인 사랑과 밀접하게 관련된 아리스토파네스의 이야기를 들어보자. 그는 "에로스는 원초적 자아의 잃어버린 반쪽과의 재결합에 대한 갈망이다."라고 정의를 내린다. 이 이야기는 전체 대화편 중에 가장 많이 알려져 있다. 아리스토파네스에 따르면, 태초에 인간은 머리는 하나이지만 네 개의 팔과 네 개의 다리와 두 개의 얼굴을 가진 둥근 생명체였다. 이 생명체들은 세 개의 성(sex), 즉 남성과 남성, 여성과 여성, 남성과 여성으로 이루어져 있었다. 이 세 종류의 생명체들은 힘이 강한 만큼 오만했게 천상 세계를 돌격해서 봉쇄하겠다고 신들을 위협했다. 제우스는 자신의 안전을 위해서 그들의 가운데를 중심으로 세로로 분리해 반쪽 존재로 만들어버렸다. 이제 그들이 번식하려면 성적인 육체적 교접이 필요하게 되었다. 그때부터 인간은 오직 반쪽짜리 생명체로 자신의 반쪽을 보충하고 결합하기 위해서 분리된 다른 반쪽과의 재결합을 갈망하게 되었는데 이러한 갈망이 바로 에로스이다.[20] "그들의 본래 모습이 둘로 잘리자 각각의 반쪽은 다른 반쪽이 그리워 만나려 했네. 그래서 그들은 서로 부둥켜안고 한 몸이 되기를 원했고, 서로 떨어져서는 아무것도 하려 하지 않았기에 결국 죽거나 무기력해져서 죽어가기 시작했네. 또한 두 반쪽 가운데 어느 하나가 다른 반쪽을 남기고 죽으면 남은 반쪽은 또 다른 반쪽을 찾아내어 부둥켜안았는데, 자기가 만난 것이 전체가 여자였던 것의 반쪽인지 아니면 전체가 남자였던 것의 반쪽인지는 개의치 않았네. 그렇게 그들은 멸망해가고 있었네."[21] 이어서 좀 더 구체적으로 세속적인 '육체적인 사랑'의 속성들에 관하여 논했던 파우사니아스의 이야기를 들어보자. 파우사니아스는 다음과 같이 말한다. "그런데 만백성의 아프로디테에 속하는 에로스는 말 그대로 만백성의 것인지라 아무렇게나 닥치는 대로 일을 해치운다네. 그래서 이것은 보잘것없는 사람들이 경험하는 에로스라네. 그런 사람들은 첫째, 소년들을 사랑하는 것 못지않게 여자들을 사랑하며, 둘째, 자신들이 사랑하는 사람들의 혼보다는 몸을 더 사랑하며, 셋째, 되도록 비지성적인 자들을 사랑한다네. 그들은 목표를 달성하는 데만 신경을 쓰고 아름답게 달성하느냐의 여부에는 관심이 없으니까. 그래서 그들은 선악을 가리지 않고 아무렇게나 닥치는 대로 해치우는 것이라네."[22]

: 정신적인 사랑

다음으로, 육체적인 사랑과 정반대로 정신적인 사랑을 언급한 소크라테스의 이야기에 귀를 기울여보자. 소크라테스는 만티네아의 사제이자 예언자인 디오티마(Diotima)의 입을 통해서 자신의 논의를 진행한다.

이 과정에서 디오티마는 소크라테스가 눈을 열어 에로스의 참된 신비를 이해하도록 돕고 있다. 여기에서 관조하는 영혼의 상승이라는 신비적 교설이 소개된다. 신화적으로 에로스는 신도 아니고 단순한 인간도 아닌 다이몬(daimon), 즉 정령(精靈)으로 표현된다. (202d-202e) 전통적으로 다이몬은 인간성과 신성 사이의 중간에 속한다. 그들은 한편으로 인간의 기도들을 신들에게 전달하고, 다른 한편으로 신들의 명령, 계시나 선물들을 인간들에게 전한다. 따라서 신들과 인간들 사이의 교제에서 매개자 역할을 한다. 에로스는 이런 정령 중의 하나이다. 에로스는 신도 아니고 인간도 아니다. 그는 허기졌다가 다시 채워지고 다시 더 많은 것에 허기를 느끼면서 살아간다. 그는 지혜를 사랑하는 사람, 즉 철학자이다. 신들은 지혜를 사모하지 않는다. 그들은 이미 그것을 가지고 있기 때문이다. 한편 어리석은 자들도 지혜를 사모하지 않는다. 그들은 그들에게 무엇이 필요하고 무엇을 결핍하고 있는지를 알지 못하기 때문이다. 이 두 극단 사이에서 살아가는 자가 바로 에로스이다. 그들은 이 세상에서 가장 아름다운 것으로서 지혜에 대한 굶주림을 느낀다. "그들은 이 두 집단의 중간에 있고 에로스도 그중 한 분이라는 것쯤은 삼척동자라도 알 수 있을 텐데요. 지혜가 가장 아름다운 것 가운데 하나이고 에로스가 아름다운 것에 관련한 사랑이라면, 에로스는 필연적으로 지혜를 사랑하는 분이고 지혜를 사랑하는 분으로서 필연적으로 지혜로운 자와 무지한 자의 중간에 있을 수밖에 없기 때문이지요."[23]

플라톤은 『향연』에서 소크라테스를 통하여 다음과 같은 결론을 내리고 있다.

육체적인 세속적 에로스는 인간을 낮은 데로 끌어내린다. 그리고 그것은 천박하고 사악한 존재들을 통해 인간에게 오도된 선과 잘못된 행복을 보여줌으로써 진정한 의미에서의 선이나 행복으로부터 이탈하게 만든다. 다른 한편으로 정신적인 천상의 에로스는 감각적이고 찰나적인 육체적 쾌락에만 매몰되지 않고 가장 아름다운 것으로서 지혜를 갈망하는 이상적인 삶을 추구함으로써 진정으로 행복한 삶이 무엇인지를 깨닫게 한다. [24]

필리아(philia)

두 번째로는 고대 그리스의 사랑의 유형 중에서 '필리아(philia)'에 관하여 알아보자. 필리아는 흔히 친구 사이에 이루어지는 우정을 말한다. 고대 그리스인들은 우정이 행복한 삶을 위한 필수적인 요소라고 생각했다. 아리스토텔레스도 역시 이것과 유사하게 생각했다. 그는 우정과 행복의 관계에 관하여 다음과 같이 말한다. "아마 지극히 복된 사람을 외로운 사람으로 만드는 것도 이상한 일일 것이다. 왜냐하면 홀로 지내면서 모든 좋은 것을 다 소유하라고 하면, 이것을 선택할 사람은 아무도 없을 테니까. 인간은 폴리스적이며 함께 살게끔 되어 있기 때문이다. 이것은 행복한 사람에게도 맞는 말이다. 행복한 사람은 본성적인 좋음을 다 가지고 있으니까. 그리고 그가 훌륭한 친구와 함께 있는 것이 이방인이나 우연히 만난 사람과 함께 시간을 보내는 것보다 더 좋을 것이라는 점은 분명하다. 따라서 행복한 사람에게도 친구들은 필요하다." [25]

또한 그는 지극히 복된 사람은 반드시 다른 사람과 함께 즐거운 활동을 하면서 살아가는 사람이라고 말한다. "또 사람들은 행복한 사람이 즐겁게 사는 것은 당연하다고 생각한다. 외톨이로 사는 것은 힘겹다. 혼자서는 연속적으로 활동하기 쉽지 않은 데 반해, 다른 사람과 함께 라면, 또 타인과의 관계 속에서라면 쉽기 때문이다. 다른 사람과 함께라면 그 자체로 즐거운 활동은 더 연속적으로 될 것이다. 이것이 지극히 복된 사람에게 있어 당연히 그래야 할 모습이다."[26] 아리스토텔레스의 'philia'는 흔히 '친애'로 번역된다. 왜냐하면 아리스토텔레스의 친애라는 개념은 '우정'이라는 개념보다 좀 더 포괄적인 개념으로서 연인들 또는 사업의 동업자들 사이뿐만 아니라 가족 구성들 그리고 하나의 도시국가의 시민들 사이의 관계들을 나타내기 때문이다. 아리스토텔레스는 예를 들어 폴리스의 시민들 사이에서의 친애와 관련해서 다음과 같이 언급한다. "그런데 친애는 폴리스들도 결속시키는 것처럼 보인다. 입법자들도 정의를 구현하기 위해 애쓰는 것보다 친애를 구현하기 위해 더 애쓰는 것 같다. 입법자들은 무엇보다도 친애와 비슷한 것처럼 보이는 화합을 추구하며, 무엇보다도 폴리스에 해악을 끼치는 분열을 몰아내기 때문이다. 또 서로 친구인 사람들 사이에서는 더 이상 정의가 필요하지 않지만 서로 정의로운 사람들 사이에서는 친애가 추가로 필요하고, 정의의 최상의 형태는 서로를 향한 '친애의 태도'인 것처럼 보인다."[27]

: 유용성의 친애, 즐거움의 친애

아리스토텔레스의 친애의 교설의 기본적인 특성은 세 가지 서로 다른 유형의 친애들, 즉 유용성의 친애, 즐거움의 친애 그리고 탁월성의 친애이다. 그에 의하면, 이 중에서 탁월성의 친애만이 진정한 의미에서의 '완전한 친애'이다. 최하위 수준의 친애는 유용성의 친애이다. 이것은 친구를 그 자체로서 사랑하는 것이 아니라 오로지 그로부터 받는 이익 때문에 사랑하는 것이다.[28] 인간은 경제적으로 자족적이지 않기 때문에 이러한 친애도 인간에게 필요할 수 있다. 사업상의 친애가 이러한 유형에 속한다. 다음으로 즐거움의 친애이다. 이것은 인간이 동료 인간과 함께 교제하는 가운데 취하는 본성적인 즐거움에 근거한 것으로서 특히 젊은이들에게 특징적이다. 왜냐하면 "젊은이들은 느낌으로 살며, 자기 즐거움과 현재의 순간을 전력을 다하여 돌보기 때문"[29] 이다. 그러나 이러한 두 가지 유형의 친애는 모두 변질하기도 쉽고 파괴되기 쉽다. 왜냐하면 친애의 동기, 즉 유용성이나 즐거움이 사라지면 그 친애도 변질하거나 파괴되기 때문이다. 이것들에 관하여 아리스토텔레스는 다음과 같이 말한다. "따라서 이러한 것들은 우연적인 의미에 따른 친애이다. 사랑받는 사람이 그 자체로 사랑받는 것이 아니라 어떤 유익이나 즐거움을 주는 한에서만 사랑받기 때문이다. 이러한 친애는 사랑을 주고받는 친구들이 계속 이전 같지 않을 때 쉽게 해체되고 만다. 더 이상 즐거움이나 유익을 주지 못하게 되면 그들의 사랑 역시 멈추게 된다."[30]

그러므로 아리스토텔레스에 의하면, 이러한 두 가지 유형의 친애, 즉 유용성의 친애와 즐거움의 친애는 이른바 '불완전한 친애'이다.

: 탁월성의 친애

이에 비하여 '완전한 친애'는 탁월성의 친애이다. 그가 탁월성이 있어서 우리가 그를 향하여 가지게 되는 친애는 진정한 의미에서의 친애이다. 여기에는 단지 자신 때문에 사랑받는 친구가 있을 뿐이다. 그리고 친애를 나누는 두 사람 모두가 자신의 성격을 유지하는 한 지속된다. 그리하여 아리스토텔레스는 "탁월성이란 지속적이다."라고 말하고 있다. 아리스토텔레스는 이와 같은 탁월성의 친애와 관련하여 다음과 같이 말한다. "가장 완전한 친애는 좋은 사람들, 또 탁월성에 있어서 유사한 사람들 사이에서 성립하는 친애이다. 이들은 서로가 잘 되기를 똑같이 바라는데, 그들이 좋은 사람인 한 그렇게 바라며, 또 그들은 그 자체로서 좋은 사람들이기 때문이다. 그런데 친구를 위해 그 친구가 잘되기를 바라는 사람이 최고의 친구이다. 이들이 이러한 태도를 보이는 것은 우연한 것이 따른 것이 아니라 그들 자신을 이유로 한 것이다. 따라서 이러한 사람들의 친애는 그들이 좋은 사람인 한 유지된다. 그런데 탁월성은 지속적이다. 각자는 또 단적으로 좋은 사람이고 친구에 대해서도 좋은 사람이다. 좋은 사람들은 단적으로 좋으며 서로에 대해서도 도움을 준다.”[31] 그러므로 아리스토텔레스에게 있어서 이러한 유형의 친애야말로 진정한 의미에서의 ‘완전한 친애’가 되는 것이다.

: 당신은 좋은 사람입니까?

나는 아내와 함께 2019년 새해에 개봉된 영화 ‘증인’을 아주 감명 깊게 보았다. 지금도 그때 받은 깊은 울림은 나의 마음에 여전히 남아 있다. 유력한 살인 용의자의 무죄를 입증해야 하는 변호사 순호가 사건 현장의 유일한 목격자인 자폐 소녀 지우를 만나면서 펼쳐지는 이야기를 그린 영화이다. 민변 출신 변호사 순호는 오랫동안 신념을 지켜왔지만, 이제는 현실과 타협하고 속물이 되기로 마음먹은 사람이었다. 자신의 출세가 걸린 살인 사건의 변호사가 된 순호가 사건의 결정적 열쇠를 쥔 유일한 목격자 자폐 소녀 지우를 증인으로 세우기 위해 찾아가며 시작되는 영화 ‘증인’은 결코 가까워질 수 없는 두 인물이 점차 서로에게 다가가는 과정을 따스한 시선으로 그려내며 특별한 감동을 전한다. 재판에서 이기기 위해 지우에게 접근했던 순호가 순수한 지우로 인해 오히려 위로받으며 소통해가는 과정은 보는 이의 가슴을 온기로 채운다. 그리고 자기만의 세계에 집중하며 소통이 서툴렀던 지우가 사건의 증인이 되어 세상과 소통하려는 용기를 갖게 되는 모습은 큰 진폭의 울림을 전한다. “아저씨도 나를 이용할 겁니까?” 그리고 “당신은 좋은 사람입니까?”라는 순호를 향한 지우의 두 가지 질문을 통해 영화 ‘증인’은 타인의 거울에 비친 나는 어떤 사람이었는지 되돌아보게 한다.

우리는 증인이라는 영화의 두 대사 속에서 아리스토텔레스의 유용성 친애와 탁월성의 친애를 엿볼 수 있다. 지우가 순호를 맨 처음 만났을 때, 지우는 순호에게 “아저씨도 나를 이용할 겁니까?"라고 질문한다. 이것은 '유용성의 친애'를 언급한 것이다. 그러나 한참 지난 후에, 지우는 순호에게 "당신은 좋은 사람입니까?"라고 또 다른 질문을 던진다. 이것은 '탁월성의 친애'를 의미한다. 민변 출신 변호사 순호는 오랫동안 신념을 지켜왔다. 그러나 그는 현실과 타협하고 속물이 되기로 마음먹은 사람이었다. 자신의 출세가 걸린 살인 사건의 변호사가 된 순호는 사건의 결정적 열쇠를 쥔 유일한 목격자 자폐 소녀 지우를 증인으로 세우기 위해 찾아간다. 그러나 그는 원래 '좋은 사람', 즉 '탁월성이 있는 사람'이었다. 그는 민변 출신 변호사로서 오랫동안 현실과 타협하지 않고 자신의 올바른 신념을 지켜온 사람이었기 때문이다. 그리하여 그는 애초부터 유용성의 친애를 소유하기 어려운 사람이었다. 그리고 실제로 그는 지우와 함께 유용성의 친애를 나눌 수 없었다. 지우는 비록 자폐 소녀였지만 그녀 역시 순호와 마찬가지로 좋은 사람이었고 탁월성이 있는 사람이었다. 결국 그들은 필연적으로 탁월성의 친애를 나눌 수밖에 없는 사이였다. 우리는 그들 사이에서 아리스토텔레스의 탁월성 친애의 특성을 확연하게 찾아볼 수 있다. 다시 한번 영화의 내용을 연상하면서 아리스토텔레스의 말을 천천히 음미해보자. "가장 완전한 친애는 좋은 사람들, 또 탁월성에 있어서 유사한 사람들 사이에서 성립하는 친애이다. 이들은 서로가 잘 되기를 똑같이 바라는데, 그들이 좋은 사람인 한 그렇게 바라며, 또 그들은 그 자체로서 좋은 사람들이기 때문이다. 그런데 친구를 위해 그 친구가 잘되기를 바라는 사람이 최고의 친구이다. 따라서 이러한 사람들의 친애는 그들이 좋은 사람인 한 유지된다. 그런데 탁월성은 지속적이다. 각자는 또 단적으로 좋은 사람이고 친구에 대해서도 좋은 사람이다. 좋은 사람들은 단적으로 좋으며 서로에 대해서도 도움을 준다." [32] 아리스토텔레스는 좋은 사람은 탁월성이 있는 사람이라고 정의를 내린다.

그런데 아리스토텔레스가 말하는 '탁월성'이란 "이성을 가지고서 상황에 따라 가장 적절한 방식으로 생각하고 말하고 행동하는 사람"이다. 그러므로 아리스토텔레스에게 있어서 좋은 사람은 탁월성 있는 사람이며, 탁월성 있는 사람이야말로 행복한 사람이다. 아리스토텔레스가 말하는 좋은 사람은 단지 마음 좋은 착한 사람이 아니다. 탁월한 사람은 이성을 가지고서 상황에 따라 가장 적절한 방식으로 생각하고 말하고 행동하는 사람이다. 순호와 지우는 흔히 우리가 말하는 마음 좋은 착한 사람 정도가 아니었다. 그들은 모두 심성 좋은 착한 사람을 넘어서서 탁월한 사람들이었다. 그러므로 그들은 진정으로 행복한 사람이었다. 그래서 그랬는지는 몰라도 나와 아내는 영화를 다 보고 나서 무척이나 행복했었던 것 같다. 나와 아내도 증인이라는 영화를 보는 내내 순호와 지우와 함께 '탁월성의 친애'를 나누고 있지 않았을까?

루두스(ludus)

세 번째로 고대 그리스인들이 중요하게 생각했던 사랑의 유형은 '루두스'이다. 이것은 유희 또는 놀이 안에서 이루어지는 사랑이다. '루두스'라는 용어는 로마시인 오비디우스(Ovidius)가 처음 사용한 용어이다. 이것은 아이들 사이 혹은 가볍게 사귀는 연인들 사이에 있을 법한 기분 좋게 놀고 즐기는 가운데에서 이루어지는 사랑을 말한다.[33] 요한 호이징아(John Huizinga)는 그의 저서 『호모 루덴스』에서 인간을 호모 사피엔스(Homo Sapiens), 즉 사유하는 인간이나 호모 파베르(Homo Faber), 즉 제작하는 인간으로 규정하는 종래의 인식에 반대한다. 그는 이 두 가지를 포괄하면서도 넘어서는 또는 이 두 가지의 아래에서 작동하는 인간의 본성을 '유희' 또는 '놀이'로 파악한다. 그는 인간의 본래 특질을 유희 또는 놀이로 파악하면서 다음과 같이 주장한다. "지금보다 더 행복한 시절에 우리는 우리 종족을 사유하는 인간이라고 부른 적이 있었다. 그러나 시간이 지나면서 이성을 숭배하고 낙관주의를 고지식하게 좇았던 18세기처럼 우리를 그렇게 이성적이라고 믿을 수는 없게 되었다. 그리하여 현대에 와서 인간을 만드는 인간으로 지칭하는 경향이 높다. 사실 파베르가 사피엔스보다는 덜 모호한 의미이지만 다른 많은 동물도 만든다는 것을 생각하면 인간에게만 국한된 것이라고 보기에는 오히려 부적당하다는 느낌마저 든다. 인간 이나 동물에게 다 같이 적용할 수 있으면서도, 생각하는 것이나 만드는 것만큼 중 요한 제 삼의 기능이 있으니, 이것이 놀이라는 것이다. 나에게는 호모 파베르와 이 웃하는, 그러나 호모 사피엔스와는 같은 차원에 속하는 술어로서 취급해야 할 것 이 '놀이하는 인간'으로 생각된다." [34]

호이징아는 놀이의 기본적인 특징으로서 일상생활에서의 휴식 시간과 휴식을 위 한 활동, 시간적 제한성과 공간적 제한성, 반복 가능성, 사회적 결합과 공동생활의 이상, 공동체의 연대 그리고 성스러운 진지함, 물질적인 이해나 이익의 무관성과 즐거움을 동반한 자유로운 행위 등을 제시한다. [35] 그는 이러한 놀이의 형식적 특 징을 하나의 문단 안에서 다음과 같이 종합적으로 설명하고 있다. "형식상으로 볼 때 놀이는 자유로운 행동이라고 요약할 수 있다. 그런데 이 행위는 '그렇게 의도한 것'은 아니지만, 일상적인 삶 밖에 있는 것으로 느껴지며, 그런데도 놀이하는 사람 을 압도한다. 물질적인 이해가 연관되거나 이익을 얻으려는 행동도 아니다. 나름대 로 특정한 시간과 공간 내에서 실행되며, 특정한 질서에 따라 규칙적으로 진행된 다. 또한 놀이는 공동체의 연대를 만들며, 그 공동체는 기꺼이 은밀하게 꾸미거나 가장을 통해 일상적인 삶과 다른 것임을 드러낸다." [36]

: 루두스, 즐거움의 친애

우리가 여기에서 특별히 눈여겨보아야 할 것은 바로 물질적 이해나 이익의 무관 성과 즐거움을 동반한 자유로운 행위이다. 요한 호이징아가 제시한 놀이의 특성 중 에서 물질적인 이해나 이익의 무관성은 아리스토텔레스의 '유용성의 친애'와 관련되어 있고, 즐거움을 동반한 자유로운 행위는 즐거움의 친애와 관련된 것 같다. 이렇게 볼 때, 루두스, 즉 유희 또는 놀이 안에서의 사랑은 아리스토텔레스의 유용성 친애 또는 탁월성의 친애와는 거리가 멀고 다만 아리스토텔레스의 즐거움의 친애와는 같은 특성이 있는 것처럼 보인다. 우리가 여기에서 주목해봐야 할 또 다른 하나의 특성은 바로 사회적 결합과 공동생활의 이상 그리고 공동체의 연대이다. 호이징아가 말하는 놀이라는 것은 홀로 행해지는 것이 아닌 '사회적 방식의 놀이'라는 것이다. 혼자서 단독적으로 행하는 근력운동, 등산, 음악감상이나 연주, 미술 관람, 컴퓨터 게임, 조깅, 하이킹, 수영 등은 그가 말하는 놀이가 아니다.

그가 의미 부여한 진정한 의미에서의 놀이는 반드시 사회적 결합과 공동체의 연대 그리고 공동생활의 이상이 함께 동반되어야만 한다. 그런 의미에서 보면, 우리의 삶 가운데에서 흔히 볼 수 있는 여러 종류의 '동호회(同好會) 활동'을 통하여 그들이 공통으로 하는 놀이 안에서 그 구성원들끼리 나누는 사랑 정도가 루두스, 즉 유희 안에서의 사랑이 아닌가 싶다. 동호회는 동아리, 클럽(Club), 구락부(俱樂部) 등으로 불리기도 한다. 동호회란 공통의 관심사나 목표를 가지고 정보를 나누면서 함께 즐기는 사람들의 모임이다. 취미, 정치, 종교 등의 여러 목적과 관심사에 따라 다양한 동호회가 있으며 이러한 동호회는 흔히 학교, 지역, 기업, 인터넷 커뮤니티 등을 단위로 구성되어 있다. 예를 들면, 대표적인 동호회로서 스포츠 관련 동호회, 즉 테니스, 농구, 탁구, 배드민턴, 축구, 배구, 마라톤, 사이클 등의 동호회들이 있다. 악기 연주 관련 동호회로서 통기타, 색소폰, 바이올린, 드럼, 플루트, 전통악기 등의 동호회들이 있다. 이것들 이외에, 대부분의 나라에서 낚시, 등산, 댄스, 영화, 꽃꽂이, 사진, 미술, 여행, 공연 등의 분야에서 각종 동호회가 활성화되어 있다.

이와 같은 다양한 동호회들은 가장 생동감 넘치는 유희 또는 놀이 안에서의 사랑을 경험할 수 있는 모임이다. 생면부지인 사람들이 정기적으로 그리고 일정한 공간에서 각양각색의 동호회 모임을 한다. 그리고 그들은 그러한 모임들을 통하여 일차적으로 물질적 이해나 이익에 구애받지 않고서 자유롭게 즐거움을 추구한다. 그리고 그들은 지속적인 동호회 모임 활동을 통하여 사회적 결합이나 공동체의 연대를 확인하게 된다.

프라그마(pragma)

네 번째로 고대 그리스인들이 중요하게 생각했던 사랑의 유형은 '프라그마'이다. 이것은 결혼한 지 오래된 부부가 '실제로(pragmatically)' 키워가는 성숙한 사랑을 의미한다. 프라그마는 시간의 흐름 속에서 부부관계를 오랫동안 유지할 목적으로 필요한 경우에는 서로 타협하고, 인내심과 관용을 보여주고, 상대에 대한 기대치를 '현실적으로' 직시하는 사랑이다. 그것은 자신과는 다른 상대방의 욕구를 지지할 뿐만 아니라 가정의 평화를 유지하여 아이들이 좋은 환경에서 성장하도록 하고, 재정적으로 안정된 가정을 만드는 일도 포함된다. 무엇보다도 프라그마는 서로에게 헌신하고, 부부관계가 상대에게 도움이 되게끔 하면서 사랑을 호혜적인 행동으로 변화시키는 것이다. [37] 심리학자 에리히 프롬(Erich Fromm)은 '사랑에 빠지는 것 (falling in love)'과 '사랑 안에 머무는 것(standing in love)'을 구별했다. 프롬은 사람들이 사랑 안에 머무는 것에 비해 사랑에 빠지는 데 너무 많은 에너지를 쏟는 현실을 안타까워하면서, 사랑 안에 머물면서 사랑을 굳건히 하는 데에 더욱 힘써야 한다고 말한다. [38] 옛날이나 지금이나 물론 '사랑에 빠지는 것'도 쉬운 일은 아니지만 '사랑 안에 머무는 것'은 더 쉬운 일이 아닌 것 같다. '사랑 안에 머무는 것(standing in love)'에 있어서 영어 'stand'라는 말은 자동사로 "어떤 상태에 있다."라는 의미이다. 그런데 그것은 타동사로는 "참다 또는 견딘다."라는 뜻이다. 이 단어가 의미하는 바가 뭘까? 그것은 아마도 오랫동안 사랑 안에 머물기 위해서는 상대방에 대하여 부단히 참고 견뎌내야만 한다는 것이 아닐까? 몇 번 참다가 더 이상 못 견디고 "

이제 더 이상 못 참아. 아니? 안 참아. 내가 왜 그렇게 참고 살아야만 하는가?"라고 생각하고 자신이 마땅히 있어야 할 그 자리를 박차고 벗어나고야 마는 것이다. 서양 속담에 이런 말이 있다. "더러움이란 내가 있어야 할 그 자리를 벗어나는 것이다." 결혼한 사람은 결혼하자마자 남편의 자리 또는 아내의 자리가 내가 있어야 할 그 자리이다. 자녀가 생기면 아빠의 자리 또는 엄마의 자리가 곧 내가 있어야 할 바로 그 자리이다. 그런데 마땅히 있어야 할 그 자리를 벗어나는 것이 더러움이라는 것이다. 한 남자와 한 여자가 '사랑에 빠져서(falling in love)' 결혼했다. 그리고 사랑스러운 아기도 낳았다. 그러면 그들은 "사랑 안에 머무는 것(standing in love)"에 대한 책임과 의무를 다해야 하지 않겠는가? 물론 우리의 인간사에는 언제나 불가피한 예외 사항은 있을 수도 있다는 것을 인정하지만!

필라우티아(philautia)

: 부정적 형태의 자기애

네 번째로 고대 그리스인들의 사랑의 유형은 '필라우티아'이다. 현명한 고대 그리스인들은 자기애가 두 가지 형태로 나타날 수 있다는 사실을 이미 알고 있었다. 우선 '부정적 형태의 자기애'가 있다. 이것은 공평한 자기 몫을 훨씬 넘어서는 쾌락, 부, 명예 등을 '이기적인 열망'이다.[39] 이러한 부정적 형태의 자기애가 갖는 위험성은 유명한 나르키소스 신화에 분명하게 드러난다. 커다란 강 하나가 굽이치는 물결로 요정 리리오페(Liliope)를 감아 안자 그녀는 처녀성을 잃고 달이 차올라 아이를 낳았다. 아이가 어찌나 예쁜지 보는 사람마다 넋을 잃고 쳐다보았다. 그런 까닭에 아이의 이름은 '망연자실(茫然自失)', 즉 나르키소스(Narcissos)라고 불리게 되었다. 눈먼 예언가 테이레시아스(Teiresias)는 아이가 태어났을 때, 이 아이가 평생 자기의 모습을 보지만 않는다면 오래 살 것이라고 예언했다. 아이가 열다섯이 되던 해, 에코(Eco)

라는 숲속의 요정 하나가 그를 매우 사랑했다. 그러나 나르키소스는 그녀의 사랑에 무관심했다. 부끄러움과 이루어지지 않는 사랑 때문에 그녀는 고독 속에서 야위어갔다. 나날이 말라 결국 한 줌의 재로 변해 바람에 날아가 버렸다. 그 후 그녀는 목소리로 남았는데, 사람들은 그녀를 메아리(Eco)라고 불렀다. 수많은 처녀 또한 나르키소스를 연모했다. 그러나 그 누구도 사랑을 이루지 못했다.

그들은 하늘을 향해 기도했다. "저희가 그를 사랑했듯 그 역시 누군가를 사랑하게 하소서. 그러나 그 사랑을 이루지 못하게 하소서. 이로써 사랑의 아픔을 알게 하소서." 그 기도를 들은 보복의 여신 네메시스(Nemesis)는 나르키소스가 목을 축이기 위해 호수 위로 몸을 숙이다가 물 속에 비친 자기의 모습을 바라보도록 만들었다. 나르키소스는 호수 속의 자신을 사랑하게 되었다. 그는 자신을 깊이 사랑했으나 입을 맞출 수도 껴안을 수도 없다는 것을 알았다. 그리고 자신이 사랑하는 사람이 바로 자기 자신임을 깨닫게 되었다. [40]

: 긍정적 형태의 자기애

다음으로, '긍정적 형태의 자기애'이다. 2018년에 방탄소년단(BTS)이 내놓은 정규 앨범 'Love Yourself'의 결(結) 'Answer : Love Myself'는 긍정적 형태의 자기애를 노래하고 있음을 알 수 있다. 가사를 한 번 음미해보자. "눈을 뜬다. 어둠 속 나 / 심장이 뛰는 소리 낯설 때 / 마주 본다. 거울 속 너 / 겁먹은 눈빛 해묵은 질문 / 어쩌면 누군가를 사랑하는 것보다 / 더 어려운 게 나 자신을 사랑하는 거야 / 솔직히 인정할 건 인정하자 / 니가 내린 잣대들은 너에게 더 엄격하단 걸 / 니 삶 속의 굵은 나이테 그 또한 너의 일부 너 이기에 / 이제는 나 자신을 용서하자 / 버리기엔 우리 인생은 길어 / 미로 속에선 날 믿어 / 겨울이 지나면" 자기를 좋아하고 스스로 안정감을 느끼면, 타인에게 나눠줄 사랑도 많아진다. 마찬가지로 무엇이 자기를 행복하게 하는지를 알면 알수록 주변 사람을 행복하게 해줄 방법을 찾기도 훨씬 수월해진다. 반대로 자신의 됨됨이가 마음에 들지 않으면, 즉 자기혐오를 품고 있으면 타인에게 나눠줄 사랑이 거의 없다. 그렇게 보면 집착에 가까운 자기애로 넋을 잃고 자기만 바라보는 상황이 되지 않도록 유의하면서 자기를 사랑하는 것을 배우는 것이 정답일 것 같다. 긍정적 의미에서의 자기애는 무엇을 말하는 것일까? 그것은 끊임없이 자기 자신의 무능과 실패를 곱씹기보다는 자신의 결점을 있는 그대로 받아들이고 자기를 용서하며 겸손한 자세를 유지하되 타고난 재능 또한 인정하는 것이다. [41]

아가페(agape)

: 아리스토텔레스의 아가페

고대 그리스인의 사랑 중에 아가페는 이기적인 사랑이 아닌 '이타적인 사랑'을 의미한다. 아리스토텔레스는 그의 저서 니코마코스 윤리학 제9권 제8장 '자기애의 분류'에서 '부정적 형태의 자기애'를 지닌 사람을 비판한다. 그리고 그는 친구를 향한 이타적인 사랑을 실천하는 사람을 다음과 같이 높이 평가한다. "무엇보다도 자기 자신을 사랑해야만 하는지, 아니면 다른 사람을 사랑해야 하는지도 문제를 제기할 수 있다. 사람들은 자기 자신을 제일 아끼는 사람들을 비난하며 '자기를 사랑하는 사람(philautos, 이기적인 사람)'이라는 창피한 말로 낮춰 부르기 때문이다. 열등한 사람은 모든 것을 자기 사신을 위해서 행하는 듯하며, 못되면 못될수록 더 그러는 것 같다. 그래서 사람들은 그를 예를 들어 '자기와 상관이 없으면 아무것도 하지 않는 사람'이라는 식으로 불평하는 것이다. 그러나 훌륭한 사람은 고귀함을 이유로 보는 것을 행하며, 그가 훌륭할수록 더 고귀함을 이유로 행하거나 또 친구를 위해서 행하며, 자기 자신의 것은 미루어 놓는다." [42] 이어서 그는 돈이나 명예나 관직보다도 더 귀한 가치를 위하여 자신의 목숨까지 내놓는 조건 없는 자기희생적 사랑, 즉 아가페를 실천하는 신실한 사람이 있을 수 있다는 것을 다음과 같이 언급한다. "신실한 사람이 친구와 조국을 위해 많은 일을 한다는 것, 필요하다면 그들을 위해 죽기까지 한다는 것은 사실이다. 그는 자기 자신에게 고귀한 것을 만들어내기 위해 돈도 명예도 내놓을 사람, 한마디로 다툼의 대상이 되는 좋은 것들을 내놓을 사람이기 때문이다… 아마 이것이 타인을 위해 죽는 사람들에게 일어나는 일일 것이다." [43]

: 기독교의 아가페

아가페의 사랑은 기독교 사상에서 핵심이 되었다. 기독교의 신앙에 의하면, 기독교의 정점은 항상 조건 없는 자기희생적 사랑인 아가페를 드러내는 '예수의 십자가'이다. 예수는 어떤 대가도 없이, 어떤 자기충족적 이유도 없이 죄의 고통 속에 빠진 인류를 구원하기 위해 스스로 십자가의 고통을 겪으면서 죽어갔다. 죄인이 된 인간을 위해 온갖 수모와 고통을 다 받으면서 자기를 희생하였다. 그러한 예수의 사랑이 바로 '아가페의 사랑'이다. 그러면 좀 더 구체적으로 기독교에서 말하는 십자가의 사랑은 무엇인지 알아보자. 예수가 십자가에 달려서 고통당하고 있을 때, 그 옆에서 백부장이 "네가 만일 하나님의 아들이거든 자기를 구원하고 십자가에서 내려오라" [44] 라는 도전적인 말을 십자가에 달린 예수에게 건넨다. 대제사장들은 심지어는 조롱 섞인 투로 이렇게 말한다. "그가 남은 구원하였으되 자기는 구원할 수 없도다". [45] 그러나 예수는 이런 희롱의 말을 듣고 무시당해도 결코 십자가에서 내려오지 않는다. 그런데 가룟 유다가 칼과 몽치를 가지고서 예수를 잡으러 온 무리와 함께 왔을 때, 예수는 그들에게 자기를 구원하지 못하는 무능력자가 결코 아니라고 말한 적이 있다. "너는 내가 내 아버지께 구하여 지금 열두 군단 더 되는 천사를 보내시게 할 수 없는 줄로 아느냐 내가 만일 그렇게 하면 이런 일이 있으리라 한 성경이 어떻게 이루어지겠느냐" [46]

결국, 예수는 자기가 가지고 있다고 자신이 있게 말했던 무력(武力), 즉 신적 능력을 전혀 사용하지 않고서 또는 못하고서 십자가에서 무력(無力)하게 죽어갔다. 그런데 희한하게도 이렇게 자기가 가진 무력(武力)을 한 번도 제대로 사용하지 못하고 십자가에 달려 무력(無力)하게 죽어간 예수를 향하여 그 옆에서 예수를 조롱했던 백부장의 입에서 이런 고백이 흘러나온다. "이 사람은 진실로 하나님의 아들이었도다"[47] 예수의 십자가에서의 죽음에서 나타난 무력성(無力性), 이것이 바로 기독교에서 말하는 아가페의 근본적인 특성이다.

좀 더 구체적으로 설명해보자. 기독교의 아가페적인 사랑은 왜 무력성일까? 기독교 신앙에 의하면, 예수는 모든 인류를 죄와 죽음으로부터 구원하기 위해서 무력하게 죽어갔다. 그는 인류를 향한 사랑 때문에 십자가에서 내려오지 않았다. 아니 그 사랑 때문에 십자가에서 결코 내려올 수 없었다. 예수의 십자가에 나타난 무력성으로서 사랑은 부모의 마음에서도 나타난다. 우리가 흔히 말하는 "자식 이기는 부모 없다."라는 격언에도 '부모의 자식을 향한 무력성의 사랑'이 고스란히 담겨 있다. 부모가 어린 자녀들에게 얼마든지 무력(武力)을 행사할 수 있다. 그러나 부모는 자녀 앞에서만큼은 한없이 무력(無力)하다. 왜냐하면 그것은 바로 부모의 자식을 향한 아가페적인 사랑 때문이다. 어린 아들과 팔씨름하는 젊은 아빠는 무력(武力)으로 자녀를 제압하는 법이 없다. 젊은 아빠는 어린 아들에게 항상 무력(無力)할 뿐이다. 팔씨름할 때마다 무력(武力)으로 이기는 척하다가 언제나 즐거운 마음으로 흔쾌하게 져 준다. 사랑 때문에 무력을 행사하지 않는 것이다. 아니 자녀를 그 사랑 때문에 무력을 행사하지 못하는 것이다. 이게 바로 자녀를 향한 사랑의 표현이 아닐까?

남녀 간의 사랑도 마찬가지이다. 진정한 사랑의 평가 기준은 무력(武力)이 아니라 무력성(無力性)이다. 물론 돈도 권력도 외모도 학벌도 직장도 사랑의 주요 평가 기준 중의 하나일 것이다. 그러나 이 모든 것들을 다 갖추었다 할지라도 진정한 사랑이 없으면 그 모든 것들은 아무것도 아니다. 진정한 사랑이 있으면 사랑의 대상 앞에서 한없이 무력(無力)해진다. 언제나 더 많이 사랑하는 사람이 덜 사랑하는 사람에게 무력하게 끌려다니는 법이다. 무력(武力)은 있어도 사랑의 무력성(無力性)이 없는 사람은 사랑의 대상을 자기 맘대로 끌고 다니려고 한다. 모든 것을 자기에게 맞추라고 요구한다. 왜? 내가 너보다 더 잘났으니까? 돈도, 권력도, 외모도, 학벌도, 직장도, 가문도 모두 다 내가 너보다 더 많거나 좋으니까? 그러니까 내가 너를 끌고 가는 것이 당연하다는 듯이 은연중에 그렇게 생각하고 말하고 행동한다.

그것이 진정한 사랑일까? 다시 한번 강조하거니와, 진정한 사랑은 '무력(武力)'이 아닌 '무력성(無力性)' 속에 있다. 모두 다 그런 것은 아니겠지만, 요즘 사람들은 너무 무력(武力)에만 치우친 경향이 있다. 물론 그것이 중요하지 않다는 것이 결코 아니다. 물론 그것도 중요하다. 그러나 최종 단계에서 반드시 점검해보아야 할 것은 바로 '사랑의 무력성'이다. 저 사람이 나를 위해서 기꺼운 마음으로 '무력성(無力性)'이라는 대가를 지불할 마음이 있는지를 심사숙고해서 살펴보아야 한다. 만일 그런 마음이 없다면 그 사람과의 관계를 다시 한번 재고해보아야 한다.

: 사랑을 통해서 그리고 사랑 안에서

빅터 프랭클이 그의 저서 『죽음의 수용소』에서 언급했던 그의 말을 다시 한번 음미해보자. "그때 한 가지 생각이 내 머리를 관통했다. 내 생애 처음으로 나는 그렇게 많은 시인이 자기 시를 통해서 노래하고, 그렇게 많은 사상가가 최고의 지혜라고 외쳤던 하나의 진리를 깨닫게 되었다. 그 진리란 바로 사랑이야말로 인간이 추구해야 할 궁극적이고 가장 숭고한 목표라는 것이다. 나는 인간의 시와 사상과 믿음이 설파하는 숭고한 비밀의 의미를 간파했다. '인간에 대한 구원은 사랑을 통해서 그리고 사랑 안에서 실현된다.'" [48] 이와 같은 프랭클의 말을 음미하는 중, 내 머릿속에 하나의 시구가 문득 떠올랐다. 나는 행복론 수업 시간에 정두리 시인의 「

그대」라는 시의 일부를 내 맘대로 변용해서 고달픈 삶을 살아가는 우리에게 '사랑'이 얼마나 중요한지를 강조한다. 그의 시 일부만 살펴보자. 원래 시의 내용 일부는 "아름다운 세상을 눈물 나게 하는 눈물 나는 세상을 아름답게 하는… 그대와 나는 내리내리 사랑하는 일만 남겨두어야 합니다."이다. 시인은 어떤 생각으로 그렇게 표현했는지 나는 짐작만 할 뿐이지 정확히 모른다. 나는 이 시를 학생들에게 소개할 때 정반대로 변용하고 내 나름대로 해석해서 소개한다. 그러면 학생들은 대부분 그럴듯하다고 수긍한다. 원래 시의 일부를 정반대로 바꾸면 다음과 같다. "눈물 나는 세상을 아름답게 하는 아름다운 세상을 눈물 나게 하는, 그대와 나는 내리내리 사랑하는 일만 남겨두어야 합니다." 나는 이렇게 변용한 시를 다음과 같이 해석한다. "사람들 대부분은 이 세상에서의 고달픈 삶을 고해(苦海)와 같다고 표현한다. 이 세상은 고통스러운 삶으로 인해 고통의 눈물을 흘리고 살아갈 수밖에 없는 '눈물 나는 세상'이다. 그런데 이러한 눈물 나는 세상을 아름답게 하는 것이 무엇일까? 그것은 바로 '사랑'이다. 그로 인해 아름답게 된 이 세상에서 사랑의 삶을 살아가면 더욱 아름다운 세상이 된다. 그리하여 우리는 이처럼 아름다운 세상을 바라보고 기쁨의 눈물을 흘리게 될 것이다. 그러므로 우리는 이 세상을 살아가는 날 동안 내리내리 사랑하는 일만 남겨두어야 한다." 다시 한번 프랭클의 말을 강조하고 싶다. "인간에 대한 구원은 사랑을 통해서 그리고 사랑 안에서 실현된다."라고.

후속활동 프로그램

1. 나의 이상적인 배우자상 10가지 적어보기

2. 나의 이상적인 배우자상과 관련해서 내가 갖추어나가야 할 항목 10가지

3. 소개팅할 때 상대방에게 질문하고 싶은 것 10가지 적어보기

4. 소개팅할 때 상대방의 예상 질문 10가지를 작성하고 답해보기

5. 내가 그리고 상대방이 진정으로 서로 사랑하는지 아닌지를 구별하는 방법을 소개하기

먹고살기

| 5챕터 |

먹고살기

: 나는 자연인이다?

40대 이상의 남자들이 가장 좋아하는 방송 프로그램 중 하나는 〈나는 자연인이다〉라는 프로그램이다. 그들이 이 프로그램을 좋아하는 가장 큰 이유는 무엇일까? 이 프로그램은 윤택과 이승윤 두 방송인이 소위 오지에 홀로 사는 사람들을 방문하여 그들과 1박 2일을 함께 하는 '자연 체험 프로그램'이다. 이 프로그램에 소개된 자연인들은 대체로 남자 그리고 보통 50대 이상의 은퇴자로서 산속에 임시 거처를 짓고 살거나 컨테이너 하우스, 심지어 동굴 같은 데 거주하기도 한다. 산속에서 나는 풀이나 먹거리를 채취하거나 농사를 짓기도 하고, 벌을 치거나, 가축을 기르는 사람도 있다. 진행자 둘 중 한 명이 그들을 방문한다. 자연인은 반가이 받아주며 자신의 보금자리를 한 바퀴 구경시켜 준다. 다음에는 그들이 웃통을 벗고 등목을 하기도 하고 저녁 식사로는 밭이나 산에서 채취한 산채 또는 산에서 기른 닭이나 물고기 등으로 자연식을 만들어 나눠 먹는다. 이 프로그램을 홍보하는 문구는 "원시의 삶 속 대자연의 품에서 저마다의 사연을 간직한 채 '자연과 동화되어 욕심 없이 살아가는 이들의 이야기'를 담은 프로그램"이다. 이 프로그램의 진행자로서 자연인과 함께 대화를 나누는 어느 개그맨은 자신이 진행하면서 느낀 소감을 다음과 같이 소개한다. "삶에 있어서 뭐가 중요한지 자연인을 만나면서 알게 됐어요." 이 프로그램의 또 다른 한 사람의 진행자도 "자연인을 만나 생각도 삶도 180도로 바뀌었어요."라고 고백한다. 과연 그럴까?

: 여기서도 일하지 않고서는 결코 먹고살 수 없어요.

언젠가 아주 깊은 산골에서 살아가는 지인의 집을 방문한 적이 있다. 그는 자기의 집 뒤에 있는 높은 산에 올라가면 중턱에는 큰 저수지가 있고, 그 저수지 위쪽으로 산 정상을 향해 한참 올라가다 보면 「나는 자연인이다」라는 프로그램에 출연한 적이 있는 자연인이 살고 있다고 말해주었다. 그래서 산 중턱에 있는 큰 저수지도 구경하고 등산도 할 겸 지인과 함께 산을 오르기 시작했다. 큰 저수지를 지나서 한참을 올라갔더니 산채(山寨) 같은 허름한 가옥 한 채가 나타났다. 그리고 그 가옥 앞에 있는 계곡을 가로지르는 나무다리 앞에서 수염을 길게 기른 모습을 하고서 갑자기 어디선가 불쑥 나타난 자연인 한 분을 만났다. 그분은 손도끼, 칼, 작은 톱, 망치, 드라이버, 송곳 등이 주렁주렁 달린 허리띠를 차고서 한시도 쉬지 않고 끊임없이 움직이고 있었다. 우리와 대화를 나누는 중에도 우리를 정확히 주시하지 않은 채 계속해서 일하는 모습이 특이해 보였다. 그 자연인과 한참 이야기를 나누는 중 나는 그분에게서 뭔가 이상한 점을 발견했다. 나는 그에게 물었다. "혹시 30여 년 전에 우리 동네에서 함께 살았던 분 아니세요?" 그가 끊임없이 일하던 손을 순간 멈추더니 곧바로 내 이름을 부르며 그 사람이 아니냐고 나에게 되물었다. 맞다. 30여 년 전, 초중고등학교 시절에 함께 우리 동네에서 함께 친하게 지냈던 바로 그 선배였다. 그는 그가 사는 산채로 초대해서 함께 간 지인과 나에게 산에서 채취한 귀한 차를 대접했다. 그의 방 안에는 그가 직접 스케치한 돌아가신 그의 어머니의 초상화가 그의 자그마한 책상에 놓여 있었다. 한두 시간 동안 차를 마시면서 그와 더불어 대화를 나누는 중에 그가 왜 산채 밖에서 우리와 대화를 나누는 도중에도 끊임없이 일을 멈추지 않고 있는 이유를 알 수 있었다. 그는 계속해서 반복적으로 우리에게 강조하듯 이렇게 말했다. "이 지구상의 그 어느 곳이나 생존 투쟁은 그 누구도 예외일 수는 없습니다. 여기서도 생존하려면 끊임없이 계속해서 움직여야만 합니다. 여기서도 일하지 않고서는 결코 먹고살 수 없어요." 이렇게 고백하는 그는 전혀 행복해 보이지 않았다. 그가 비록 자연인일지라도 그의 뇌리에 강하게 각인된 핵심 키워드는 다름 아닌 '생존'이었던 것이다.

우리가 그와 헤어질 때까지 그는 우리에게, 아니 후배인 나에게조차도 끝내 한 번도 나를 향해 웃음을 보여주지 않았다. 참으로 한 편으로는 선배를 만나서 기쁘면서도 또 다른 한 편으로는 매우 슬픈 하루였다. 자연인이라는 존재는 「나는 자연인이다」라는 프로그램의 홍보문구처럼 '자연과 동화되어 욕심 없이 살아가는 행복한 사람들'일까? 아니면 모든 세상 사람과 마찬가지로 '끊임없이 생존을 위해서 투쟁하며 살아야만 먹고 살 수 있는 불행한 사람들'일까?

11. 체화와 창조성

: 먹고살기

그런데 바로 이러한 체화와 창조성은 우리의 일 또는 직업, 다시 말하면 우리의 먹고살기와 밀접한 관련이 있다. 우리가 감당해야 하는 일 또는 직업은 대부분 일차적으로 체화의 과정을 거치게 된다. 습관화 또는 체화를 통해 자동화한 행동은 우리의 일상적인 일 또는 직업의 업무를 수행하는 과정에서 필수적이다. 기본적인 업무를 파악하고 습관화 또는 체화하지 않으면 나 자신이 맡은 업무를 원활하게 수행할 수 없게 된다. 이것은 자신뿐만 아니라 자신이 속한 조직의 구성원들에게도 불안 요인으로 작용한다. 내가 속한 조직의 안정성도 확보할 수 없다. 그러므로 우리는 반복된 숙련 과정을 통해서 자신이 감당해야 하는 모든 일을 반드시 습관화 또는 체화해나가야만 한다. 우리는 이렇게 함으로써 성공적이고 행복한 직장생활의 첫걸음을 내디딘 것이다. 그러면 이것으로 만족스러울까? 전혀 그렇지 않다. 기본적인 체화의 과정을 거치면 그다음 단계로 나아가야 한다. 그것은 바로 창조성의 발휘이다. 주어진 일만 반복적으로 또는 기계적으로 잘 감당한다고 해서 모든 여건이 충족되었다고 결코 말할 수 없다. 반드시 다음 단계로 나아가야 한다. 그것이 바로 '창조성'의 단계이다. 우리는 창조성과 관련된 조율한 행동을 해야만 한다. 우리가 삶의 현장에서 자신만의 독특한 창조물들을 만들어내지 못하면 다른 사람이 형성해놓은 구도와 환경 속에 안주할 수밖에 없다. 그러나 우리가 창조성을 발휘하면 할수록 우리는 더 능동적이고 더 자신감 있는 사람이 될 수 있다. 창조성을 갖추면 일의 능률을 높일 수 있을 뿐만 아니라 삶 전반을 풍요롭게 만들 수 있다.

체화

: 체화의 첫걸음 - 시도하기

체화의 첫 단계는 '시도하기'이다. 해보지도 않고 지레 겁먹고 포기하는 것과 시도해보고 실패를 맛보는 것은 전혀 다른 결과를 만들어낸다. "실패는 성공의 어머니이다."라는 말이 있다. 시도하고서 성공하면 좋지만 실패할 수도 있다. 그러나 실패는 단순히 실패로 끝나지 않는다. 실패를 통해서 얻는 것이 많기 때문이다. 그러므로 시도해보는 것이 대단히 중요하다. 아리스토텔레스는 체화와 관련해서 매우 의미심장한 말을 했다. 그는 "해봄으로써 할 수 있다"라고 단언한다. 그에 의하면, 우리가 '탁월성(arete)'을 획득하게 되는 것은 여러 기예의 경우에서와 마찬가지로 '먼저 발휘함으로써' 얻게 되는 것이다. 어떤 것을 어떻게 만들어야 하는지를 배우는 사람은 그것을 '만들어봄으로써' 배우는 것이기 때문이다. 가령 건축가는 집을 '지어 봄으로써' 건축가가 된다. 기타라 연주자는 기타라 '연주를 해봄으로써' 기타라 연주자가 되는 것과 같은 이치이다. 그러므로 이렇게 정의로운 일들을 '해 봄으로써' 우리는 정의로운 사람이 된다. 절제 있는 일들을 '해봄으로써' 절제 있는 사람이 된다. 용감한 일을 '해봄으로써' 용감한 사람이 되는 것이다. [1]

아리스토텔레스는 탁월성을 획득하려면 일단 탁월성을 발휘해보라고 권면한다. 그 무엇인가를 선택하고 결정했으면 해보아야 한다. 여러 차례 해보는 반복과정을 통하여 그 일이 나에게 체화된다. 그러한 과정은 힘들고 고통스럽고 쓰디쓴 과정이 될 수도 있다. 그러나 그 열매는 달고 풍성할 것이다. 요즈음 각종 면접시험에서 발표 면접과 토론 면접 등을 적극적으로 도입하고 있다. 그 이유는 발표나 토론이 각종 업무 수행에 있어서 필수적이라 할 수 있는 비판적으로 생각하고, 말하고, 행동하는 능력을 종합적으로 보여줄 수 있는 하나의 장을 마련해 주기 때문이다. 예를 들면, 발표 면접에 있어서 청중과의 교감을 이루기 위해 청중과의 눈 맞춤, 호감을 주는 표정, 변화 있는 목소리, 시간 준수, 자연스러운 말투, 적절한 제스처 등이 필수적이다. 그런데 이러한 것들은 하루아침에 저절로 이루어지는 것이 아니다. 반드시 체화의 과정을 거쳐야만 한다. 한 번이라도 연습해보고 실전에 임하는 경우와 그렇지 않은 경우와는 발표 면접의 성패가 달라진다. 실제처럼 반복적으로 해보는 것이 가장 중요하다. 친구를 앞에 두고서 혹은 거울 앞에서 실제처럼 똑같이 해보는 것도 좋고, 녹음기나 비디오 기기를 사용해서 점검해보는 것도 효과적이다. 이러한 연습 과정은 어색한 부분이나 잘못된 부분을 미리 수정할 수 있어서 실제 발표에 임할 때 자신감을 높여준다. [2] 발표의 귀재인 스티브 잡스도 2시간 남짓의 신제품 발표를 위해 6개월 동안 자료를 준비하고 연습에만 3주를 투자했다고 한다. 그는 주머니에 제품을 꺼내는 동작에서부터 유머에 이르기까지 철저하게 연출했다고 한다.[2] 이것은 청중을 설득하기 위해서 수없이 많은 반복적 훈련을 통한 체화의 과정이 얼마나 중요한지를 잘 보여주는 하나의 좋은 사례이다.

: 무력감

현대인들은 깊은 무력감에 빠져 있다. 대부분 청년이 눈앞에 닥친 취업의 문제로 무력감을 호소하고 있다. 예를 들면, 취업을 위한 발표 면접 또는 토론 면접을 앞두고 매일 그것으로부터 도망치고 싶다고 하소연한다. 그냥 포기해버릴까? 취업 시험을 보지 않아도 살 수 있는 경우의 수는 없을까? 너무나도 무기력한 상태로 침대 위에 누워서 억지로 잠을 청해보지만 도통 잠들 수 없는 강요된 불면증에 시달리는 이들도 있다. 억지로 괴로운 현실 문제를 잠시나마 잊어보려고 친구들과 만취하도록 음주하고서 잠든 후에 그냥 다음날까지도 멍하니 몇 날 며칠 누워 있는 이들도 있다. 진정으로 취업 문제를 피할 수만 있다면 내 영혼까지라도 팔아서 피하고 싶다고 항변하는 이들도 있다. 그들 또는 우리는 왜 무력감에 빠져 있을까? 그들 또는 우리는 왜 무기력을 되풀이할까? 우리가 그러한 무력감의 늪으로부터 빠져나오는 방법은 없는 것일까? 우리에게는 그 어디에도 희망이 없는 것일까? 그냥 그대로 사는 것이 정답일까?

에리히 프롬은 그의 저서 『나는 왜 무기력을 되풀이하는가』에서 현대인들이 가지고 있는 '무력감'에 대하여 이야기하고 있다. 그에 의하면, 무력감은 자신에 대한 행동에서 드러난다. 그런데 이것이야말로 개인에게 미치는 가장 중요한 결과일지도 모른다. 이런 차원의 무력감의 형태 중 하나가 자신의 내부에서 일어나는 충동과 두려움에 맞서지 못하는 태도이다. 이것들을 제어하려는 시도라도 할 수 있다는 믿음이 없다. 이들의 신조는 다음과 같다. "난 원래 그래. 그러니까 아무것도 바꿀 수 없어." 이들에게 자신을 바꾸는 것보다 더 불가능해 보이는 일은 없다. 이들은 이런저런 성격 때문에 자신이 얼마나 끔찍한 고통을 당하는지 한탄하고 슬퍼하는 것으로 인생을 다 보낼 수도 있다. [4] 무기력한 사람은 항상 무언가를 바라지만 자신은 그 결과를 위해 아무것도 할 수 없다고 깊이 확신한다. 이런 감정이 너무 진전되어서 그 어떤 것도 바라거나 원하지 않게 되든지 아니면 자신이 애당초 뭘 원하는지조차 알지 못하는 경우도 매우 흔하다. 보통은 자신의 소망이 있을 자리를 타인이 자신에게 무엇을 바라는지에 대한 고민이 차지한다. [5] 예를 들면, 내가 진정으로 무엇을 하고 싶은지보다는 나의 부모님이 내가 무엇을 하기를 바라는가에 관한 고민을 하고 있다는 말이다.

: 무력감에 대한 자기합리화

나 자신이 깊은 무력감에 빠져 있다는 사실을 직시할 때마다 나의 정신적 고통은 더욱더 나를 짓누르고 옥죄게 된다. 이때 이러한 나 자신의 무력감을 정당화하기 위한 자기합리화를 시도해보기도 한다. 그러나 그러한 시도는 더욱더 자기 자신을 비참하게 만들 뿐이다. 에릭 프롬은 자신의 무력감에 대한 자기합리화의 근거로 가장 많이 사용되는 몇 가지의 사례를 제시한다. 그가 제시한 네 가지의 사례는 상당히 설득력이 있다. 왜냐하면 나 자신도 충분히 그러한 이유로 한순간 깊은 무력감에 빠질 수도 있기 때문이다. 그가 제시한 자기합리화의 근거를 좀 더 냉철하게 나 자신에게 적용해보자. 첫째는 자신이 무기력한 이유가 신체적 결함 탓이라는 것이다. 둘째는 특정한 인생 경험으로 인해 너무나 큰 상처를 입었기에 모든 활력과 용기를 빼앗겼다는 확신이다. 어린 시절의 특정한 경험, 불행한 사랑, 경제적 파탄, 친구에 대한 실망을 무력감의 원인으로 보는 것이다. 정신분석이론을 단순화시키는 탓에 이런 합리화가 많은 관점에서 더욱 수월해졌다. 다시 말해서 세 살 때 엄마한테 맞았거나 다섯 살 때 오빠에게 놀림을 당했기 때문에 무력해졌다고 믿도록 핑곗거리를 제공하는 것이다. 셋째는 상상으로 혹은 실제로도 자꾸만 문제를 만들어서 절망적인 상황으로 미루어 볼 때 속수무책의 심정이 당연하다고 여기는 성향이다. 넷째로 위로의 자기합리화이다. 이런 위로의 합리화 중 가장 중요한 형태는 기적에 대한 믿음과 시간에 대한 믿음이다. 기적에 대한 믿음은 외부에서 온 어떤 사건으로 인해 갑자기 자신의 무기력이 사라지고 성공, 능력, 권력, 행복에 대한 모든 소망을 이룰 것이라는 상상이다. 시간에 대한 믿음에서는 갑작스러운 변화라는 요소가 부재한다. 그 대신 '시간이 가면서' 모든 것을 얻게 될 것이라는 기대가 있다. 스스로 해결할 수 없다고 느끼는 갈등에 대해서도 직접 결단의 위험을 감수하지 않아도 시간이 지나면 저절로 해결될 것이라 기대한다. 특히 자기 능력과 관련하여 이런 시간에 대한 믿음이 자주 발견된다. 하지만 자신의 무력감을 변호하는 이런 자기합리화는 상상이나 현실에서 자신의 고통을 증가시키는 요인 중 하나이다. [6]

: 자발적 활동

우리는 이러한 나 자신의 무력감에 대해서 마냥 자기합리화만 하고서 살 수는 없다. 그것이 정답이 아니라는 것을 누구보다도 나 자신이 너무나도 명확하게 이미 인지하고 있기 때문이다. 그래서 더욱더 나 자신이 처절하도록 비참한지도 모른다. 그러면 우리는 이러한 나 자신의 무력감에 대한 자기합리화로부터 어떻게 벗어날 수 있을까? 과연 출구는 전혀 없는 것일까? 이에 대해 에릭 프롬은 뭐라고 답할까? 그에 의하면, 우리는 자아실현이 사고 행위만으로 가능한 것이 아니라 전인격의 실현을 통해 가능하다는 것을 직시해야만 한다. 우리의 모든 감정적 가능성과 지적 가능성이 활발하게 표현될 때 비로소 가능하다. 이런 가능성은 모두에게 깃들어 있지만, 겉으로 표현하는 만큼만 실현된다.

적극적 자유는 통합된 전인격의 자발적인 활동이다. 활동은 '어떤 것을 한다.'라는 의미가 아니다. 활동이란 감정의 영역은 물론이고 지적, 감각적, 의지의 영역에서도 이루어지는 인간의 창의적 활동을 말한다. [7] 다시 말해서 그는 "무력감에서 벗어나야만 한다."라는 생각만 가지고서는 결코 그와 같은 질곡에서 벗어날 수 없다는 것이다. 나 자신의 전인적 부분, 즉 지적, 감정적, 의지적, 욕구적, 신체적 등의 모든 차원에서의 자발적 활동이 필요하다. 이러한 모든 나 자신의 자발적 활동에서 개인은 세계를 자기 안으로 받아들인다. 그 과정에서 개인의 자아는 온전해지고 더 강해지고 더 탄탄해진다. 자아는 적극적으로 활동하는 만큼 강해지기 때문이다. [8] 자발적 활동으로 자아를 실현하고 이를 통해 세상과 관계를 맺는 개인은 더 이상 고립된 원자가 아니다. 그와 세상은 질서정연한 전체의 부분이 되고, 그는 세상에서 자신에게 맞는 자리를 얻게 되며, 그럼으로써 자신과 삶의 의미에 대한 회의도 사라질 것이다. [9]

: 자신감

우리는 우리의 삶 속에서 무력감을 어떻게 극복하고 프롬이 언급한 자발적 활동을 할 수 있을까? 우리가 자발적 활동을 하기 위해서는 먼저 무력감에 대한 자기합리화를 떨쳐내 버려야 한다. 그리고 이제 우리는 자발적 활동으로 나아가야 한다. 그런데 그것에 대한 에너지가 필요하다. 그것이 바로 '자신감'이다. 우리의 마음속에서 우선 무력감에서 자신감으로의 전환이 이루어져야 한다.

주저하고 망설이게 하는 무력감에서 벗어나 "할 수 있다, 해보자"라는 자신감으로 충만해져야만 비로소 내 안에서 자발적 활동이 시작될 수 있다. 프랑스 철학자 샤를 페팽(Charles Pépin)은 우리 자신이 원하는 삶을 살아가는 데 가장 필요한 것은 '자신감'이라고 말한다. 그에 의하면, 무언가에 성공하는 사람과 그렇지 않은 사람의 차이는 자신감을 가지고 과감하게 시도하느냐 아니면 무력감에 빠져서 주저하고 망설이다가 결국 체념하느냐의 차이다. 자신감은 실력에서 나오고 그 실력은 강도 높은 훈련으로 다져진다. 같은 동작을 끊임없이 반복하여 훈련할 때, 이러한 동작들은 제2의 천성으로 체화한다.[10] 다시 말하면, 우리는 체화를 통하여 무력감을 버리고 자신감을 가질 수 있다.

: 연습의 반복을 통한 체화

페팽은 심리학자 앤더스 애릭슨(Anders Ericsson)의 '1만 시간의 법칙'이라는 연구를 소개한다. 에릭슨은 베를린 뮤직 아카데미에서 바이올린을 전공하는 비슷한 연령대 학생들의 경력을 분석했다. 에릭슨은 대상자 모두에게 "처음 바이올린을 잡았던 순간부터 지금까지 총연습시간"을 물었는데 그 결과는 놀라웠다. 바이올린 교사가 '되는 데 그친' 이들 중 4천 시간 넘게 바이올린을 반복적으로 연습했다고 말하는 사람은 없었다. 그리고 바이올린 연주자가 된 이들은 약 8천 시간 동안 바이올린을 반복적으로 연습했다고 말했다. 이들 중에서도 세계적으로 뛰어난 바이올리니스트는 최소 1만 시간 이상을 연주한 것으로 나타났다. 예외는 단 한 명도 없었다.[11] 그에 의하면, '실력의 차이는 곧 연습의 차이'이다. 연습을 통하여 어떤 행위에 숙달하고 실력이 향상되면 자신감을 더 가지기가 쉬울 수는 있다. 하지만 삶을 살아가는 데는 그 이상의 노력이 필요하다. 우리의 삶에서 실력을 연마하여 자신감을 향상하면 작은 성공을 이룰 수 있다. 그리고 그러한 작은 성공들이 자신감으로 쌓이게 된다. 우리의 삶 속에서의 '연습의 반복'이라는 삶의 작은 변화가 우리의 삶에 큰 차이를 만들게 되는 것이다.[12] 미국의 작가 마크 트웨인(Mark Twain)은 1835년 11월 30일에 미주리주 플로리다의 가난한 개척자 집안에서 태어나 흑인 노예 학대나 백인 개척민들의 거친 언동을 보고 자랐다. 그의 생활은 몹시 가난했다. 그의 아버지 존 마셜 클레멘스는 가족에의 애정도, 삶에 대한 의욕도 그저 그런 사람이었다. 그는 그러한 환경에서 12세 때 아버지가 사망하자 학교를 중퇴하고 인쇄소에 수습공으로 들어갔다. 그는 어린 나이였지만 이미 인생의 고뇌에 시달리던 나태하고 신경질적인 남자아이였다. 그는 마을의 비슷한 청년들과 어울리며 갖은 탈선행위를 하고 다녔다. 그는 수습공 생활을 할 당시 지방 신문사에서 인쇄 식자공으로 일한 적이 있었다. 그는 틈나는 대로 신문기자 일을 배우고 유머 콩트를 써서 신문에 게재하곤 했다. 훗날 그는 어디엔가 이런 말을 남겼다. "나 자신이 글 쓰는 데 소질이 없음을 발견하는 데 15년이 걸렸다. 하지만 글쓰기를 포기할 수 없었다. 계속 써야만 했다. 왜냐하면 그때 이미 나는 유명한 작가가 되어 있었으니까." 이것이야말로 샤를 패팽이 언급한 '연습의 반복을 통한 체화의 기적'이 아닐까?

행동하라, 변화를 가져올 것이다

: 과학적 선택 vs 인문학적 선택

미국의 실용주의 철학자 윌리엄 제임스(William James)는 그의 저서 『믿으려는 의지(The will to believe)』에서 "행동하라. 변화를 가져올 것이다."라는 메시지를 전한다. 그는 여기에서 과학적 선택과 인문학적 선택의 차이에 관하여 언급한다. [13] 먼저 그는 과학적 선택에 관하여 말한다. 단 하나뿐인 기회만 있는 것이 아닐 때, 내가 투자한 것이 중차대한 것이 아닐 때, 그리고 만일 우리의 결정이 나중에 현명하지 못한 것으로 입증되어서 우리가 그것을 원상태로 되돌릴 수 있을 때, 우리의 선택은 사소한 것이다. 그러한 사소한 선택들은 과학적 방법을 사용하는 것 안에 많이 있다. 화학자는 그것의 검증 안에서 일 년을 소비할 만큼 충분히 살아있는 하나의 가설을 찾아낸다. 그는 그것만큼 그 가설을 믿는다. 그러나 만일 그의 실험들이 어느 쪽으로든 결론이 나지 않는다면 그는 중대한 해가 되지 않는 한, 시간 낭비를 그만둔다. 그러나 인문학적 선택은 그리 사소하거나 하찮은 것이 결코 아니다. 대부분 사람은 그 시점과는 상관없이 대체로 두 가지를 결정해야만 한다. 첫째는 어떤 일을 하면서 살 것인가? 두 번째는 누구와 함께 살 것인가이다. 그런데 이러한 문제들을 결정하는 것이 그와 같이 쉬운 일이 아니다. 왜 그럴까? 그것은 과학에서처럼 여러 번 여러 차례 반복해서 실험하기가 사실상 어렵고, 우리가 쏟아부은 유무형의 것들이 중차대한 경우가 많고, 만일 그것이 나중에 현명한 결정이 아니라고 판명되었을 때 원상태로 되돌리기가 쉽지 않기 때문이다. 그래서 이러한 인문학적 선택들은 항상 모험을 동반하는 경우가 허다하다. 왜냐하면 인문학적 인간사에는 항상 다양한 위험 변수들이 그대로 남아 있기 때문이다.

: 선택하라! 그리고 행동하라!

제임스는 이것과 관련해서 두 가지의 사례들을 제시한다. 하나의 사례는 북극 탐험의 사례이다. 만일 어떤 사람이 나에게 북극 탐험을 제안했다고 가정해보자. 나의 선택은 '운명의 순간'일 것이다. 왜냐하면 이제 선택은 그 사람과 함께 하는 북극 탐험이라는 일의 결과로서 나에게 주어지는 불후의 명성으로부터 나를 전적으로 제외할 것인지 또는 적어도 나의 손으로 그러한 기회를 붙잡을 것인지 둘 중의 하나이기 때문이다. 오직 단 한 번뿐인 기회를 기꺼이 받아들이기를 거절하는 사람은 마치 그것을 시도하고서 실패한 사람처럼 확실하게 그 상을 받을 수 있는 기회를 놓친 것이다.[14] 이와 같은 인문학적 선택에는 항상 다양한 위험 변수들이 뒤따르기 마련이다. 그래서 최종 선택은 자기 삶의 주인인 자기 자신이 해야만 한다. 내가 최종 선택하는 데에 있어서 다른 사람들의 충고나 조언은 항상 이차적인 것으로 남아 있을 뿐이다. 크고 작은 위험이 따를지라도 행동하기를 선택하면 성공할 가능성이 있다. 그러나 그러한 위험 때문에 행동하지 않기를 선택하면 우리에게 결과로서 남아 있는 것은 아무것도 없을 것이다. 그가 제시한 또 다른 하나의 것은 산에서 길을 잃은 사람의 사례이다. 그는 눈보라가 휘몰아치고 앞을 볼 수 없을 정도로 안개가 자욱한 산길에 서 있다. 그는 그러한 상황으로 인하여 때때로 현혹되기 쉬운 좁은 길들을 엿볼 수도 있다. 만일 그가 가만히 서 있거나 다 포기하고서 주저앉아 있다면, 그는 얼어 죽고야 말 것이다. 만일 그가 잘못된 길에 들어선다면 그는 산산조각이 날 것이다. 그는 어떤 올바른 길이 있는지를 확실하게 알 수 없다. 그러면 이때 그는 어떻게 해야만 할까? 강건해야 한다. 용기를 가져야 한다. 되도록 좋게 생각하여 행동해야 한다. 그리고 최후까지 희망을 잃지 말아야 한다. 그리고 그 이후에는 어떤 일이 일어나든지 그대로 받아들일 수밖에 없다. 만일 모든 것이 죽음으로 끝난다면 이보다 더 좋은 죽음을 만날 수 없을 것이다. [15] 가만히 서 있거나 다 포기하고서 주저앉아서 얼어 죽기만을 기다리는 것은 우리가 선택해야 할 사항이 결코 아니다. 적어도 그것은 답이 아니다. 반드시 이에 대한 대안이 요구된다.

: 행동, 그것들이 진리가 되는 과정

그러면 여기에서 제임스가 강조하고자 하는 것은 무엇일까? 그것은 바로 "자기의 선택과 행동이 긍정적인 변화를 가져올 것이라 믿고 최선을 다해 행동하라."라는 것이다. 하지만 우리는 이러한 주장에 신중하게 접근해야만 한다. 왜냐하면 그의 말을 피상적으로만 해석해서 받아들일 경우, 아무리 어리석은 믿음이라도 우리가 그에 따라 행동하기만 하면 이루어질 것이라고 오해할 수도 있기 때문이다. 물론 이것은 그의 주장이 의미하는 바가 결코 아니다. 기본적으로 그는 어떤 생각이 정당한 믿음으로 받아들여지려면 그 전에 충족되어야 할 기본 조건이 있다고 말한다. 유용한 증거가 그의 믿음과 선택을 뒷받침해주어야만 한다. 또한 그것이 혹독한 비판을 견뎌낼 수 있어야만 한다. 또한 우리가 그러한 믿음과 선택에 따라 행동하는 동안 그것들은 계속해서 정당화되어야 한다. 그리고 그러한 정당화의 근거는 우리의 믿음과 선택이 결과를 이해하거나 예측하는 데에 적합한 유용성이다. 하지만 만일 그렇다고 할지라도, 우리 그것이 긍정적으로 실현되었다고 우리가 결론을 내릴 수 있는 순간은 오직 우리가 자신의 선택과 행동이 긍정적인 변화를 가져올 것이라 믿고, 용기를 내어 강하고 담대하게 최선을 다해 행동한 후에, 그 일을 되돌아볼 때뿐이다. 만일 행동의 길잡이가 되는 믿음과 선택이라면 그것이 어떤 것이든 우리가 취한 선택과 행동 덕분에 그것이 진리로 판명된다. 우리가 하나의 믿음과 선택을 행동으로 옮기는 일은 곧 그것들이 진리가 되는 과정이다.

: 근거 없는 자신감 vs 근거 있는 자신감

결론적으로, 우리는 먹고살기의 중요한 요소 중 하나인 '체화'를 위해서 필요한 것은 먼저 무력감에서 벗어나는 것이다. 우리가 무력감에서 벗어나기 위해서는 '무력감에 대한 자기합리화'를 당장 그만두어야 한다. 그리고 모든 일에 주저하고 망설이게 하는 무력감에서 벗어나 "할 수 있다, 해보자"라는 자신감으로 충만해져야 한다. 그래야만 비로소 내 안에서 자발적 활동이 시작될 수 있다. 그러면, 우리가 어떻게 해야만 무력감을 떨쳐버리고 자신감을 가지고서 자발적 활동을 할 수 있을까? 그것은 다름 아닌 '체화하는 것', 윌리엄 제임스가 언급한 '그것들이 진리가 되는 과정으로서 행동화하는 것'이다. 우리는 근거 없는 자신감을 가지고서는 결코 무력감을 떨쳐버릴 수도, 자발적 활동을 할 수도 없다. 자신감은 반드시 어떤 근거가 있어야만 생긴다. 자신감의 근거는 바로 나 자신이 최선을 다해서 감당한 체화, 행동화, 신체도식화이다. 우리는 이러한 자신감 근거가 없을 때, 다시 무력감에 빠질 수밖에 없다. 그리고 그 어떤 자발적 행동도 내 삶에서 기대할 수 없다.

그런데 '근거 없는 자신감'에 관하여 논하다 보니, 아주 오래전에 책 제목에 이끌려서 잠깐 스치듯 읽었던 센다 다쿠야가 쓴 『근거 없는 자신감으로 세상과 마주하라 – 비틀거리는 청춘을 위한 5단계 멘토링』이라는 책이 생각난다. [16] 저자는 이 책에서 우리가 진정한 자신감을 찾아가는 5단계를 다음과 같이 제시한다.

첫째는 '자신감의 진정한 의미를 파악하는 것'이다.
둘째는 '세상 사람들의 평가에 신경 쓰지 않는 것'이다.
셋째는 '절대적인 사랑을 받고 있다고 확신하는 것'이다.
넷째는 '좋아하는 일을 하는 것'이다.
다섯째는 '자신감을 함께 나누는 것'이다.

그런데 여기에 하나의 문제가 있다. 그것은 바로 체화와 관련된 첫 단계와 둘째 단계이다. 그는 첫 단계로써 '자신감의 진정한 의미를 파악하는 것'을 언급한다. 그는 조건이 필요 없을 정도로 '근거 없는 자신감'이야말로 진정한 자신감이라고 강조한다. 그는 학벌이나 반듯한 직장 등 남의 눈에 보이는 근거를 토대로 한 자신감은 진정한 의미의 자신감이 아니라고 말한다. 왜냐하면, 그것은 언젠가 산산조각이 나서 무너져 버리기 때문이다. 그러나 나는 오랫동안 체화의 결과로서 얻어지는 학벌이나 직장도 자신감의 중요한 근거 중 하나라고 생각한다. 이 세상에 절대로 사라지지 않는 영원한 자신감의 근거는 없기 때문이다. 또한 그는 둘째 단계, 즉 "세상 사람들의 평가에 신경 쓰지 않는 것"을 제시한다. 이어서 그는 자기의 적수는 과거와 미래의 자신뿐이라고 강조한다. "어제의 자신보다 오늘의 자신은 과연 성장했는가?"처럼 비교 대상의 모든 것이 자기 자신이 되도록 하라는 것이다. 그러나 이것도 역시 체화와 관련된 '근거 있는 자신감'에 속한 것이다.

왜냐하면 어제의 자신보다 오늘의 자신이 성장하려면 반드시 체화의 과정은 필수적이기 때문이다. 그는 결국 책 제목처럼 "근거 없는 자신감으로 세상과 마주하라"라고 한 것이 아니라 "근거 있는 자신감으로 세상과 마주하라"라고 강조하고 있었다. 그도 역시 성공적인 삶의 과정에서의 '체화의 과정'의 중요성을 피할 수 없었던 것 같다.

창조성

: 창조행위와 창조적 행위

중세시대에 '창조(creation)'라는 개념은 엑스 니힐로(ex-nihilo), 즉 완전한 무로부터 천지를 창조했다는 『성서』에 나온 신의 행위와만 연결되었다. 신은 그러한 신 자신의 창조행위 또는 창조의 결과물들을 매우 긍정적으로 평가했다. "하나님이 지으신 그 모든 것을 보시니 보시기에 심히 좋았더라" [17]

그런데 인간은 신과 같이 '무로부터의 창조'는 근본적으로 불가능하다. 왜냐하면 그 어떤 것도 없는 상태에서 그 무엇인가를 만들어낼 수 없기 때문이다. 그런 종류의 '창조행위'는 전능한 신만이 가능하다. 인간은 무로부터의 창조가 아닌 유로부터, 즉 이미 있는 것으로부터 '창조적 행위'만을 모방할 수 있을 뿐이다. 중세인들에 의하면, 인간은 신이 만들어 놓은 것들을 가지고서 여러 가지 변형 또는 변화를 통해서 뭔가 새로운 것들을 만들어낼 수 있는 '신의 형상(Imago Dei)'을 가진 존재일 뿐이다. 르네상스 시대의 사람들은 인간의 창조적 능력에 대한 무한한 가능성에 큰 기대를 걸고 있었다. 예를 들면, 그 시대의 사람들은 1475년도에 태어난 조각가이자 화가, 건축가, 시인이기도 했던 미켈란젤로의 창조적 재능을 신이 내린 선물로 보았다. 미켈란젤로의 친구이자 숭배자였던 조르지오 바사리(Georgio Vasari, 1511-1574)는 아예 그를 '신성한 미켈란젤로'라고 불렀다. 그리고 그의 천재성과 관련해서 다음과 같이 그를 극찬했다. "그는 모든 주요 예술 분야에서 고대와 현대를 통틀어 태양이 지구 주위를 돌아온 모든 세월을 합쳐서 신이 누구에게도 허용하지 않았던 완벽한 능력을 보여주었다." [18]

르네상스 시대에 미켈란젤로 이상으로 천재성을 인정받은 사람은 다름 아닌 '레오나르도 다 빈치'이다. 미술가로서 그는 미술의 방향을 바꾸어놓았다. 그는 풍경을 그림의 주제로 삼은 최초의 서구 미술가였다. 그는 유화 물감을 사용한 선구자였으며, 원근법과 명암 대조법, 드로잉 기법의 하나인 스푸마토 법을 비롯한 여러 가지로 큰 영향을 미친 미술 기법을 도입한 장본인이었다. 발명가로서 레오나르도는 날아다니는 기계, 헬리콥터, 낙하산을 비롯하여 오늘날 소방대에서 사용하는 접이식 사다리를 포함한 놀라운 물건들을 만들어낼 많은 계획안을 가지고 있었다. 여기에는 3단 기어로 작동되는 굴대, 멍키렌치, 스노차, 접이식 기구, 올리브 압축기, 자동화된 여러 가지 악기, 수력으로 작동되는 자명종, 치료용 안락의자, 도랑 청소에 쓰이는 기중기도 포함되어 있다. 군수품 기술자로서의 레오나르도는 4백 년 후에나 실용화된 무기들의 계획안을 그 당시에 이미 만들어냈다. 여기에는 장갑차와 기관총, 박격포, 유도미사일과 잠수함이 포함되어 있다. 과학자로서 레오나르도는 학자들 사이의 격렬한 논쟁의 대상이다. 어떤 학자들은 만약 레오나르도가 그의 과학과 관계된 사상을 취합해서 출간했더라면, 과학의 발전에 지대한 영향을 미쳤을 것이라고 말한다. [19]

: 천재들의 창조성 모방의 7가지 원칙

르네상스 시대의 사람들은 당대의 미켈란젤로와 레오나르도 다 빈치와 같은 창조적인 천재들은 자신의 노력으로 되는 것이 아니라고 생각했다. 그들에게 있어서 그와 같은 창조적 천재들이야말로 전능한 신으로부터 특별한 재능을 부여받은 신적 존재들이었다. 그러므로 창조성이라는 재능은 선택된 소수에게만 허락된다. 그러면 이제 이러한 르네상스 시대 사람들의 사고를 넘어서 보자. 우리처럼 평범한 사람도 일상적인 삶 속에서 창조성을 발휘할 수 있는 능력이 전혀 없는 것일까? 미켈란젤로나 레오나르도 다 빈치의 창조적 천재성은 동서고금을 막론하고 누구와 견줄 수 없을 만큼 특출하다. 하지만 우리의 뇌 또한 우리가 생각하는 것보다 훨씬 더 우수하다는 것을 인정해야만 한다.

 우리는 대체로 우리 자기 능력을 과소평가하는 경향이 있다. 우리의 일상생활에서 그 무엇인가를 배우고 창조성을 발휘하는 데 사실상 무한한 잠재 능력이 있음에도 불구하고 그러하다. 조르지오 바사리는 그의 저서 『예술가들의 생애』에서 우리가 레오나르도 다 빈치와 같은 창조적 천재성을 발휘할 수 있는 여러 가지 방법들 가운데 '모방(imitation)'을 제시했다. "하늘은 때때로 인간성뿐만 아니라 신성을 드러내는 존재를 우리에게 보여준다. 그러므로 우리가 그들을 모델로 삼아 모방한다면 우리의 정신과 지능은 지극히 높은 천상의 영역을 향해 나아갈 수 있을 것이다. 이런 뛰어난 천재들의 발자취를 배우고 따른 사람은 주어진 재능이 적더라도 이 천재의 신성에 참여하는 초자연적인 작품들에 다가갈 수 있을 것이다."[20] 마이클 겔브(Michael J Gelb)는 그의 저서 『레오나르도 다 빈치처럼 생각하기』에서 '천재들의 창조성 모방의 7원칙'을 다음과 같이 제시한다.

 첫째는 호기심이다. 이것은 삶에 대한 식을 줄 모르는 관심과 지속적인 배움과 관련된 단호한 질문을 말한다. 둘째는 실험 정신이다. 이것은 경험을 통해 얻은 지식을 시험해보려는 열정과 고집 그리고 실수를 통해서 배우려는 의지를 말한다. 셋째, 감각이다. 이것은 경험에 생명을 불어넣는 수단으로서의 감각, 특히 시각을 지속해서 순화시키는 것을 말한다. 넷째, 불확실성에 대한 포용력이다. 이것은 모호함과 역설, 불확실성을 너그럽게 포용하는 것을 말한다. 우리가 호기심과 실험 정신 그리고 감각의 과정을 거치게 되면서 점점 불확실함과 애매함에 직면하게 된다. '혼란을 견뎌내는 것'이야말로 창조성이 뛰어난 사람들의 명확한 특징이다. 다섯째, 예술과 과학이다. 이것은 과학과 예술, 논리와 상상 사이의 균형을 계발하는 것을 뜻한다. 다시 말하면, 이것은 '뇌 전체를 활용하는' 사고를 말한다. 여섯째, 육체적 성질이다. 이것은 자기 자신의 육체적 성질을 잘 파악해서 체력을 연마하고 몸과 마음의 조화를 이루기 위해 힘쓰는 것을 말한다. 일곱째, 연결 관계이다. 이것은 모든 사물과 현상의 연관성을 인식하고 평가하는 것을 의미한다. [21] 그는 천재적 창조성을 가지고 있었던 레오나르도 다 빈치에게서 발견할 수 있는 이와 같은 7가지의 원칙들이 우리 모두에게 뚜렷이 나타나는 경향을 보일 것이라고 단언한다. 그는 우리가 모두 우리의 일상생활에서 그러한 원칙들을 새로이 만들어낼 필요가 없고 다만 우리가 이 원칙들을 그저 기억하고 계발하고 적용하기만 하면 된다고 말한다. [22]

: 창조하는 뇌의 세 가지 전략 : 휘기, 쪼개기, 섞기

데이비드 이글먼(David Eagleman)과 앤서니 브란트(Anthony Brandt)는 그들의 저서 『창조하는 뇌-뇌과학자와 예술가가 함께 밝혀낸 인간 창의성의 비밀』에서 '창조하는 뇌의 세 가지 전략'으로서 3B, 즉 휘기(Bending), 쪼개기(Breaking), 섞기(Blending)를 소개하고 있다. 그들은 이 세 가지야말로 모든 아이디어가 진화해가는 핵심 전략이라고 말한다. 그들에 의하면, 휘기, 쪼개기, 섞기는 혁신적 사고를 뒷받침하는 뇌 활동을 포착하는 한 방법이다. 이 세 가지 정신 활동은 각각 혹은 서로 합쳐서 인간의 모든 혁신을 이루게 해준다. 이 세 가지는 우리가 세상을 보고 이해하는 토대이다. 우리는 자신이 관찰하는 모든 것을 휘고 쪼개고 섞는다. 이러한 광범위한 상호작용이 인간의 창조성을 뒷받침해주는 신경학적 토대이다. 물론 어떤 기능은 특정 뇌 구역에 한정되지만, 창조성은 뇌 전체의 움직임으로 생기며 이때 방대한 신경 네트워크가 전면 협력한다. 이 방대한 상호연결성으로 인간의 뇌는 휘기, 쪼개기, 섞기를 광범위한 경험에 적용한다. 이처럼 세 가지 창조적인 전략을 적용하는 데 능한 것은 인간의 커다란 장점이다. 한정적인 옵션으로 놀랄 만큼 다양한 창조물들을 생산해낼 수 있기 때문이다. [23] 이제 데이비드 이글먼과 앤서니 브란트가 언급한 '창조하는 뇌의 세 가지 전략'을 차례로 간략하게 살펴보자. [24]

첫째, 휘기이다. 이것은 가능성의 문을 여는 변형이다. 휘기는 다양한 방식으로 어떤 자원을 리모델링 한다. 휘기, 즉 변형에는 크기의 확대 또는 축소, 형태의 변형, 시간의 흐름의 뒤집기, 강렬한 변형과 흐릿한 변형 등이 여기에 속한다. 형태 변형의 예를 들면, 건축가 프랭크 게리는 일반적으로 평평한 건물의 외형을 비틀어 때론 물결치는 형태로 때론 뒤틀린 형태로 바꿔놓았다. 그 건물이 바로 〈비크만 타워, 2011〉이다. 예전에 우리 사회의 건축양식을 보면 거의 정형화되어 있는 형태를 띠고 있었다. 그러나 요즘에는 강렬한 또는 흐릿한 변형을 통한 창조적 건축물들이 속속 등장하고 있다.

둘째, 쪼개기이다. 이것은 창조의 재료를 만드는 해체를 의미한다. 예를 들면, 프랑스 화가 조르주브라크와 파블로 피카소는 그의 거대한 작품 〈게르니카〉에서 쪼개기로 전쟁의 공포를 보여주었다. 온전한 형체를 알아볼 수 없게 갈기갈기 찢긴 민간인, 동물, 병사의 몸통과 다리, 머리는 전쟁의 잔학성과 고통을 적나라하게 보여준다. 또한 우리는 쪼개기로 무언가 단단하거나 이어진 것을 다루기 쉬운 조각으로 나눌 수 있다. [25] 예를 들면, 우리는 쪼개기 기법을 활용하여 내가 진정으로 갖고 싶은 직업이 구체적으로 무엇인지에 대해 자세히 알아볼 수 있다. 우리는 전에 막연하게 어떤 분야의 직업인이 되고 싶다고 생각했을 수도 있다. 하지만 우리가 쪼개기 기법을 활용하면 나 자신이 누군지, 내가 하고 싶은 일은 무엇이며, 나는 어떤 직업을 선택해야 하는지, 나는 어떤 산업의 어떤 회사를 가고 싶은지를 좀 더 정확히 파악할 수 있다.

셋째, 섞기이다. 이것은 아이디어의 무한한 결합을 뜻한다. 섞기에서는 인간의 뇌가 두 가지 이상의 자원을 새로운 방식으로 결합한다. 세계 곳곳에서 인간과 동물의 모습을 섞은 신화 같은 존재를 많이 만들었다. 고대 그리스에서는 사람과 소를 합쳐 미노타우로스를 만들었고 이집트에서는 인간과 사자를 합쳐 스핑크스를 만들었다. 래퍼 '머드 더 스튜던트(Mudd the student)'의 '불협화음'이라는 곡의 가사는 동그라미와 세모의 섞기를 통한 불협화음이 하나의 창조적 작품이라고 말해주고 있다. "똑같은 것들 사이에 튀는 무언가 / 동그라미들 사이에 각진 세모 하나 / 우린 그걸 작품이라고 불러 / 친구야 쟤들은 아무것도 몰라 / 불협화음"

: 창조성 발휘하기로서 요리

앞서 언급한 데이비드 이글먼과 앤서니 브란트가 언급한 '창조하는 뇌의 세 가지 전략'으로서 휘기, 쪼개기, 섞기를 자신이 감당하고 있는 일 또는 직업에서 성공적으로 활용한 사례들을 우리 주변에서 흔하게 찾아볼 수 있다. 찾아보면 사례들은 우리 생활 속에 의외로 많다. 그런데 창조성을 자기 일 또는 직업에서뿐만 아니라 일상적으로도 발휘하기 좋은 활동 중 하나는 바로 '음식 만들기'이다. 하나의 예를 들어보자. 우리가 음식 전문점에서 흔히 볼 수 있는 꼬마김밥은 창조하는 뇌의 세 가지 전략 중에서 휘기, 즉 크기의 변형에 해당한다. 꼬마김밥은 보통의 김밥보다 크기를 줄여서 한입에 쏙 들어가도록 만든 김밥이다. 특히 아주 어린 아이들이 먹기에 아주 좋은 크기의 김밥이다. 또 다른 하나의 예를 들어보자. 고구마 라떼는 쪼개기와 섞기를 활용한 것이다. 생고구마를 쪼개어 전자레인지에다 찐다. 그리고 찐 고구마, 우유, 버터, 설탕 그리고 물 등을 모두 믹서기에 넣어 갈아주면 고구마 라떼가 완성된다. 고구마 라떼는 우리나라에서 처음 시작되었다고 한다. 요즘은 우리나라에 와서 이것을 맛본 외국인들이 각자 자기 나라로 돌아가서 손수 만들어 마신다고 한다. 우리나라 대표 음식 중에 하나로서 '비빔밥'은 섞기의 가장 흔한 사례 중의 하나이다. 비빔밥은 가장 창조적인 음식이 아닌가 싶다. 우리나라의 비빔밥이 전 세계인들의 입맛을 사로잡고 있다. 이미 사업적으로도 성공한 사례라 할 수 있다. 또한 비빔밥은 우리의 일상생활에서도 창조성을 발휘하기에 아주 좋은 음식이다. 자기 취향에 따라 다종다양한 재료들을 넣고 비비면 전혀 새로운 창조적인 맛을 창조해낼 수 있기 때문이다.

결론적으로, 이글먼과 브란트가 제시하는 '창조하는 뇌의 세 가지 전략'도 위에서 소개한 마이클 겔브의 '천재들의 창조성 모방 7원칙'과 마찬가지로 창조하는 뇌를 가진 인간이라면 누구나 활용할 수 있는 창조적 전략이다. 우리가 모두 우리의 일상생활에서 그러한 전략들을 새롭게 만들어낼 필요가 없다. 왜냐하면 우리의 뇌 안에 이러한 전략들이 이미 장착되어 있기 때문이다. 다만 우리가 이 세 가지의 전략들을 그저 기억하고 계발하고 우리가 감당해야 하는 일 또는 직업에 적용해서 적절히 활용해나가기만 하면 된다. 이것이야말로 우리가 쉽게 누릴 수 있는 창조성을 통한 행복이 아닐까? 여기에서도 역시 문제는 직접 해보느냐의 여부이다. 우리의 삶 속에서 호기심을 가지고서 아주 사소한 것에서부터 창조성을 발휘하다 보면 더 잘 할 수 있다. 더 잘 할 수 있음으로 인해 그로부터 더 큰 기쁨을 맛볼 수 있고 더 큰 행복을 누릴 수 있다. 해보라! 해봄으로써 할 수 있다.

후속활동 프로그램

1. 체화의 경험을 소개하기

2. 내 삶에서 창조성 발휘하기(요리, DIY 등등)

   - 나는 어떤 창조적 활동을 통하여 행복을 느끼는가?

3. 내 주변에서 '창조성 발휘하기로서 요리'로 유명한 음식점을 소개하기

12. 일과 여가활동

: 일이 없으면 여가활동도 없다.

사람들 대부분은 적어도 하나의 직업을 가지고서 일을 해야만 생계를 유지할 수 있다. 그러므로 우리는 일을 해도 되고 안 해도 그만인 태도로 살아갈 수 없다. 선택의 여지가 없다는 뜻이다. 그러면 기본적으로 생계를 유지하는 것을 넘어서서 어느 정도 경제적 자유를 획득한 사람들은 어떨까? 파이어(FIRE, Financial Independence Retire Early) 족은 경제적으로 자립해 조기에 직장을 은퇴하기를 희망하는 사람들이다.

20대부터 임금을 극단적으로 절약하여 투자해서 노후 자금을 빨리 확보해서 이르면 30대, 늦어도 40대 초반에는 퇴직하자는 것이다. 아마 그들도 충분히 경제적 자유를 누릴 수 있을 정도의 자금을 마련한 후에도 생계형 노동은 아닐지라도 역시 일을 계속하고 있을 가능성이 농후하다. 잠시 일하지 않고 사는 것은 가능할지라도 평생 아무 일도 하지 않고 사는 것은 사실상 불가능하기 때문이다. 여기에서 우리가 주목해야 할 점은 인간이 자신의 직업을 가지고서 일을 하는 이유는 생계 문제 해결 및 경제적 안정뿐만 아니라 그 이외에 다양한 이유가 있다는 것이다. 그것은 바로 직업에 따르는 자아 정체성과 자아실현, 일에 대한 성취감 또는 만족감, 공식적인 경제활동에 참여하고 있다는 소속감, 규칙적인 생활을 가능하게 하는 자기 규율성 등이다.

윌리엄 윌슨(William Wilson)은 그의 저서 『일이 사라졌을 때』에서 직업을 구하지 못해서 일이 없이 살아가는 시카고 서부의 빈민들과 함께 살아가는 사람들이 겪게 되는 문제점을 다음과 같이 언급한다. "만약 일하지 않는 사람들이 모여 사는 지역에서 당신이 살게 된다면, 당신은 누군가가 당신의 집을 침입하지 않을까 걱정해야 한다. 그러므로 당신도 알다시피 최고의 방법은 괜찮은 지역으로 이사 가

는 것이다. 다시 말해 일하는 사람들이 모여 사는 지역으로 가서 사는 것이다." [1]

월슨이 여기에서 언급한 시카고 서부의 빈민들은 대부분 오랜 시간 직업을 갖지 못했거나 한 번도 안정된 직장을 가져본 적이 없어 생계가 위협받고 있는 사람들이었다. 그들은 오랫동안 일자리를 구하지 못해서 그들의 생계가 위협받고 있었다. 그러므로 우리가 일해야만 하는 일차적인 이유는 바로 생계 문제의 해결에 있음을 엿볼 수 있다. 그러면 안정적인 직업을 가지고 있다가 실직한 복지국가의 사람들은 어떠할까?

그들은 실직했지만 아직은 경제적으로 여유가 있고 최소한 생계 문제도 국가의 복지정책으로 인하여 어느 정도 해결된 경우이다. 월슨은 대표적인 산업도시였지만 경제불황으로 인해 시민들이 실업 상태에 빠진 오스트리아의 마리엔탈이라는 도시의 사례를 제시한다. 그 지역 사람들이 경기 호황기에는 일뿐만 아니라 여가 활동에도 활발히 참여했다는 사실에 주목했다. 그들은 정치조직에 참여했으며, 공공도서관도 자주 방문했고, 다양한 사회행사에 참여하기도 했다. 그러나 도시의 공장이 문을 닫아 모든 사람이 실직 상태에 빠졌을 때, 그들은 이 모든 것에 무관심해졌다.

"그들은 일과 외부세계로부터 차단당했고, 자신들의 시간을 사용하려는 물질적, 도덕적 동기를 잃었다. 그들은 이제 어떤 압력도 받고 있지 않다. 새로운 것을 전혀 시도하지 않고, 질서정연한 존재에서 점차 무질서하고 공허한 존재로 변해갔다. 그들은 자신들이 자유로운 시간을 소유하고 있었음에도 그들은 자신들이 언급할만한 가치가 있는 그 어떤 것도 발견하지 못했다." [2]

실직자들이 실질적으로 여가활동을 할 수 없는 이유는 무엇일까? 그것은 역설적으로 그들이 일자리를 잃었기 때문이다. 그들에게는 '구속된 시간으로서 일'이 없었기 때문에 '자유로운 시간으로서 여가활동'도 즐길 수 없었다. 마땅한 직업이 없는 상태로 할 일이 없이 살아가는 사람들의 가장 큰 문제점은 무엇일까? 그것은 바로 그들이 단 하루의 여가도 마음 놓고 제대로 즐기지 못하고 살아갈 수밖에 없다는 점이다. 일자리를 잃었거나 일을 할 수 없는 사람들은 결코 '일로부터의 자유'를 획득한 사람이 아니다. 오히려 그들은 '일할 자유'를 잃었고 동시에 '여가활동의 자유'도 상실한 것이다.

결국 우리가 이러한 몇 가지 사례를 통해 알 수 있는 것은 인간이 자신의 직업을 가지고서 일을 하는 이유가 단순히 생계 문제 해결 및 경제적 안정만이 아니라는 것이다. 우리는 그것 이외에 직업에 따르는 자아 정체성과 자아실현, 일에 대한 성취감 또는 만족감, 공식적인 경제활동에 참여하고 있다는 소속감, 규칙적인 생활을 가능하게 하는 자기 규율성 등도 그에 못지않게 인간이 일해야만 하는 아주 중요한 이유 중의 하나임을 인정할 수밖에 없다.

: 일해야만 하는 슬픔 vs 일 안하고도 먹고 살 수 있는 기쁨

유대계 여성 철학자 한나 아렌트(Hannah Arendt)는 그녀의 저서 『인간의 조건』에서 고대 그리스 문화에는 세 가지의 근본적인 인간의 활동이 존재했다고 말한다. [3]

첫째는 '노동(labor)'이다. 그녀에 의하면, 노동은 인간 신체의 생물학적 과정에 상응하는 활동이다. 신체의 자연발생적 성장, 신진대사와 부패는 노동으로 생산되어 삶의 과정에 투입되는 생명 필수재에 구속되어 있다. [4] 고대 그리스에서의 노동은 사적인 영역, 즉 가정에서의 삶의 양식이었다. 노동은 인간뿐만 아니라 동물들에게서도 발견된다는 점에서 '인간의 동물적 특성'을 드러내는 활동이다. 좀 더 쉽게 말해보자면, 고대 그리스인들에게 있어서 노동은 생존을 위해 필요한 육체적인 활동이었다. 그들은 농사짓는 일과 음식을 만드는 일 등의 생존에 필수적인 노동을 자유인이 아닌 노예와 외국인 그리고 여성들이 감당해야 할 몫이라고 생각했다. 그리고 그러한 노동은 공적 영역이 아닌 사적인 영역, 즉 가정의 영역에서 이루어졌다. 그러면 이러한 노동은 우리의 삶에 긍정적일까? 긍정적일 리가 없다. 이러한 부류의 노동은 '일해야만 하는 슬픔'을 동반할 것이 자명해 보인다.

둘째는 '작업(work)'이다. 그녀에 의하면, 작업은 인간 실존의 비자연적인 것에 상응하는 활동으로서 창조주가 이 세상을 창조하듯이 자기의 내면을 외화하는 방식으로 진행된다. 작업은 자연적 환경과 전적으로 구별되는 인공적 세계의 사물들을 제공해준다. [5] 작업은 여러 종류의 가내수공업적인 도구들이나 예술작품 등을 제작해내는 장인(匠人)의 활동으로서 문명과 문화의 기초가 되는 활동이다. 작업은 창조주의 창조적인 활동에서 발견된다는 점에서 '인간의 신적 특성'을 드러내는 활동이다. 고대 그리스인들은 육체적인 활동과 연관된 장인들의 작업도 자유인이 할 일이 아니라고 생각했다. 그러면 이러한 작업은 우리의 삶에 긍정적일까? 아니면 부정적일까? 일단 노동보다는 작업이 좀 더 긍정적 요소가 많은 것 같다. 왜냐하면 그 당시 장인들이 작업을 위한 계약을 하게 되면 제한적이기는 하지만 노예보다는 좀 더 자유로운 환경 속에서 창조적인 작업을 할 수 있었기 때문이다. 그러므로 이러한 부류의 작업을 감당했던 장인은 '일해야만 하는 슬픔'보다는 '일하는 기쁨'이 좀 더 많았으리라 짐작해본다.

셋째는 '행위(action)'이다. 그녀에 의하면, 행위는 어떤 사물이나 물질의 매개 없이 인간 사이에 직접적으로 수행되는 유일한 활동이다. 이것은 다수의 인간 사이의 상호작용으로 이루어지는 정치적 행위로서 인간적인 삶의 조건을 만들어내는 가장 인간적인 행위 양식이다. [6] 그리고 이러한 정치적 행위는 동물에게서도 또는 신에게서도 발견할 수 없고 오직 인간에게서만 고유하게 찾아볼 수 있는 활동이다. 이와 관련해서 아렌트는 다음과 같이 말한다. "이 선택의 필수적인 전제 조건인 '자유'는 자신의 생계에 도움이 되는 모든 생활방식을 배제한다. 여기에는 생존의 필연성과 주인의 지배라는 두 가지 강제에 예속된 노예적 삶의 방식인 노동뿐만 아니라 자유로운 장인의 작업하는 삶과 상인의 탐욕적인 삶 모두가 배제된다."[7]
그러므로 이러한 부류의 '행위'를 담당했던 자유인은 '일해야만 하는 슬픔'에서 벗
어나 '일 안하고서도 먹고 사는 기쁨'을 누리고 살았을 것 같다.

: 일해야만 하는 슬픔

마크 트웨인은 "일이란 할 수만 있다면 피하고 싶은 필요악이다."라고 주장한다.
어쩌면 이 말은 고대 그리스의 노예들이 고역스러운 '노동'을 하면서 탄식하며 쏟
아낸 말이었을지도 모를 일이다. 어쨌든 우리는 일해야만 먹고 살 수 있는 슬픔 속
에서 하루하루의 삶을 영위하고 있는지도 모른다. 로먼 크르즈나릭은 그의 저서 『
원더박스』에서 우리가 1990년대 말에 새로 제작된 20파운드짜리 영국 지폐에 새
겨놓고 기념하는 18세기 철학자이자 정치경제학자였던 애덤 스미스(Adam Smith)
가 오늘날 일을 고역으로 만든 주범이라고 말한다.[8] 지폐 속의 스미스는 핀 공장에
서 부지런히 일하는 노동자들을 차분한 시선으로 바라보고 있다. 지폐에는 다음과
같은 문장들이 기록되어 있다. "핀 생산 과정에서의 분업, 그로 인해 생산량이 비약
적으로 증가했다." 스미스의 『국부론』에 따르면, 하나의 핀을 만드는 작업은 열
여덟 가지 공정으로 이루어진다. "한 사람이 철사를 늘이고, 다른 사람이 철사를 곧
게 폈고, 세 번째 사람이 철사를 자르고, 네 번째 사람이 끝을 날카롭게 다듬고, 다
섯 번째 사람이 핀 머리를 붙이기 좋도록 반대쪽 끝을 간다. 핀 머리를 만드는 데도
분명하게 구분되는 두세 가지 작업이 필요하다. 몸체에 머리를 붙이는 일도 하나의
독립된 작업이고, 희게 표백하는 일도 별개의 작업이 된다. 완성된 핀을 종이로 싸
는 것도 하나의 공정이다."[9]
그 당시 노동자 한 사람이 혼자서 전체 공정을 마무리하려고 하는 경우, 그는 죽도
록 열심히 일해도 하루에 하나밖에 만들지 못할 것이다. 하지만 전체 작업을 분업

화하고 세분화하면 한 사람이 한두 가지 업무만 담당하기 때문에 노동자 한 명이 하루에 평균 5,000개 정도의 핀을 만들 수 있다. 생산성 면에서는 거의 기적에 가까운 효과를 발휘했다. 하지만 생산성이 놀라울 정도로 증가하면 할수록 노동자들에게 있어서 그들이 감당해야만 했던 일은 지겨울 정도로 단조로워졌다. 물론 스미스가 분업의 유용성에 관해서 매우 긍정적으로 생각했을지라도, 그는 이처럼 핀 공장에서 핀을 만드는 일처럼 아주 단조로운 작업을 지겨울 정도로 반복하는 노동자들의 현실을 눈감아버린 것은 아니었다. 그도 역시 분업화의 역기능을 인정하기는 했다. 어쨌든 그 결과 노동자들에게 있어서 일은 고역이 되었다. 그들은 일해야만 하는 슬픔 속에서 살아갈 수밖에 없었다. [10] 오늘날 현대인들이 18세기 영국의 산업혁명 시대의 분업화된 공장에서 일했던 노동자들보다는 훨씬 좋은 상황 가운데에서 일하는 것은 사실이다. 그러나 아직도 많은 노동 분야에서 분업화와 세분화의 영향 아래에 놓여있음을 부정하기 어렵다. 공장에서 일하는 블루칼라이든 아니면 사무실에서 일하는 화이트칼라이든, 어쨌든 우리는 여전히 일하지 않고서는 먹고살 수 없는 슬픔 속에서 살아가고 있는 것은 아닐까?

: 일하는 기쁨

최승노는 자유주의와 시장경제 그리고 자본주의의 긍정적인 측면을 강조한다. 그는 『노동의 가치 – 일하는 기쁨, 내 인생의 성공 드라마』라는 그의 저서의 '일하는 노년에 대하여'라는 장에서 인간이 죽을 때까지 누릴 수 있는 '일하는 기쁨'에 관하여 언급하면서 미국의 경제학자 피터 드러커(Peter Ferdinand Drucker)의 사례를 다음과 같이 언급한다. 한평생 연구와 집필활동을 쉬지 않았던 드러커는 경영서적만 해도 서른 권 넘게 저술하는 등 다작을 했다. 어느 날 한 기자가 드러커에게 자신의 숱한 저서 중 어느 걸 최고로 여기는지 물어보았다. 그 질문에 노년의 석학은 웃으며 '바로 다음에 나올 책'이라고 답했다고 한다. 드러커는 그와 같이 대답하며 이탈리아 오페라의 거장인 주세페 베르디(Giuseppe Fortunino Francesco Verdi)를 떠올렸을 것이다. 드러커는 그의 오페라를 무척 사랑했는데, 단순히 음악만 즐긴 게 아니라 베르디를 인간적으로도 존경했다고 한다. 베르디가 적지 않은 나이에도 지치지 않고 음악 작업에 매진하는 자세를 흠모했다. '나의 대표작은 다음에 나올 책'이라는 드러커의 대답은 실은 베르디가 남긴 한 발언에서 빌려온 것이다. 베르디는 88세의 일기로 세상을 떠나기 전까지 정력적으로 활동했다. 그를 존경했던 드러커도 97세로 생을 마감하기 전까지 손에서 일을 놓지 않았다. [11]

: '삶의 빛'인가? '삶의 짐'인가?

아마도 피터 드러커나 베르디에게 있어서 일은 그들의 '삶의 빛'이었을 것이다. 왜냐하면 그들이 행하는 일들은 그들에게 그 나름대로 어떤 유익을 주었을 것이기 때문이다. 그러면 일은 우리의 '삶의 빛'만 되는 것일까? 아니면 우리의 '삶의 짐'이 될 수도 있는 것일까? 이와 관련해서 윌리엄 모리스(William Morris)는 일이 '삶의 빛'이 될 수도, 혹은 '삶의 짐'이 될 수도 있다고 말한다. 그는 건축설계사, 장인, 시인, 번역가로서 탁월성을 발휘했다. 그는 마르크스 사회주의 사상을 공유했지만, 동시에 일 자체의 심미적 가치에도 관심 있는 사람이었다. 모리스가 남긴 가장 영속적인 유산 중 하나는 미술공예운동이었다. 그것은 19세기 후반의 대량생산 시대에 집 안의 가구를 통해 장인의 솜씨를 복원시켰다. '일의 의미'에 대한 모리스의 흥미로운 통찰 가운데 하나는 '가치 있는 일'에 대한 그의 설명이다. 그는 일이 가지고 있는 양면성을 직시하고 있었다. 그는 일이 어떤 사람에게는 '삶의 빛'이 될 수있다고 보았다. 그러나 그는 동시에 일이라는 것이 어떤 사람에게는 '삶의 짐'이 될 수도 있다고 생각했다. 이 두 가지의 차이점은 첫 번째의 경우에는 희망이 있는 반면에 두 번째 경우에는 희망이 없다는 것이다. 그에 따르면, 사람에게 일을 원하도록 하고 그 일을 할 만한 가치가 있는 것으로 만드는 것은 다름 아닌 세 가지의 희망이다. 그는 다음과 같이 말한다.

"가치 있는 일은 휴식의 즐거움에 대한 희망, 일을 통해 만든 것을 사용함으로써 느끼게 될 즐거움에 대한 희망, 그리고 일상적인 창조의 기능에서 느끼는 즐거움에 대한 희망을 수반한다." [12]

여기에서 내가 특히 강조하고 싶은 것은 일을 할 만한 가치가 있는 것으로 만드는 것 세 가지 중에서 '휴식의 즐거움에 대한 희망'이다. 휴식 또는 여가생활의 즐거움에 대한 희망이 없는 일은 무의미한 일이라는 점이다. 휴식 또는 여가의 즐거움에 대한 희망이 없이 일생 일만 하면서 살아가는 사람에게 무슨 행복이 있겠는가? 그에게 있어서 일이란 단지 '삶의 짐'으로서 고역스러운 일에 지나지 않을 것이다.

오늘날 우리는 윌리엄 모리스가 말하는 일을 통한 세 가지 즐거움 이외에 삶의 질까지 높여주는 일을 찾는다. 직업이 내 삶의 지평을 넓혀주기를 바란다. 나 자신의 이상을 실현해줄 뿐만 아니라 더 나은 배움의 기회를 제공해주기를 소망한다. 또한 그것을 넘어서서 나의 호기심을 자극해주고 창조성을 충분히 발휘할 수 있는 발판이 되어주기를 원한다. 급기야 우리는 내가 감당하는 일을 통해서 우정은 물론 사랑까지 얻을 수 있기를 염원하기도 한다.

: 게으름에 대한 찬양

현대철학자 버트런드 러셀(Bertrand Russell)은 미국의 경제 대공황기였던 1932년에 그의 저서 『게으름에 대한 찬양』에서 노동의 뒷면에 도사리고 있는 '일해야만 하는 슬픔'을 적나라하게 고발하고 있다. 우선 러셀은 "일이란 무엇인가?"라고 자문하면서 일에는 두 가지가 있다고 말한다. 하나는 지표면 혹은 지표면 가까지 놓인 물질을 다른 물질과 자리를 바꿔 놓는 일이다. 또 다른 하나는 타인들에게 그런 일을 하게 만드는 일이다. 전자에 속하는 일은 그다지 즐겁지 않고 보수도 낮은 편인 반면, 후자에 속하는 일은 더 즐겁고 보수도 높다. 일의 두 가지 종류에 따라 일하는 사람도 두 가지 유형, 즉 육체노동과 감독자로 분류되고, 이는 다시 두 가지 사회적 계층, 즉 노동자층과 중산층의 구분으로 이어진다.[13]

그러나 러셀은 여기에 제3의 계층, 즉 일평생 자신은 일하지 않고 타인의 노동에 의지해 자신의 게으른 생활을 유지하는 전사나 사제집단과 같은 유한지주층을 추가한다. 그는 이들이야말로 사회문제의 상당한 부분에 책임이 있다고 비판하면서 다음과 같이 말한다. "문명이 시작된 이래로 산업혁명에 이르기까지 대체로 인간은 열심히 일해도 자신과 자족의 생계에 필요한 정도밖에 생산할 수 없었다. 비록 그의 아내도 남편 못지않게 열심히 일했고 아이들도 나이가 차는 대로 노동력을 보탰겠지만 말이다. 최소한의 필요를 웃도는 작은 양의 잉여물이 생긴다 해도 전사(戰士)나 사제(司祭)집단에 돌아갔다. 기근이 닥칠 때는 전혀 잉여가 없었음에도 다수의 일하는 사람들이 굶어서 죽었다. 반면에 전사와 사제들은 평상시처럼 안전을 보장받을 수 있었다."[14]

러셀은 우리가 그동안 '성실한 노동'이라는 미명 아래에 부당한 체제에 순응하고 심지어는 자신에게로 향하는 억압을 방조해왔던 것을 자성해야만 한다고 말한다. 그는 '성실한 노동'이라는 미덕을 찬양하며 명백히 부당한 체제에 도덕적 허울을 씌워왔던 자들이 이러한 부당한 체제의 수혜자들이었다고 비판하면서 이 사실 하나만으로도 노동의 윤리를 재평가할 필요가 있다고 주장한다. "우리가 근로의 바람직성과 관련해 당연하게 여기는 수많은 내용이 이 체제에서 파생되어 나온 것이다. 따라서 이것들은 산업 사회 이전의 산물이기 때문에 현대 세계에는 적합하지 않다. 현대의 기술은 여가를 소수 특권 계층의 전유물에서 벗어나 공동체 전체가 고르게 누릴 수 있는 권리로 만들어주었다. 근로의 도덕은 노예의 도덕이며 현대 세계는 노예제도가 더 이상 필요하지 않다."[15] 그는 여가의 중요성에 관하여 다음과 같이 말한다. "이제 현대 사회는 기술의 발전으로 문명에 피해를 주지 않고도 얼마든지 공정하게 여기를 분배할 수 있게 되었다. 현대의 기술은 만인을 위한 생활필수품을 확보하는 데 필요한 노동의 양을 엄청나게 줄였다. 그러므로 여가란 문명에 필수적이다. 예전에는 다수의 노동이 있어야만 소수의 여가가 가능할 수 있었다. 그러나 다수의 노동이 가치 있는 이유는 일이 좋은 것이어서가 아니라 여가가 좋은 것이기 때문이었다."[16]

그러므로 그는 '근로'가 미덕이라는 믿음이 현대 사회에 막대한 해를 끼쳤다고 말하면서 행복과 번영에 이르는 길은 '조직적으로 일을 줄여나가는 것'이라고 강력하게 주장한다.[17] 러셀은 여가활동의 유익과 관련해서 여가활동이 활발해짐에 따라 무엇보다도 인생의 행복과 환희가 충만해질 것이라고 말한다. 우리는 여가활동을 통해 신경쇠약과 피로와 소화불량증이 줄어들 것이다. 필요한 일만 함으로써 기력을 소모하는 일 없이 여가를 즐겁게 보낼 수 있을 것이다. 사람들은 직업상의 일에 서버리지 않은 시간을 뭔가 유용한 것을 추구하는 데 사용할 것이다. 또한 그러한 일들은 그의 생계와 관련된 것이 아니기 때문에 독창성이 방해받는 일은 없을 것이며, 나이 많고 박식한 사람들이 만들어 놓은 표준에 맞출 필요도 없을 것이다. 무엇보다도 행복한 생활의 기회를 갖게 된 평범한 남녀는 더욱 친절해지고, 서로 덜 괴롭힐 것이고, 타인을 의심의 눈초리로 바라보는 일도 줄어들 것이다. 또한 전쟁을 일으키게 되면 모두가 장시간의 가혹한 노동을 해야 할 것이므로 전쟁 취미도 사라질 것이다.[18]

능력, 자율, 관계

폴 새가드(Paul Thagard)는 그의 저서 『뇌와 삶의 의미, The Brain and the Meaning of Life』에서 인간의 삶의 필수적인 심리 욕구는 능력, 자율, 관계라고 규정한다. '능력에 대한 욕구'는 목표 달성의 신경 기제에 뿌리를 두고 있다. 즉 목표의 표상과 보상을 위한 신경화학적 기초의 일루로 뇌에 배선 되어 있다. 놀랄 것도 없이 더 많이 노력할수록 중격측좌핵과 안와전두피질에서 '도파민'을 전달하는 신경세포들의 활동이 증가하고 그 결과 '쾌락의 형태'로 더 큰 보상을 얻을 수 있다. '자율에 대한 욕구'는 전두피질과 대상피질에 있는 수의적 통제의 뇌 기제와 연관되어 있다. 따라서 뇌의 집행 통제 영역인 전두피질과 감정 체계가 상호작용하는 결과, 행위 주체 자신의 자율적인 행위를 통해 만족하는 목표를 성취했을 때 노력을 기반으로 더 큰 보상이 주어진다. [19]

'관계에 대한 욕구'는 사랑의 관계를 살펴보면 금방 드러난다. 새 애인의 사진을 볼 때 참가자의 뇌에서 도파민계, 특히 복측피개 영역과 중격측좌핵을 통해 보상을 매개하는 영역에서 활동이 증거 하는 것을 볼 수 있었다. 보상을 유발하는 코카인 같은 마약으로 활성화되는 것과 같은 영역들이다. [20]

사랑, 일, 놀이

그런데 폴 새가드는 사랑, 일 놀이라는 각각의 활동들은 위에서 언급한 능력, 자율, 관계라는 세 가지 삶의 필수적인 심리적 욕구를 만족시키는 데 크게 이바지할 수 있다고 주장한다. 그에 의하면, 사람들 대부분은 자기의 삶에서 가족이나 친구, 일터나 취미, 스포츠부터 독서와 음악 감상에 이르는 즐거운 활동을 통해 많은 종류의 '삶의 의미'를 찾는다. 인간을 위한 삶의 의미는 항상 사랑, 일, 놀이라는 여가활동을 에워싸고 있다. 이들 각각은 넓게 해석할 필요가 있다. '사랑'은 연인과 가족에 대한 애착은 물론 우정과 타인에 대한 동정을 포함한다. '일'은 목공과 같은 육체노동부터 저술과 같은 지적 작업을 아우른다. '놀이'는 어린아이가 노닥거리는 것뿐만 아니라 음악, 독서, 스포츠, 여행과 같은 어른들을 위한 많은 종류의 오락을 포함한 모든 여가활동을 말한다. [21]

: 사랑

좀 더 구체적인 예를 들어보자. 먼저 '사랑'이라는 영역의 활동을 살펴보자. 한 젊은이가 어떤 지적이면서도 아름다운 여성과 사랑에 빠졌다. 그러면 그는 그녀에게 자신의 '능력'을 보여주려는 심리 욕구가 발생한다. 그래서 그는 자신의 지적인 능력, 육체적 능력, 정신적 능력, 재력, 기술력, 학력 등 자신이 가지고 있는 능력들을 보여주려고 애쓴다. 이렇게 함으로써 자기 능력을 보여주려는 심리 욕구를 만족시키는 것이다. 또한 그는 그녀를 사랑함으로써 '자율'이라는 필수적인 심리 욕구를 만족시킨다. 진정한 사랑이라는 것은 타율적이어서는 안 된다. 자기는 전혀 좋아하지 않는데 부모가 억지로 사귀어보라고 등을 떠민다고 해서 될 일이 결코 아니다. 자기가 자율적으로 좋아해야만 심리 욕구를 만족시킬 수 있다. 평양 감사도 자기가 싫다고 하면 그만이다.

하나의 예를 들어보자. 조직폭력배가 어떤 여성을 마음속 깊이 진정으로 사랑했다고 해보자. 칼을 들이대고 강제로 그녀를 데려올 것인가? 절대로 그것은 진정한 사랑이 아니다. 그녀 자신이 그를 자율적으로 사랑할 수 있도록 조직폭력배 집단에서 빠져나오는 등의 최선을 다할 것이다. 이와 관련해서 아베 피에르는 그의 저서 『단순한 기쁨』에서 "자유의지가 없다면 사랑도 없을 것이며, 인생은 흥미도 의미도 없는 것이 되고 말 것이다. 자유의지가 없다면 우리는 그저 옆에 붙어 있는 자동 인형 같았을 것이다."라고 말한 적이 있다. [22] 사랑하면 관계에 대한 욕구를 만족시킨다는 것은 위에서 이미 설명한 바와 같다. 그러므로 인간의 필수적인 기본적 욕구인 능력, 자율, 관계라는 욕구를 만족시킬 수 있는 사랑이라는 영역의 활동은 모든 인간에게 있어서의 '삶의 의미'인 것이다.

: 일

다음으로, '일'이라는 영역의 활동을 알아보자. 사람은 일을 통해서 인간의 기본적 욕구인 '능력'이라는 욕구를 만족시킬 수 있다. 일을 통해서 자기 능력을 계발해나가는 과정에서 자신의 욕구를 만족시킨다. 일하면서 남에게 자기의 능력을 보여줌으로써 자신의 욕구를 만족시킬 수 있다. 우리가 직장생활을 하는 이유는 단지 돈을 벌기 위함만이 아니다. 직장생활을 통해서 직장 상사나 동료들 그리고 부하직원들에게 나의 능력을 유감없이 보여줌으로써 인정받고 싶은 욕구가 분명히 있는 것이다. 진급의 의미도 마찬가지이다. 내가 진급했을 때 기뻐하는 이유는 단지 내 연봉이 오르기 때문만은 아니다. 그것 외에 중요한 것은 아마도 내가 회사의 모든 구성원에게 내 능력을 인정받았다는 점일 것이다. 또한 직장에서 일하되 남이 시켜서 어쩔 수 없이 일하는 것이 아니라 자신이 하고 싶어서 '자율적으로' 그 일을 감당할 때만이 자신의 욕구를 만족시킬 수 있다. 직장 상사가 어떤 일을 강제적으로 시켰을 때를 생각해보라. 억지로 하는 그 일을 통해 내 욕구를 만족시킬 수 있겠는가? 그리고 다른 사람들과 함께 협업하면서 기본적인 인간관계의 욕구도 충분히 충족시킬 수 있다. 물론 어떤 사람은 다른 사람과 협업하는 것보다 혼자서 일하는 것을 더 선호할 수도 있다. 그러나 그 어떤 상황에서도 단지 홀로 일할 수 있는 직업은 거의 없다. 크건 작건 인간은 하나의 관계 속에서 일하기 마련이다. 그리고 결국 그 안에서 만족을 찾게 된다.

: 놀이

마지막으로, '놀이'라는 여가활동을 검토해보자. 나는 탁구를 좋아한다. 나는 거의 매일 저녁에 아내와 함께 내가 사는 아파트 일 층에 있는 공용탁구장에서 탁구를 한다. 나는 탁구라는 놀이를 통해서 아내에게 나의 탁구에 관한 능력을 굳이 감추려고 노력하지 않는다. 나는 내 탁구 실력을 보여주고 싶어 한다. 서브 넣는 실력, 공격 능력과 수비 능력을 보여주려고 애쓴다. 그리고 목표를 설정하고 그것을 달성하기 위하여 최선을 다한다. 따라서 탁구 놀이에서 이기거나 좋은 성적을 얻음으로써 나의 기본적 욕구 중의 하나인 '능력'을 보여주고 싶은 욕구를 만족시킨다. 또한 탁구라는 놀이로서 여가활동은 '자율'의 욕구도 만족시킬 수 있다. 탁구라는 놀이는 나와 아내가 자율적으로 하고 싶어서 하는 것이다. 남이 시켜서 억지로 하는 것은 이미 놀이가 아니다. 탁구라는 놀이는 우리 부부가 하고 싶어서 자율적으로 하는 취미 활동에 속한 것이다. 그러므로 놀이는 이미 자율이라는 욕구를 만족시켰다고 볼 수 있다. 탁구라는 놀이로서 여가활동은 '인간관계'라는 욕구가 이미 그 안에 내포되어 있다. 탁구라는 놀이는 혼자 하는 게 아니다. 나와 아내와의 관계 맺음이 없이는 탁구를 할 수 없다. 그러므로 탁구라는 놀이로서 여가활동은 '관계'라는 욕구를 충족시킬 수 있는 중요한 활동이다.

새가드는 삶의 의미와 관련하여 다음과 같이 요약한다. 사람들은 깊은 생물학적, 심리학적 욕구를 가지고 있다. 그리하여 그들이 그 욕구에서 생기는 목표들을 추구하고 달성하는 것은 질적으로 의미가 있다. 심리학적 증거가 인간에게는 근본적으로 관계, 능력, 자율에 대한 욕구가 존재함을 뒷받침한다. 사랑, 일, 놀이를 성공적으로 추구하는 것은 이 욕구를 충족시키기 위해 할 수 있는 최선의 수단이므로, 소중하고 의미 있는 삶을 제공하는 영역인 동시에 영역이어야 한다. 그러면서 그는 자기의 독자들에게 이렇게 권면한다. "사랑, 일, 놀이와 관련해 스스로 적당한 목표를 설정하고, 그 목표를 추구하는 데 시간, 에너지, 돈을 쓰라…그리고 삶의 '세 가지 주요 영역 사이의 균형을 목표로', 가능한 모든 곳에서 사랑, 일, 놀이의 추구를 조합하고 통합함으로써 정합성을 얻기 위해 열심히 싸우라."라고. [23] 결론적으로 나도 이렇게 강조하고 싶다. "삶의 균형을 목표로 사랑 안에서 '일과 여가활동'을 재조합하라. 그것이 바로 잘 사는 삶이요, 진정으로 행복한 자의 삶이다."라고.

: 워라밸

'워라밸'이라는 말은 '워크 앤 라이프 밸런스(work-life balance)'를 줄여 이르는 말이다. 이것은 직장을 구할 때 중요한 조건으로 여기는 일과 개인의 삶 사이의 균형을 이르는 말이다. 워라밸을 추구하는 사람들은 자기의 삶을 전적으로 희생하면서 일을 하지 않고 '소확행'을 실천할 정도의 소득 수준에 만족한다. '워라밸'을 추구하는 이러한 현상은 개인주의적인 성향이 짙어지는 세태에서 발현된 것이라는 분석도 있다. 워라밸은 폴 새가드가 주장하는 사랑과 일과 놀이 사이의 균형과 조합을 추구하는 조합이론과 전혀 다를 바 없는 같은 사고이다. 왜냐하면 사랑과 일과 놀이 사이의 균형과 조합이 바로 워라밸의 기본 정신이기 때문이다. 문제는 일과 놀이, 다시 말하면 일과 여가생활 사이의 균형과 조합을 이루는 일이 그리 쉬운 일이 아니라는 데에 있다. 그렇지만 "과감하게 도전하는 자만이 행복해질 수 있다." 시도조차 하지 않는 자에게는 성공이라는 것은 애초부터 없는 법이다. 그러면 우리가 이 세상을 살아가면서 워라밸이라는 행복한 삶을 살아가는데 도움이 되는 방법에는 어떤 것들이 있을까?

: 단순화 전략

　첫째는 일과 관련된 것으로 '단순화 전략'이다. 이것은 일종의 가지치기 전략이라고 말할 수 있다. 앞서 언급했다시피, 러셀은 "행복에 이르는 길이란 '조직적으로 일을 줄여나가는 것'이다."라고 강력하게 주장한다. [24]

　우리는 러셀의 조언을 따라 조직적으로 일을 줄여나가야 한다. 그래야만 우리는 절대적으로 부족한 여가활동 시간을 좀 더 많이 확보할 수 있다. 우리는 가장 먼저 직장의 업무부터 조직적으로 줄여나가야 한다. 가능한 한 다양한 방법들을 시도해보자. 업무의 우선순위를 정하기, 당장 해야 할 업무를 미루는 습관 없애기, 야근 또는 회식 등의 불합리한 관행 줄이기, 몰입으로 업무의 효율성 높이기, 업무와 관련하여 창의성 발휘하기, 무조건적 예스 맨(Yes Man)으로부터 벗어나기 등등. 직장의 업무뿐만 아니라 각양각색의 사회활동에서의 가지치기도 중요하다. 이에 대한 방법들로서 수백 또는 수천 가지의 휴대전화기 번호와 수없이 많은 단톡방에 대한 과감한 가지치기가 필요하다. 사람 만나기를 좋아하는 것을 뭐라 할 수 없다. 하지만 이것이 과하게 되면 '사람 중독증'에 빠질 수도 있다. 어떤 사람은 매일매일 사람을 만나지 않으면 불안함과 외로움을 떨쳐버리지 못한다. 이런 사람은 과감하게 '사람 의존증' 또는 '사람 중독증'으로부터 벗어나야만 한다. 절제할 필요가 있다. 과감하게 사람 만나는 시간과 횟수를 줄여야 한다. 우리는 직장의 업무와 사회활동뿐만 아니라 가사노동도 조직적으로 줄여나가야 한다. 우리는 슈퍼맨이나 슈퍼우먼이 아니다. 내가 감당할 수 있는 일에는 한계가 있음을 인정하고 가족들에게 도움을 청해야 한다. 앞서 언급한 적이 있는 TSL 가족 치유 상담기법을 다시 한번 생각해보자. 첫 번째가 '감사합니다(Thank you)'이고 다음으로는 '미안합니다(Sorry)'이다. 나로 인해 상처받은 가족들에게 감사한 마음과 미안한 감정을 말로 표현하면 그것으로 끝일까? 물론 그것도 중요하지만 진정한 의미에서 근본적인 가족 치유는 '사랑합니다'를 실천하는 것이다. 그러면 여기서 말하는 '사랑합니다'라는 말은 무슨 뜻을 담고 있을까? 그것은 바로 내가 우리 가족들을 사랑하기 때문에 "내가 가족들을 위해서 기꺼이 대가를 지불하겠습니다."라는 뜻이다. 다시 말하면 내가 가족들을 위해서 뭔가를 희생하겠다는 것이다. 그러면 어떻게 희생하겠다는 것일까? 목숨을 내놓을 정도로 중차대한 일이란 거의 없다. 사소한 일에서 가족들이 상처받고 관계도 악화한다. 사소한 일이 뭘까? 그것은 가족회의를 통해서 가사노동을 분담하는 것이다. 가족들이 가사노동을 분담해야만 가정에서의 내가 감당하는 일을 줄여나갈 수 있을 뿐만 아니라 여가활동 시간도 확보할 수 있다. 반드시 분담해야 할 가사노동에는 어떤 것들이 있을까? 음식물 쓰레기통 비우기, 세탁기 돌리기 및 빨래 널기와 빨래 개기, 요리하기 등의 식사 준비, 식사 후 설거지, 신발장 정리, 방 청소하기, 화장실 청소하기, 화분 물주기, 이불 정리하기 등이다. 단순화 전략에는 또 뭐가 있을까? 현대인의 시간 도둑 1위는 아마도 TV, 인터넷, 휴대전화, 소셜 미디어일 것이다. 소셜 미디어에서 머무는 시간도 꼭 필요한 만큼으로 줄여야 한다. 페이스북 친구의 새 글에 일일이 댓글을 못 달아 준다고 해서 내일 태양이 떠오르지 않는 것은 아니다. 이런 기계들과 얼마만큼의 시간을 보낼지는 말 그대로 내 손에 달려 있다.

: 다양화 전략

둘째로, 우리가 워라밸이라는 행복한 삶을 살아가는 방법은 '여가활동'과 관련된 것으로서 '다양화 전략'이다. 여가활동은 '소극적인 의미에서의 여가활동'과 '적극적인 의미에서의 여가활동'으로 나눌 수 있다. 과거에는 과중한 업무에서 벗어나 잠시 휴식을 취함으로써 건강을 회복하고 재충전하는 소극적인 의미에서의 소일형 여가활동이었다. 그러나 시간이 지남에 따라 점차 자신의 정체성을 표현하는 수단으로서, 다양한 취미 또는 문화예술 등의 활동으로서 그리고 자아실현 및 삶의 질과 만족도를 높일 수 있는 도구로서 좀 더 적극적인 의미에서의 진지한 여가활동으로 점진적으로 진화해나가고 있다. 그러므로 우리도 이러한 추세에 따라 소극적인 의미에서의 여가활동에서 적극적인 의미에서의 여가활동으로 우리의 여가활동을 좀 더 다양화하는 전략이 필요하다.

여가활동을 다양화하는 전략으로서 '홀로 그리고 함께하는 여가활동'의 방법도 있다. 매일매일 사람들에게 시달리면서 업무를 처리해야 하는 직장인은 홀로 즐길 수 있는 여가활동을 찾아서 해보는 것이 좋을 것 같다. 반면에 온종일 거의 혼자서 일을 하는 사람들은 다른 사람들과 어울려서 함께 할 수 있는 여가활동을 찾아보기를 권한다. 인간은 사회적 동물이라서 그런지는 몰라도 혼자 하는 여가활동보다는 아무래도 친구 또는 가족들과 함께하는 관계 중심적인 여가활동이 삶의 만족도와 행복도에 긍정적인 영향을 미치는 것 같다. 어쨌든 혼자서도 여가활동을 시도해보고 여러 사람과 함께 어울려서 여가활동을 해봄으로써 여가활동을 좀 더 다양화할 필요가 있다.

다른 한 편으로 여가활동의 종류에는 '정적인 여가활동'도 있고 '동적인 여가활동'도 있다. 어떤 사람은 아주 일밖에 모르는 일 중독자이다. 그가 틈나는 대로 하는 정적인 여가활동은 방안에 홀로 앉아서 음주와 흡연 그리고 부족한 잠을 보충하기 위한 수면뿐이다. 그것도 나름대로 의미 있는 여가활동 중 하나라고 항변한다면 할 말은 없다. 그러나 사는 것이 잘 사는 삶인지는 의심스럽다. 긍정적인 의미의 정적인 여가활동들은 어떤 것이 있는지 찾아보라. 홀로 차분히 앉아서 조용히 할 수 있는 것들은 얼마든지 있는 것 같다. 예를 들면, 독서삼매경에 빠지기, 음악 감상하기, 그림그리기, 사진찍기, 공예품 만들기 등이 있다. 동적인 여가활동은 대개 각종 운동 등과 관련된 신체적 활동과 관련되어 있다. 특히 젊은 청년들에게는 익스트림 스포츠(Extreme Sports, 극한 스포츠)를 권해보고 싶다. 익스트림 스포츠는 주로 야외에서 극한적인 모험과 상황을 즐기는 활동적인 스포츠로서 패러 글라이딩, 번지점프, 스캐드 다이빙, 마운틴코스터, 슬링샷, 래프팅 등 각종 기구를 이용하여 모험적인 활동을 경험하는 스포츠를 말한다. 정적인 여가활동이든 동적인 여가활동이든, 둘 다 나름대로 의미가 있는 여가활동들이다. 하지만 신체적 활동량이 많은 야외에서 즐기는 동적인 여가활동이 정적인 여가활동보다는 만족도가 좀 더 높을 것 같다. 어쨌든 여가활동과 관련해서 좀 더 다양한 여가활동을 찾아내어 내 삶에 적극적으로 적용해보기를 권해보고 싶다.

: 일거양득 전략

셋째로, 우리가 워라밸이라는 행복한 삶을 사는 방법은 일과 여가활동 둘 다 관련된 것으로서 '일거양득(一擧兩得) 전략'이다. 이것은 "한 번 들어 올려서 둘을 얻는다."라는 뜻으로서 한 가지 일을 해서 두 가지 이득을 얻는 것을 말한다. 모든 직장인의 로망은 무엇일까? 그것은 바로 내가 진정으로 하고 싶어서 하는 여가활동으로서 '자기가 좋아하는 취미를 직업 삼아서' 살아가는 것이다.

내가 지금 여기서 감당하는 일이 다름 아닌 내가 진정으로 좋아서 하는 일임과 동시에 먹고사는 일이기 때문에 이것이야말로 일거양득요 워라밸의 극치로서 가장 행복한 삶이 아닐까? 만일 그렇지 않다면 우리는 '일'을 단순화하는 전략과 '여가활동'을 다양화하는 전략을 동시에 있는 최선을 다해 수행해야만 워라밸이라는 행복한 삶을 살아갈 수 있다. '자기가 좋아하는 취미를 직업 삼아서' 살아가는 사람이야말로 성공적인 삶을 살아갈 가능성이 가장 많은 사람이다. 이러한 삶을 꿈꾸고 과감하게 도전하는 젊은이들이 점점 더 늘어나고 있다.

하나의 사례를 들어보자. 나는 나의 행복론 수업에 적극적으로 참여했던 4학년 1학기를 보내고 있는 어떤 남학생과 수업 후에 대화를 나눈 적이 있었다. 그는 1학년

때부터 3학년을 마칠 때까지 자신의 직업을 확정 짓지 못하고서 방황하고 지내고 있었다. 그런데 그가 가장 좋아하는 일이 있었는데 그것은 다름 아닌 해외여행 및 해외 봉사활동이었다. 그는 대학 1학년 여름방학 때부터 방학만 되면 해외여행을 가거나 해외 봉사활동에 적극적으로 참여했다. 어느 해인가는 해외 봉사활동을 다녀온 후에 해외 봉사단체에서 주최하는 사례발표대회에서 우수한 성적으로 대상을 받기도 했다. 나는 그의 학과와는 관계없이 그가 진정으로 좋아하는 일과 평생 하고 싶은 일이 어떤 일인지를 그에게 진지하게 물어보았다. 그는 해외 봉사단체에서 평생 봉사하면서 살고 싶다고 했다. 그래서 나는 그에게 이렇게 조언했다. "당신이 진정으로 좋아하는 일, 진심으로 하고 싶어 하는 일을 하면서 사세요. 그래야만 나중에 후회하지 않아요." 그리고 다음과 같은 말을 덧붙였다. "그런다고 해서 절대로 굶어 죽지 않아요. 걱정하지 마세요!" 그는 지금 국제 봉사활동 단체에서 해외 봉사 활동가로서 행복한 모습으로 열심히 살아가고 있다.

: 행운, 아빠 기회

지금까지 우리는 일과 삶의 균형이라는 좋은 환경 속에서 행복한 삶을 살기 위한 세 가지 전략, 즉 단순화 전략, 다양화 전략, 일거양득 전략에 대해서 살펴보았다. 그런데 이러한 방법은 어디까지나 개인적 전략이다.

그러나 우리가 아무리 개인적 전략을 잘 실천해도 한계가 있을 수 있다. 그중 하나가 '행운'이다. 아리스토텔레스는 행운이 행복의 필요조건은 될 수 있을지라도 충분조건은 되지 못한다고 생각한다. 행복의 조건 안에 친구, 돈, 정치적 권력 또는 기회 등이 있어야 하는데 이런 것은 모두 우리 자신의 노력만 가지고 되는 것이 아니라는 것이다. 특히 '돈과 권력' 그리고 이것에 접근할 수 있는 '기회'와 관련해서 생각해보면, 우리 사회에서 유행하는 말로서 돈과 권력을 쥐고 있는 아버지를 둔 아들의 '아빠 찬스'가 이를 대변해주고 있다. 이와 관련해서 아리스토텔레스는 노년의 '아들 찬스'를 먼저 언급한다. 그리고 이어서 멀고 가까운 정도에 따라 아들의 '아빠 찬스' 심지어는 '조부모 찬스'와 관련해서 다음과 같이 말한다. "어떤 사람이 노년에 이르기까지 지극히 복되게 살아왔고 이치에 맞게 삶을 마감했다고 하더라도 그에게는 자손들과 관련해서 많은 우여곡절이 일어날 수 있고, 그 후손 중 일부는 좋은 사람이며 그들의 가치에 맞는 삶을 누리지만, 다른 일부는 이와 반대되는 형편을 겪을 수도 있기 때문이다. 또 후손들이 선조에 대해서 갖는 관계는 그 멀고 가까운 정도에 따라 매우 다양할 것이라는 점도 분명하다."[25]

: 불운을 극복하는 탁월성, 그러나

일단 아리스토텔레스는 우리가 아무리 탁월성을 가지고서 아무리 개인적 전략을 잘 세워서 실천해도 행복과 관련해서 불운 또는 행운의 영향을 받을 수밖에 없다는 것을 인정한다. 그러나 그는 이와 관련해서 다음과 같이 의문을 제기한다. "만약 우리가 그때그때 변하는 운을 따라가 본다고 한다면, 같은 사람을 행복한 사람이라고 부르다가 다시 비참한 사람으로 부르기를 여러 차례 반복할 것이며, 그로써 행복한 사람을 일종의 카멜레온으로, 취약한 기반을 가진 사람으로 드러낼 것이다."[26] 그리하여 그는 다시 행복의 중요한 필요조건 중의 하나인 '탁월성'으로 되돌아간다. "그런데 이처럼 어떤 사람의 운을 따라 자기 행복 여부를 판단하는 것은 아주 잘못된 일이 아닐까? 잘 되고 못됨은 이런 것에 의존하는 것이 아니라, 앞에서 말했던 바와 같이 인간적 삶은 다만 이런 것들을 추가로 필요로 할 뿐이며, 행복에 결정적인 것은 '탁월성'에 따르는 활동이고, 그 반대의 활동은 불행에 결정적이기 때문이다."[27] 이어서 그는 불운 또는 행운과 관련해서 다음과 같이 결론을 내린다. "행복한 사람은 실로 다채롭게 변할 수 있는 사람도 아니며, 쉽게 변할 수 있는 사람도 아니다. 그는 행복으로부터 쉽게 내버려지지 않을 것이고, 그 어떤 흔한 불운들에 의해서도 흔들리지 않을 것이며, 만약 그가 흔들린다면 '수없이 닥치는 큰 불운'에 의해서만 그럴 것이기 때문이다." [28]

이를 종합해보면, 아리스토텔레스는 어쨌든 운을 좇아 자기 행복 여부를 판단하는 것은 아주 잘못되었다고 말한다. 그래서 인간은 행복의 결정적인 요소인 '탁월성'에 따르는 활동을 해야 한다고 역설한다. 그런데도 그는 한 가지 숙제를 우리에게 남겨 두었다. 그것은 바로 우리가 흔들릴 수밖에 없는 '수없이 닥치는 큰 불운', 즉 개인적인 전략과 노력만으로는 결코 해결할 수 없는 '잘못된 정치 또는 사회 구조' 안에서 발생하는 불운의 문제이다.

: '수없이 닥치는 큰 불운'은 어떻게?

그러면 이제, 우리가 '수없이 닥치는 큰 불운'을 극복하고서 워라밸이라는 좋은 환경 속에서 행복한 삶을 살아갈 수 있는 실제적인 방법은 무엇일까?

경제학자 로버트 프랭크(Robert H. Frank)는 그의 저서 『실력과 노력으로 성공했다는 당신에게: 행운, 그리고 실력주의라는 신화』에서 아리스토텔레스와 마찬가지로 재능과 노력만으로는 '성공적인 삶,' 우리가 논의해온 바로 말하자면, 워라밸이라는 좋은 환경 속에서 살아가는 '행복한 삶'을 살아가기가 어렵다고 말한다. 그는 오히려 거의 모든 경우에 상당한 운이 뒤따라야만 한다고 말한다. 이에 대한 그의 말을 들어보자.

"성공이란 전적으로 재능과 노력의 결과라고 주장하는 사람이 대부분이었다. 물론 재능과 노력이라는 요소는 정말 중요하다. 하지만 가장 커다란 보상을 차지하기 위한 사회적 경쟁이 너무나 격렬한 우리 시대에 실력 또는 재능과 노력만으로 승리를 보장할 수 있는 경우는 드물다. 오히려 거의 모든 경우에 상당한 운이 뒤따라야 한다."[29] 그러나 그는 한 개인의 성공적인 삶의 요인으로서 행운을 넘어선 어떤 것을 강조하고 있다. 그것은 바로 좀 더 많은 사람이 좀 더 많은 행운, 즉 워라벨이라는 행복한 삶을 더 많이 누릴 수 있는 행운을 원활하게 확보할 수 있도록 사회적 환경을 조성해 나가야 한다는 것이다. 그는 이를 위해 공공정책과 공공투자의 중요성을 다음과 같이 역설한다.

"성공한 사람들은 자신의 성공에 있어서 행운의 역할을 과소평가하는 경향이 있다. 그들은 이로 인해 모든 사람이 성공할 가능성을 높여주는 여러 공공투자에 대해서 미온적인 태도를 보인다. 그러나 상대적으로 간단하고 거슬리지 않는 공공정책을 펼치는 것만으로도 이러한 공공투자의 부족한 부분을 메우고도 남을만한 충분한 자원을 창출할 수 있다."[30] 그는 이와 같은 방식으로 작동할 수도 있는 행운의 중요성을 제대로 인지하지 못한 탓에 조세 저항을 불러오고 그리하여 미래 세대가 행운을 누리는 데 필요한 공공투자를 더 어렵게 만든다고 주장한다.[31]

: '워라벨'이라는 이상적인 삶을 향하여

그에 의하면, 행운의 중요성을 제대로 인정하지 않는 태도는 결국 우리 모두의 행운을 갉아 먹는다. 우리가 지금까지 논의해온 것으로, 예를 들면 '워라벨'이라는 이상적인 삶을 누릴 수 있는 좋은 환경에서 태어나는 것은 누군가에게 일어날 수 있는 커다란 행운 가운데 하나이다. 그렇다면 이처럼 좋은 환경을 유지해서 다음 세대에서도 더 많은 행운을 누릴 수 있는 환경을 조성해야만 한다. 이를 위해서는 구체적으로 적절한 공공정책에 기초한 공공투자를 통해 사람들이 이용할 수 있는 질 좋은 공공 서비스를 제공해야 한다.

결론적으로, 이러한 공공정책, 공공투자 그리고 질 좋은 공공 서비스를 위해서 가장 필요한 것은 무엇일까? 그것은 바로 한나 아렌트가 강조한 고대 그리스에서 중시했던 정치적 행위, 즉 정치의 공공성 기능을 회복하고 인간관계의 상호성의 영역인 '공론장 영역'을 확장해나가는 것이다. 위르겐 하버마스가 주장한 대로, 공론장 영역의 점진적 확대와 시민사회단체의 연대에 기초한 공론장 영역 간의 지속적인 상호작용이 절대적으로 중요하다. 이로 인해 '워라벨'이라는 이상적인 환경 속에서 모든 사람이 행복한 삶을 더 많이 누릴 수 있는 그 날이 속이 오기를 간절히 희망한다.

후속활동 프로그램

1. 나만의 여가활동 소개하기

2. 나의 미래직업 탐방기

3. 나의 최고의 여행지 소개하기

- 여행지에서 만난 사람들, 나의 여행 동행자들, 풍경 사진, 전통문화, 음악 예술, 역사 등등.

4. '일하는 기쁨'과 '일해야만 하는 슬픔'의 경험을 소개하기

5. 친구들과 '다양한 오감 만족 투어(짧은 여행)'를 체험해보기

  - 특이한 맛집 투어, 특별한 장소 관람 투어 등등

6. 워라벨과 관련하여 나만의 1)일과 관련된 '단순화 전략', 2) 여가활동과 관련된 '다양화 전략', 3)일과 여가활동 둘 다 관련된 '일거양득 전략'을 수립해보기

7. 시민사회단체 탐방기

13. 돈과 권력

돈

: 돈이면 다 된다?

　우리는 시장만능주의 또는 황금만능주의, 즉 "돈이면 다 된다."라는 사고가 지배하고 있는 사회에서 살아가고 있다. 사람들 대부분은 내가 돈만 있으면 우리가 '원하는 것'은 무엇이든 다 살 수 있다고 생각한다. 그것은 가시적인 것, 즉 각양각색의 물건들뿐만 아니라 비가시적인 것들, 예를 들면 우정과 사랑 그리고 명예 모두를 다 포함한다. 그러나 그렇다 할지라도 "우리가 진정으로 무엇을 원해야만 하는가?"라는 문제는 황금만능주의 시대를 살아가고 있는 우리에게 여전히 남아 있다. 정치철학자 마이클 샌델 Michael J. Sandel)은 그의 저서 『돈으로 살 수 없는 것들』에서 최근 수십 년 동안 우리도 인식하지 못하는 사이에 이 사회가 시장경제에서 시장사회로 옮겨갔다고 진단한다.[1] 시장경제에서 시장은 재화를 생산하고 부를 창출하는 효과적인 '도구'인 반면, 시장사회는 시장가치가 인간 활동의 모든 영역으로 스며들어 간 일종의 생활방식이다. 그는 기존에는 시장에서 거래되지 않았던 영역에 돈과 시장이 개입하여 발행하는 도덕적 가치들의 변질에 주목한다. 그는 우리가 모든 것을 시장에서 돈으로 교환 가능한 것으로 만들어버리면 시민적 참여, 공공성, 우정과 사랑, 명예 등 인간 사회의 가치 덕목이 사라져 버린다고 우려를 표한다.[2]

　그는 시장의 효율성만을 추구하기보다는 우리에게 무엇이 가치 있고 소중한 삶인지, 우리가 마땅히 어떻게 살아야 하는지에 관한 근본적인 질문을 던져야 한다고 말한다. 또한 그는 우리가 황금만능주의 또는 시장만능주의가 언제나 옳고 공정한지를 공적인 담론의 장에서 토론할 것을 촉구한다. 결론적으로 그는 재화의 진정한 가치를 재평가하려고 노력해야 할 뿐만 아니라 돈과 관련된 모든 문제의 적절한 해결책을 찾아야만 한다고 역설한다.[3]

: 이 정도의 황금이면…

윌리엄 셰익스피어(William Shakespeare)의 『아테네의 타이몬』 제4막 제3장에는 돈의 노예가 된 인간들을 저주한다. 그는 땅을 파다가 우연히 황금을 발견한다. 황금의 위력을 잘 알고 있는 타이몬은 황금을 조금만 취하고 캐낸 황금을 다시 땅속에 묻는다. 과연 타이몬과 같이 황금 보기를 돌 같이 할 수 있는 사람이 이 세상에 어디 있을까? 그는 눈에 보이는 신과 같은 돈의 위력을 다음과 같이 묘사한다. "여기 이건 뭐지? 황금 아닌가? 누렇게 번쩍이는 귀한 황금 아닌가? 이 정도의 황금이면, 흑을 백으로, 추한 것을 아름다운 것으로, 잘못된 걸 옳은 것으로, 천한 걸 귀한 것으로 늙은이를 젊은이로…누런 황금은 종교인들을 결합할 수도 흩어 놓을 수도 있어. 누런 황금은 저주받은 자를 축복하게 할 수도, 곰팡냄새 나는 나병 환자를 찬미하게 할 수도 있어…황금은 성적 매력이 소진된 과부를 개가시킬 수도 있어. 병원에 입원한 고름 나는 환자나 위궤양에 걸려 화끈거리는 환자가 봐도 구역질 날만큼 추한 여자라도, 금으로 방부처리하고 향신료를 뿌리면, 4월의 아름다운 꽃처럼 보일 수도 있어."[4]

타이몬은 이 세상에서 돈으로 할 수 없는 것도 없고, 돈으로 살 수 없는 것도 없다는 것이다. 돈이야말로 '눈에 보이는 신'이 되어버렸다는 것이다. 그 누가 말했던가? 이 세상은 돈이 돈을 낳은 세상이라고. 이 세상은 돈 놓고 돈 먹기와 같은 야바위꾼들의 세상이라고. 오죽하면 조물주 위에 건물주가 있다고 한탄할까? 인간이 '돈'을 발명한 이후로, 이 세상에서 인간이 '돈의 지배'를 벗어나서 살았던 시대는 한 번도 없었던 것 같다. 마크 트웨인(Mark Twain)은 《도금시대》에서 이렇게 말한 적이 있다. "어떤 사람은 계급을 숭배하고, 어떤 사람은 영웅을, 어떤 사람은 권력을, 어떤 사람은 하나님을 숭배한다. 그러나 모두는 공통으로 돈을 숭배한다." 우리는 영원히 돈의 지배에서 벗어날 수는 없는 것일까? 이처럼 눈에 보이

는 신으로서 돈이 지배하는 이 같은 세상을 향하여 가수 안치환은 '똥파리와 인간'
이라는 노래로 통렬하게 비판을 쏟아낸다. 이 노래의 작사자는 시인 김남주이다.

똥파리와 인간

똥파리는 똥이 많이 쌓인 곳에 가서
떼지어 붕붕거리며 산다. 그곳이 어디건
시궁창이건 오물을 뒤집어쓴 두엄더미건 상관않고
인간은 돈이 많이 쌓인 곳에 가서
무리지어 웅성거리며 산다. 그곳이 어디건
범죄의 소굴이건 아비규환의 생지옥이건 상관않고
보라고 똥 없이 맑고 깨끗한 데에 가서
이를테면 산골짜기 옹달샘 같은 데라도 가서
아무도 보지 못할 것이다 떼지어 사는 똥파리를
보라고 돈 없이 가난하고 한적한 데에 가서
이를테면 두메산골 외딴 마을 깊은 데라도 가서
아무도 보지 못할 것이다. 무리 지어 사는 인간을
산 좋고 물 좋아 살기 좋은 내 고향이란 옛말은
새빨간 거짓말이다. 똥파리에게나 인간에게나
똥파리에게라면 그런 곳은 잠시 쉬었다가
물찌똥이나 한번 씨익 깔기고 돌아서는 곳이고
인간에게라면 그런 곳은 주말이나 행락철에
먹다 남은 찌꺼기나 여기저기 버리고 돌아서는 곳이다
따지고 보면 인간이란 게 별것 아닌 것이다.

안치환의 '똥파리와 인간'이라는 곡은 황금만능주의가 지배하는 이 세상을 향하여 통렬하게 비판하는 내용이다. 혹시 이 곡을 불렀던 안치환이 동물해방론자들에게 혹독한 비판을 받지는 않을지 매우 염려스럽다. 그는 내 개인적으로는 내가 가장 좋아하는 가수 중의 한 사람이다. 그리고 '똥파리와 인간'은 과거에 내가 타고 다녔던 승용차에 있었던 카세트테이프로 자주 들었던 노래 중의 하나였다. 이 곡에서 압권은 노래 중간에 피리 소리로 재현하는 똥파리가 날아다닐 때 내는 붕붕거리는 소리이다. 들어본 사람은 그 묘미를 느꼈을 것이다. 어쨌든 듣기에 조금 민망할지라도 한 번 감상해보자.

: '소유'의 문제인가? '탐심'의 문제인가?

에리히 프롬(Erich Fromm)은 그의 저서 『소유냐 존재냐』의 서두에서 소유의 삶과 존재의 삶에 관하여 언급한다. 그는 여기에서 인간이 물질을 소유하는 것은 일반적인 상식으로는 당연하다고 말한다. "일반적인 상식으로는 소유냐 존재냐의 양자택일이 있을 수 없다. 우리의 눈에는 소유한다는 것이 삶에 포함된 극히 정상적인 행위이다. 살기 위해서 우리는 사물을 당연히 소유한다. 그뿐이랴, 사물을 즐기기 위해서도 그것을 소유하지 않으면 안 된다."[5]

그러면 무엇이 문제일까? 그것은 바로 '소유 자체'가 아니라 소유하는 여러 대상물에 대한 인간 존재의 전반적인 '마음가짐'일 것이다. 프롬은 돈이 최고라고 생각하는 사람들이 돈 없는 사람들을 아무것도 아닌 존재로 무시하고 경멸하는 사회와 관련해서 다음과 같이 언급한다. "소유하는 것을, 점점 더 많이 소유하는 것을 지상목표로 하는 사회, 그리고 사람에 대해서도 '백만 불의 가치가 있다.'라고 말하는 사회 속에서 소유하는 것과 존재하는 것 사이에 어찌 양자택일이 있을 수 있겠는가? 오히려 존재의 본질이 바로 소유하는 것에 있어서, 그래서 아무것도 소유하지 못한 사람은 아무것도 아닌 존재로 여겨지는 실정이다."[6] 프롬은 이처럼 소유의 삶, 즉 최대한으로 많이 소유하는 것 또는 물질을 소유하고 즐기는 것이 삶의 전부가 되는 삶을 비판한다. 이어서 그는 존재의 삶, 즉 인간의 인격적 가치와 인간의 존엄성이라는 인간 존재의 본질을 탐구하고 완성하는 삶을 제시한다. 다시 한번 강조하거니와, 그가 여기에서 소개한 석가모니, 예수, 에크하르트, 마르크스 등은 엄밀하게 말하면 '소유 그 자체'를 부정한 것이 아니다. 그들은 다만 인간이 소유하는 여러 대상물에 대한 인간 존재의 전반적인 '마음가짐' 또는 그것들에 대한 '생각이나 태도'의 중요성을 강조했다고 볼 수 있다. 프롬은 석가모니가 '재물에 대한 탐심'을, 예수가 '천하를 얻으려는 탐심'을, 에크하르트가 에크하르트적 개념의 요체인 '물질에 대한 집착'을, 마르크스가 '최대한 많이 소유하려는 마음'을 경계한 것이라고 주장하면서 다음과 같이 말한다.

"그러나 일찍이 인생의 위대한 스승들은 소유와 존재의 양자택일에서 그들의 철학적 관점의 핵심을 찾아냈다. 석가모니는 인간으로서 자기 도야의 최고 단계에 이르려는 사람은 재물을 탐해서는 안 된다고 설법한다. 또한 예수는 '누구든지 제 목숨을 구원코자 하면 잃을 것이요 누구든지 나를 위하여 제 목숨을 잃으면 구원하리라. 사람이 만일 온 천하를 얻고도 자기를 잃든지 빼앗기든지 하면 무엇이 유익하리요.'라고 말한다. 수사 에크하르트는 아무것도 소유하지 않고 자신을 열어서 '비우는 것,' 자아에 의해서 방해받지 않는 것이 영적 부와 힘을 얻는 전제라고 가르친다. 또한 마르크스는 사치야말로 빈곤과 마찬가지로 큰 악덕이며, 우리는 많이 소유하는 것이 아니라 풍요롭게 존재하는 것을 목표로 해야 한다고 가르친다."[7] 스토아학파의 세네카도 재산 자체의 많고 적음이 아닌 재산을 대하는 그 사람의 마음가짐 또는 생각이나 태도의 중요성을 이렇게 역설한다. "나는 그대가 재산을 금기시하기보다는 재산을 두려움 없이 소유해야 한다고 생각하네. 그러한 '태도'를 가지고 살아가 때만 재산이 없어도 행복할 수 있을 것이네."[8] 또한 그는 이와 관련해서 이렇게도 말한다. "가난은 재앙이 아니다. 가난은 우리의 삶을 망치는 탐욕과 사치의 광기에 아직 굴복하지 않았다는 증거이다." [9] 라고.

: 그러면 '어느 정도'를 소유하면 되는가?

 지금까지 우리는 프롬의 주장, 즉 '사물 자체'나 '사물을 소유하는 것'이 문제가 되는 것이 아니라 사물에 대한 마음가짐 또는 태도, '사물에 대한 탐심'이 문제라는 것을 검토했다. 그러면 여기에서 우리는 또 다른 하나의 의문을 제기할 수 있다. 만일 사물에 대한 탐심만 없다면 우리는 사물을 최대한으로 많이 소유해도 괜찮을까? 그리고 도대체 어느 정도가 최대한으로 많은 것인가? 예를 들면, 돈에 대한 소유의 정도와 관련해서는 대충 세 가지의 사례가 있다. 이것들을 다시 한번 진지하게 검토해보자. 과연 어떠한 결론이 나올까?

 첫째는 아무런 탐심이 없이 최대한으로 많이 소유하는 삶이다. 마음에 전혀 탐심이 없는 부자가 된다는 것은 가능할까? 이러한 일이 가능할까? 아마도 이것은 상식적으로도 불가능할 것 같다. 이것은 견물생심(見物生心), 즉 "물건을 보면 탐심이 생긴다"라는 문제점을 안고 있는 것 같다. 탐심이라는 것은 인간의 본성이 사물을 접하면서 드러나는 자연적인 감정 중의 하나이다. 우리 속담에 "내 떡보다 남의 떡이 더 커 보인다."라는 말처럼 내 떡이 있음에도 남의 떡을 보면 욕심이 생기기 마련이다. "돈 없는 사람보다 돈 많은 사람들이 더 많이 돈을 탐낸다."라는 말도 있다. 이들을 경계하는 말로 "무슨 일이든 지나치면 오히려 모자람만 같지 못하다"라는 뜻인 과유불급(過猶不及)과 "달도 차면 기울게 된다."라는 의미인 월영즉식(月盈則食)이 적격이 아닐까? 돈에 대한 탐심도 마찬가지다. 지나치면 오히려 화를 부를 수도 있다.

 둘째는 아무런 탐심도 없이 무소유, 즉 '아무것도 소유하지 않는 가난한 삶'이다.

장 자크 루소(Jean-Jacques Rousseau)는 그의 저서 『인간 불평등 기원론』에서 재물도, 사치도, 악행도 없는 이상적인 자연 상태에 놓인 인간을 다음과 같이 표현했다. "떡갈나무 열매로 배고픔을 달래고 시냇물에 목을 축이고, 양식을 주는 바로 그 나무 아래서 잠을 청하는, 더 이상 원하는 것이 없는 사람." [10] 이라고. 그는 사적인 소유의 도입 자체를 비판했다. 그는 사유재산이 미래 세대에게 '악의 근원'이 된다고 말한다. 사람들은 생산이 증대되면서 더 많은 소유욕에 시달리며 상품에 더욱더 의존해야 하기 때문이다.

 그러나 이것은 진정으로 이상적인 삶일 수는 있어도 상식적으로 신 또는 성자가 아닌 이상 적어도 인간에게는 불가능할 것 같다. 왜냐하면 우리는 일상적으로 먹고 마시고 입고 자야만 하는 자연 상태의 인간으로 그치는 것이 아니기 때문이다. 기본적으로 사람은 생존을 위해서 필수적인 물질이 없이는 살 수 없는 자연인이다. 그러므로 인간은 최소한의 생존을 위해서 필요로 하는 그것들을 충족시킬 정도의 물질을 소유하는 것이 불가피하다. 그리고 인간은 자연인을 넘어서서 생활인이기도 하다. 그러므로 한 사람의 생활인으로 사는 삶에서는 어느 정도의 물질적 여유와 물질적 향유는 당연하다고 볼 수 있다. 또한 내가 아무런 탐심 없이 아무것도 소유하지 않고 가난하게 살고자 하지만 세상 사람들이 그러한 삶을 사는 나를 가만 내버려 두지 않을 수도 있다. 그들은 자신들의 잣대로 아무런 탐심 없이 아무것도 소유하지 않고 가난한 삶을 살아가는 나를 무능한 자 또는 사회 부적응자 등으로 무시하거나 경멸할 가능성이 있다. 무소유 또는 가난함이 더 이상 자랑할 만한 것이 아닌 사회에서 가난으로 인하여 다른 사람들로부터 굴욕을 당할 가능성이 크다는 것이다. 그리하여 결국 그러한 사람이 오히려 정반대로 많은 돈에 욕심을 내고 돈에 집착하게 될 수 있다. 플라톤은 이와 관련해서 다음과 같이 말한다. "가난으로 굴욕을 겪은 그는 돈 버는 일에 더 많이 욕심을 내고 점차 축재와 사업에 집착하여 많은 재산을 모은다. 하지만 생각해보라. 그 사람은 그의 내면에서 육신의 욕망과 돈을 벌고자 하는 욕망을 왕좌에 올려놓고, 황금 왕관과 옷깃으로 장식하고, 페르시아의 검을 차게 해서, 그러한 욕망을 왕으로 세워놓은 것이 아닌가?" [11]

셋째는 아무런 탐심이 없이 '적절하게 물질을 소유하며 사는 삶'이다. 로마의 시인 오비디우스(Ovidius)는 '일용할 양식'과 관련해서 이렇게 묘사했다. "세상의 모든 소산을 피워 올리는 대지, 누구의 손길도 없이 온갖 과실을 맺네. 쟁기질로 간섭할 이유조차 없네. 일용할 양식에 만족하는 사람들, 사이좋게 함께 모여 열매를 거두네. 산기슭 가득한 산딸기를 거두네." [12] 그의 글귀를 보면, 아무런 탐심이 없이 최대한으로 많이 소유하는 부유한 삶도, 아니면 그와 반대로 '아무것도 소유하지 않는 가난한 삶'도 원하지 않는다고 말한다. 왜냐하면 그에 의하면, 부유한 삶도 무소유의 가난한 삶도 자신이 감당할 수 없기 때문이었다. 좀 더 자세히 말하면, 이러한 양극단의 상태는 반드시 자기 삶에 여러 가지 부정적인 문제들을 가져올 가능성이 크기 때문이다. 그리하여 그는 아무런 탐심 없이 적절하게 물질을 소유하며 사는 삶, 즉 오직 '필요한 양식'으로만 사는 삶을 구했다.

: 만족 변곡점

오비디우스의 물질관은 일용할 만큼의 양식 또는 필요한 만큼의 양식으로서 아무런 탐심 없이 '적절하게' 물질을 소유하는 것이다. 그러면 도대체 적절하게 필요한 만큼 또는 일용할 만큼의 양식은 어느 정도일까? 우리가 '적절성'을 결정하는 것은 결코 쉬운 문제가 아니다. 이러한 적절성의 문제는 국가에 따라 다르다. 우리나라에서의 한 달 동안의 적절한 기본 생활비가 아프리카 최빈국에서는 엄청난 돈이 될 것이다. 그것은 사회에 따라서도 다를 수밖에 없다. 심지어 한 사회 내에서도 시대, 계층, 사회적 지위에 따라 기준이 바뀌기 마련이다. 이러한 한계를 인정하고서 그런데도 적절한 만큼의 일용할 양식의 기준은 무엇인지를 생각해보자.

리처드 이스털린(Richard Easterlin)의 연구는 '행복과 소득의 역설(happiness-income paradox)'이라는 용어로 알려져 있다. 그에 따르면, 같은 시대나 같은 사회에 국한하면 대체로 부자들이 가난한 자들보다 행복한 경향이 있다. 그러나 지역이나 시대에 따라서는 소득과 행복이 반드시 비례하는 것은 아니다. 전체적으로 보아 1인당 국민소득이 높은 부유한 나라의 국민이 부유하지도 않고 빈곤하지도 않은 적절하게 물질을 소유하고 살아가는 나라의 국민보다 행복하지 않았다. 지난 40년간의 자료 분석 결과로 보건대 장기적으로는 행복과 소득의 역설이 여전히 작용했다.

예를 들면, 1990년부터 2005년까지 중국과 한국과 칠레의 경우 경제성장과 1인당 국민소득은 높은 상승률을 보였지만 삶의 만족도는 그렇지 못했다.[13] 대부분 사람은 일단 편안함과 안정의 정도가 중간 수준에 이르면, 재산이 더 많아져도 개인의 행복에 크게 이바지하지 못한다. 그리고 그들은 소득이 증가해도 행복에 실질적인 차이를 나타내지 않는 지점인 '만족 수준(satisfaction level)'을 가지고 있다. 45만 명의 미국인을 대상으로 한 2012년 갤럽 설문조사에 따르면 '만족 변곡점(satisfaction point)'은 물가가 높은 지역에서도 연간소득 7만 5,000달러 정도였다. 만족 변곡점에 다다른 사람들은 다양한 쾌락을 맛보고서도 더욱 큰 행복을 느끼지 못했다.[14]

그 이유는 무엇일까? 그것은 부자가 될수록 일상의 작고 소박한 기쁨, 요즘으로 말하면 '소확행', 소소하지만 확실한 행복을 맛볼 수 있는 능력이 줄어들기 때문이다. 나는 여기에서 부유하지도 않고 빈곤하지도 않은 '적절한 만큼의' 필요한 또는 일용할 양식의 기준은 바로 '만족 변곡점'이라고 생각한다. 내가 '만족 변곡점'에 이르렀을 때까지의 소득수준이 바로 적절한 만큼의 일용할 양식이다. 내가 소득수준이 올라갔음에도 불구하고 행복에 실질적인 차이가 없는 '만족 변곡점'에 다다랐음에도 불구하고 돈에 대한 욕망을 끊어내지 못하고서 계속해서 욕심을 부리면 그때부터가 바로 '탐욕의 시작점'이 될 수 있다. 이 지점이 바로 '돈 중독'으로 나아가는 시발점이요, 이 지점이 바로 '편법, 탈법, 불법'을 일으키는 발화점이 될 수도 있다. 그리고 그 끝에는 비참한 최후가 기다리고 있지는 않을까?

: 만족 변곡점 이후의 재물은 사명이 아닐까?

그러면 내가 '만족 변곡점'을 넘어섰음에도 불구하고 내가 취한 소득의 의미는 무엇일까? 나는 그것 바로 '사명'이라고 말하고 싶다. 오프라 윈프리 쇼(Oprah Winfrey show)로 유명한 오프라 윈프리(Oprah Gail Winfrey)는 이렇게 말했다. "나의 건강은 축복을 넘어선 사명이다. 그것은 병든 자들을 치유해주라는 사명이다. 나의 권력은 축복을 넘어선 사명이다. 그것은 부당하게 억압받는 자들을 해방해주라는 사명이다. 나의 재물은 축복을 넘어선 사명이다. 그것은 가난하고 굶주린 자들을 도와주라는 사명이다." 다시 한번 강조해보자면, 나의 건강과 권력과 재물은 만족 변곡점까지의 나의 복을 넘어서서 타자를 치유해주고, 해방해주고, 도와주라는 사명이라는 것이다. 우리도 이러한 권면을 분석하지 말고 있는 그대로 순수하게 받아들이면 안 될까? 만약 받아들이면 안 된다면 왜 안 되는 것일까? 그 이유는 중대한 것일까? 우리에게 큰 해가 되는 것일까? 만일 이러한 생각이 크나큰 해가 되는 것이 아니고 '건전한 것'이라면 그대로 받아들이는 것이 좋지 않을까? 이것이야말로 나 자신이 '잘못 사는 것'으로부터 벗어나는 길임과 동시에 진정으로 '잘 사는 길'로 나아갈 수 있는 좁은 길이지만 축복된 길이 아닐까?

: 이 자동차를 팔았더라면

영화 「쉰들러 리스트」는 세계 2차대전 당시 자기 이익을 위해 유대인들을 고용했던 독일인 사업가 오스카 쉰들러가 1,100여 명의 유대인들을 나치 정권의 학살로부터 구했다는 실화를 바탕으로 한 영화이다. '쉰들러 리스트'라는 것은 주인공 쉰들러가 유대인들을 안전한 곳으로 피신시키기 위해서 작성했다는 아홉 개의 명단을 말한다. 줄거리는 다 생략하자. 영화 종반부를 보면, 세계 2차 대전이 끝날 즈음에 쉰들러에게는 자동차 한 대만이 남아 있었다. 그는 유대인들을 구하기 위해 자신의 전 재산을 사용했다. 쉰들러가 그의 마지막 남은 재산인 자동차 한 대를 보면서 이렇게 말한다. "이 자동차를 팔았더라면 유대인 한두 사람의 목숨을 더 구할 수도 있었는데…" 전쟁이 끝난 후에 살아남은 유대인 중 한 사람이 자신의 금니를 가공해서 만든 반지 하나를 쉰들러에게 선물하는 장면이 나온다. 그 반지 안쪽에는 "한 사람의 생명을 구하는 자가 전 세계를 구한다."라는 유대교의 경전인 탈무드의 가르침이 새겨져 있었다.

이와 관련된 하나의 이야기를 해보자. 어떤 노인이 해변에서 불가사리를 주워 바다로 던지고 있었다. 불가사리는 파도가 치면 그 파도를 타고서 해변으로 올라왔다가 썰물이 빠져나가면서 해변에 남게 되었다. 그리고 그대로 내버려 두면 말라 죽게 될 상황이었다. 그래서 그 노인이 그 불가사리를 살려주기 위해 바다로 던지고 있었다. 그런데 옆에서 보고 있던 한 청년이 이렇게 말했다. "이 해변에는 수천수만 마리나 되는 불가사리가 있습니다. 당신이 전부 바다로 돌려보낼 수는 없지 않을까요? 그리고 불가사리는 어느 해변에나 있어요. 당신이 그 일을 하든 안 하든 별다른 차이는 없지 않을까요?" 그러자 그 노인은 빙그레 웃으면서 자기 몸을 숙여가며 다시 불가사리 한 마리를 집어 들어 바다로 던져주면서 이렇게 말했다. "하지만 이 불가사리에게는 큰 차이가 있겠지요." [15]

홀로코스트에서 죽임을 당한 유대인의 수를 생각해볼 때 쉰들러가 구할 수 있었던 유대인은 지극히 일부에 지나지 않았다. 어떤 노인이 불가사리를 구한 것도 해변에 널려 있는 불가사리의 수에 비하면 아주 적은 수에 불과하다. 그러나 생명을 구한 유대인 한 사람이나 불가사리 한 마리에게 있어서 그들의 생명은 천하를 주고도 바꿀 수 없을 정도로 절대적으로 소중한 것이다. 그들에게 있어서는 천하보다도 귀한 생명을 얻은 것이다. 부분은 항상 어떤 형태로든 전체와 연결되어 있듯이, 내가 어떤 한 사람에게 그 무언가 도움이 되는 것을 준다는 것은 항상 이 세계와 연결되어 있다. 연못에 던져진 돌이 파문을 그리면서 연못 전체에 퍼져나가는 것과 같다. 그러므로 먼저 내가 할 수 있는 일을 하나씩 하나씩 실천해나가다 보면 우리가 사는 이 세계는 좀 더 아름답고 살기 좋은 곳으로 변화되어 갈 것이다. 오늘날 전 세계의 정세를 살펴보면 반드시 인류의 미래에 대해서 낙관하기 어려운 것도 사실이다. 하지만 한 사람 실천의 힘은 의외로 큰 영향력을 발휘할 수 있다.

권력

: 권력과 영광에 대한 욕망

인간과 다른 동물들 사이에 여러 가지의 차이점들이 있다. 그런데 이러한 차이점들은 대체로 '질적 차이'가 아닌 '정도의 차이'로 밝혀지고 있다. 아리스토텔레스가 "인간은 이성적 동물이다." 또는 "인간은 정치적 동물이다."라고 말했다. 그러나 이것들은 인간과 동물을 가르는 질적 차이가 아니다. 양자 사이에는 다만 정도의 차이가 있을 뿐이다. 인간과 동물을 가르는 하나의 중요한 차이 중의 하나는 욕구의 한계의 차이일 것이다. 동물들의 활동은 생존과 번식이라는 일차적인 욕구가 해소되면 그것으로 만족한다. 그러나 인간의 욕구는 한계가 없다. 인간의 무한한 욕구 중의 최고는 '권력과 영광에 대한 욕구'이다. 철학자 버틀란트 러셀 (Bertrand Russell)은 그의 저서 『권력』에서 『신약성서』에 나오는 '주기도문' 16 의 맨 마지막 부분을 인용하면서 권력에 관하여 다음과 같이 언급하고 있다. "'나라와 권세와 영광'이 신의 것이기 때문에 신만이 완전한 환희를 누릴 수가 있다. 지상의 왕국들은 다른 왕국들에 제한받고, 지상의 권력은 죽음으로 인해서 종말을 맞고, 아무리 피라미드를 쌓아 올리거나 '불멸의 시를 창조'하더라도 지상의 영광은 여러 세기가 흘러가는 사이에 사라져 버린다. 권력과 영광을 별로 갖고 있지 못한 사람들은 조금만 더 있다면 만족하리라고 여기지만, 이것은 그들이 잘못 알고 있는 것이어서 그런 욕망은 한이 없고 만족할 줄 모르며, 신의 무한성 속에서만 그것들은 평안을 찾으리라." [17]

: 권력 안에 있는 도덕성

권력은 인간에게 있어서 창조적인 것이 되기도 하고 파괴적인 것이 되기도 한다. 그런데 양자 사이를 가르는 중요한 기준이 되는 것은 '도덕성'이다. 도덕성으로 무장된 권력은 창조적인 권력이 되어 자신과 그가 지도력을 발휘하는 조직이나 집단을 풍요롭게 한다. 창조적인 권력은 상처 난 인간관계를 회복시켜주는 힘이다. 어린아이들 사이의 잘못을 고쳐주는 어머니는 잘못된 그들의 관계를 회복시켜주기 위하여 자신의 권력을 행사한다. 교장 선생님이 자신의 권력을 활용하여 학교 안에 관례로 남아 있는 비인격적인 요소들을 제거하는 것은 교사와 학생들의 학교생활을 좀 더 풍성하게 만든다. 또한 직장의 최고경영자가 자신의 권력을 가지고서 직장 내 성희롱 또는 언어폭력 등을 과감하게 척결해나가는 것도 창조적인 권력 행사의 모범적인 사례 중의 하나이다.

그러나 권력 안에 도덕성이 없으면 그러한 권력은 파괴적인 권력이 되어서 결국은 자신과 자신이 권력을 행사하고 있는 조직이나 집단을 파멸로 몰아간다. 예를 들면, 오만한 권력은 절대 부패한다. 도덕성이 없는 파괴적인 권력은 인간관계를 파괴한다. 그것은 인간관계를 갈기갈기 찢어놓는다. 파괴적인 권력은 대화의 길을 가로막는 최대의 걸림돌이 되기도 한다.

사실 우리는 우리의 삶의 현장에서 이러한 비극을 경험한다. 가정에서, 직장에서,

각종 동호회에서, 여러 정치집단에서, 심지어 봉사 모임에서도 인간관계에 심각한 상처를 입히고 그 집단을 해체해버릴 정도로 파괴적인 권력의 힘을 우리는 경험하고 있다. 권력에의 사랑(love to power)에 대한 유일한 치료책은 사랑에의 권력(power to love)뿐이다.

인간에 대한 사랑이 없는 권력 자체에 대한 사랑 또는 권력 자체에 대한 욕망은 결국 자신과 집단을 파멸로 이끌 뿐이다. 인간에 대한 사랑을 위한 권력, 즉 사랑이라는 도덕성으로 무장된 권력만이 권력자 또는 지도자 자신을 풍요롭게 할 뿐만 아니라 자기가 권력을 행사하는 집단 구성원들의 삶도 풍성하게 만든다. 그러한 권력자 또는 지도자로 사는 삶이 진정으로 잘 사는 삶이 아닐까?

능력 vs 도덕성

유신론자들은 전지전능하고 도덕적으로 완전하게 선한 신이 존재한다고 주장하면서 동시에 이 세상에는 악이 존재한다고 주장한다. 이에 대해서 이러한 두 언명은 서로 어긋나고 둘이 함께 참이 되지 못한다는 비판이 제기되고 있는데 이것이 바로 종교철학에서의 신정론(神正論)의 문제이다. 다시 말하면, 신이 전능하고 전선하다면 왜 이 세상에는 악이 존재하는가? 그것은 신이 전선하지만 전능하지 못해서 이 세상의 악의 문제를 해결할 수 없기 때문이다. 아니면 신이 전능하지만 전선하지 못해서 악을 방관하고 있거나 악을 즐기고 있기 때문이다. 이 세상에 악이 존재한다는 것은 신은 전능하지 못하거나 전선하지 못하거나 둘 중의 하나이다. 이 세상에 악이 존재하지만 신이 전능하고 동시에 전선하다고 주장하는 것은 비합리적인 주장이라는 것이다. 누구도 비일관적인 언명을 합리적으로 믿을 수 없다. 그러므로 그러한 두 언명을 함께 믿는다는 것은 비합리적이라는 비판이 제기될 수밖에 없다.

이러한 비판이 옳다면 유신론자는 심각한 논리상의 오류들 범했으며 둘 중의 하나를 포기해야만 한다. [18] 물론 이러한 비일관성에 근거한 유신론에 대한 비판을 반박할 수 있는 주장들은 분석철학자 앨빈 플란팅거(Alvin Plantinga)의 '자유의지 옹호론'을 비롯해서 여러 가지가 있다. [19] 그러나 내가 여기에서 말하고자 하는 것은 이러한 신정론에 관한 것이 아니라 권력자가 반드시 가져야 할 두 가지 요소, 즉 능력과 도덕성을 말하고자 함이다. 종교철학에서 논의할 때, 신과 같이 된다는 것은 무엇을 의미할까? 그것은 바로 전능하면서 동시에 전선한 존재가 된다는 뜻이다. 다시 말하면, 신과 같은 존재는 완전한 능력과 완벽한 도덕성을 겸비한 사람이라고 말할 수 있을 것이다. 그러면 이 세상에서 가장 완벽한 권력자는 어떤 존재일까? 그것은 바로 '전능하면서 동시에 전선한 권력자'가 아닐까? 그러나 문제는 신 외에 그 누구도 그러한 권력자가 이 세상에 존재할 수 없다는 점이다. 다만 그것은 희망일 뿐이다. 그런데 이러한 신과 같은 존재를 꿈꾸는 사람이 있었는데 그 사람이 바로 프리드리히 니체이다. 그는 완전한 신의 한 축이라 할 수 있는 '전능'의 문제를 전능한 신 대신에 '초인-자기 극복인(Übermansch)'을 내세웠다. 그리고 완전한 신의 또 다른 한 축인 '완전히 선한 존재'를 '귀족주의적 주인 도덕'으로 해결하려고 했다.

: 능력

먼저, 권력자의 능력, 즉 '전능'과 연관된 니체의 '초인' 개념에 관해서 알아보자. 아리스토텔레스는 지혜로운 사람의 대표적인 유형으로서 '페리클레스'라는 인물을 제시한 바 있다. 아리스토텔레스에 의하면, 페리클레스는 지혜로운 사람의 전형으로서 페리클레스와 같은 가정과 국가의 관리자이다. [20] 반면에 니체는 이상적인 인간의 전형으로서 '초인'을 제시한다. 그는 그의 저서 『차라투스트라는 이렇게 말했다』에서 '위버멘쉬(Übermensch)', 즉 초인(超人)에 관하여 다음과 같이 말한다. "나 너희에게 위버멘쉬를 가르치노라. 사람은 극복되어야 할 그 무엇이다. 너희는 사람을 극복하기 위해 무엇을 했는가?…사람에게 원숭이는 무엇인가? 일종의 웃음거리 아니면 일종의 견디기 힘든 부끄러움 아닌가? 위버멘쉬에게는 사람이 그렇다. 일종의 웃음거리 아니면 일종의 견디기 힘든 그 무엇이다." [21]

여기에서 니체는 인간을 가리켜서 '극복되어야 할 그 무엇으로서의 인간'을 말한다. 그에 의하면, 인간은 신 또는 타자가 아닌 자기 자신의 힘만으로 모든 부정적인 상황을 극복해내야만 한다. 그리고 그러한 목표를 달성한 인간이 바로 '초인,' 즉 '위버멘쉬'이다. 이제 이러한 초인으로서 삶은 '힘에의 의지'를 통해서 구현된다.

: 도덕성

니체는 도덕에 대한 기존의 신념들에 대하여 문제를 제기하면서 그의 도덕 비판을 시도한다. 그의 작업은 철저하게 도덕의 자연적 발생과정을 점검하는 것으로부터 시작된다. 그것은 계보학적 탐구를 통해서 도덕의 가치를 묻는 것으로 이어진다. [22] 다윈주의자들은 자연계의 생존경쟁과 적자생존을 '진보'라는 개념으로 사회에 적용했다. 그들은 그것들을 사회적 문제가 아닌 자연적 속성이라 주장한다. 자연계에서 모든 생물은 강자가 살아남고 약자는 도태된다. 강한 동물들이나 식물들은 약한 동물들이나 식물들을 도태시키면서 번식한다. 그러므로 자연계에는 항상 강자와 약자는 있어도 선한 자와 악한 자는 존재하지 않는다.

예를 들면 자연계에는 약자가 선이고 강자가 악이라는 도덕적인 도식은 존재하지 않는다. 그러나 자연계가 아닌 인간 세계에서는 강한 자를 악으로, 약한 자를 선으로 생각하는 도덕이 존재한다. 니체에 의하면, 노예와 같은 약한 자들이 무리를 지어서 자신들의 힘으로 이기지 못하는 강자들에게 '원한'(ressentment, 르상티망)을 품고서 약한 자들을 선으로 강한 자들을 악으로 규정함으로써 도덕이라는 가치를 날조했다. 예를 들면, "가난한 사람들은 정직하고 선량하다. 그러나 부유한 사람들은 불의하고 욕심이 많다." 또는 "병약한 사람들은 마음이 온유하고 겸손하다. 그러나 건강한 사람들은 거칠고 교만하다"라고 단정해버리는 것 같은 경우이다. 그러므로 도덕이라는 것은 인간계 대다수를 차지하고 있는 약한 자들이 소수인 강한 자들에게 저항하는 생존본능으로서 '힘에의 의지'의 또 다른 하나의 형태이다. 그런데 약한 자들의 '원한'에 따라 날조된 가치관을 '도덕'이라고 부른 기독교가 폭발적인 성장을 거듭했다. 그러므로 기독교의 도덕은 인간이 극복해야만 하는 '노예도덕'에 불과하다.

반면에 주인도덕은 이러한 노예도덕을 극복하고 자신에 대한 승리로 가득 채워져 있는 무한한 자기 긍정의 도덕이다. 니체는 이와 관련해서 다음과 같이 말한다. "도덕에서 노예들의 반란은 원한이 창조적으로 되면서 가치들을 탄생시키는 데에 있다. 이 원한의 본질은 행위가 좌절된 자들이 오로지 가상의 복수를 통해서 자신을 보존하는 데에 있다. 반면에 고귀한 도덕은 자신에 대한 승리에 찬 긍정에서 자라난다." [23] 결론적으로, 니체는 강한 자와 약한 자를 여러 가지의 형태들로 언급하고 있다. 니체는 강자를 주인, 건강한 자, 잘 태어난 자, 고귀한 자 등으로 묘사한다. 그러나 그는 약한 자를 노예, 병든 자, 잘못 태어난 자, 비천한 자 등으로 맥락에 따라서 다양하게 표현하고 있다. 니체에 의하면, 강한 자는 당연히 약한 자들을 지배하려고 하는 '힘에의 의지'를 가지고 있다. 그러나 약한 자도 강한 자들에게 저항하는 생존본능으로서 '힘에의 의지'를 소유하고 있다. 그러므로 강한 자에 대한 원한으로 가득 찬 대다수의 병든 약한 자들이 지배하는 민주주의는 적절한 정치질서가 아니다. 가장 바람직한 정치질서는 자신에 대한 승리에 찬 긍정의 힘을 가지고 있는 소수의 건강한 강한 자들이 지배하는 것이다.

: 도덕성보다는 능력?

로버트 그린(Robert Green)은 그의 저서 『권력의 법칙』의 서문에서 르네상스 시대의 위대한 외교관이자 궁정 신하였던 니콜로 마키아벨리와 프리드리히 니체의 말들을 인용하면서 그들을 칭송한다. 그는 권력과 도덕성과 관련해서 마키아벨리와 니체의 사상들을 그대로 옮겨놓은 것처럼 이야기한다. "권력은 근본적으로 도덕과 관계가 없다. 권력을 얻기 위한 가장 중요한 기술 가운데 하나는 선악을 판단하는 것이 아니라 '상황을 보는 능력'이다. 거듭 강조하건대, 권력은 게임이다. 그리고 게임에서 당신은 의도가 아니라 행동의 결과로 상대를 판단해야 한다. 당신이 보고 느끼는 것을 가지고 상대의 전략과 힘을 측정해야 한다. 의도를 부각시켜서 남들의 눈을 흐리고 속이는 경우가 얼마나 많은가! 상대(친구든 적이든)의 행동이 엄청난 파멸과 혼란을 초래했다면, 그들이 애초에 좋은 의도를 가졌다거나 당신의 이익을 염두에 두었다고 한들 무슨 소용이 있는가? 선의를 가지고 그랬다고 하면서 온갖 종류의 합리화로 자신의 실수나 행동을 덮으려고 하는 것은 인간의 본성이다. 그러나 변명을 들을 때마다 속으로 조용히 비웃어라. 실상은 '힘'을 얻으려는 수단일 뿐인 그들의 도덕적인 변명을 그대로 믿고 그들의 의도와 행동을 판단해서는 안 된다." [24] 니체가 초인과 힘에의 의지를 강조하고 있듯이, 그린은 권력에의 의지가 인간의 본성적 차원이라고 주장한다. "우리는 모두 권력에 굶주려 있고, 또 우리의 거의 모든 행동은 권력을 얻으려는 목적에 맞춰져 있다. 결국 무관심을 가장하는 사람들은 우리 눈에 먼지를 뿌리는 것뿐이며, 도덕적 우월성이라는 연막으로 자신들의 권력 게임을 가리려 하는 것뿐이다. 그들을 자세히 관찰해보면, 사실 그들이야말로 간접적인 조종에 가장 능란한 사람들이라는 것을 알 수 있다. 설령 그들 가운데 일부는 무의식적으로 그렇게 한다고 해도 말이다." [25] 그리하여 그는 권력 획득의 법칙으로 무슨 수를 쓰든 관심을 끌 것, 덮을 놓고 적을 불러들일 것, 신앙심을 이용해 추종자를 창출할 것, 별다른 노력 없이 성과를 달성한 척할 것 등을 제시한다. 또한 그는 권력 유지의 법칙으로 불행하고 불운한 자들을 피할 것, 적을 완전히 박살 낼 것, 본심은 감추고 남과 같이 행동할 것 등을 언급한다. 그리고 마지막으로 권력 행사의 법칙으로 친구를 멀리하고 적을 이용할 것, 일은 남에게 시키고 명예는 내가 차지할 것, 더러운 일은 직접 하지 말 것, 사람들의 약점을 공략할 것 등을 말한다. 여기에서 그는 권력을 획득하고, 유지하고, 행사하기 위해서는 철저히 도덕과는 무관하게 행동해야 할 것을 강력하게 주장한다. 이것은 마키아벨리, 니체 그리고 그린이 같이 공감하고 동의하는 것이라고 말할 수 있다. 그러면 이러한 권력자 또는 지도자 리더십을 가지고서 조직을 관리하고 지도하는 것은 바람직스러울까? 그리고 이러한 권력자 또는 지도자로 사는 삶을 살아가는 것이 진정으로 잘 사는 삶일까?

: 권력자가 가져야 할 능력

권력자에게 있어서 능력과 도덕성은 바퀴의 양륜 또는 새의 양익과 같다. 먼저, 니체의 초인 또는 힘에의 의지라는 개념은 권력자의 '능력'을 강조하고 있다. 그런데 이러한 개념은 권력자 또는 지도자의 리더십과 관련해서 긍정적인 면이 있음을 엿볼 수 있다. 다음으로, 니체의 '노예도덕과 주인도덕'이라는 개념은 권력자의 '도덕성'과 관련된 주장을 하고 있다. 그러나 니체의 인간의 '도덕성'과 관련된 개념은 권력자 또는 지도자의 리더십과 관련해서 부정적인 면이 있다는 것을 부정할 수가 없다. 그러면 이러한 것들을 염두에 두고서 그런데도 니체의 초인 또는 힘에의 의지라는 개념을 통해서 우리가 배울 수 있는 권력자 또는 지도자의 '능력'은 무엇인가?

첫째, 권력자 또는 지도자가 가져야 하는 가장 기본적인 능력은 기존의 가치 또는 질서에 대한 비판적 사고이다. 니체는 인간 정신 발달의 세 단계에서 낙타의 단계,

즉 기존의 질서에 묵묵히 순종하는 단계를 벗어나서 기존의 질서 또는 가치로 상징되는 용과 맹렬하게 맞서 싸우는 사자의 단계를 언급한다. 이것이 바로 비판 정신이다. 또한 니체의 '초인' 개념 안에는 기존의 도덕적 가치의 사회화에 대한 근본적인 반성과 비판 정신이 함유되어 있다. 물론 우리는 니체가 '초인'이라는 개념을 통해 제시하고자 하는 모든 것들을 받아들일 필요가 없다. 왜냐하면 이러한 비판 정신은 니체가 제시한 사상에도 똑같이 적용되기 때문이다. 그러나 권력자 또는 지도자가 기존의 규범과 가치들이 과연 그대로 따를 만한 것인지를 비판적 사고를 가지고서 끊임없이 성찰해나가야 한다는 것은 아주 중요하다. 왜냐하면 그러한 비판 정신 또는 비판적 사고가 그들이 이끌어가는 집단 또는 공동체를 병들지 않고 건강하게 만들기 때문이다.

둘째, 권력자 또는 지도자가 가져야 하는 능력은 자신의 힘으로 자기 자신과 이 세계 안에 함유된 모든 부정적인 상황을 극복하려는 의지이다. 니체가 말하는 초인은 자신이 살아가고 있는 이 세계와 기존의 가치들에 대한 비판적 성찰과 함께 그것들에 대한 극복에의 의지를 가지 있는 자이다. 그리고 그는 그러한 의지를 가지고서 그의 목표를 달성해낸 이상적인 존재자로서 '자기 극복인'이다.

셋째, 권력자 또는 지도자가 가져야 할 능력은 새로운 것들을 스스로 창조해낼 수 있는 창조성이다. 니체가 말하는 초인은 단순히 기존의 가치를 비판하거나 부정하면서 자신과 이 세계의 한계를 극복해내는 사람으로만 그치는 존재가 아니다. 초인은 유대-기독교적 윤리와 도덕의 가치를 전복시킬 수 있는 혁명적 존재이다. 그런 의미에서 니체는 최초의 반도덕주의자이다. 그는 기독교 전통에서 발견되는 진리에의 의지나 윤리 또는 도덕에의 의지가 아닌 권력에의 의지를 주장한다. 우리는 니체의 사상 속에 함유된 이러한 반도덕주의에 동의하지는 않을 수도 있다. 어쨌든 우리는 자기 삶의 의미 또는 삶의 가치를 이 세상에서 '발견'해내거나, 아니면 자신의 힘으로 '발명' 또는 '창조'해내야 할 도덕적 책임을 지고 있는 존재자들이다. 물론 니체는 후자의 입장, 즉 삶의 의미 또는 가치의 '발명' 또는 '창조'를 주장한다.

권력의 철학

니체의 철학은 권력자가 가져야 할 능력과 관련해서 배울 점들이 많다. 그러나 버트런드 러셀(Bertrand Russell)은 권력의 철학을 논하면서 니체의 '권력에의 의지'와 관련하여 비판적 태도를 보인다. 그에 의하면, 어떤 철학자들은 권력에 대한 애착이 그들의 형이상학을 지배하도록 용납하지 않지만 그들의 윤리학에서는 권력에의 충동을 제멋대로 풀어놓는다. 그들 가운데 가장 중요한 인물인 니체는 기독교적인 도덕을 노예들의 도덕이라고 거부하고 그 대신에 영웅적인 통치자들에게 적절한 도덕을 제공한다. 니체는 그의 사상을 신약성서의 가르침과 의식적으로 대립시킨다. 그의 관점으로는 민중이 그들 자신만으로는 아무런 가치를 지니지 못한다. 그들은 오직 영웅의 위대성을 위한 수단으로서만 존재한다. 그리하여 영웅은 자신의 자아 발전으로 도모하는 데 도움이 된다면 그들에게 해를 끼칠 권리가 있다. 니체는 현실적으로는 귀족 정치가 그러한 윤리를 정당화할 수 있는 유일한 방법인 양 처신했다. 그러나 기독교 이론에 의하면, 신의 눈에는 모든 인간이 평등하게 보인다고 주장한다. 민주주의는 지원받기 위해 기독교의 가르침에 호소할 수 있다. 그러나 니체의 윤리는 귀족계급을 위한 최고의 윤리였다. 니체는 지상의 폭군들에게 자리를 내주기 위해서 신을 왕좌에서 몰아내야만 했다. [26]

러셀에 의하면, 권력에 대한 애착은 정상적인 인간 본성의 한 부분을 이룬다. 그러나 니체의 권력에의 의지와 같은 권력 철학은 엄밀한 의미에서는 비정상적이다. 러셀은 이러한 비정상적인 사람들의 사례를 다음과 같이 제시한다. "권력에 대한 그들의 애착이 세계관을 왜곡시키도록 그냥 내버려 두는 사람들은 정신병원에서 쉽게 발견된다. 어떤 사람은 영국 은행의 총재라고 생각한다. 또 어떤 사람은 자신이 하느님이라고 생각한다. 모호한 언어로 교육을 받은 사람들이 아주 비슷한 착각을 표현할 때 철학 교수가 되기도 한다. 감정적인 사람들이 웅변적인 언어로 표현하면 독재자의 자리에 오른다.…문학과 철학과 정치에서 광증이 성공을 거둔다는 것이 우리 시대의 특징들 가운데 하나이다. 그리고 광증의 성공적인 형태는 거의 전적으로 권력에 대한 충동으로부터 기인한다." [27]

러셀이 언급한 대로, 우리 시대의 권력에 대한 충동으로부터 기인한 광증의 성공적인 형태(?) 중의 하나가 바로 '갑질 문화'이다. 러셀은 영웅을 위해서 '오합지졸'을 희생시켜야 한다는 영웅에 대한 니체의 신앙을 신랄하게 비판한다. 니체를 향한 그의 비판을 들어보자. "니체를 찬양하는 독자라면 물론 자기 자신이 영웅이고, 반면에 물불을 가리지 않고 음모를 꾸밈으로써 자기보다 앞선 그 어느 악당 놈은 오합지졸 가운데 한 명이라고 확신한다. 니체의 철학은 훌륭하다고 하겠다. 그러나 만일 어떤 사람도 역시 그것을 읽고 찬양한다면, 어느 쪽이 영웅인지를 어떻게 결정할 수 있겠는가? 그 결정 방법은 분명히 전쟁밖에 없다. 그리고 둘 가운데 한 쪽이 승리를 거둔다면 그는 권좌에서 내려오지 않음으로써 영웅이라는 명칭을 간직할 권리가 있음을 계속하여 증명해야만 한다. 그러기 위해서 그는 활동적인 비밀경찰을 마련해야만 하고, 그는 암살의 두려움 속에서 살아갈 것이고, 다른 모든 사람은 고발을 당할까 봐 공포에 떨어야 하고, 영웅 숭배 사상은 벌벌 떠는 겁쟁이들의 민족을 만들어 놓은 것으로 끝장을 볼 것이다." [28]

권력의 윤리

우리의 마음을 편안하게 또는 불편하게 만드는 것들이 있다. 예를 들면 사랑과 평화 또는 진리와 정의라는 단어는 우리의 마음을 편안하게 만들어준다. 그러나 '돈과 권력'이라는 단어는 왠지 우리의 마음을 불편하게 한다. 특히 '권력'이라는 단어는 거의 반사적으로 우리 마음속에 반감 또는 혐오를 일으킨다. 우리가 권력을 추구한다는 것은 바람직하지 않은 그 무언가를 행하는 것처럼 느껴진다. 왜 그럴까? 그것은 바로 권력이 억압이나, 강제, 폭력이라는 수단을 추구한다는 인상을 주기 때문이다. 그러나 권력과 관련된 여러 가지의 의미를 재정의한다면 우리가 느끼는 이런 식의 불편함은 상당 부분 해소될 수 있을 것이다. 러셀은 가장 광범위한 의미에서의 권력에 대한 애착은 인간이든 인간이 아니든 간에 외부 세계에 대해서 뜻한 바의 결과를 발생시킬 능력을 소유하려는 욕망이라고 정의를 내린다. 이러한 욕망은 인간의 본질에서 필수적인 한 부분이다. 그리고 정력적인 사람들에게서는 그것이 아주 크고 중요한 부분이다. [29] 그러나 러셀은 권력에 대한 욕망은 반드시 윤리 또는 도덕에 의해서 제어되어야 한다는 것을 강조하면서 '권력의 윤리'가 절대적으로 필요하다고 주장한다. 러셀은 권력 또는 능력과 불가분리의 관계에 있는 '권력의 윤리'로서 대체로 네 가지를 제시한다.

: 목적이 아닌 수단으로서 권력

첫째, 권력은 권력 그 자체가 목적이 아닌 어떤 목적을 이루기 위한 수단 되어야 한다는 것이다. 어떤 목적을 이루기 위한 수단으로서 권력과 목적 그 자체로서 욕망하는 권력 사이에는 큰 차이가 있다. 수단으로서 권력을 원하는 사람은 먼저 다른 어떤 '욕구할만한 가치가 있는 욕구'를 가져야만 한다. 그런 다음에 그것을 달성할 수 있는 위치를 차지하고 싶다는 어떤 욕구로 이어져야 한다.

예를 들면 정치에서는 어떤 사람이 어떤 특정한 조치들이 시행되는 것을 보고 싶어서 공적인 업무에 참여하게 된다. 만일 어떤 사람이 '이웃을 사랑하는 것'을 목적으로 삼고 있다면 이웃들을 행복하게 해주기 위한 권력을 소유하고 싶어질 것이다.

따라서 권력에 대한 '모든' 사랑을 거부한다는 것은 이웃에 대한 사랑도 거부하는 셈이다. 그러나 권력 자체를 목적으로 삼는 사람은 권력을 확보할 가능성에 따라서 목표를 설정할 것이다. 그리고 그는 개인적인 성공만을 바라기 때문에 그런 결과를 촉진할 가능성이 가장 크다고 여겨지는 계획을 채택할 것이다. [30]

러셀은 어떤 목적을 이루기 위한 수단으로서 권력과 목적 그 자체로서 욕망하는 권력 사이의 구별을 잘 보여주는 하나의 사례를 제시한다. 그것은 예수가 광야에서 마귀에게 받은 세 번째 시험과 관련되어 있다. 예수는 꿇어 엎드려 마귀를 경배하면 지상의 모든 왕국을 주겠노라는 제안을 받는다. "마귀가 또 그를 데리고 지극히 높은 산으로 가서 천하만국과 그 영광을 보여 이르되 만일 내게 엎드려 경배하면 이 모든 것을 네게 주리라." [31] 그런데 이것은 예수가 목적 그 자체로서 욕망하는 권력을 획득할 수는 있을지라도 예수가 진정으로 뜻을 두었던 목적들은 달성하지 못할 것이라는 제안을 받았다는 의미이다. 러셀에 의하면, 예수가 받았던 유혹은 거의 모든 현대인에게 노출된 것으로서 때로는 추악한 형태를 취하기도 하고 때로는 미묘한 형태를 취하기도 한다.

개인적인 성공이 아닌 그의 욕구들이 만일 강력하고 뚜렷하다면 바로 그 욕구들이 충족되기 전에는 그가 어떤 권력을 차지하더라도 결코 만족하지 못할 것이다. 그리하여 그가 성공을 위해 목표를 바꾼다는 것은 그 자신에게 있어서 사탄의 숭배라고 표현해도 좋을 정도의 변절행위라고 여겨질 것이다. [32]

: 타인의 욕구 충족을 위한 도구로써 권력

둘째, 권력이라는 수단을 통해서 어떤 목적이 달성되고 나면 타인들의 욕구도 충족시키는 데 도움이 되어야 한다는 것이다.

예를 들면, 어떤 사람이 목적하는 바가 어떤 새로운 것의 발견이나, 예술적인 창조나, 노동력을 절약하는 기계의 발명이나, 지금까지 서로 적의를 품고 있던 집단들 간의 화해라고 해보자. 만일 그렇다면 그 사람이 거둔 성공은 그 사람으로 인해서 다른 사람들에게 만족을 주는 원인이 된다. 권력의 애착이 이로운 것이 되기 위해서 두 번째로 충족되어야 할 조건은 바로 이것이다. 그것은 권력이라는 수단을 통해서 그의 목적이 실현된 다음에 영향을 받게 될 다른 사람들의 욕구와도 조화를 이룰 수 있어야 한다는 것을 의미한다.[33] 권력과 영광 그것들 자체가 권력자 또는 지도자의 유일한 목적이 아니다. 수많은 지도자는 권력을 쟁취하고서 다수의 공동이익이나 복지를 개선하기 위하여 최선을 다했다. 가령, 모세는 히브리인들의 지도자로서 이집트 노예주들의 부당함에 저항함으로써 히브리 노예들을 도왔다. 링컨은 미국의 대통령이라는 권력을 가지고서 미국의 노예제도에 맞서서 싸웠다. 간디와 마틴 루터 킹과 넬슨 만델라는 사회적 약자들의 지도자로서 부당한 인종차별과 억압 정책에 도전했다. 그들은 약자들 위에 군림하는 것이 아니라 성과를 얻고 공동이익을 실현하기 위해 그들을 인도하는 힘을 원했다. 수많은 권력자와 지도자들은 공동이익을 실현하고 사람들에게 권한을 부여하는 것이나 현대적인 국가를 세운다는 비전 또는 더 깨끗한 환경을 만든다는 희망을 품고서 그들의 권력 또는 권한을 행사했다.[34]

: 정의롭고 비폭력적인 수단으로서 권력

셋째, 목적을 실현하는 수단은 달성해야 하는 목적의 훌륭함보다 비중이 더 큰 나쁜 영향들을 부수적으로 유발하는 그런 것이어서는 안 된다는 것이다.

예를 들면, 목적을 실현하기 위한 수단으로서 폭력과 불의는 범하는 자와 당하는 자에게 다 같이 또 다른 폭력과 불의를 낳는다. 패배가 불완전할 때는 분노와 증오가 생겨난다. 패배가 완전할 때는 냉담과 무기력을 낳는다. 폭력에 의한 승리는 전쟁을 위한 본래 동기가 아무리 긍정적일지라도 패배한 자에 대해 무자비함과 경멸을 낳는다. 이 모든 여건은 힘에 의해서는 어떤 좋은 목적도 달성할 수 없다는 사실을 증명하지는 않더라도 폭력이라는 것은 아주 위험한 것이며 폭력이 아주 가혹하고 빈번할 때는 투쟁이 끝나기도 전에 어떤 훌륭한 본래 목적도 자취를 감출 가능성이 있음을 보여준다. 그러나 만일 통제를 가하지 않으면 흉악한 범죄자들과 정치적 야망을 품은 사람들이 무정부 상태와 야만성으로 되돌아가는 상황을 유발할 수도 있다. 그러므로 문명화된 사회라 할지라도 어떤 힘에 의한 통제가 불가피하다. 힘에 의한 통제는 법에 따라서 수립된 권력 기관에 의해서 합법적으로만 행사되어야 한다. [35]

: 인류의 번영을 위한 권력

넷째, 세력을 소유한 사람들의 궁극적인 목표는 한 집단과 대결하는 다른 집단 내에서가 아니라 전체 인류 내에서 사회적인 협력을 추진해야 한다는 것이다. 이것을 가로막는 주요 장애물은 우월성을 달성하려는 욕망과 비우호적인 감정이다. 러셀은 이러한 '권력의 윤리'에 모범을 보인 인물들은 불타와 예수 그리고 피타고라스와 갈릴레오라고 말한다.

그에 의하면, 만일 그들이 권력 자체를 '일차적인' 목표로 삼았더라면 인간의 삶에 그토록 많은 영향을 끼치지 못했을 것이다. 그들은 모두 다른 사람들을 노예로 만드는 그런 종류의 권력이 아니라 그들을 해방하는 힘을 추구했다. 피타고라스와 갈릴레오는 자연의 힘을 통제하는 길을 알려줌으로써 그렇게 했다. 사람들이 기꺼이 권력의 지배를 받는 이유는 궁극적으로 자기의 행복을 위해서, 내적 평화와 외적 평화를 위해서, 우리 자신의 선택과는 관계없이 우리가 살아야만 하는 이 세계와 인류의 번영을 위해서이다. [36]

결국 여기에서 그들이 제시하고 있는 리더십은 거의 다 도덕성과 필연적으로 관련되어 있음을 말해주고 있다. 도덕성은 권력의 근거가 된다. 도덕성 없는 권력은 뿌리 없는 나무와 같이 말라비틀어져서 도끼에 잘려져 나갈 것이고 종국적으로는 불구덩이 화덕에 던져져 버리고야 말 것이다. 중국 전국시대(기원전 403년~221년) 말기의 유학자 순자(荀子)의 저서 『순자(荀子)』에 "임금은 배이며, 백성은 물이다. 물은 배를 띄우기도 하지만, 또한 물은 배를 엎어버리기도 한다(君者舟也 庶人者水也 水則載舟 水則覆舟)."라는 말이 기록되어 있다. 이 경구야말로 이 세상 그 어디에선가 크고 작은 권력을 행사하는 모든 권력자가 불행한 권력자가 아닌 행복한 권력자로 살아남기 위하여 마음속에 깊이 새겨서 들어야 할 가장 유익한 경구인 것 같다.

후속활동 프로그램

1. 돈 또는 권력에 관한 명언 찾기

2. 나의 재테크 비법은 무엇인가?

3. 내가 경험했던 돈과 관련된 에피소드 소개하기

4. 권력과 관련하여 '나의 소프트 파워', 즉 '나의 매력'은 무엇인가?

5. 내가 재벌이라면 많은 돈으로 어떤 일을 하고 싶은가?

6. 돈과 권력과 관련하여 내가 본의 아니게 '갑질'한 경험 소개하기

7. 돈과 권력과 관련하여 내가 마지못해 '부역질'한 경험 소개하기

8. 돈 없이 최대한 오랫동안 살아보기(하루, 일주일, 한 달?)

수업을 마치면서 '나의 행복 이야기' 적어보기

- 수업에 참여하기 전과 수업을 마치고 난 후의 나와 내 가족의 변화를 중심으로

에필로그

| The end |

에필로그

중세역사학자 로먼 크르즈나릭(Roman Krznaric)의 『원더박스』라는 책은 '낯선 역사에서 발견한 좀 더 괜찮은 삶의 12가지 방식을 제시하고 있다. 그는 이 책에서 행복한 삶과 관련하여 고대로부터 중세와 근현대에 이르기까지의 모든 역사, 특히 서양의 역사를 통하여 각각의 주제와 연관된 행복한 삶의 방식들을 아주 평이하게 소개하고 있다. 그는 이 책의 프롤로그에서 "어떻게 살 것인가? 참으로 오랜 세월 인류가 던져 온 이 질문이 현대에 새삼 시급히 풀어야 할 과제가 되었다." 라고 화두를 던진다. 그는 "역사가 하는 가장 적합하고 주된 역할은 과거 일에 대한 지식을 통해 사람들이 현재에 더욱 분별 있게 처신하고, 선견지명을 가지고 미래를 준비하도록 이끌어주는 것이다."라는 17세기 사상가 토머스 홉스(Thomas Hobbes)의 말을 인용하면서 "어떻게 살 것인가?"라는 물음과 관련해서 다름 아닌 '역사'에 주목한다. 2 그리하여 그는 자기가 이 책을 저술한 이유를 다음과 같이 명확하게 밝힌다. " 지난 3,000년 역사를 활용하지 못하는 사람은 하루살이 같은 인생을 살 뿐이다.'라고 했던 괴테의 생각에 대한 경의 표시라고 해도 무방하다. 그러므로 유구한 인류 역사 중에서도 고대 그리스부터 현대에 이르기까지 최근 3,000년을 살펴볼 예정이다."[3] 라고. 나는 나의 책이 로먼 크르즈나릭의 『원더박스』라는 책에 다소 신세를 졌다는 것을 먼저 밝히고 싶다. 특히 나는 그의 책의 전체적인 구도 면에서 가장 많은 신세를 진 것 같다. 그는 어떻게 사는 것이 좀 더 괜찮은 삶, 즉 좀 더 행복한 삶인지를 네 분야로 제시하면서 각각의 분야에 세 가지의 주제를 배정한다. 첫째는 인간관계로서 사랑과 가족 그리고 공감이라는 주제를 다룬다. 둘째는 먹고살기로서 일과 시간 그리고 돈이라는 주제를 언급한다. 셋째는, 세상탐구로서 감각과 여행 그리고 자연에 관하여 소개한다. 마지막으로 넷째는, 관습타파로서 신념과 창조성과 죽음 방식이라는 주제를 심사숙고하고 있다.

그런데도 나의 이 책은 그와는 조금 다른 성격을 띠고 있다. 그는 좀 더 행복한 삶과 관련해서 주로 '역사'에 주목했다. 그러나 나는 그것과 관련해서 반드시 그런 것은 아니지만 주로 '철학', 특히 서양철학을 주요 기반으로 해서 책을 저술하려고 노력했다. 그와 또 다른 점이 있다면, 나의 이 책은 전체적인 구도는 크르즈나릭과 부분적으로 유사하지만, 그 안에 있는 분야와 주제들을 좀 더 철학적 관점에서 어느 정도 수정을 가했다는 점이다. 나도 크르즈나릭처럼 기본적으로 행복과 관련해서 형식적으로는 네 분야로 제시면서 다만 각각의 분야에 따르는 주제의 수를 약간 확대했을 뿐이다. 그러나 내용상으로는 앞서 언급한 바와 같이 좀 더 철학적 관점에서 그와는 약간 다르게 각각의 분야와 주제들을 약간 변경했다.

먼저, 나는 행복과 관련해서 과연 잘 산다는 것은 무엇인지를 철학적으로 규정해 볼 필요성을 절감했다. 그래서 제1장에서는 "잘 산다는 것은 삶의 균형이다."라는 주제로 이 문제를 다루었다. 그리고 제2장에서 제5장까지는 형식적으로는 크르즈나릭과 유사한 구도로 그리고 내용상으로는 각각의 분야와 주제들을 철학적인 관점에서 약간 변경해서 전개했다. 이 책의 제2장에서는 '의미찾기'로서 삶의 의미와 고통의 의미 그리고 죽음의 의미를 다루었다. 제3장에서는 '전인건강'으로서 이성, 감정, 자유의지, 욕구, 육체와 관련된 건강의 문제를 검토했다. 제4장에서는 '인간관계'로서 감사와 겸손, 공감과 존중 그리고 사랑과 돌봄 등을 언급했다. 그리고 마지막으로 제5장에서는 '먹고살기'로서 체화와 창조성, 일과 여가활동 그리고 돈과 권력 등의 주제를 숙고했다. 결론적으로, 나는 이 과정에서 크르즈나릭이 제시한 각각의 분야와 주제들을 최대한 많이 나의 책에 반영하려고 최선을 다했다. 그리하여 우리는 좀 더 괜찮은 삶, 다시 말하면 좀 더 행복한 삶과 관련해서 역사적으로 접근해보고 또한 철학적으로 접근해봄으로써 훨씬 더 다양하고 풍부한 정보들을 얻을 수 있다고 조심스럽게 기대해본다. 물론 내가 이 책을 쓰면서 철학적으로 접근하려고 최대한 노력했음에도 불구하고 철학적인 내 지식의 한계로 인하여 많이 미진할 것임을 인정한다. 앞으로 수업을 진행하면서 계속해서 더 보강해나갈 계획이다. 또 하나 밝혀 둘 것이 있는데 이 책은 기본적으로 철학과 학생들을 위한 '행복론' 교재로 쓰인 것이지만 반드시 그런 것만은 아니다. 매 학기마다 이 수업에 참여하는 모든 학과의 수백 명의 학생들을 또한 염두에 두고서 집필했다. 그러므로 철학적인 내용은 최대한 이해하기 쉽게 쓰려고 노력했다는 점에 대하여 미리 밝힌다.

 이에 관하여 철학과 학생들 또는 철학에 관심을 가지고 깊이 있게 탐구하려는 학생들에게 널리 양해를 구하고 싶다. 또 다른 하나 말하고 싶은 것이 있다. 그것은 바로 이 책 안에는 철학뿐만 아니라 심리학, 문학 등과 같은 여러 인문학적인 자료들이 함께 어우러져 있다는 점이다. 내가 생각하기에, 이 책의 최종적인 저술목적은 '우리가 실제로 행복하게 사는 것'이다. 그러므로 물론 철학을 기본으로 하지만 우리가 실제로 행복하게 사는 것에 도움이 될 수 있다면 이것저것 가리지 않고서 최대한 좋은 자료들을 다 포함하려고 노력했다. 각 주제에 따른 '후속활동프로그램'도 이와 마찬가지이다. 모두 다 함께 행복하게 잘 살 수 있는 이 세상을 꿈꾸어 본다. 꿈꾸는 것은 '내 맘대로의 자유'가 아닐까?

프롤로그

1. 호메로스, 『오뒷세이아』, 천병희 옮김, 숲, p. 220, 제12권 208절-213절.
2. 호메로스, 같은 책, p. 509, 제23권 350절-354절.
3. 호메로스, 같은 책, p. 505, 제23권 248-250절.
4. 김종환, 『명대사로 읽는 셰익스피어 비극』, 한국학술정보, 2012, p. 243.
5. 플라톤, 『소크라테스의 변론, 크리톤, 파이돈』, 천병희 옮김, 2012, 38a1-38a5.
6. 플라톤, 같은 책, 29d6-29d12.
7. 아리스토텔레스, 『니코마코스 윤리학』, 이창우, 김재홍, 강상진 옮김, 이제이북스, 2008, 제3권, 제7장, 1116a10-1116a16.
8. Thomas Aquinas, Summa Theologica. Translated by Fathers of English Dominican Province, Benzinger Bros. Edition, 1947, II-II, q. 64, art. 4, p. 2165.
9. Thomas Aquinas, 같은 책, 같은 면.
10. Timothy E. O'connell, Principles For A Catholic Morality. Revised Edition, San Francisco: Harper & Row, Publishers, 1990, p. 188.
11. 『구약성서』 에스겔서 16장, 6절.
12. 류시화, 『좋은지 나쁜지 누가 아는가』, 더숲, 2019. 책 표지를 참조할 것.
13. 플라톤, 앞의 책, 37e2-38a5.

잘 산다는 것은 무엇인가

1. 로버트 라이시, 『부유한 노예』, 오성호 옮김, 김영사, p.165.
2. 프란츠 카프카, 『변신』, 이재황 옮김, 문학동네, 2020, p. 93.
3. 로버트 라이시, 같은 책, p. 8.
4. 로버트 라이시, 같은 책, p. 18과 pp. 349-352.
5. 로버트 라이시, 같은 책, pp. 349-352.
6. Nicholas Rescher, Introduction to Value Theory, Prentice Hall, 1969, p. 16.
7. 루이스 포이만, 제임스 피저, 『윤리학: 옳고 그름의 발견』, 박찬구, 류지한, 조현아, 김상돈, 울력, 2011, p. 123.
8. 루이스 포이만, 제임스 피저, 같은 책, p. 124.
9. 루이스 포이만, 제임스 피저, 같은 책, 같은 면.
10. 루이스 포이만, 제임스 피저, 같은 책, pp. 124-125.
11. John Rawls, A Theory of Justice, Harvard University Press, 1971, p. 432.
12. John Rawls, 같은 책, p. 62.
13. 루이스 포이만, 제임스 피저, 앞의 책, p. 125.

의미찾기
1. 삶

1. 빅터 프랭클, 『죽음의 수용소에서』, 이시형 옮김, 청아출판사, 2012, pp. 168-169.
2. 빅터 프랭클, 같은 책, 같은 면.
3. 로버트 라이시, 앞의 책, p. 169.
4. 빅터 프랭클, 같은 책, p. 137.
5. Karl Jaspers, Nietzsche, Tucson: University of Arizona, 1965, p. 333.
6. 알베르 카뮈, 『시지프 신화』, 김화영 옮김, 책세상, 2014, p. 15.
7. 존 메설리, 『인생의 모든 의미』, 전대호 옮김, 필로소픽, 2017, p. 11-12.
8. 존 메설리, 같은 책, p. 12.
9. José Ortega y Gasset, 'El origen deportivo del estado', Citius, Altius, Fortiuos 9, no.1.4, 1967, p. 259.
10. José Ortega y Gasset, 같은 책, p. 260.
11. 존 메설리, 앞의 책, PP. 30-33.
12. 토마스 네이글, 『이 모든 것의 철학적 의미는』, 김형철 옮김, 서광사, 1989, 제9장을 참조할 것.
13. Alexander Rosenberg, The Atheist's Guide to Reality: Enjoying Life without Illusion, New York: W.W. Norton, 2011, pp. 7-8.
14. Alexander Rosenberg, 같은 책, p. 92.
15. 알베르 카뮈, 『시지프의 신화』, 김화영 옮김, 민

음사, 2016, p. 15.

16. 알베르 카뮈, 같은 책, p. 29.

17. 알베르 카뮈, 같은 책, p. 85.

18. 알베르 카뮈, 같은 책, p. 97.

19. 알베르 카뮈, 같은 책, pp. 181-182.

20. 아베 피에르, 『단순한 기쁨』, 마음산책, 2001, p. 23.

21. 비트겐슈타인, 『논리철학논고』, 이영철 옮김, 책세상, 2006, pp. 1150117, 6.5-7. 물론 후기 저작에서는 이러한 입장에 변화가 있었다.

22. John Wisdom, "Gods," Proceedings of the Aristotelian Society, vol. 44, 1944-1945. Reprinted in Antony Flew(ed.), Logic and Language, first series, pp. 192-193.

23. 존 메설리, 앞의 책, 2016, pp. 118-119.

24. John Wisdom, "The Meaning of the Questions of Life," The Meaning of Life, ed. E. D. Klemke and Steven Gahn, Oxford: Oxford University, 2008, pp. 220-222.

25. Thomas V. Morris, Making Sense of It All: Pascal and the Meaning, William B. Eerdmans Publishing Company, 199, p. 59.

26. Thomas V. Morris, 같은 책, p. 56.

27. Thomas V. Morris, 같은 책, p. 212.

28. J. C. 브렌넌, 『철학의 의미』, 곽강제 옮김, 박영사, 1989, pp. 160-172를 참조할 것.

29. J. C. 브렌넌, 같은 책, 같은 면.

30. 쇠얀 키에르케고어, 『이것이냐 저것이냐 1』, 임춘갑 옮김, 2012, 도서출판 치우, pp. 780. 이와 관련해서 역자 후기를 참조할 것.

31. 쇠얀 키에르케고어, 같은 책, p. 778.

32. 쇠얀 키에르케고어, 같은 책, pp. 780.

33. 쇠얀 키에르케고어, 같은 책, pp. 459-460.

34. 쇠얀 키에르케고어, 같은 책, pp. 624-625.

35. 쇠얀 키에르케고어, 같은 책, 같은 면.

36. 장 폴 사르트르, 『실존주의는 휴머니즘이다』, 방곤 옮김, 문예출판사, 2004, pp. 17-18. 마르틴 하이데거(Martin Heidegger)는 그의 저서 『존재와 시간』에서 이와 관련해서 다음과 같이 언급하고 있다. "현존재는 피투적(被投的)인 존재인 이상, 투사(投射)라는 존재 양식 속으로 내던져져 있다…한편 투사는 그 던진다는 점에 있어서 가능성을 가능성으로 자기를 위해 던진 다음, 가능성으로서 자신을 '존재'하게 하는 것이다." 마르틴 하이데거, 『존재와 시간』, 전양범 옮김, 동서문화사, 2015, p. 190.

37. 장 폴 사르트르, 같은 책, p. 19.

38. 장 폴 사르트르, 같은 책, 같은 면.

39. 수전 울프, 『삶이란 무엇인가』, 박세연 옮김, 엘도라도, 2010, p. 75.

40. 수전 울프, 같은 책, p. 53.

41. 수전 울프, 같은 책, 같은 면.

42. 수전 울프, 같은 책, p. 38.

43. 수전 울프, 같은 책, p. 118.

44. 수전 울프, 같은 책, p. 119.

45. 김균진, 『기독교조직신학 I』, 연세대학교출반부, 1984, p. 311.

46. 김균진, 앞의 책, pp. 320-321.

47. 로버트 라이시, 앞의 책, p. 18.

2. 고통

1. H.-G. Gadamer, Schmerz: Einschätzungen ausme dizinischer,philosophischerund therapeutischer Sicht, Heidelberg: Universitätsverlag Winter, 2003. p. 27. 노성숙, 「삶의 진리를 성찰하는 해석학으로서의 철학상담: 고통받는 한국 청소년을 중심으로」, 『신학전망』, 187호, 광주가톨릭대학교 신학연구소, 2014, p. 93에서 재인용.

2. H.-G. Gadamer, 같은 책, p. 29. 노성숙, 같은 책, p. 97에서 재인용.

3. H.-G. Gadamer, 같은 책, 같은 면. 노성숙, 같은 책, p. 95에서 재인용.

4. H.-G. Gadamer, 같은 책, 같은 면. 노성숙, 같은 책, p. 96에서 재인용.

5. 노성숙, 같은 책, p. 97.

6. H.-G. Gadamer, 같은 책, p. 28.. 노성숙, 같은 책, p. 94에서 재인용.

7. H.-G. Gadamer, 같은 책, p. 34. 노성숙, 같은 책, 같은 면에서 재인용.

8. H.-G. Gadamer, "Leiberfahrung und Objektivierbarkeit", Über die Verborgenheit der Gesundheit, Frankfurt am Main: Suhrkamp, 1993, 101. 노성숙, 같은 책, p. 95에서 재인용.

9. W. Kaufmann, Existentialism from Dostoevsky

to Sartre, New York: Meridian, pp. 130-131을 참조할 것.

10. John Flavell, "Meta-cognitive Aspects of Problem Solving", The Nature of Intelligence, L. Resnick(ed.), Hillsdale, NJ: Lawrence Erlbaum, 1976을 참조할 것.

11. John Dewey, How We Think. In John Dewey: The Middle Works, Vol. 6. Carbondale and Edwardsville: Southern Illinois University Press, 1978, p. 185. 김찬미, 「듀이의 '반성적 사고'의 의미와 사회과교육에의 적용」, 『시민교육연구』, 제52권 2호, 인하대학교 교육연구소, 2021, p. 110에서 재인용.

12. 김찬미, 같은 책, 같은 면.

13. John Dewey, 같은 책, p. 244. 김찬미, 같은 책, p. 111에서 재인용.

14. C. S. 루이스, 『고통의 문제』, 이종태 옮김, 홍성사, 2002, p. 135.

15. C. S. 루이스, 같은 책, p. 141.

16. 전예완, 「니체의 『비극의 탄생』에 대한 재고찰: '디오니소스'의 형이상학적 의미를 중심으로」, 『미학』, Vol, 47, 2006, pp. 153-165를 참조할 것.

17. Antonie Panaïoti, Nietzsche and Buddhist Philosophy, Cambridge,: Cambridge University Press, 2013, p. 92.

18. Antonie Panaïoti, 같은 책, 같은 면.

19. Brian Leiter, Nietzsche on Morality, New York: Routeldge, 2002.

20. Ivan Soll, " Pessimism and the Tragic View of Life: Reconsideration of Nietzsche's Birth of Tragedy", in Reading Nietzsche, Robert Solomon; Kathleen Higgins(ed.), New York: Oxford: Oxford University Press, 1988, pp. 123-124.

21. F. Nietzsche, Die fröhliche Wissenschaft, Vorredes 2, in F. Nietzsche Sämtliche Werke Kritischeausgabe, hrsg. von Giorgio colli und Mazzino Montinari 3, Berlin/New York, 1980, p. 350.

22. 프리드리히 니체, 『선악의 저편』, 김정현 옮김, 2002, 책세상, p. 295.

23. 프리드리히 니체, 『차라투스트라는 이렇게 말했다』, 정동호 옮김, 책세상, 2000, p. 452.

24. N. Wolterstorff, Lament for a Son, Grand Rapids, Michigan, 1987, p. 97.

25. Miguel de Unamuno, The Tragic Sense of Life, Introd., Amalia Elguera, Trans., J. E. C. Fitch, London: Collins, 1962, p. 204.

26. Miguel de Unamuno, 같은 책, p. 141.

27. Miguel de Unamuno, 같은 책, p. 52.

28. 빅터 프랭클, 『죽음의 수용소에서』, 이시형 옮김, 청아출판사, 2012, p. 120.

29. 빅터 프랭클, 같은 책, p. 121.

30. 유호종, 「고통의 관찰 가능한 의미와 초월적 의미」, 『대동철학』, 제26집, 대동철학회, 2004, pp. 8-15.

31. 유호종, 같은 책, p. 9.

32. William James, The Will to Believe in The Theory of Knowledge: Classical and Contemporary Reasonings (2ed.), L. P. Pojman ed., Wadsworth Publishing Company, 1999, p. 558. 유호종, 같은 책, p. 10에서 재인용.

33. 유호종, 같은 책, 같은 면.

34. 유호종, 같은 책, p. 11.

35. 유호종, 같은 책, p. 13.

36. H. Gollwitzter, Krummens Holz-aufrechter Gang, s. 372에서 재인용.

3. 죽음

1. Epicuros, " The Extent Writing of Epicuros," The Stoic and Epicurian Philosophers, edited by W. J. Oates, New York:Random House, 1940, pp. 30-31.

2. Lucretius, "On the Nature of Things," The Stoic and Epicurian Philosophers, edited by W. J. Oates, New York:Random House, 1940, p. 134.

3. 플라톤의 '영혼불멸논증'에 관한 좀 더 자세한 설명과 문제점들을 살펴보기 위해서 송영진, 「플라톤의 영혼불멸의 논증에 관하여」, 『인문연구』 15권 1호, 충남대학교인문과학연구소, 1988, pp. 135-158을 참조할 것.

4. 플라톤, 『소크라테스 변론, 크리톤, 파이돈, 향연』, 천병희 옮김, 도서출판 숲, 2012, pp. 114-115.

5. 플라톤, 같은 책, p. 117.

6. 플라톤, 같은 책, p. 119. 여기에서 천병희는 '혼'과 '몸'으로 번역했는데, 나는 '혼'을 '영혼'으로 그리고 '몸'을 '육체'로 번역할 것이다. 왜냐하면 기독교의 '부

활론'과는 구별된 개념들이기 때문이다.

7. 플라톤, 같은 책, pp. 124-125.

8. 플라톤, 같은 책, p. 130.

9. 플라톤, 같은 책, p. 136.

10. 스티븐 케이브, 『불멸에 관하여』, 박세연 옮김, 엘도라도, 2015, p. 138.

11. 김영선, 「영혼불멸사상과 부활신앙의 대립과 융합에 대한 소고」, 『장신논단』 제51권, 제1호, 장로회신학대학교 기독교 사상과 문화연구원, 2019, p. 184.

12. 스티븐 케이브, 앞의 책, p. 202.

13. 김영선, 앞의 책, 같은 면.

14. 『신약성서』, 고린도전서 6장 9절.

15. 플라톤, 『소크라테스의 변론, 크리톤, 파이돈, 향연』, 천병희 옮김, p. 66, 2012. 40c10-15.

16. 플라톤, 같은 책, 같은 면.

17. 플라톤, 같은 책, 21d3-8.

18. 최준식, 「한국인의 죽음관-내세관의 형성을 중심으로」, 『사후생』, 대화문화아카데미, pp. 174-176.

19. 『논어』 권11, 선진편(先進篇).

20. 『논어』 권6, 옹야편(雍也篇).

21. 『논어』 권3, 팔일편(八佾篇).

22. 정찬주, 『법정스님 응원가』, 다연, 2019, p. 184.

23. 엘리자베스 퀴블러 로스, 『사후생』, 최준식 옮김, 대화문화아카데미, 2010, p. 160.

24. 미치 앨봄, 『모리와 함께한 화요일』, 공경희 옮김, 2017, p. 232.

25. 엘리자베스 퀴블러 로스, 같은 책, 같은 면.

26. 앤드류 커노한, 『종교의 바깥에서 의미를 찾다』, 한진영 옮김, 필로소픽, 2011, pp. 269-270.

27. 카타리나 케밍 . 크리스타 슈판바우어, 『굿 라이프 철학 수업: 지금 여기, 행복하라』 장혜경 옮김, 터치아트, 2018, p. 20에서 재인용.

전인건강
4. 이성

1. I. H. Randall, Jr. and J. Buchler, Philosophy: An Introduction, New York: Barnes & Noble, 1946, p. 231.

2. 아리스토텔레스, 『니코마코스 윤리학』, 이창우, 김재홍, 강상진 옮김, 이제이북스, 2008, 1098a7-1098a18, 1178b20 이하를 참조할 것.

3. 아리스토텔레스, 같은 책, 1106b27.

4. 아리스토텔레스, 같은 책, 1106b8-1106b24.

5. 아리스토텔레스, 같은 책, 1108b11-1108b20.

6. 아리스토텔레스, 같은 책, 1107a9 이하.

7. 아리스토텔레스, 같은 책, 1109a25-1109a31.

8. 막스 호르크하이머, 『도구적 이성 비판』, 박구용 옮김, 문예출판사, 2006, p. 18.

9. 막스 호르크하이머, 같은 책, p. 17.

10. Max Horkheimer, Gesammelte Schriften Bd. 6. A. Schmidt/G, S, Noerr(Hg), Frankfurt am Main 1987, p. 30. 강정민, 「도구적 이성과 자기보존 문제 - 호르크하이머의 『도구적 이성비판』을 중심으로」, 『용봉인문논총 52권』, 전남대학교 인문학연구소, 2018, p. 11에서 재인용.

11. 프리드리히 니체, 『니체전집14: 선악의 저편· 도덕의 계보』, 김정현 옮김, 2002, p. 32.

12. 프리드리히 니체, 같은 책, pp. 16-19.

13. TH. W.아도르노, M. 호르크하이머, 『계몽의 변증법』, 김유동 옮김, 문학과 지성사, 2001, p. 12. 강정민, 같은 책, p. 16에서 재인용.

14. 강정인, 같은 책, p. 17.

15. TH. W.아도르노, M. 호르크하이머, 『계몽의 변증법』, 김유동 옮김, 문학과 지성사, 2001, p. 25.

16. 강정인, 앞의 책, pp. 17-18.

17. 강정인, 같은 책, p. 6.

18. 한나 아렌트, 『예루살렘의 아이히만』, 김선우 옮김, 2006, p. 106.

19. 한나 아렌트, 같은 책, 같은 면.

20. George Steiner, Language and Silence,:Essays 1958-1966, London: Faber, 1967, p. 15.

21. 플라톤, 『소크라테스의 변론, 크리톤, 파이돈, 향연』, 천병희 옮김, 숲, 2012, p. 61, 38a1-38a5.

22. 류시화, 『좋은지 나쁜지 누가 아는가』, 더숲, 2019, p. 97.

23. 프란츠 파농, 『검은 피부, 하얀 가면』, 노서경 옮김, 2014, p. 223.

24. 칼 R. 포퍼, 『열린 사회와 그 적들 Ⅱ』, 이명현 옮김, 민음사, 2020. pp. 314-315.

25. 칼 R. 포퍼, 같은 책, p. 315.

26. Immanuel Kant, Kritik der reinen Vernunft, nach

der ersten und zweiten Originalausgabe, hg. v. Jens Timmermann, mit einer Bibliographie vonHeiner Klemme, Hamburg: Felix Meiner, 1998.

27. Immanuel Kant, Akademie-Ausgabe (AA.) : Kant's gesammelte Schriften, hg. v. der Königlich Preußischen Akademie der Wissenschaften (und ihren Nachfolgern), Berlin und Leipzig: de Gruyter, ² 1910 ff. (¹ 1900 ff.), Bd. XXVI 94.

28. 칼 R. 포퍼, 앞의 책, 같은 면.

29. Immanuel Kant, 앞의 책, 같은 면.

30. 칼 R. 포퍼, 앞의 책, 같은 면.

31. 칼 R. 포퍼, 같은 책, 같은 면.

32. 김상욱, 『떨림과 울림』, 동아시아, 2018, p. 195.

33. Mary Midgley, The Myths We Live By, London: Routledge, 2010, pp. 26-28.

34. Mary Midgley, "Dover Beach," The Earth is Our Home: Mary Midgley,s Critique and Reconstruction of Evolution and its Meaning, Exeter: Imprint Academic, 2010, p. 179.

35. Mary Midgley, Are You an Illusion?, Durham: Acumen, 2014, p. 5.

36. Ludwig Wittgenstein, Philosophical Investigations, 3rd ed, Oxford:Blackwell, 1968, p. 48.

5. 감정

1. Ludwig Wittgenstein, Philosophical Investigations, 3rd ed, Oxford:Blackwell, 1968, p. 48.

2. 존 러스킨, 『나중에 온 이 사람에게도』, 곽계일 옮김, 2013, p. 25.

3. 존 러스킨, 같은 책, p. 27.

4. 존 러스킨, 같은 책, p. 34.

5. 존 러스킨, 같은 책, pp. 35-36.

6. 마사 누스바움, 『감정의 격동』, 조형준 옮김, 새물결 출판사, 2016, pp. 545-637.

7. 마사 누스바움, 같은 책, PP. 725-792.

8. 박용철, 『감정은 습관이다-부정의 나를 긍정의 나로 바꾸는 힘』, 추수밭, 2013, P. 17.

9. 마사 누스바움, 앞의 책, pp. 220-221.

10. 마사 누스바움, 같은 책, pp. 225-226.

11. 마사 누스바움, 같은 책, pp. 66-67.

12. 마사 누스바움, 같은 책, pp. pp. 66-67.

13. 박용철, 앞의 책, pp. 241-242.

14. 박용철, 같은 책, 같은 면.

15. 김용철, 같은 책, p, 263.

16. William James, The Gespel of Relaxation, Scribner's, 1899, pp. 499-507. 리처드 와이즈만, 『립잇업』, 박세연 옮김, 2013, p. 29에서 재인용.

17. 리처드 와이즈먼, 같은 책, pp. 44-46.

18. Aristoteles, De Partibus, Animalium 3, 10, 673a8. 류종영, 『웃음의 미학』, 유로, 2006, p. 76에서 재인용.

19. 류종영, 같은 책, pp. 76-77.

20. 류종영, 같은 책, p. 68.

21. Aristoteles, Poetik, Hrsg. von Olof Gigon, Stuttgart, 1961. s. 29. 류종영, 같은 책, p. 68 - 69에서 재인용.

22. 류종영, 같은 책, pp. 69-70.

23. 아리스토텔레스, 『니코마코스 윤리학』, 이정우, 김재홍, 강상진 옮김, 이제이북스, 2008, 제4권 제8장, 1128a4-1128a16.

24. 리처드 와이즈만, 앞의 책, p. 53..

25. 리처드 와이즈만, 같은 책, p. 54.

26. 윌 버킹엄 외, 『철학의 책』, 이경희·박유진·이시은 공역, 지식갤러리, 2012, p. 87.

6. 욕구

1. 필립 반 덴 보슈, 『행복에 관한 10가지 철학적 성찰』, 자작나무, 2015. pp. 32-33.

2. B. 스피노자, 『에티카』, 강영계 옮김, 서광사, 1990, p. 139.

3. 서용순, 『청소년을 위한 서양철학사』, 두리미디어, 2007, p. 44.

4. 플라톤, 『파이드로스』, 김주일 옮김, 2012, p. 94.

5. 플라톤, 같은 책, p. 91.

6. 서용순, 같은 책, 같은 면.

7. Zbigniew Brezenski, Out of Control, New York: Charles Scribner's Sons, 1993, p. 68. 고범서, 앞의 책, p. 231에서 재인용.

8. Zbigniew Brezenski, 같은 책, 같은 면, 고범서, 같은 책, 같은 면에서 재인용.

9. 쾌락주의의 역설을 처음으로 지적한 철학자들은 조셉 버틀러(Joseph Butler)와 헨리 시지윅(Henry

Sidgwick)이다. JOseph Buttler, Sermon 「, para. 1.9, Henry Sidgwick, The Method of Ethics, 7th(London: Macmillan, 1907, pp. 136, 403.

10. F. H. Bradley, Ethical Studies, Oxford University Press, Oxford, 1959, p. 96.

11. K. Popper, Open Sociery and It's Enemy II(London: Routledge and Kegan Paul, 1962, pp. 237-240. 류지한, 「에피쿠로스의 쾌락주의와 전도된 쾌락주의의 역설」, 『한국윤리연구』, 120권, 한국윤리학회, 2018, p. 133에서 재인용.

12. 대니얼 카너먼, 『생각에 관한 생각』, 이진원 옮김, 김영사, 2012, pp. 361-364. 류지한, 같은 책, 같은 면에서 재인용.

13. Zbigniew Brezenski, 같은 책, p. 5. 고범서, 같은 책, pp. 233-234에서 재인용.

14. Zbigniew Brezenski, 같은 책, p. 10. 고범서, 같은 책, pp. 234에서 재인용.

15. 조지 베일런트, 『행복의 조건』, 이덕남 옮김, 프런티어, 2010.

7. 육체

1. 프리드리히 니체, 『이 사람을 보라』, 백승영 옮김, 책세상, 2002, pp. 323-333.

2. 프리드리히 니체, 『아침놀』, 553, 박찬국 옮김, 책세상, 2004, p. 413.

3. K. Jaspers, Der Arzt im technischen Zeitalter, München, 1999, pp. 56-57.

4. 가다머, 『철학자 가다머, 현대의학을 말하다』, 이유선 옮김, 몸과마음, 2002, pp. 9-11.

5. 에피쿠로스, 『쾌락』, 오유석 옮김, 문학과지성사, 1998, p. 32.

6. 아리스토텔레스 『니코마코스 윤리학』, 강상진, 김재홍, 이창우 옮김, 길, 2011, 1198b13-1198b14.

7. 아리스토텔레스, 『니코마코스 윤리학』, 제1권 제8장, 1198b15.

8. 아리스토텔레스, 『에우데모스 윤리학』, 1220a23-1220a29.

9. 프리드리히 니체, 『도덕의 계보』, 김정현, 책세상, 2002, pp. 474-475.

10. F. Nietzsche, N 14[65], in: KSA 13, p. 57.

11. F. Nietzsche, N 5[1], in KSA 10, p. 218.

12. 김정현, 「니체의 생명사상」, 우리사상연구소 편, 『생명과 더불어 철학하기』, 철학과 현실사, 2000, pp. 56-60.

13. Aldo Leopold, "Thinking Like a Mountain," A Sand Country Almanac, New York: Oxford University Press, 1949, pp. 130-131.

14. 야콥 폰 윅스퀼, 『동물들의 세계와 인간의 세계』, 도서출판 b, 2003, pp. 126-132.

15. 야콥 폰 윅스퀼, 같은 책, pp. 233-234.

16. 야콥 폰 윅스퀼, 같은 책, p. 232.

17. O. Edward Wilson, Biophilia: The Human Band with Other Species, Harvard University Press, 1984, p. 1.

18. 로먼 크르즈나릭, 앞의 책, p. 345.

19. 프리드리히 니체, 앞의 책(2004), p. 203과 pp. 222-223.

20. 아리스토텔레스, 앞의 책, 1118a23-1118b2.

21. 아리스토텔레스, 같은 책, 1109a12-1109a18.

22. 프리드리히 니체, 앞의 책, pp. 354-355.

23. 김재윤, 「현대인의 행복 추구를 위한 제안」, 『홀리스틱융합교육연구』, 제52권, 제3호, 한국홀리틱스융합교육학회, 2021, p. 196.

24. 아리스토텔레스, 『니코마코스 윤리학』, 1118a23-1118b2.

25. 크세노폰, 「소크라테스 회상록」, 『소크라테스 회상록·소크라테스의 변론』, 오유석 옮김, 부북스, 2018, 1권 6장 7절.

26. 플라톤, 『티마이오스』, 김유석 옮김, 아카넷, 2019, 88b-88c.

27. 에픽테토스, 『왕보다 더 자유로운 삶』, 김재홍 옮김, 서광사, 2013.

28. 크세노폰, 앞의 책, 3권 12장 5-6절.

29. 요한 하위징아, 『호모 루덴스』, 이종인 옮김, 연암석, 2010, p. 43.

인간관계
8. 감사와 겸손

1. 요한 하위징아, 『호모 루덴스』, 이종인 옮김, 연암석, 2010, p. 43.

2. W. D. Ross, Aristotle: A Complete Exposition of His Works and Thought, New York, 1959, p. 203.

3. 아리스토텔레스, 『니코마코스 윤리학』, 1124b5
- 1124b18.
4. David A. Horner, "What It Takes to Be Great:
Aristotle andAquinas on Magnanimity," Faith and
Philosophy V. 15. No. 4, 1998, p. 433. Carson
Halloway, "Christianity, Magnanimity, and
Statemanship," Review of Politics 61, 1999, p. 589.
5. 토마스 아퀴나스, 『신학대전』, Ⅱ-Ⅱ, q. 107,
a.1 ad 3.
6. David A. Horner, 앞의 책, 같은 면.
7. 토마스 아퀴나스, 『신학대전』, Ⅱ-Ⅱ, q. 161,
a.6 ad 2.
8. 김재엽, 『TSL 가족치료와 가족복지』, 학지사,
2014, p. 21.
9. 김재엽, 같은 책, pp. 21-22.
10. 김재엽, 같은 책, p. 24.
11. 탈 벤 샤하르 강의, 왕옌밍 엮음, 『행복이란 무
엇인가-하버드대 샤하르 교수의 긍정과 행복 심리
학』, 느낌이 있는 책, 2014, p. 110에서 재인용.
12. 이지애, 「오류가능주의에 근거한 철학적 겸허와
그 도덕교육적 함의」, 『철학윤리교육연구』, Vol
22, 2006, p. 259에서 재인용.
13. 이지애, 같은 책, pp. 262-264.

9. 공감과 존중

1. E. Levinas, 『윤리와 무한』, 양명수 옮김, 다산글
방, 2000, p. 110.
2. E. Levinas, 같은 책, p. 111.
3. E. Levinas, 같은 책, p. 127.
4. E. Levinas, 같은 책, p. 131.
5. E. Levinas, Otherwise than being or Beyand
Essence, trans. by Alphonso Lingis, Dordrecht:
Kluwer Academic press, 1978, p. 112.
6. E. Levinas, 같은 책1978), p. 114.
7. 김상록, 「레비나스와 얼굴의 윤리학」, 『처음 읽
는 윤리학』, 서울대학교 철학사상연구소 엮음, 동
녘, 2013, P. 282.
8. Emmer Barcalow, Moral Philosophy, IPT Press,
1994, pp. 143-144.
9. 최인숙, 『칸트』, 살림출판사, 2005, pp. 21-22.
10. I. Kant, 『윤리형이상학 정초』, 백종현 옮김, 아

카넷, 2012, p. 162.
11. 최인숙, 앞의 책, pp. 34-35.
12. 최인숙, 같은 책, pp. 69-70.
13. J. J. Rousseau, Oevres completes Ⅳ, Gallimard,
1969, p. 491.
14. N. J. H. Dent, Rousseau: An Introduction, to His
Psychological, Social, Political Theory, Basil Blackwell
Ltd., 1988, pp. 89-90. 아래의 루소에 관한 설명들은
김주휘, 「루소의 자존심에 대한 해석들 -덴트와 롤
즈 그리고 노이하우저-」, 『철학연구』제156집, 대
한철학회, 2020, pp. 31-41을 참조할것.
15. N. J. H. Dent, 같은 책, p. 56.
16. N. J. H. Dent, 같은 책, pp. 56-57.
17. N. J. H. Dent, 같은 책, pp. 59-64.
18. N. J. H. Dent, 같은 책, p. 85.
19. N. J. H. Dent, 같은 책, p. 70.
20. N. J. H. Dent, 같은 책, p. 70.
21. N. J. H. Dent, 같은 책, p. 52.
22. N. J. H. Dent, 같은 책, p. 58.
23. 프란츠 파농, 『검은 피부, 하얀 가면』, 노서경 옮
김, 2014, p. 11.
24. 프란츠 파농, 같은 책, p. 9.
25. 프란츠 파농, 같은 책, p. 223.
26. 프란츠 파농, 같은 책, p. 10.
27. 프란츠 파농, 같은 책, p. 221.
28. 프란츠 파농, 같은 책, p. 278. 옮긴이 노서경의 해
설 중에서 그녀는 파농을 이렇게 표현했다.
29. 악셀 호네트, 『인정투쟁』, 문성훈, 이현재 옮김,
사월의 책, 2011, p. 144.
30. 악셀 호네트, 같은 책, pp. 194-195.
31. 악셀 호네트, 같은 책, p. 233.
32. 악셀 호네트, 같은 책, p. 248.
33. 악셀 호네트, 같은 책, p. 250-163.

10. 사랑과 돌봄

1. M. S. 프링스, 『막스 셸러의 철학의 이해』, 금교
영, 옮김, 한국학술정보, 2002, p. 70.
2. M. S. 프링스, 같은 책, 같은 면.
3. M. S. 프링스, 같은 책, 같은 면.
4. 윌 버킹검외 공저, 『철학의 책』, 이경희, 박유진,
이시은 공역, 지식갤러리, 2011, p. 240.

5. 에리히 프롬, 『사랑의 기술』, 황문수 옮김, 문예출판사, 1977, pp. 32-33.

6. 에리히 프롬, 같은 책, pp. 40-45.

7. 김성묵 편, 『아버지! 제가 아버지입니다』, 두란노아버지학교운동본부, 2012, pp. 44-53.

8. 나태주, 『풀꽃』, 지혜, 2014.

9. 나태주, 같은 책, 같은 면.

10. 앙투안 드 생텍쥐페리, 『어린 왕자』, 송덕호 옮김, 달섬, 2018, p. 101.

11. 앙투안 드 생텍쥐페리, 같은 책, 같은 면.

12. 앙투안 드 생텍쥐페리, 같은 책, pp. 101-102.

13. Nancy Chodorow, The Reproduction of Mothering, University of California Press, 1078.

14. Carol Gilligen In A Different Voice, Harvard University Press, 2016, P. 19.

15. Carol Gilligen 같은 책, pp. 73-74.

16. Carol Gilligen 같은 책, P. 33.

17. Martha C. Nussbaum, Sex and Social Justice, Oxford University Press, 2000, pp. 74-75.

18. Sheila Sullivan, Falling in Love: A History of Torment and Enchantment, Basingstoke and London: Paper mac, 2000, p. 24.

19. 황갑연 외, 『동서양 인문고전선독』, 전북대학교출판문화원, 2018, p. 219.

20. 황갑연 외, 같은 책, p. 205.

21. 플라톤, 『소크라테스의 변론, 크리톤, 파이돈, 향연』, 천병희 옮김, 도서출판 숲, 2012, p. 278. 191a4 - 191b5.

22. 플라톤, 같은 책, pp. 259-260. 181b1-181b8.

23. 플라톤, 같은 책, p. 306. 204b1-204b5.

24. 황갑연 외, 앞의 책, p. 222.

25. 아리스토텔레스, 『니코마코스 윤리학』, 이창우, 김재홍, 강상진 옮김, 이제이북스, 2008, 1169b18-1169b23.

26. 아리스토텔레스, 같은 책, 1170a4-1170a8.

27. 아리스토텔레스, 같은 책, 1155a23-1155a28.

28. 아리스토텔레스, 같은 책, 1156a10-1156a11.

29. 아리스토텔레스, 같은 책, 1156a31-1156a33.

30. 아리스토텔레스, 같은 책, 1156a18-1156a22.

31. 아리스토텔레스, 같은 책, 1156b6-1156b14.

32. 아리스토텔레스, 같은 책, 1156a18-1156a22.

33. Sheila Sullivan, 앞의 책, p. 26.

34. 요한 호이징아, 『호모 루덴스: 놀이와 문화에 관한 한 연구』, 김윤수 옮김, 까치, 1993, p. 7.

35. 요한 호이징아, 같은 책, pp. 16-23.

36. 요한 호이징아, 같은 책, p. 22.

37. 로먼 크르즈나릭, 『원더박스』, 강혜정 옮김, 원더박스, 2014, p. 29.

38. Erich Fromm, The Art of Loving, London: Unwin, 1962, p. 22. 로먼 크르즈나릭, 같은 책, p. 30에서 재인용.

39. 로먼 크르즈나릭, 앞의 책, p. 32.

40. 구본형, 『구본형의 신화를 읽는 시간』, 와이즈베리, 2012, pp. 72-74.

41. 로먼 크르즈나릭, 앞의 책, pp. 32-33.

42. 아리스토텔레스, 앞의 책, 9권 8장, 1168a28-1168a35.

43. 아리스토텔레스, 같은 책, 9권 8장, 1169a19-1169a26.

44. 『신약성서』, 마태복음 27장 40절.

45. 『신약성서』, 마가복음 15장 31절.

46. 『신약성서』, 마태복음 26장 53-53절.

47. 『신약성서』, 마가복음 15장 39절.

48. 빅터 프랭클, 『죽음의 수용소에서』, 이시형 옮김, 청아출판사, 2012, pp. 77-78.

먹고살기
11. 체화와 창조성

1. 아리스토텔레스, 『니코마코스 윤리학』, 제2권, 제1장, 1103a31-1103b2.

2. 박준호 외, 『사고와 토론』, 전북대학교출판문화원, 2016, pp. 198-201.

3. 박준호 외, 같은 책, p. 202.

4. 에리히 프롬, 『나는 왜 무기력을 되풀이하는가』, 장혜정 옮김, 나무생각, 2016, p. 155.

5. 에리히 프롬, 같은 책, p. 156.

6. 에리히 프롬, 같은 책, P. 157-162.

7. 에리히 프롬, 같은 책, P. 78.

8. 에리히 프롬, 같은 책, P. 83.

9. 에리히 프롬, 같은 책, P. 84.

10. 샤를 페펭, 『자신감』, 김보희 옮김, 미래타임즈, 2019. pp. 57-59.

11. 샤를 페펭, 같은 책, 같은 면.

12. 샤를 페팽, 같은 책, pp. 63-69.

13. William James, The Will to Believe and Other Essays in Popular Philosophy, Harvard University Press, 1979, p. 15.

14. William James, 같은 책, 같은 면.

15. William James, 같은 책, p. 33.

16. 센다 다쿠야, 『근거 없는 자신감으로 세상과 마주하라 - 비틀거리는 청춘을 위한 5단계 멘토링』, 황미애 옮김, 프리뷰, 2012를 참조할 것.

17. 『구약성서』, 창세기 1장 31절.

18. Daniel Boorstin, The Creator: A history of Heroes of the Imagination, New York:Vintage, 1993, p. 417.

19. 마이클 J. 겔브, 레오나르도 다 빈치처럼 생각하기, 대산출판사, 공경희 옮김, 2003, pp. 62-65.

20. 마이클 J. 겔브, 같은 책, pp. 22-23.

21. 마이클 J. 겔브, 같은 책, pp. 24-25.

22. 마이클 J. 겔브, 같은 책, p. 24.

23. 데이비드 이글먼, 앤서니 브란트, 《창조하는 뇌》, 샘앤파커스, 2019, pp. 63-66.

24. 아래의 내용과 관련해서 데이비드 이글먼, 앤서니 브란트, 같은 책, pp. 62-130을 참조할 것.

25. 데이비드 이글먼, 앤서니 브란트, 같은 책, p. 114.

12. 일과 여가활동

1. 24. 아래의 내용과 관련해서 데이비드 이글먼, 앤서니 브란트, 같은 책, pp. 62-130을 참조할 것.

2. William J. Wilson, 같은 책, 같은 면.

3. 한나 아렌트, 『인간의 조건』, 이정우·태정호 옮김, 2000, pp. 55-71.

4. 한나 아렌트, 같은 책, p. 55.

5. 한나 아렌트, 같은 책, pp. 55-56.

6. 한나 아렌트, 같은 책, pp. 56-57.

7. 한나 아렌트, 같은 책, p. 61.

8. 로먼 크르즈나릭, 『원더박스』, 강혜정 옮김, 원더박스, 2014, P. 145.

9. Adam Smith, The Wealth of Nation, London: George Routledge and Son, 1898, p. 502. 로먼 크르즈나릭, 같은 책, p. 146에서 재인용.

10. 로먼 크르즈나릭, 같은 책, p. 145.

11. 최승노, 『노동의 가치 - 일하는 기쁨, 내 인생의 성공 드라마』, 프리이코노미 스쿨, 2015, pp. 101-102.

12. William Morris, Useful Work versus Useless Toil, London: Socialist League Office, 1985, Socialist Platform no. 2(first published, 1885), p. 21. 조안 B. 시울라 지음, 『일의 발견』, 안재진 옮김, 다우, 2005, p. 105에서 재인용.

13. 버트런드 러셀, 『게으름에 대한 찬양』, 송은경 옮김, 사회평론, 2002, p. 18.

14. 버트런드 러셀, 같은 책, p. 19.

15. 버트런드 러셀, 같은 책, pp. 19-20.

16. 버트런드 러셀, 같은 책, pp. 20-21.

17. 버트런드 러셀, 같은 책, p. 18.

18. 버트런드 러셀, 같은 책, pp. 32-33.

19. 폴 새가드, 『뇌와 삶의 의미』, 김미선 옮김, 필로소픽, pp. 269-271를 참조할 것.

20. 폴 새가드, 같은 책, pp. 242.

21. 폴 새가드, 같은 책, p. 226.

22. 아베 피에르, 『단순한 기쁨』, 백선희 옮김, 마음산책, p. 108.

23. 폴 새가드, 앞의 책, p. 284-285.

24. 버트런드 러셀, 앞의 책, p. 18.

25. 아리스토텔레스, 『니코마코스 윤리학』, 제1권, 제10장, 1100a23-1100a27.

26. 아리스토텔레스, 같은 책, 제1권 제10장, 1100b4 - 1100b7.

27. 아리스토텔레스, 같은 책, 제1권 제10장, 1100b8- 1100b10.

28. 아리스토텔레스, 같은 책, 제1권 제10장, 1101a8- 1101a11.

29. 로버트 H. 프랭크, 『실력과 노력으로 성공했다는 당신에게: 행운, 그리고 실력주의라는 신화』, 정태영 옮김, 글항아리, 2018, p. 26.

30. 로버트 H. 프랭크, 같은 책, p. 19.

31. 로버트 H. 프랭크, 같은 책, p. 181.

13. 돈과 권력

1. 마이클 샌델, 『돈으로 살 수 없는 것들-무엇이 가치를 결정하는가?』, 안기순 옮김, 2012, p. 29.

2. 마이클 샌델, 같은 책, pp. 135-222.

3. 마이클 샌델, 같은 책, pp. 273-276.

4. 김종환, 『명대사로 읽는 셰익스피어 비극』, 한국

학술정보, 2012, P. 237에서 재인용.

5. 에리히 프롬, 『소유냐 존재냐』, 차경아 옮김, 까치, 1996, p. 31.

6. 에리히 프롬, 같은 책, 같은 면.

7. 에리히 프롬, 같은 책, PP. 31-32.

8. Seneca, "Letter on Holidays," in The Stoic Philosophy of Seneca, Moses hadas, Trans. New York: Norton, 1958, p. 10.

9. Seneca, " On Tranquility of Mind," in The Stoic Philosophy of Seneca, Moses hadas, Trans. New York: Norton, 1958, p. 120.

10. Jean-Jacques Rousseau, Discourse on the Origins of In equality, in First and Second Discourse, p. 105.

11. 플라톤, 『플라톤전집. 4 : 국가』, 천병희 옮김, 2013, 8. 553c-553d.

12. Ovid, Metamorphoses, bk. 1.

13. 엠리스 웨스타콧, 『단순한 삶의 철학』, 노윤기 옮김, 책세상, 2017, p. 283.

14. 엠리스 웨스타콧, 같은 책, pp. 198-199.

15. 기시미 이치로, 『아들러 심리학을 읽는 밤』, 살림, 2015, pp. 69-70.

16. 『신약성서』, 마태복음 6장 9절~13절

17. 버트런드 러셀, 『권력』, 안정효 옮김, 2003, pp. 10-11.

18. 마이클 피터슨, 윌리엄 해스커, 브루스 라이헨바하, 데이비드 배신저, 『종교철학』, 하종호 옮김, 이화여자대학교출판부, 1994, p. 163.

19. 마이클 피터슨, 윌리엄 해스커, 브루스 라이헨바하, 데이비드 배신저, 같은 책, p. 164.

20. 아리스토텔레스, 『니코마코스 윤리학』, 제6권, 제5장, 1140b10.

21. 프리드리히 니체, 『차라투스트라는 이렇게 말했다』, 정동호 옮김, 책세상, 2007, pp. 16-17.

22. F. Nietzsche, Zur Genealogie der Moral, Nietzsche Werke, Kritische Gesamtausgabe, VI-2, Berlin, 1968.

23. F. Nietzsche, Zur Genealogie der Moral, Nietzsche Werke, Kritische Gesamtausgabe, VI-2, Berlin, 1968, 270.

24. 로버트 그린, 『권력의 법칙』, 안진환, 이수경 옮김, 웅진지식하우스, p. 16.

25. 로버트 그린, 같은 책, p. 12.

26. 버트런드 러셀, 앞의 책, p. 242.

27. 버트런드 러셀, 같은 책, pp. 242-243.

28. 버트런드 러셀, 같은 책, pp. 244-245.

29. 버트런드 러셀, 같은 책, p. 248.

30. 버트런드 러셀, 같은 책, 같은 면.

31. 『신약성서』, 마태복음 4장 8절 - 9절.

32. 버트런드 러셀, 앞의 책, p. 249.

33. 버트런드 러셀, 같은 책, 같은 면.

34. 마이클 멕코비, 『우리는 왜 리더를 따를까』, 권오열 옮김, 비전과리더십, 2010, p. 322.

35. 버트런드 러셀, 같은 책, p. 250.

36. 버트런드 러셀, 같은 책, p. 156.

에필로그

1. 로먼 크르즈나릭, 『 원더박스 』, 강혜정 옮김, 2014, p. 156.

2. 로먼 크르즈나릭, 같은 책, p. 10.

3. 로먼 크르즈나릭, 같은 책, p. 12.

초판 1쇄 인쇄 2022년 5월 05일 | **초판 1쇄 발행** 2022년 5월 23일
저자 이상일 | **펴낸곳** 비티타임즈 | **펴낸이** 송승룡
발행자번호 959406 | **주소** 전북 전주시 서신동 780-2 3층
대표전화 063 277 3557 | **팩스** 063 277 3558 | **이메일** bpj3558@naver.com
값 19,500원 | **ISBN** 979-11-6345-360-4(03190)

이 도서의 국립중앙도서관 출판예정도서목록(CIP)은 서지정보유통지원시스템홈페이지(http://seoji.nl.go.kr)와 국가자료공동목록시스템 (http://www.nl.go.kr/kolisnet)에서 이용하실 수 있습니다.